U0439933

国家出版基金项目
NATIONAL PUBLICATION FOUNDATION

國家出版基金項目

教育部哲學社會科學研究重大課題攻關項目

「十一五」國家重點圖書出版規劃項目·重大工程出版規劃

國家社會科學基金重大項目

北京大學「九八五工程」重點項目

儒藏

精華編二六五册上
集部

儒藏

精華編

北京大學《儒藏》編纂與研究中心

《儒藏》精華編第二六五册

首席總編纂 季羡林

項目首席專家 湯一介

總編纂 湯一介 龐樸 孫欽善 安平秋（按年齡排序）

本册主編 董平

《儒藏》精華編凡例

一、中國傳統文化以儒家思想爲中心。《儒藏》爲儒家經典和反映儒家思想、體現儒家經世做人原則的典籍的叢編。收書時限自先秦至清代結束。

二、《儒藏》精華編爲《儒藏》的一部分，選收《儒藏》中的精要書籍。

三、《儒藏》精華編所收書籍，包括傳世文獻和出土文獻。傳世文獻按《四庫全書總目》經史子集四部分類法分類，大類、小類基本參照《中國叢書綜録》和《中國古籍善本書目》，於個别處略作調整。凡單書已收入入選的個人叢書或全集者，僅存目録，並注明互見。出土文獻單列爲一個部類，原件以古文字書寫者一律收其釋文文本。韓國、日本、越南儒學者用漢文寫作的儒學著作，編爲海外文獻部類。

四、所收書籍的篇目卷次，一仍底本原貌，不選編，不改編，保持原書的完整性和獨立性。

五、對入選書籍進行簡要校勘。以對校爲主，確定内容完足、精確率高的版本爲底本，精選有校勘價值的版本爲校本。出校堅持少而精，以校正誤爲主，酌校異同。校記力求規範、精煉。

六、根據現行標點符號用法，結合古籍標點通例，進行規範化標點。專名號除書名號用角號（《》）外，其他一律省略。

七、對較長的篇章，根據文字内容，適當劃分段落。正文原已分段者，不作改動。千字以内的短文一般不分段。

八、各書卷端由整理者撰寫《校點説明》，簡要介紹作者生平、該書成書背景、主要内容及影響，以及整理時所確定的底本、校本（舉全稱後括注簡稱）及其他有關情況。重復出現的作者，其生平事蹟按出現順序前詳後略。

九、本書用繁體漢字豎排，小注一律排爲單行。

《儒藏》精華編第二六五册

集部

《儒藏》精華編第二六五册

集部

上册

高子遺書

〔明〕高攀龍 撰

董平 柴可輔 校點

目録

高子遺書卷之四……六六

高子遺書卷之九上 …… 二九八

高子遺書卷之九下……三四〇

家譜……四二九

高子遺書卷之十一……四四八

墓誌銘……四四八

墓表……四六七

行狀……四七一

高子附録篇目……五五二

高子附録……五五三

校點説明

高攀龍（一五六二—一六二六），字存之，號景逸，南直隸無錫人（今江蘇無錫）。萬曆十七年（一五八九）進士。未幾，丁嗣父喪。服除，授行人司行人。萬曆二十一年十一月，因上疏忤首輔王錫爵，謫廣東揭陽縣添注典史，次年得准還鄉，遂潛心學術。萬曆三十二年，與同鄉顧憲成、錢一本等人重建東林書院，倡程朱理學，以糾王學流弊爲職志。萬曆四十年，顧憲成病逝，高攀龍繼任東林書院山長。天啓元年（一六二一），復起爲光禄寺卿，旋擢刑部右侍郎，次年陞都察院左都御史。天啓四年六月，左副都御史楊漣奏劾魏忠賢禍國之罪，東林黨與閹黨之間矛盾全面激化。十月，高攀龍奏御史崔呈秀貪瀆之罪，魏忠賢矯旨以斥其結黨，遂辭官歸里。天啓五年三月，楊漣、左光斗、魏大中等六人被捕，慘遭殺害，史稱「東林六君子」。六年二月，魏忠賢再次下令逮捕高攀龍、黄尊素等七人，高攀龍于無錫自沉，時年六十五。崇禎元年（一六二八），追贈太子少保、兵部尚書，謚忠憲。

高攀龍講學，雖一以程朱爲本，但同時又頗受鄒守益高弟李見羅之影響，未盡與心學斬然爲二。其學以格物爲下手處，而所謂格物者，即是隨事而精察。以爲格物須有物以對，故隨事爲格物之外向；物格則須有人心之靈昭不昧，故精察爲格物之内向。處物與事心，必相須而並進，方可達豁然貫通之境。事心在主敬，故謂「敬之即心」。主敬即主一，必使人心時時與明覺之本體相契，視聽言動方不失其準繩。其所謂明覺之本體，即是良知，亦即是心體。心體即性，是故本性乃善，一切學問工夫，便最終落實於性善之彰顯，此處通達，格物即是致知。另一方面，性又是天理降於人身處，故「理即性也」（《東林書院志》卷六）。窮理即是復性，亦即盡心。高攀龍想要在理學與心學之間尋找到一個自然的接洽點，以此糾正王學末流的放逸之弊，一掃晚明虛浮不切實際之風，故其全部學説，著力在一「性」字，所謂「學問起頭要知性，中間要復性，了手要盡性，只一性字而已」（卷八下）。高攀龍在晚明的心學氛圍中，重拾朱熹格物之説，又兼重内在心性之修持，其篤實學風在明末清初影響甚大。黄宗羲在《明儒學案·蕺山學案》中説：「今日之學者，大概以高、劉二先生並稱爲大儒，可以無疑矣。」《明史》稱高氏爲「一時儒者之宗」，而四庫館臣則曰：「其學以格物爲先，兼取朱、陸兩家之長，操履篤實，粹然一出於正。」又謂其講學之語，「類多切近篤實，闡發周密，詩意沖淡，文格清遒，亦均無明末纖詭之習」。其「嚴氣正性，卓然自立，實非標榜門户之流，故立朝大節，不愧古人；發爲文章，亦不事詞藻而品格自高。此真之所以異於僞歟」！

關於高攀龍的著作，除單獨成書者，《明史·藝文志》著録《就正録》二卷、《高子遺書》十二卷。《就正録》蓋爲高氏自輯其語録文章而親爲編定，然流布未廣。《高子遺書》由高氏門人嘉善陳龍正編定，全書分爲十二類，類爲一卷，合爲十二卷，另有《附録》一卷，收録劉宗周、朱國禎、錢謙益、錢士升、葉茂才等人所作祭文、墓誌銘、神道碑銘、行狀等，刊刻於崇禎五年。因兵禍不止，至崇禎十七年左右，已稱「散逸」。此後，高攀龍從子高匯旃曾輯《高子節要》十四卷，此本只是原《高子遺書》的一個選輯本。至康熙二十九年（一六九〇），高匯旃之子高芷生、孫高岦等取「家藏原本」校讎，汪琬、秦松齡等爲之序，刻成於是年冬，是爲《高子遺書》的第二個版本。

高岦重刻所依據的所謂「家藏原本」，據汪琬《堯峰文集》卷二十七《重刻高子遺書後序》，實由汪琬所購得。汪氏曰：「高先生遺書十有二卷，幾亭陳氏所葺以行者也。洊經兵燹，版燬不存，琬嘗購求其本，踰歲始獲。以示四方諸門人，咸欣歎以爲未及覩也。有高生嵀者，字象姚，來從琬游，因語次告之曰：『先生是書，決不湮没者也，盍謀重鐫諸？』高生敬諾。」高嵀爲刻該書，嘗鬻膏腴之田三十畝。

比較康熙本與崇禎本，康熙本無崇禎本附録一卷，代之以高攀龍門人華允誠所作《高子年譜》。其餘除若干篇目編纂順序稍有不同之外，正文文字幾無差異。高芷生跋文謂：「一遵幾亭先生（按：陳龍正）原本，不敢稍有更易，以取戾先賢。」是亦可證康熙本所依之「家藏原本」，實即爲陳龍正所刊之崇禎五年本。

康熙本刊行之後，《高子遺書》嘗一度遭禁。然乾隆時修《四庫全書》又予收入。相較崇禎本與康熙本，影印文淵閣四庫本《高子遺書》頗有錯訛，篇目亦有殘缺，如四庫本缺少《劉本儒行狀》一篇（康熙本更名爲《本儒劉公墓誌銘》）。據《四庫全書總目提要》，該版《高子遺書》爲浙江巡撫採進本，含正文十二卷、附録誌狀年譜一卷，然實際上四庫本只載正文，未見《附録》。崇禎本刊行時，《高子遺書》唯有附録而無年譜，康熙本則相反，有年譜而無附録，則四庫本所依之浙江巡撫採進本究竟面貌如何，便難予輕斷。值得一提的是，康熙本《高子遺書》卷五存有明顯錯簡，「岳鍾尹問曰」條後半部分殘缺，接下來的「魯齋有用夏變夷之才」條、「周程張朱」條全缺，而「彦文問」條只存後半部分，上海圖書館和浙江圖書館所藏康熙本均同，可明該本在刻印之初即有錯簡。四庫本也缺以上四條，且「岳」條與「彦」條爲全缺。而所缺條目中包含「仕元」、「用夏變夷」等可能觸犯時諱之詞，或恐有意删去亦未可知。四庫本之所謂「浙江巡撫採進本」是否即爲康熙本，尚有待進一步考索。

《高子遺書》收入四庫之後，康熙鐫版被燬，單行本甚少流傳。同治十三年（一八七四），無錫人周士錦始爲重刻，而完成於光緒二年（一八七六），是爲《高子遺書》的第三個刻本。該本在民國十年曾予重刊。據周氏跋文，其底本得自該年新到任的金匱知縣、巴州人廖綸，又據民國十年再版跋文，周氏所獲底本即爲康熙本。光緒本所收，除正文十二卷及《年譜》一卷外，一併收入崇禎本《附録》一卷，而康熙本原錯簡文字則已予匡正。唯一缺憾是《附録》中少了錢謙益所撰神道碑銘，蓋爲編者有意抽去。再細校正文，則凡康熙本與崇禎本相異之處，光緒本一律採信康熙本。就内容而言，光緒本《高子遺書》是最爲全面的一個版本。

此次校點，以國家圖書館藏明崇禎五年刻本爲底本，以上海圖書館藏康熙二十九年刻本（以下簡稱「康熙本」）、上海圖書館藏光緒二年刻本（以下簡稱「光緒本」）爲主要校本。亦參考了影印文淵閣《四庫全書》本（以下簡稱「四庫本」）。原刻本有大量眉批，未審爲何人所爲，因該書由陳龍正編定，疑即出於陳氏之手。今按《儒藏》統一版式，全部眉批皆散入正文，用五號倣宋排印，以示區別。校勘以異文校讎爲主，凡校本與底本文字有異而關乎義理者，均出校記注明；若底本顯有缺字者，則依校本補正，出校記説明。文中段落若底本已分，則依底本照録，若底本未分，則依文義進行分段，務求清楚明了。校勘工作由浙江工商大學哲學系柴可輔博士完成初稿，由董平審覈定稿。限於水平，疏漏錯訛恐不能全免，望讀者給與批評匡正爲盼！

校點者　董　平　柴可輔

高子遺書序

學有岐，性無岐。性命於天，天性即天理也。理至實而無聲無臭，未嘗不虛；理至虛而有物有則，未嘗不實。夫性一而已矣，自性學不明，立教滋弊，篤行者諱言虛靈，談空者掃除事理。諱言虛靈，將等於不著之百姓；掃除事理，甚爲無忌憚之小人。流弊不同，其不識性，均也。孔子曰：「窮理盡性，以至於命。」孟子道「性善」，善者，理之總名也。至宋儒程、朱出，而鄒、魯一脉，絶而復續。淳公體認天理，文公窮至事物之理。嗚呼！聖學與異端，毫釐差而千里謬者，其在斯與？

我明高忠憲公，性學正傳也。先生少而志學，曰：「學孔子而不宗程、朱，是望海若而失司南也。」取其書細讀而精思之，參求既久，一旦貫通，不必規橅成言，而能盡發其藴。大指以見性爲宗，以明善爲要；以人生而静、不着意念者爲繼善之真體；以辨志定業，絶利一原，不留毫髮疑似以爲自欺之主者，爲格致之實際。論心氣，而曰：「聖人所養者，道義之氣；所存者，仁義之心。」論理義，而曰：「心爲在物之理，故萬象森羅；心爲處物之義，故一靈變化。」論情性，而曰：「未發者，喜怒哀樂之情；不發者，萬古常寂之性。」論知能，而曰：「乾知太始，如閃電無踪；坤作成物，如家宅可守。」此皆程、朱以後學者久錮之疑網，而先生剖而析之，若繭絲牛毛之不可殺，而銖兩累黍之不可易。乃若義關君父，辯別必精；道介長消，扶抑必早，以至酬物行遠之篇，觸境陶情之什，莫不因形賦象，矢口成爻。❶蓋心精形著，隨在現前，而先生亦不自知也。

《易》曰：「忠信所以進德也。修詞立其誠，所以居業也。」藉令見及之，非身有之，即言言透性，比夫對塔説相輪耳，❷誠於何有？先生自三時悟後，修持數十年，静則心氣俱寂，動則事理交融，惕乎其若冰淵，粹乎其若珪璧，肅乎其若揫斂，藹乎其若春融，具足萬行，而心體不挂一絲。蓋至致命遂志之時，身國不辱，何其從容！晝夜通知，何其超脱！而以一節名先生不得，以孤忠名先生不得，以二氏之尸解、蟬蜕、入定、立亡名先生，亦不得。而後知先生之真能復性也。有物有則者，還之於實；無聲無臭者，還之於虚，所謂「窮理盡性，以至於命」，非先生，吾誰與歸！

蒙嘗爲之説曰：「宋儒周元公以後，爲禪學者，無極與太極分，而程、朱合之；明儒薛文清以後，爲心學者，致知與格物分，而高子合之。分合之間，性學一大明晦也。」或曰：「然則先生之與程、朱奚似？」蒙謂程、朱同一窮理，亦各有入門：淳公從戒慎恐懼入，文公從學問思辯入。先生兼之，而得力於居敬居多。坐如泥塑人，接人渾是一團和氣，有之似之矣。

先生向有《就正録》，先生殁，門弟子從高長公伯珍傳寫笥中遺文若干篇，陳惕龍爲訂之、次之、詳之、反之，尋味標宗，獨出手眼，名曰《高子遺書》。較之入關、東見、

❶「爻」，疑當作「文」。

❷「比」，原作「此」，據錢氏《賜餘堂集》卷二所收此文改。

洛陽諸録，傳述師説，而滯焉不圓、雜焉不精者，相去遠矣。余私淑有年，竊謂欲正人心，先正學術；欲正學術，必宗程、朱。而先生此書，實爲程、朱心印，遂與諸曹謀梓之，而僭引其端。

崇禎壬申春魏里後學錢士升敬書於寅清堂之南軒

高子遺書序

以言爲道，無弗離也；以身爲道，無弗貫也。知欲侔乎上聖，而行不踰中人，則知行離矣。静時髣髴若有得焉，動而失之，則動静離矣。誠爲之，誠有之，其又何離焉？高子之學，不率心而率性，不宗知而宗善。無聲無臭之善，踐之以有形有色之身，格物之日，所謂知性、所謂復性，胥于此乎在。是故誨一學也，學一識也。天下之理患不一，不患不貫，一則自能貫矣。求一於講辨，一何在哉？致一於吾之爲道者，吾之身心一，而天下疇不一者？人之嗜慾，無出於色、利、名，極之爲死生，高子超超乎皆蟬蛻焉；居與遊無出乎家國天下，高子雝雝乎切切乎皆準繩而無妄焉。觀其坤能，是以信其乾知；身修於百年之内，而精神乃足動乎無窮之後世。蓋本朝大儒，無過文清、文成，高子微妙踰於薛，而純實無弊勝於王，至乎脩持之潔，踐履之方，則一而已矣。于此不一，不成儒者，況成聖賢？潔且方而未聞道，則誠有之，聞道而淄其躬，毁其方者，未之有也。然道脈自朱、陸以來，終莫能合。薛非不悟也，而修居多；王非無力也，而巧偏重。一修悟，一巧力，一朱、陸，惟吾先生其人。

遺言自自訂數種而外，多散漫無次，恐其久而愈紛，敬彙爲十二卷，凡于不欲垂不必垂者，胥已之，寧簡毋繁，爲後世也，所以體先生之志也。

崇禎辛未九月壬申門人嘉善陳龍正謹序

小序

一曰語

此卷先生所親訂，刻於天啓癸亥之秋，與講義、奏疏及諸説，俱名《就正録》，此其一端也。自格物以至平天下，自日用飲食以至天地鬼神，大抵平正切實，而所謂精微玄隱，前賢未發之藴，舉在其中。集主於明道，明道莫切於語録，語録出於及門所雜記，不如自記之精純也，故先之。原二百五十六則，覲華吴先生繼刻《真儒一脈》，删併九十餘條。覲華，高子之左丘、伯玉也，所經斟酌，自有真契。然味高子之言，有似淺而不得不存者，有似虛玄而實出於躬行默識，不妨與先儒微異者。余乃因其大略，爲稍廣之，定存一百八十二則。

二曰劄記

此亦先生所自記，蓋取最精者入《就正録》中，餘存而未布。大抵多引前人之言而闡發之、折衷之。然所云「體道在言行，上達在孝弟」、「惡念雜念，與真當下」之類，皆以片辭披抉奥妙。殆癸亥秋冬以後，日新又新，碎金未鑄，狐腋未綴，非皆《就正》之餘也。及門之士，遞相傳抄，頗多重複，今定存四十六則。

三曰經説辨贊類

此卷皆先生體貼所至，獨得於心，筆之而爲書者。其于古本《大學》，則雖尊信程、朱，不敢强同，而願同於崔氏。《困學記》，據其文體，原非説林，第先生自述生平進學次第，譬無色之繪天光，無言之傳天籟，實乃度人金鍼，不可與諸記同觀也。《山居課程》以下，指示初學最親最切。《好學説》以下，折衷則立的，剖晰則窮微。如乾坤寅直之旨、未發不發之辨、佛氏性其心、老氏性其氣，雖伊川、晦翁之所未備，皆開自先生，然而或樸或文，蓋期明道益人而已。《説辨》三種，高極於陽明，而辨之不嫌，不嫌，衛道也；卑極於蓮池，而辨之不辭，不辭，衛道也；陷極於管氏，而辨之不遺，不遺，衛道也。先生之心事，先生之著述如此，贊宋四家以配四配，寧謂德盡侔矣，其將有道脈之憂。

四曰講義

先生于經無不通，《易》尤精，而大會之日，必講《學》、《庸》、《語》、《孟》，爲其切於日用，且士人所群習，非如五經有專門也。講義甚多，先生自擇五十餘章，廣惠同志。所講者雖孔、孟之言，實先生之自言。其言也，蓋口而述之，則聖人自欲無言；體而行之，則學道愛人，聖人歸其言於偃。今先生所言者，皆先生之所知所行也，與子游之言學道相類。先生固云不敢求聖人之言於聖人矣，讀講義者，又可求先生之講義於先生乎？

五曰語録

先生手著尚多，顧且後之，而先語録。語録于明道切也。《會語》輯於周、祝二子，尊所聞甚至，記述之勞甚至。先生乙丑歲，曾以授余，囑曰：「其中尚多可商，幸細觀之。」則先生之意可見。于是乃舉其雜而未純、繁而未精者汰之。汰之而以晦先生之道，滿二子之言，不敢也；汰之而以明先生之道，暢二子意中之旨，則汰之。其錯綜者，稍爲次序，使人易識門庭。《高橋別語》出於魏忠節，《初謁語》出於從子敳。敳弱冠慕道，故教以讀書。大意忠節當見危授命之秋，故示以處患難、定疾痛、一死生。人乎人乎！時乎時乎！先生之言，其猶化工爾！

六曰詩

言志陶情，莫先於詩。三百而下，詩人不知道，有道之士不工詩，亦猶孟子以後，德業分岐，治事者忘身心，而學道者遺世務也。靖節詩雋千古，然性與天道，猶未知何如，况餘子乎？先生不盡效陶，大都有陶韻，逸興幽懷，適與之符。昌黎云：「歡愉之辭難工。」先生絶作，歡愉者十居八九，又以見醲麗之歡愉厭，而闃寥之歡愉妙也。令視闃寥爲愁思，尚能有好言乎？《静坐》、《戊午》諸吟，則專以舉道，譬如禪家之有偈，術家之有歌訣，不過假借宫商，明宗傳要，使人哦則易熟，熟則難忘，而句字間之淘汰瑑磨，概非所計矣，全在學者善觀。

七曰疏揭問類

敷奏以言，明試以功，兩者達道之大端也。先生筮仕之初，以言事去位，六十始出，復居閒局，所爲達道，皆以言不以功。昔孟夫子不動心之養既成，遊魏若齊，惟非心之務格，達權自牖，無惛不動，非欣然動於悦，則淒然動於戚。先生壯時，《闢張世則》與《第一要務》、《聖明務學》諸疏，雖神機濬發，未與亞聖方駕，其端本澄源之意，何有異哉？晚長西臺，于是經濟之實大見，莫詳於《責成州縣》一疏，惜入林遂深，未及上。而《嚴劾賊臣崔呈秀》，則未形之燭，抑亦殺身成仁所繇胚胎焉。或疑明哲之旨不然。夫既就列，先生所知者，匪解以事一人而已矣，寧得豫防奸人之報復，如世俗之模稜以養惡乎？格而旋去，去而不免，一世之運也，非先生一人之命也。垂絕從容，其實中庸之軌，豈猶往日之憤烈，回風之悽愴耶？賫志未遂，在責州縣以安民生，使繼若職者，肯行若事，即忠憲復生矣。不阿同好，不棄異己，不忘維桑。又有揭有問。

八曰書

言不盡意，而達意者，莫過於言；書不盡言，而代言者，莫過於書。舍是，則愈無繇盡也。相視之頃，概欲其默而識之，笑而莫逆，則奚繇？千里而外，數十百世上下，非書則奚繇？故代言以達意，惟書最近。書者，達於人我之兩心，親相授受於當世者也。先生之書，論學者十七，論政事者十二，感慨時世，逍遥物外者十一，莫非學焉，莫非教焉。昔陽明子于諸書俱自標年月，使後人觀其前後淺深。先生書年月不概見，以意度之，髣髴可得。然遥度其時序，何如實按其指歸，遂以論學者居前，政事居後，而感時寓意，或雜次乎其閒。蓋一人數書，則序而編之，首尾燦然，亦不概清其類也。惟削奪以後，知禍之將及，必從靈均，致命遂志，前定無疚。自《孫宗伯》而下八書，不可不鱗次觀之，以見夕可之意。至于拱手一答，隱寓全歸。臨終數言致意諸相知者，宛然子輿氏「小子」之呼也。受先生之呼，孰忍忘其意乎！

九　曰　序

或序古人，或序今人，或自序。其于當世之人也，或慶之，或慰之，或勉之，蓋紛乎不可窮詰擬議焉。然則序何定？所序之情亦何定之有？而吾閱先生諸序，有定指焉：語本體曰「性善」而已矣，語工夫曰「實脩實悟」而已矣。然而不盡滯也。亦歸無，亦重悟，亦尚默，亦貴自然，亦取孤高，此其序道也；亦愛機警，亦量時勢，亦舉感應鬼神，此其序人才、政事也；亦賞花，亦玩月，亦暢飲高歌，亦悦習静，亦嘉曠達，此其序文章、燕會、送別之致也。無所不通而不離其宗。使必曰「性善」，曰「實脩」，曰「實悟」，則各一言而畢爾，聽者能無索然矣乎？縱之横之，斯誘之也易動。聞道者之言，固安有不活者耶？先生以道爲文，因其文可以見道。

十曰碑傳記譜訓類

其人往矣，至今不能忘，當吾世而有人焉，又後人之所欲聞知也，此碑傳所爲作也。彰其人事在人中矣，若夫記其事，則人亦在事中，自記其事，則意亦在事中，而譜以思往，訓以裕來，無我而非人也，無一家而非天下也，皆仁人不容已於言者，覈其要歸，人倫人性而已。倫之無象也曰性，性之有象也曰倫，盡則俱盡矣。先生種種有二說耶？

十一曰誌表狀祭文類

譽近厚，譽死者益近厚，然總入於欺矣。欺觀者，欺作者，欺死者，莫非自欺。以居厚而蹈欺，豈格物之學哉？先生所闡，多幽人奇行，其或已顯於當世，則質直言之，不溢其情。夫仁人之好學者，不毁人易，不譽人難；不譽生人易，不譽死人難。所是之分數不忍謬其權衡，而反忍顛是以爲非乎？故信誰毁者，觀其誰譽益決，不顧此意，則俗夫之諛墓而已矣，然不原此意，則刻而已矣。反覆諸篇，見先生格物毋欺之義。

十二曰題跋雜書類

人心世道、片長隻技、異端俗子、飲食器具，凡有關係無不言，凡有請求無不應。或曰奚屑爲此瑣瑣者，則倦於事矣，非吾徒也，則倦於類矣，安得天下皆得門之正士，目前皆震世之大業，而後施吾化迪，當吾鼓舞發揚乎？無根之議論，一步一顧，常或失之；有主之學問，殊方異劑，醇乎醇者自若也。夫是之謂不倦之誨。余定《家靖質集》，終以《自祭文》，絶筆也；《陶菴集》，終以劄記，進未止也。今于先生集終以雜書，因雜以明醇也。豈曰有知，毋敢苟焉之意，其斯而已矣。

龍正識

高子遺書卷之一

語一百八十二則

學必繇格物而入。

有物必有則。則者，至善也。窮至事物之理，窮至於至善處也。

格物，是隨事精察；物格，是一以貫之。

《大學》不是無主意的學問，明德、親民、止至善，主意也。格者格此。

人心之靈莫不有知，良知也；因其已知而益窮之至乎其極，致良知也。

格物不至極處，多以毫釐之差，成千里之謬。

格致至一旦豁然，知性矣。

纔知反求諸身，是真能格物者也。

千變萬化，有一不起化於身者乎？千病萬痛，有一不起病於身者乎？此處看得透，謂之格物，謂之知本。故曰：「此謂知本，此謂知之至也。」

或曰：「脩身爲本，有何難知，而須物格知至？」曰：「莫輕看了，世間迷謬顛倒，都緣這些子不透。」

曰「自天子至於庶人」，盡乎人矣；曰「壹是」，盡乎事矣；而「皆以脩身爲本」，實信得，則易簡而天下之理得矣。

格物愈博，則歸本愈約，明則誠也。

窮理者，格物也；知本者，物格也。窮理，一本而萬殊；知本，萬殊而一本。

學者以知至爲悟，不悟，不足以爲學，

故格物爲要。

程子曰：「不知格物，而欲意誠、心正、身脩，未有能中於理者。」古今學者之病，大率在此。

朱子曰：「欲誠意者，必先格致，然後理明心一，所發自然真實，不然，則正念方萌，而私意隨起，亦非力之所能制也。」又曰：「知有不至，即其不至之處，惡必藏焉，以爲自欺之主。」又曰：「格致比治平，則格致事似小，然打不透，病痛却大，無進步處；治平規模雖大，然縱有未盡，病痛却小。」皆至到之言也。

無工夫，則爲私欲牽引於外；有工夫，則爲意念束縛於中。故須物格知至，誠正乃可言也。

《孟子》七篇，句句是格物，而「性善」又是格物第一義。知到性善，方是物格。孟子説「聖人，人倫之至」，又説「不堯不舜，便賊君賊民」。聖人，人倫之至，豈人人可爲？人不爲聖人，豈便至賊君賊民？不知人倫之至處，正是人人可能處，乃人之性也，所謂仁也。出乎此即是不仁，中間更無站立處。所謂窮至事物之理者，如此。

朱子謂人之所以爲學，心與理而已。學者必默識此心之靈，而端莊静一以存之，知有萬物之理，而學問思辨以窮之，此聖學之全也。論者以爲分心與理爲二，不知學者病痛，皆緣分心與理爲二，朱子正欲一之，反謂其二之，惑之不可解久矣。

朱子曰：「致知格物，只是一事。格物以理言也，致知以心言也。」繇此觀之，可見物之格，即知之至，而心與理一矣。今人説著物，便以爲外物，不知不窮其理，物是外物，物窮其理，理即是心。故魏莊渠曰：

「物格則無物矣。」此語可味也。

古本《大學》説「格物」本自明白，曰「此謂知本，此謂知之至也」，只緣以此二語爲錯簡，故格物遂成聚訟。然程、朱工夫，原不異本旨，何以不曰「此謂物格，此謂知之至」，而曰「此謂知本，此謂知之至」？曰：格物而不知本，不謂物格。知本之謂物格，故知本之謂知至。

萬變皆在人，執一毫我不得；萬化皆在身，求一毫人不得。此處透，真格物矣。

學有無窮工夫，心之一字，乃大總括；心有無窮工夫，敬之一字，乃大總括。

心無一事之謂敬。

整齊容貌，心便一，合内外之道。

儼若思而已，無纖毫事也。

無適，自然有主，不假安排。

千聖萬賢，只一敬字做成。

性不可言，聖人以仁義禮智言之；心不可言，聖人以敬言之。

不知敬之即心，而欲以敬存心，不識心，亦不識敬。

人之生也直，敬以直内而已。人之生也直，本體也；敬以直内，工夫也。

無妄之謂誠，無適之謂敬，有適皆妄也。

程子曰：「主一者謂之敬，一者謂之誠，主則有意在。」是誠者，本體也；敬者，工夫也。不識誠，亦不識敬；不識敬，亦不識誠。

主一之謂敬，無適之謂一。人心如何能無適？故須窮理，識其本體。所以明道曰：「學者須先識仁。」識得仁體，以誠敬存之而已。故居敬窮理，只是一事。

識得仁體，以誠敬存之。存之之道，

「必有事焉，而勿正，心勿忘，勿助長」，未嘗費纖毫之力，可謂明白矣。今之重攝持者，惟恐不須防撿等語，開恣肆之端；重解悟者，惟恐誠敬存之之語，滋拘滯之弊，何耶？

朱子立主敬三法：伊川整齊嚴肅，上蔡常惺惺，和靖其心收斂、不容一物。言敬者，總不出此。然常惺惺、其心收斂，一著意便不是，蓋此心神明，難犯手勢。惟整齊嚴肅，有妙存焉，未嘗不惺惺，未嘗不收斂，内外卓然，絶不犯手也。

物格知至，實見得天人一、古今一、聖凡一、内外一，主一工夫自妙矣。

人心放他自繇不得。

心中無絲髮事，此爲立本。

理不明，故心不靜。心不靜，而別爲法以寄其心者，皆害心者也。

孔子「操則存」四句，畫出「人心惟危，道心惟微」真像。

吴康齋曰：「心是活物，涵養不熟，不免摇動，只常常安頓在書上，庶不爲外物所勝。」「安頓」二字大有害，儒者不徹性命，大率繇此。於摇動處，正好下工夫，尋向上去也。

人心戰戰兢兢，故坦坦蕩蕩。何也？以心中無事也。試想臨深淵、履薄冰，此時心中還著得一事否？故如臨如履，所以形容戰戰兢兢，必有事焉之象，實則形容坦坦蕩蕩，澄然無事之象也。

一念靈明，照耀今古。然人心所覺，以爲歷歷分明者，非真明也，是有意焉，時起時滅者也。真明者，其明命乎！古人顧諟，蓋實體如是，非見也。有見則妄矣。

此心廣大無際，常人局於形，囿於氣，

縛於念，蔽於欲，故不能盡。盡心則知性，知性則知天。天無際，性無際，心無際，一而已矣。

程子曰：「天人本無二，人只緣有此形體，與天便隔一層，除却形體，渾是天也。形體如何除得？但克去有我之私，便是除也。」愚謂真知天，自是形體隔不得。觀天地則知身心。天包地外，而天之氣透於地中，地在天中，而地之氣皆天之氣。心，天也；身，地也。天依地，地依天，天地自相依倚；心依身，身依心，身心自相依倚。剛柔相摩如此，纔著意便不是。

天在人身，爲天聰天明，爲良知良能，率其自然便是道，參不得絲毫人爲。

六經皆聖人傳心，明經乃所以明心，明心乃所以明經。明經不明心者，俗儒也；明心不明經者，異端也。

無雜念慮，即真精神。去其本無，即吾固有。

白沙曰：「千休千處得，一念一生持。」若非千休，亦無一念。

當得大忿懥、大恐懼、大憂患、大好樂而不動，乃真把柄也。

心即精神，不外馳，即內凝。有意凝之，反梏之矣。

心要在腔子裏，是在中之義，不放於外，便是在中，非有所着也。故明道說未發之中，「停停當當，直上直下」，此中之象也；「出則不是」，放之謂也；「物各付物，便是不出來」，不放之謂也。

朱子曰：「滿腔子是惻隱之心。」是就人身上指出此理充塞處，最爲親切。朱子發明程子之言，亦最親切矣。蓋天地之心，充塞於人身者，爲惻隱之心；人心充塞天地者，即天地之心。人身一小腔子，天地即大腔子也。

仁不能守之，未仁也。仁則安，故云守。

必有事焉是集義，集義是直養。操則存者，必有事之謂，舍則亡者，忘之謂也。

人之生也直，本體也；以直養而無害，工夫也。

人與物同一氣也。惟人能集義，養得此氣浩然，其體則與道合，其用莫不是義。故曰：「配義與道。」

孟子「心之官則思」，思則虛靈不昧之謂。思是心之睿，於心爲用，著事之思，又是思之用也。

動則著事，靜則著空，無有是處。

一念反求，此反求之心，即道心也。更求道心，轉無交涉。

須知動心最可恥。心至貴也，物至賤也，奈何貴爲賤役？

知言則知道。氣自浩然，浩然之氣即天也。天不動，故孟子不動心，在善養浩然之氣。若不知天，欲此心作得主定，如何可得？

明道曰：「人心必有所止，無則聽於物。」此不動心之道也。

心是定他不得的。越要定他，越不可定。惟是止於事則自定，物各付物之謂也。格物者，格知物則，各還其則，物各付物也。

不以天明心，心不可得而明也；不以心明天，天不可得而明也。

心之仁，如目之明、耳之聽。目本明，耳本聽，心本仁，本體也；明者還其明，聽者還其聽，仁者還其仁，工夫也。

何以謂心本仁？仁者，生生之謂。天

只是一箇生，故仁即天也。天在人身爲心，故本心爲仁。其不仁者，心蔽於私，非其本然也。

人身内外皆天也，一呼一吸，與天相灌輸。其死也，特脱其闔闢之樞紐而已，天未嘗動也。

欲並生哉！昆蟲草木，不可自我摧折。

朱子謂學者半日静坐，半日讀書，如此三年，無不進者。嘗驗之，一兩月便不同。學者不作此工夫，虛過一生，殊可惜！

惟天理至静。

濂溪主静，主於未發也。

主静之學，要在慎動。

言動一差，虛明無事中，如水著鹽，如麵著油，欲静而不可得。人生無穿窬之事，則無穿窬之夢。非禮不動，皆如不爲穿窬，心自静矣。

静中看工夫，動中看本體。工夫未是，静中作主不得；本體未真，動中作主不得。

工夫不密，在本體不徹；本體不徹，又在工夫不密。

學無動静。其初静以澄之，至不緣境而静，不緣境而動，乃真静也。

静如是，動不如是者，氣静也；静如是，動亦如是者，理静也。

理静者，理明欲浄，胸中廓然無事而静也；氣静者，定久氣澄，心氣交合而静也。理明則氣自静，氣静理亦明，兩者交資互益，以理氣本非二，故默坐澄心，體認天理，爲延平門下至教也。若徒以氣而已，動即失之，何益哉？

默坐澄心，體認天理者，謂默坐之時，此心澄然無事，乃所謂天理也，要於此時默識此體云爾，非默坐澄心，又別有天理當體認也。

但自默觀，吾性本來清浄無物，不可自生纏擾；吾性本來完全具足，不可自疑虧欠；吾性本來蕩平正直，不可自作迂曲；吾性本來廣大無垠，不可自爲局促；吾性本來光明照朗，不可自爲迷昧；吾性本來易簡直截，不可自增造作。

顯諸仁，即體即用；藏諸用，即用即體。

道有體用焉。其用可見，而其體難明；其體可明，而其用難盡。故君子致知力行，必交勉也。

復以自知，所謂獨也；不遠復，所謂慎獨也。

朱子曰：「必因其已發而遂明之。」省察之法也。吾則曰：必因其未發而遂明之，體認之法也。其體明，其用益明矣。

真知天命可畏，是真慎獨。

龜山曰：「天理即所謂命。知命，只事事循天理而已。」言命者，惟此語最盡。

式和民則，順帝之則，有物有則，動作、禮義、威儀之則，皆天理之自然，非人所爲。聖賢傳心之學在此。

其實無一事，不要惹事。

因物付物者，萬變皆在人，其實無一事也。此程門心法之要。

在物爲理，處物爲義，因物付物之謂也。

有物有則之謂在物爲理，因物付物之謂處物爲義。

儒者之學，只「天理」二字最微，可以自詣，而難於名言。明道津津言之，伊川、晦翁皆體到至處。

窮理者，天理也，天然自有之理，人之所以爲性，天之所以爲命也。在《易》則爲中正，聖人卦卦拈出示人。此處有毫釐之差，便不是性學。

門人厚葬，何以爲不可？使門人爲臣，何以爲欺天？只此二事，可體認天理。

《春秋》一書，無一事不是此理也。

天理既明，如權衡設而不可欺以輕重，如度量設而不可欺以長短，合此則是，不合此則非，以此好惡，以此用舍，以此刑賞。

易簡而理得矣，《中庸》其至矣乎！聖人示人，竭盡無餘，天理於此而見。

朱子曰：「天地間自有一定不易之理，不容毫髮意思安排，不容毫髮意見夾雜，自然先聖後聖，若合符節，此究竟處也。」所謂天理者如此。

一念反躬，便是天理。故曰：「不能反躬，天理滅矣。」

問：「知覺之心，與義理之心，何如？」朱子曰：「纔知覺，義理便在此，纔昏便不見了。」又曰：「提醒處便是天理，更別無天理。」繇此觀之，人心明即是天理，不可騎驢覓驢。

見衰冕與瞽者，何以必作必趨？見負版者，何以必式？入公門何以鞠躬？割不正，席不正，何以不食不坐？有安排乎，則非聖人；無安排乎，豈非無隱乎爾？

擇善，擇其天然不已者而已；固執，執其人爲不參者而已。

朱子謂孟子道「性善」是第一義，若信得及，直下便是聖賢。學者信關最難過，此關不過，雖知可欲之善，亦若存若亡而已。

離却生，無處見性，而孟子所謂性，與告子所謂性，所爭只在幾希。故曰：「人之所以異於禽獸者幾希。」

理欲之界，截然各別，不可有一毫之混；聖凡之體，渾然無二，不可有一毫之岐。

不誠無物。參前，倚衡，立卓，誠後自然如此。

既得後，須放開。蓋性體廣大，有得者，自能放開，不然還只是守，不是得。蓋非有意放開也。

道性善者，以無聲無臭爲善之體，陽明以無善無惡爲心之體，一以善即性也，一以善爲意也。故曰：「有善有惡者，意之動。」佛氏亦曰：「不思善，不思惡。」以善爲善事，惡爲惡事也。以善爲意，以善爲事者，不可曰明善。

性可默識，不可言求，何者？性無形體，安得以言形之？惟吾夫子以「中庸」二字言性，故《中庸》首言「天命之謂性」，末言「上天之載，無聲無臭」。《中庸》一書，只説得一「性」字而已，非夫子不能傳此二字，非子思不能傳此一書。

有云不覩不聞之時者矣，有云不覩不聞之體者矣。云體者，無時而不在，體即時也；云時者，無時而不體，時即體也。戒謹恐懼，即時即體也，爲物不二者也。

唐虞言「中」，至子思始明之，曰：「喜怒哀樂之未發謂之中。」萬古於此明中，於此明性，於此明道。朱子謂子思憂道學之失其傳而作，信哉！

龜山門下，相傳「静坐中觀喜怒哀樂未發前作何氣象」，是静中見性之法。要知觀者即是未發者也。觀不是思，思則發矣。此爲初學者引而至之之善誘也。

聖人之所謂「庸」，皆性命也，常人不著

不察之倫物，庸而非中矣，故庸而非聖人之庸。聖人之所謂「中」，皆日用也，二氏不倫不物之明察，中而非庸矣，故中而非聖人之中。

明道曰：「中也者，天下之大本，天地間停停當當、直上直下之正理，出則不是。」又曰：「若能物各付物，便是不出來也。」靜則直内，動則因物，此心常復於未發，而寂然不動矣，此謂復性。

佛氏最忌分別是非，如何紀綱得世界？紀綱世界，只是非兩字，聖人因物之是而是之，因物之非而非之，我不與也，此所以開物成務。

道也者，不可須臾離。天體物而不可遺，《詩》所謂「上帝臨女」，「出王」「游衍」，實體如是，雖不戒謹恐懼，不可得也。

「費隱」二字奇哉！形形色色，以言乎天地之間，則備矣。故聖人只於彝倫日用盡道，其間絶無聲臭之可即。人以爲卑近無奇，而不知皆至誠之微妙。顯之微者，人不知也，故舉鬼神。微之顯者，形之費者，顯也。微者，隱也。微之顯，所謂費之隱也。

明自誠而發見者，性之本體也；誠自明而悟入者，教之工夫也。《中庸》專明「性」、「教」二字。

本體即工夫者，中庸而已，聖人於《乾》之九二言之；工夫即本體者，敬義而已，聖人於《坤》之六二言之。

亘古亘今，塞天塞地，只是一生機流行，所謂易也。

終日乾乾，與時偕行，只一「時」字，便見繼之者善。

天地之化，息息而易，故萬古不易。謂

有不易之易、變易之易，是二之也。

《大易》教人息息造命。臣弑其君，子弑其父，其所由來者漸也。既已來矣，寧可逃乎？辨之於蚤，如地中無此種子，殃從何來？❶

六十四卦大象皆曰「以」。聖人渾身是易也。「以此洗心」，「以此齋戒」，原來非此不爲洗心，不爲齋戒。

先儒謂天地間原有一部《易》，開眼便見，聖人不過即其所見者摹寫之耳。信然哉！「天尊地卑」章，《易》已昭昭於吾前矣。

繼之者善，是萬物資始；成之者性，是各正性命。元，特爲善之長耳。元而亨，亨而利，利而貞，貞而復元，繼之者皆此善也。

利貞者，性情也。成這物，方有這性。故至利貞，始言性情。

貞之義大矣哉！四時以貞爲冬，四德以貞爲智。隆冬之時，萬象寂然無朕，大智之人，一點伎倆不形。《中庸》尚絅，《大易》藏密，入德於此，成德於此。謝上蔡去一「矜」字，而曰：「仔細簡點，病痛盡在這裏。」至哉言矣！

羅整菴曰：「聖人所謂太極，乃據《易》而言之，蓋就實體上指出此理以示人，不是懸空説。」此語最精切。

大哉乾乎！剛健中正，純粹精也。此所謂至善。朱子謂「純乎天理而無一毫人欲之私」最盡。

大人與天地合德，日月合明，四時合序，鬼神合吉凶，人心止於至善便如此。《易》言天地，即是言聖人，言聖人，即是言人心。道無天人凡聖也。

❶「殃」，四庫本作「秧」。

明道先生曰：「上天之載，無聲無臭，其體則謂之易。」一語便可見易。

此體不可形狀，孟子名之曰「浩然之氣」，即易體也。

明道又曰：「安有識得易後，不知退藏於密？密，是用之源，聖人之妙處。」又曰：「形而上者乃密也。」發密義無餘藴矣。

易，心體也。無思無爲，人以妄思妄爲失之。故夫思也者，思其無思者也；爲也者，爲其無爲者也。思則得之之謂思其無思，行所無事之謂爲其無爲。

言行最不可欺家人。故《家人》曰：「言有物，行有恒。」

《隨》之六二曰：「弗兼與。」故里克之中立，鄧析之兩可，鮮不爲邪。

伊川先生説「遊魂爲變」，曰：「既是變，則存者亡，堅者腐，更無物也。」此殆不然，只説得形質耳。遊魂如何滅得？但其變化不可測識也。聖人即天地也，不可以存亡言，自古忠臣義士，何曾亡滅？避佛氏之説，而謂賢愚善惡，同歸於盡，非所以教也。況幽明之事，昭昭於耳目者，終不可掩乎。張子曰：「《大易》不言有無；言有無，諸子之陋也。」

自感自應，非有别物。

天地間感應二者，循環無端。所云定數莫逃者，皆應也；君子盡道其間者，皆感也。應是受命之事，感是造命之事，聖人祈天永命，皆造命也。我繇命造，命繇我造，但知委順而不知盡道，非知命者也。

形，而後有氣質之性者。人自受形以後，天地之性，已爲氣質之性矣，非天地之性之外，復有氣質之性也。善反之，則氣質之性，即爲天地之性，非氣質之性之外，復有天地之性也。故曰：「二之則不是。」

曾子當啓手足時，一箇身子，完完全全，潔潔浄浄，如精金百鍊，如白璧無瑕，此時方了得「脩身爲本」四字。

良知即明德也，須止於至善，故致知在格物。曾子易簀而卒，便顯出箇曾子；陽明至安南而卒，便顯出箇陽明。曾子曰：「吾得正而斃焉，斯已矣。」此曾子所以爲曾子也。陽明曰：「此心光明，更復何言。」此陽明所以爲陽明也。

人想到死去，一物無有，萬念自然撇脱。然不如悟到性上一物無有，萬念自無係累也。

每至夕陽，簡點一日所爲，若不切實煅煉身心，便虛度一日，流光如駛，良可驚懼。

所以要惜分陰者，不使邪思妄念，瞬息據吾靈府，庶幾日就月將，緝熙於光明。

絶四是克己。

克己復禮，便超凡入聖。

聖賢所欲，止是一仁，更無别物。

所謂博學者，隨時隨處，只學此一事。志專在此，故云「篤志」；問專在此，故云「切問」；思專在此，故云「近思」；只是求仁，故曰「仁在其中」。

山木不幸，當大國之郊；人生不幸，處適意之境。

逐物則憂，反躬常樂。

安莫安於知足，危莫危於多言，貴莫貴於不求，賤莫賤於多欲。

人生安得事事如意？惟不如意事來，不爲所累，其權在我，可事事如意也。

矜細行最得力。

話不可騁快說，事不可騁快作。

滋味入口，經三寸舌間耳，自喉以下，

珍羞麤糲，同於冥然，奈何以三寸之爽，輕戕物命乎？ 豈惟口腹，百年光景，三寸滋味耳，有以須臾之守，垂芳百世，有以須臾之縱，遺臭萬年，亦可思矣。

見人一善，忘其百非，此待人之法也；終身行善，一言敗之，此持己之戒也。

聖人見得事事無能，是躬自厚處；見得人人有善，是薄責於人處。

鄉原曰「生斯世，爲斯世也，善斯可矣」，便是强力人也推仆了。君子曰「我猶未免爲鄉人也，是則可憂也」，便是醉夢人也喚醒了。

遯世無悶，不見是而無悶，定見也；行一不義，殺一不辜，得天下不爲，定守也。學聖人之學而不辨此，如築室者無基，堂搆安施乎？ 種樹者無根，灌溉安施乎？

講學者，講其所行者也。不行，則是講而已矣，非學也。

子弟若識名節之隄防，《詩》《書》之滋味，稼穡之艱難，便足爲賢子弟矣。

正公言才有善不善，恐非定論。性既善，才豈有不善？ 迷於性則不善，復於性則善，如反掌然，能反者乃才也。

念菴曰：「但知即百姓之日用，以證聖人之精微，不知反小人之中庸，以嚴君子之戒懼。」此語透盡講良知者末流之弊。

一日克己復禮，無我也。佛氏曰「懸崖撒手」，近儒亦曰「拚」，皆似之而實非。何者？ 以非聖人所謂復禮也。或曰：「真爲性命，人被惡名，埋没一世，更無出頭，亦無分毫掛帶。」此是欲率天下入於無忌憚，其流之弊，弑父弑君，無所不至。

不識本體，而操持念頭，以爲居敬，解釋經書，以爲窮理，是養稊稗者也；既識本體，但保任一靈，不知精義復禮者，是五穀不熟者也。

言赤子之知能，百姓之日用是矣。試看《鄉黨》一篇，聖人動容周旋中禮，赤子能之乎？百姓能之乎？故聖學要在禮義。

君子一點畏心，至王安石滅盡；一點恥心，至馮道滅盡。後世小人無忌憚，有此兩途。

天下事敗於邪見之小人、無見之庸人、偏見之君子。

事之不可救藥者，在小人不自知其爲小人，專認君子爲小人。❶其始也，失於上無教化；其終也，失於上無用舍。

君子必有所短，小人必有所長。君子難親，小人易比。故世人於君子，惟見其短；於小人，惟見其長。無怪乎好惡乖方，用舍倒置。

天下不患無政事，但患無學術。何者？政事者，存乎其人；人者，存乎其心。學術正，則心術正；心術正，則生於其心發於政事者，豈有不正乎？故學術者，天下之大本。末世不但不明學，且欲禁學，若之何而天下治安也？

政事本於人才，舍人才而言政者，必無政；財用本於政事，舍政事而言財者，必無財。

足民，方救得國之不足。有若「盍徹乎」，正言足用之道。有若要在源頭上做來，哀公要在末流上補救，其實末上如何補救得？

有問錢緒山曰：「陽明先生擇才，始終

❶「專」，四庫本作「轉」。

得其用，何術而能然？」緒山曰：「吾師用人，不專取其才，而先信其心，其心可托，其才自爲我用。世人喜用人之才，而不察其心，其才止足以自利其身已矣，故無成功。」愚謂此言，是用才之訣也。然人之心地不明，如何察得人心術？

人不患無才，識進則才進，不患無量，見大則量大，皆得之於學也。

明道先生之言，句句是真悟，此方是真脩；晦菴先生之言，句句是真脩，此方是真悟。

文公，聖賢而豪傑者也，故雖以豪傑之氣概，終是聖賢真色；文成，豪傑而聖賢者也，故雖以聖賢學問，終是豪傑真色。

先儒惟明道先生看得禪書透，識得禪弊真。

朱子傳註六經，折衷群言，是天生斯人以爲萬世。即天之生聖賢，可以知天命矣。

高子遺書卷之一終

高子遺書卷之二

劄　記 四十六則

有一事當前，必曰如之何、如之何，思之思之，自有至當處慊於吾心。同乎人心者，此便是至善。

不存心，不可知性；不知性，不能存心。

心無出入，所持者志也。

收拾全副精神只在一處。

道無聲臭，體道者，言行而已。

孝弟二字，終日味之不可窮，終身行之不可盡，下學上達在此。

人心纔覺，便在腔子裏，不可着意。

晦菴先生曰：「瞬息不存，便是邪妄。」伊川先生曰：「存無不在道之心，便是助長。」參觀二語，可以見有事勿正之義。

盧玉溪曰：「聖賢千言萬語，論道，只在遏人欲以存天理，論治，只在進君子而退小人。」

仁與智藏諸用，禮與義顯諸仁。

程子曰：「滿腔子是惻隱之心。」朱子問門人曰：「腔子外是何物？要思得之。」

吾嘗出入於佛老，而知總不如一「敬」字。

有憤便有樂，不知手之舞之，足之蹈之。平日無憤無樂，只是悠悠。

程子曰：「意必固我既亡之後，復於喜怒哀樂未發之前，此爲復性。」

心與理，一而已矣。善學者一之，不善學者二之。識義理而心體未徹者，入於見解；見心體而義理未徹者，入於氣機。

或疑程、朱致知爲聞見之知，不知窮至物理。理者，天理也，天理非良知而何？或疑文成格物爲玄虛之物，不知各得其正。正者，物則也，物則非天理而何？落於聞見，墮於玄虛者，其流弊也。然而立教之本，有虛實之辨焉。物理實，則知亦實，從義理一脈去，故曰「擇善固執」，而好善惡惡之意誠；知體虛，則物亦虛，從靈覺一脈去，故曰「無善無惡」，而好善惡惡之誠替矣。毫釐千里，蓋繇於此。

王文成曰：「吾良知二字，從萬死一生得來。」其致知之工何如乎！其所經歷體驗處，皆窮至物理處也。身繇程、朱之途，口駁末學之弊，猶之可也。學文成者，口襲其到家之語，身不繇其經歷之途，良知從何得來？

顯言知本，「天下國家之本在身」之「本」也；微言知本，「中也者，天下之大本」之「本」也。

殀壽不二，二此念也；❶造次必於是，此念也；顛沛必於是，此念也。

終日乾乾，與時偕行，只一「時」字，本體工夫具在。洋洋乎發育峻極者，此也；優優乎三千三百者，此也。

知時則知幾，故曰：「敕天之命，惟時惟幾。」

道之不可須臾離也，莫見莫顯也，中和也，皆悟法也。戒謹恐懼也，慎獨也，致中和也，皆脩法也。

天然一念現前，能爲萬變主宰，此先立乎其大者。致一則密。

不至於密，安得吉凶與民同患，而神以

---

❶「二」，疑衍。四庫本無「二」字。

知來，智以藏往乎？

「主一」二字最盡。一者本體，主者工夫。

楊龜山先生致知格物，蓋言致知當極盡物理也。理有不盡，則天下之物，皆足以亂吾之知，思蕲於意誠心正遠矣。此程門格物的傳也。

至静中，凡平日行不慊心者，一一顯現，故主静要在慎獨。

天下至奇特，總是至平常。聖人神化，不過百姓日用，然非千窮萬究，不能信得，道理只是如此。

惡念易除，雜念難除。惡念盡，是誠意；雜念盡，是正心。

邵子言「一動一静，天地之至妙」，此言《易》也；「一動一静之間者，天地人之至妙」，此言太極也。

亥、子中間，即一動一静之間。

當下即是，此默識要法也。然安知其當下果何如？朱子曰：「提醒處，即是天理，更別無天理。」此方是真當下。

「擇乎中庸得一善」者，復於未發也。少加毫末，便復失之。「拳拳服膺弗失」者，純於未發也。

《中庸》言：「道不可須臾離。」顧涇陽先生曰：「此不可離，是人真念頭上一點過不去的所在。此心與道合則安，與道離則不安。試想此念頭於何而來，便識得本體矣。」余謂此一點過不去的，有兩樣查考。若在事上，背理而不安，則應用有時，於須臾之義尚疏；若在心上，違仁而不安，則體道無間，於須臾之義方密。

道者，率性之謂。天下豈有須臾離性

之人？百姓特日用而不知耳。

元公、純公之於《易》也，深乎！獨得其至微以洗心藏密矣。康節之妙於象數，正公之發明義理，文公之歸本卜筮，皆卓絕，漢儒孰得而奪諸？

易之本體，只是一「生」字；工夫，只是一「懼」字。

夫子去魯十有四年，與二三子棲遲容與，其進德脩業，有不可知之妙，所以贊易，大旅之時義。

持志之象，如猫捕鼠，如鷄抱卵。

敬者，心之貞也，貞則元矣，故求仁莫如敬。

程子謂栽培生意在六經，先得根本，然後可言栽培。根本自六經得之，生意亦自六經培之，所謂好古敏以求之者與？

朱子一派，有本體不徹者，多是缺主敬之功；陸子一派，有工夫不密者，多是缺窮理之學。

窮至無妄處方是理。

心復於性，則無飢渴之害。

元、亨、利、貞皆善也。元而亨而利而貞，貞而復元，故曰「繼之者善」；元始之，故曰「善之長」；天地一闔一闢，吾人一呼一吸，繼繼而不已者，皆是此件，故曰「生生之謂易」。孟子道性善而必稱堯舜者何也？性無象，善無象，稱堯舜者，象性善也，若曰如是如是云爾。此須在思慮未起時認取，思慮未起時，便是此件，剛健中正純粹精，求與堯舜一毫不同者，不可得也；及動念便差，動步便差，求與堯舜一毫對同者，❶不可得也。

❶「對」，四庫本作「相」。

繇其同，故人皆可爲；繇其不同，故不可不爲。何以爲之？曰堯舜所不爲者，斷不可爲，所以爲堯舜也。

高子遺書卷之二終

高子遺書卷之三

經解類

古本大學題詞

謂《大學》有錯簡者，疑「誠意」章引《淇澳》而下也；謂《大學》有缺傳者，疑首章「此謂知本」二語也。夫「此謂知本」，必從「脩身爲本」明矣，有「脩身爲本」之揭，則有「此謂知本」之結，有「此謂知至」之結，則知其爲「格物致知」之釋，文理不辨而明也。獨「誠意」章引《淇澳》而下，則曲解不可得而通，明道先生之易古本，以此也；伊川先生再易之，晦菴先生三易之，未定也。以三先生之信古，而卒不能信於斯簡，以天下後世之信三先生，而卒不能信其所易，則心之同然者，不可强也。愚蓋往來胸中，結疑不化有年矣，一日讀《崔後渠先生集》，有曰：「《大學》當挈古本引《淇澳》以下置之『誠意』章前，格物致知之義明矣。」乃始沛然如江河之決，不覺手舞足蹈而不能已也。吾何以決之？吾決之於「此謂知本，此謂知至」之二語也。此二語者，以爲不釋格致，則自「天子」以下兩條，亦屬無謂；以爲果釋格致，則自「天子」以下兩條，似未明備，固知其旁引曲暢，有如《淇澳》諸條所云也。此諸條也，以爲不釋知本，則不宜結以知本；以爲果釋知本，則不宜別附他章。固知其前後起結，必隨於「此謂知至」之後也。

夫以三先生不能定，敢謂定於今日乎？然而天下萬世之心目，固有漸推而愈明，論久而後定。自三先生表章《大學》之後，越三百年，而崔先生之説益近自然，故敢申明之，以俟後之君子觀夫同然之心果何如也。若夫割裂推移，人人自爲《大學》，則何所底極之有？

嗟乎！聖人之學，未有不本諸身者。六經無二義也。大學之道，知止而已，知止之道，知本而已，易簡而天下之理得。蓋沛然無疑於日用，非獨以殘編之似缺而復完已也。

大學首章約義

大學之道，在明明德，明吾之明德也。在親民，明民之明德也。在止於至善。明德之極處也。知止而后有定，定而后能靜，靜而后能安，安而后能慮，慮而后能得。申言止之爲要。物有本末，事有終始，知所先後，則近道矣。教以知止之法。古之欲明明德於天下者，先治其國，欲治其國者，先齊其家，欲齊其家者，先脩其身，欲脩其身者，先正其心，欲正其心者，先誠其意，欲誠其意者，先致其知，致知在格物。物格而后知至，知至而后意誠，意誠而后心正，心正而后身脩，身脩而后家齊，家齊而后國治，國治而后天下平。此謂知所先後。自天子以至於庶人，壹是皆以脩身爲本。物有本末，本在此也。其本亂而末治者，否矣。其所厚者薄，而其所薄者厚，未之有也。非物格知至者，烏能知之？此謂知本，此謂知之至也。本在此，止在此也。

《詩》云：「瞻彼淇澳，菉竹猗猗。有斐君子，如切如磋，如琢如磨。瑟兮僩兮，赫兮喧兮。有斐君子，終不可諠兮。」如切如磋者，道學也。如琢如磨者，自脩也。瑟兮僩兮者，恂慄也。赫兮喧兮者，威儀也。有斐君子，終不可諠兮者，道盛德至善，民之不能忘也。民之不能忘，本於盛德至善，可以知本矣。

《詩》云：「於戲前王不忘。」君子賢其賢而親其親，小人樂其樂而利其利，此以没世不忘也。民之所以不能忘者，以此。

《康誥》曰：「克明德。」《太甲》曰：「顧諟天之明命。」《帝典》曰「克明峻德。」皆自明也。明者，自明也，知本也。

湯之《盤銘》曰：「苟日新，日日新，又日新。」《康誥》曰：「作新民。」《詩》云：「周雖舊邦，其命維新。」是故君子無所不用其極。新者，自新也，知本也。

《詩》云：「邦畿千里，惟民所止。」《詩》云：「緡蠻黄鳥，止于丘隅。」子曰：「於止，知其所止，可以人而不如鳥乎？」《詩》云：「穆穆文王，於緝熙敬止。」爲人君，止於仁；爲人臣，止於敬；爲人子，止於孝；爲人父，止於慈；與國人交，止於信。止者，隨身所在而止於至善也，知本也。

子曰：「聽訟，吾猶人也，必也使無訟乎！」無情者不得盡其辭，大畏民志。此謂知本。所以欲明明德於天下者，必以脩身爲本，非物格知至者，孰能知之？

大學首章廣義

或問曰：「《大學》並列三綱，而歸重知止，何也？」曰：「三綱非三事，一明明德而已。明明德者，明吾之明德也；新民者，明民之明德也；止至善者，明德之極至處也。然不知止，德不可得而明，民不可得而新。

何者？善即天理，至善即天理之至精至粹，無纖芥夾雜處也。不見天理之至，便有人欲之混，明德新民總無是處，故要在知止也。」

曰：「『物有本末』一節何謂也？」曰：「此正教人知止之法也。人心所以不止，只緣不知本，千馳萬騖無所歸宿。《大學》當下便判本末始終，下文詳數事物，使人先於格物而知本也。」

曰：「何謂本末？」「明其非二物也。譬之於木，有本末而已。」「何謂終始？」曰：「欲圖其終，必慎其始。古人欲明明德於天下，此終事也；而必始於脩身，有到頭事，必尋起頭處也。」

曰：「《大學》平分八目，而歸本脩身，何也？」曰：「無身，則無心意知物，無身，則無國家天下，而身其管括也。格致誠正爲身而設，齊治平自身而推，故八目只是一本。」

曰：「何謂格物？」曰：「程、朱之言至矣。所謂窮至事物之理者，窮究到極處，即本之所在也，即至善之所在也。」曰：「若是，則於古本無悖與？」曰：「無悖也。天下之理，未有不本諸身者，但格物不到物之至處，不知物之本處。故『脩身爲本』，是一句眼前極平常話，却不是物理十分透徹者信不過。格物是直窮到底，斷知天下之物，無有本亂而末治者，無有薄其身反能厚於家國天下者。知到本處便是知到至處，故曰：『此謂知本，此謂知之至也。』」

曰：「《淇澳》以下，何謂也？」曰：「皆釋知本也。本末不過明新，故釋知本以明德、新民、止至善也。《淇澳》之詩，是合言明、新、止，以釋知本。見民之不忘，本於盛德至善也。《烈文》之詩，又申言民之所以不能忘者如此。《康誥》以下，是分言明、新、止，以釋知本，見明者自明，新者自新，止者自止，全不向末上起一念也。至於『使民無訟』，而知本之義，益了然矣。」曰：「《大學》無經傳乎？」曰：「《大學》一篇，本六段文字，每段必雜引經傳，以咏歎而推明之，使章内之旨快然無遺，而言外之旨，悠然無盡，此篇法也。首段三綱八目之下，即釋格致，而格物即在格知本末，本末即是明德、新民，知本即是知至，知至即是知止，原與三綱通爲一義，故通爲一段。其次，即歷釋誠意以下。初無傳經之別也。」

曰：「『誠意』以下，必以『所謂』發端，以『此謂』結之。釋『格致』不然，何也？」曰：「『物有本末』，則脩身爲本之發端，『此謂知本』，則脩身爲本之結語，歷引《詩》、《書》，再以『此謂知本』結之，文理本自顯然。且『正心』以下，俱雙關釋，如釋『正心』，必曰『所謂脩身，在正其心』。至『誠意』，則單提釋，不曰『所謂正心，在誠意』，原無定文。至『格致』，則總括釋，不曰『所謂誠意在致知』者，以知本括始括終，誠正脩齊治平，無不貫也。」

曰：「釋格物而不見格物字，何也？」曰：「格物即致知也。《書》不云乎？『格知天命。』格即知也。格訓至，致訓推極。格即致也。《大學》格物即是致知，故釋知至不必釋物格，《大學》知至即是知本，故釋知本，不必釋知至也。」

曰：「知本之爲知至，是矣；知至之爲知止，何也？」曰：「《大學》『脩身爲本』之『本』，即《中庸》『天下大本』之『本』，無二本也。故『脩』字不是輕易説，是格至誠正著實處；『本』字不是輕易説，是心意知物著實處。本在此，止在此矣。明德者此，新民者此，至善者此，無二物也。」

曰：「陽明先生之復古本，是矣。其説果與古本合邪？」曰：「王先生之致良知，則明明德之謂也。然以明明德言，則格致誠正皆其工夫，故綱正而目備。今以目作綱，而於明明德，則曰：『明德必在於親民，親民乃所以明其明德。』夫齊、治、平，非親民乎？格致誠正，非明明德乎？《大學》明言古之欲明明德於天下者，必先自明其明德矣，初不以親民爲明德也。至於説格物，曰：『極力致其良知於事事物物之間，使事事物物各得其正。』又曰：『爲善去惡是格物。』夫事物各得其正，乃物格，而非格物也；爲善去惡，乃誠意，而非格物也。又以誠意爲主意，格致爲工夫，《大學》固以三綱爲主意，八目爲功夫矣。試舉王先生《古本序》一繹之，其於文義，合邪？否邪？」

曰：「朱子自言『某一生只看得《大學》透，見得前賢所未到。』子之願學朱子篤矣，於《大學》反異其指，何邪？」曰：「朱子格物，規模極大，條理極密，無所不有，知本之義，已在其中，所争者，『此謂知本』二語，本相粘而離之，以下句之上有缺文，以上句接『聽訟』爲衍文爾。若實做朱子格物工夫，自與知本無二，實做知本工夫，自與朱子格物無二。非今日之古本與朱子無異指，乃朱子格物原與古本無二指也。」

曰：「李見羅先生之揭知本何若？」曰：「陽明先生復《大學》古本，而於知本之義，未之及也；李先生徹悟知本，而於知至之義，未之及也。其曰『止爲主意，脩爲工夫，格致誠正不過就其缺漏處撿點提撕』云爾，似於知本知至相粘處，却看輕格物也。《大學》以知本爲知至，正以物格而知本，此開關啓鑰最先下手處，故曰：『知所先後，則近道矣。』就明新言，則明德爲先，就明德言，則格物爲先。此處蹉過，必無入門，此處受病，必有異症。虞廷之精一，孔門之博約，千聖傳心，一脈遞授，《大學》之本文自明也。」

附録　先儒復大學古本及論格致未嘗缺傳

方氏希古題《大學》篆書正文後曰：「《大學》致知格物傳之闕，朱子雖嘗補之，讀者猶以不見古全書爲憾。董文靖公槐、葉丞相夢鼎、王文憲公柏，皆謂傳未嘗缺，特編簡錯亂，而考定者失其序，遂歸經文『知止』以下至『則近道矣』以上四十二字於『聽訟，吾猶人也』之右，爲傳第四章，以釋致知格物。車先生清臣嘗爲書，以辨其説之可信。太史金華宋公欲取朱子之意，補第四章章句而未果。浦陽鄭君濟仲辨，受學太史公，預聞其説，而雅善篆書，某因請以更定次序書之，將刻以示後世。舊説以『聽訟』釋本末，律以前後之例爲不類，合爲一章而觀之，與孟了『堯舜之智不徧物』之言，正相發明，其爲致知格物之傳，何惑焉！」

蔡氏虚齋曰：「竊謂董、葉諸公所定亦未安，看來當先以『物有本末』一條，續以『知止』一條，續以『聽訟』一條，終以『此謂知本，此謂知之至也』，如此，則繇粗以及精，先自治而後治人，亦古人爲學次第也。」

王氏陽明疑朱子《大學》非是，遂斷以

《戴記》本爲孔門古本，而曰：「《大學》止爲一篇，原無經、傳之分；格致本於誠意，原無缺傳可補。」

湛氏甘泉謂：「《大學》古本『自天子至於庶人』兩條後，有『此謂知本，此謂知之至也』二句，蓋以脩身申格物，見格物乃以身至之義，而非聞見之知也。」

魏氏莊渠謂：「《大學》格物傳，雖亡而實不亡。『知本』云者，正教學者第一步功夫，優入聖域，發足在兹。」

王氏心齋謂：「《大學》是經世完書，喫緊處只在止至善。格物，却正是止至善，『自天子以至於庶人』數句，是釋格物致知之義。」

蔣氏道林謂：「《大學》之道，必先知止，而其功則始於格物。格物也者，格知身家國天下之渾乎一物也；格知身之爲本，而家國天下之爲末也；格知自天子至於庶人，壹是皆以脩身爲本也。」

羅氏念菴謂：「莫非物也，而身爲本；莫非事也，而脩身爲始。知所先後，而後所止不疑。吾與天下感動交涉，通爲一體，而無有乎間隔，則物格知至，得所止矣，知本故也。」

羅氏近溪謂：「《大學》原是一章書。」

李氏見羅謂：「《大學》一經，論主意，只是教人『止於至善』；論工夫，只是『脩身爲本』。『淇澳』、『烈文』二條，皆明知本義也，教人以知止之法也。『聽訟』一條，正釋知本義也，示人以止之歸宿也。故次止於信下。」

顧氏涇陽謂：「《大學》原不分經、傳，董、蔡諸君子，表章格物傳，最爲有見。但『自天子』以下二條，正發物有本末之義，不合遺却。『知止』一條，明係『止至善』，又不合混入。」

愚按：《大學》自程、朱考訂而後，百有餘年，先儒紬繹所及，亦既知古本之爲是矣，亦既知經、傳之不分矣，亦既知知本之釋格致矣，顧仍原本，則費解説，正錯簡，則涉安排。仍原本者，不知《淇澳》諸條附「誠意」之後，文義截然，强之而不可合也；正錯簡者，不知《淇澳》諸條移「知本」之前，旨趣躍然，味之不可窮也。兩簡互易，殘經遂完，千古塵埋，一朝光復，崔先生之見及此，天啓之矣！

附録　洹詞

崔氏後渠名銑。曰：「《大學》，其作聖之的乎！莫先於本末之知，莫急於誠欺之辨。是故知本之當先，故推平天下者，必原於格物；知末之當後，故充格物者，斯極於平天下。約之，皆脩身也。《淇澳》、《烈文》，格物之序也；仁、敬、孝、慈、信，物之目也；❶《康誥》諸文，徵諸古以列其次也，新民而明明德之體全矣。挈古本引《淇澳》以下，置之『誠意』章之前，格物致知之義焕然矣。實乎此者，誠也，岐乎此者，欺也。」

愚按：崔氏所云「挈古本引《淇澳》以下，置之『誠意』章之前，格物致知之義涣然矣」，此不易之説也。其他釋義，似未自然。越一年，又見高氏中玄《問辨録》，所正《大學》古本，與崔氏同，其釋義更直截明快。千古人心同然，於是乎在。

❶「物」上，四庫本有「格」字。

説類

困學記

吾年二十有五，聞令公李元沖名復陽。與顧涇陽先生講學，始志於學，以爲聖人所以爲聖人者，必有做處，未知其方。看《大學或問》，見朱子説「入道之要莫如敬」，故專用力於肅恭收斂，持心方寸間，但覺氣鬱身拘，大不自在，及放下，又散漫如故，無可奈何。久之，忽思程子謂「心要在腔子裏」，不知腔子何所指，果在方寸間否耶？覓註釋不得，忽於《小學》中見其解曰：「腔子猶言身子耳。」大喜，以爲心不耑在方寸，渾身是心也，頓自輕鬆快活。適江右羅止菴名懋忠。來講李見羅脩身爲本之學，正合於余所持循者，益大喜不疑。是時，只作知本工夫，使身心相得，言動無謬。己丑第後，益覺此意津津。憂中讀《禮》讀《易》。壬辰謁選。平生耻心最重，筮仕自盟曰：「吾於道未有所見，但依吾獨知而行，是非好惡，無所爲而發者，天啓之矣。」驗之頗近，於此略見本心，妄自擔負，期於見義必爲。冬至，朝天宫習儀，僧房静坐，自覓本體，忽思「閑邪存誠」句，覺得當下無邪，渾然是誠，更不須覓誠，一時快然如脱纏縛。

癸巳，以言事謫官，頗不爲念，歸嘗世態，便多動心。甲午秋，赴揭陽，自省胸中理欲交戰，殊不寧帖。在武林與陸古樵、名粹明，廣東新會人，潛心白沙先生主静之學。吴子往名志遠。談論數日。一日，古樵忽問曰：「本體何如？」余言下茫然，雖答曰「無聲無臭」，實出口耳，非由真見。將過江頭，是夜明月如洗，坐六和塔畔，江山明媚，知己勸酬，爲最適意時，然余忽忽不樂，如有所束，勉自鼓興，而神不偕來。夜闌别去，余便登舟，猛省曰：「今日風景如彼，而余之情景如此，何也？」窮自根究，乃知於道全未有見，身心總無受用，遂大發憤曰：「此行不徹此事，此生真負此身矣。」明日，於舟中厚設蓐蓆，嚴立規程，以半日静坐，半日讀書，静坐中不帖處，只將程、朱所示法門參求，於凡「誠敬主静」、「觀喜怒哀樂未發」、「默坐澄心」、「體認天理」等，一一行之，立坐食息，念念不舍，夜不解衣，倦極而睡，睡覺復坐，於前諸法，反覆更互，心氣清澄時，便有塞乎天地氣象，第不能常。在路二月，幸無人事，而山水清美，主僕相依，寂寂静静。晚間命酒數行，停舟青山，徘徊碧澗，時坐磐石，溪聲鳥韻，茂樹脩篁，種種悦心，而心不着境。過汀州，陸行至一旅舍，舍有小樓，前對山，後臨澗。登樓甚樂，手持二程書，偶見明道先生曰：「百官萬務，兵革百萬之衆，飲水曲肱，樂在其中。萬變俱在人，其實無一事。」猛省曰：「原來如此，實無一事也。」一念纏綿，斬然遂絶，忽如百觔擔子，頓爾落地，又如電光一閃，透體通明，遂與大化融合無際，更無天人内外之隔。至此，見六合皆心，腔子是其區宇，方寸亦其本位，神而明之，總無方所可言也。平日深鄙學者張皇説悟，此時只看作平常，自知從此方好下工夫耳。

乙未春，自揭陽歸，取釋、老二家參之。釋氏與聖人，所争毫髮，其精微處，吾儒具有之，總不出「無極」二字；弊病處，先儒具言之，總不出「無理」二字。觀二氏而益知聖道之尊，若無聖人之道，便無生民之類，即二氏亦飲食衣被其中而不覺也。

戊戌，作水居，爲静坐讀書計。然自丙申後數年，喪本生父母，徙居婚嫁，歲無寧息，只於動中煉習，但覺氣質難變。甲辰，顧涇陽先生始作東林精舍，大得朋友講習之功。徐而驗之，終不可無端居静定之力。蓋各人病痛不同，大聖賢必有大精神，其主静只在尋常日用中，學者神短氣浮，便須數十年静力，方得厚聚深培。而最受病處，在自幼無小學之教，浸染世俗，故俗根難拔，必埋頭讀書，使義理浹洽，變易其俗腸俗骨，澄神默坐，使塵妄消散，堅凝其正心正氣，乃可耳。余以最劣之資，即有豁然之見，而缺此一大段工夫，其何濟焉？所幸呈露面目以來，纔一提策，便是原物。

丙午，方實信孟子「性善」之旨。此性無古無今，無聖無凡，天地人只是一个，惟最上根，潔清無蔽，便能信入，其次全在學力，稍隔一塵，頓遥萬里，孟子所以示瞑眩之藥也。丁未，方實信程子「鳶飛魚躍，與必有事焉」之旨。謂之性者，色色天然，非由人力，鳶飛魚躍，誰則使之？勿忘勿助，猶爲學者戒勉，若真機流行，瀰漫布濩，亘古亘今，間不容息，於何而忘？於何而助？所以必有事者，如植穀然，根苗花實，雖其自然變化，而栽培灌溉，全在勉强問學，苟漫説自然，都無一事，即不成變化，亦無自然矣。辛亥，方實信《大學》「知本」之旨，具别刻中。壬子，方實信《中庸》之旨。此道絶非名言可形，程子名之曰天地，陽明名之曰良知，總不若「中庸」二字爲盡。中者停停當當，庸者平平常常，有一毫走作，便不停當，有一毫造作，便非平常，本體如是，工夫如是。

天地聖人，不能究竟，況於吾人，豈有涯際？勤物敦倫，謹言敏行，兢兢業業，斃而後已云爾。困而學之，年積月累，厥惟艱哉，而不足以當智者一笑也。同病相憐，或有取焉。甲寅孟秋記。

山居課程

五鼓，擁衾起坐，叩齒凝神，澹然自攝。〔眉批：先生自言耳。實人人可遵而行。〕天甫明，小憩即起，盥漱畢，活火焚香，默坐玩易。晨食後，徐行百步，課兒童灌花木。即入室，靜意讀書。午食後，散步舒嘯，覺有昏氣，瞑目少憩，啜茗焚香，令意思爽暢。然後讀書，至日昃而止，趺坐盡線香一炷，落日銜山，出望雲物，課園丁秇植。晚食淡素，酒取陶然，篝燈隨意涉獵，興盡而止。就榻趺坐，俟睡思欲酣，乃寢。

復七規

復七者，取《大易》「七日來復」之義也。凡應物稍疲，即當靜定七日以濟之，所以休養氣體，精明志意，使原本不匱者也。先一日，放意緩形，欲睡即睡，務令暢悅，昏倦刷濯，然後入室，炷香趺坐。凡靜坐之法，喚醒此心，卓然常明，志無所適而已。志無所適，精神自然凝復，不待安排，勿著方所，勿思效驗。初入靜者，不知攝持之法，惟體貼聖賢切要之言，自有入處。靜至三日，必臻妙境。四五日後，尤宜警策，勿令懶散，飯後必徐行百步，不可多食酒肉，致滋昏濁，卧不得解衣，欲睡則卧，乍醒即起。至七日，則精神充溢，諸疾不作矣。食芹而美，敢告同志。

龍正謹按：萬法歸一，一歸何處？此千古神奇語，亦千古疑難事。若平平看破，只須曰原非有一，一復何歸？啞然而一笑耳。禪家參話頭，千蹊萬逕，不出此類。彼原謂「以妄息妄」，但知參之者爲妄用，不知所參者原屬妄設也。終日終年，參無理之話，真是勞而無功，故程子謂：「天下莫忙如禪客。」先生反其意而用之，使人且于静中體貼聖賢切要之言，可謂開百世之羣蒙矣。大抵釋氏立静坐一法，與孟夫子「平旦之氣」一段話頭，意思儘覺相近，吾儒不廢其所長，往往用以入門，程子嘆善學，陽明補小學，皆借用。先生體貼要言，是反用。

静坐説

静坐之法，不用一毫安排，只平平常常，默然静去。此「平常」二字，不可容易看過，即性體也，以其清浄不容一物，故謂之平常。畫前之易如此，人生而静以上如此，喜怒哀樂未發如此，乃天理之自然，須在人各各自體貼出，方是自得。

静中妄念，强除不得，真體既顯，妄念自息。昏氣亦强除不得，妄念既浄，昏氣自清。只體認本性原來本色，還他湛然而已。大抵著一毫意不得，著一毫見不得，纔添一念，便失本色。

由静而動，亦只平平常常，湛然動去。静時與動時一色，動時與静時一色，所以一色者，只是一箇平常也。故曰無動無静。

學者不過借静坐中，認此無動無静之體云爾。静中得力，方是動中真得力；動中得力，方是静中真得力。所謂敬者，此也；所謂仁者，此也；所謂誠者，此也，是復性之道也。

書静坐説後

萬曆癸丑秋，静坐武林弢光山中，作《静坐説》，越二年觀之，《説》殆未備也。夫静坐之法，入門者藉以涵養，初學者藉以入門。彼夫初入之心，妄念膠結，何從而見平常之體乎？平常，則散漫去矣。故必收斂身心，以主於一，一即平常之體也，主則有意存焉。此意亦非著意，蓋心中無事之謂一，著意則非一也。不著意而謂之意者，但從衣冠瞻視間，整齊嚴肅，則心自一，漸久漸熟，漸平常矣。故主一者，學之成始成終者也。乙卯孟冬志。

示學者

静中觀喜怒哀樂未發時湛然太虚，此即天也。心、性、天總是一箇，故孟子曰：「盡其心者，知其性也。知其性則知天。」

凡人之所謂心者，念耳。人心日夜繫縛在念上，故本體不現，須一切放下，令心與念離，便可見性。放之念亦念也，如何得心與念離？放退雜念，只是一念，所謂主一也。習之久，自當一旦豁然。學者不識痛癢，便謂自家已是了，何不從静中體認已湛然虚否，無昏無散否？動中體察已斬然直否，無將無迎否？若猶未也，豈可不大愧恥，大發奮迅，忍自瞞昧，虚過一生乎？

古人何故最重名節？只爲自家本色，原來冰清玉潔，着不得些子污穢，纔些子污穢，自家便不安。此不安之心，正是原來本色，所謂道也。今人却將道做一件物事安頓了，自家以外，一切不管，反把本色真性，弄得頑鈍了，不知這箇道是甚麽道。

古人何故最重讀書？書是古人所經歷，欲後人享現成，昧者以之明，疑者以之決，怯者以之勇，躁者以之和，殘者以之寬，局者以之宏，競者以之恬，貪者以之廉，漫者以之莊，忮者以之公，惰者以之勵，正如跛者之杖，盲者之相，病者之藥。自姚江因俗學流弊，看差了紫陽窮理，立論偏重，遂使學者謂讀書是狥外，少小精力，虚抛閒過，文士不窮探經史，布衣只道聽塗説，空疎杜撰，一無實學，經濟不本于經術，實脩不得其實據，良可痛也。

讀書法示揭陽諸友

聖賢之書，不是教人專學作文字，求取富貴，乃是教天下萬世做人的方法。今人都不曾依那書上做得一句，所以書自書，我自我，都不相關，都無意味。學者讀書，須要句句反到自己身上來看。如看《大學》，便思如何爲明德，在自己身上體認明德如何模樣，我又如何明之，如何能新民，如何爲至善，我又如何止之，都要在身上認得親切。若見未真，行住坐卧，放在心裏思量。又如日月之間，❶聖人分明説入則孝，便思量去盡孝道；説出則悌，便思量去盡悌道；

❶「月」，康熙本、四庫本、光緒本作「用」。

説言忠信，便説話要忠信；説行篤敬，便行要篤敬。但依那書上勉强做得一兩句，便漸漸我與書相交涉，意味漸漸浹洽，一面思索體認，一面反躬實踐，這纔是讀書。今人終年看書，不曾記得一句，明年又重看，到老亦只如此，其實不曾有一句透徹，一句受用。若依此法去看，只須看得一書，其他便迎刃而解，終身不忘，更是人人做得箇人品。

如今第一要緊的，是這一箇心，迺萬理統會，萬事根本。今人終日營營，閒思妄想，此心不知放在何處，如此，豈有與聖賢之書相入之理？諸友若肯相信，今日回去，便掃一室，閉門静坐，看自己身心如何。初間必是恍惚飄蕩，坐亦不定，須要勉强坐定，令浮氣稍寧，只收斂此心向腔子裏來。若奈何這浮思邪慮不下，只向書中求聖賢所以事心之法。❶孟子説「求其放心」、「存其心，養其性」、「操則存，舍則亡」、「思則得之，不思則不得」，孔子又都不説心，只説「君子不重則不威，學則不固，主忠信」、「居處恭，執事敬，與人忠」，于此類者，尋箇入頭。若更不得，再于性理中周、程、張、朱所論存養處，討箇方法，便依法力行。如此，自然有所得，只旬日之間，便見功效。果能存得這箇心，何書不可讀，何理不可明，何事不可行？至於文詞，不過寫其胸中所自得，若心定理明，自然不待用力而能，不待求其繢飾而工矣。

天下萬事，皆有箇本源，從其本而求之，則雖難而實易，從其枝葉而求之，則雖易而實難。義理無窮，學問亦無窮，此是言

❶「事」，四庫本作「治」。

其讀書入頭處。諸友若誠實用力，則旬日之間，便各有所疑。學以能疑而進，有疑而師友決之，便沛然矣。〔眉批：惟無志者不可藥，惟無疑者不可藥。〕

格言 三月十五日

朱文公先生曰：「惟心麤一事，乃學者之通病。橫渠説顔子未至聖人，猶是心麤。一息不存，即爲麤病。❶要在精思明辨，使理明義精，而操存涵養，無須臾離，無毫髮間，則天理常存，人欲消去，其庶幾矣哉！」

好學説

嘗思聖人自視無知無能，下至不爲酒困，亦不自居，其所自居者，忠信好學而已。千古而下，想見聖人不過一箇樸實頭孶孶學問人也。然不知其如何好學。及觀其自言爲人，忘食忘憂忘老，聖人於學，直是滋味如此。然不知其所好何學。及觀「若聖與仁」章，然後知聖人所學，聖與仁而已。一部《論語》，其自爲的不過聖與仁，誨人的不過聖與仁。人但見其日用常行，隨人問答，不知其皆聖與仁也。故聖人須自説破。

然則聖與仁與忠信，是一是二？曰：「此正見學之可好矣。」忠只是人的真心。❷此一點真心，蓋天蓋地，亘古亘今，只看人學問何如。若學之不已，此一點真心，愈廣大，愈肫切，這便是仁；學之不已，此一點真心，愈微妙，愈通明，這便是聖。此中境

❶「爲」，康熙本、四庫本、光緒本作「是」。
❷「忠」下，康熙本、四庫本、光緒本有「信」字。

界無窮，階級無窮，滋味無窮，非實脩實證者，不知聖人所以憤而樂，樂而不知老之至也。聖人於《乾》卦言之矣，曰：「忠信，所以進德；脩詞立誠，所以居業。」進德脩業，直上達天德，不過這箇忠信。

爲善説

鷄鳴而起，孳孳爲善，是吾人終身進德脩業事也。然爲善必須明善，乃爲行著習察。何謂明善？善者性也；性者，人生而静是也。人生而静時，胸中何曾有一物來？其營營擾擾者，皆有知識以後，日添出來，非其本然也。既是添來，今宜減去，減之又減，以至於減無可減，方始是性，方始是善。何者？人心湛然無一物時，乃是仁義禮智也。爲善者，乃是仁義禮智之事也。明此之謂明善，爲此之謂爲善。明之以立其體，爲之以致其用，感而遂通者，原是寂然不動，本無一物也。以此復性，以此盡性，故曰：「易簡而天下之理得矣。」

知天説

人莫要於知天。知天，則知感應之必然。今人所謂天，以爲蒼蒼在上者云爾，不知九天而上，九地而下，自吾之皮毛骨髓，以及六合内外，皆天也。然則吾動一善念，而天必知之，動一不善念，而天必知之。而天又非屑屑焉知其善而報之善，知其不善而報之不善也。凡感應者，如形影然，一善感而善應隨之，一不善感而不善應隨之，自感自應也。夫曰自感自應，而何以謂之天？何以謂天必知之也？曰自感自應，所以爲天也，所以爲其物不貳也。若曰有感之者，又有應之者，是二之矣。惟不二，所以不爽也。然則人之爲善，乃自求福，爲不善，乃自求禍，故曰：「禍福無不自己求之。」知此，則爲善去惡之意必誠，惡浄而善純，人乃天矣。

余觀聖人之教，最先格物。格物者，格至善而已。至善者，天而已。一徹永徹，一迷永迷，此吾人聖狂界口，生死關頭。

身心説

明道程先生曰：「人於外物奉身者，事事要好，只有自家一箇身心，却不要好，到得外面物事事好時，自家身心蚤已不好了也。」所謂外物奉身者，如宮室之美，妻妾之奉，飲食、衣服、器用、玩好皆是。欲一事好時，費多少精神，若事事要好，自家全副精神，都到那邊去了，終日營營擾擾，一箇身心，弄得委瑣齷齪，不覺醉生夢死過了一生，豈不可哀？若能移這精神歸向學問，探討自性自命，當知吾性自有尊爵，吾性自有安宅，吾性自有膏粱，吾性自有文繡，儘風光，儘受用，得此滋味，回視一切外物，直是性命斧斤，身心寇賊，不但有所鄙而不屑爲，抑亦有畏而不敢爲，恥而不忍爲者矣。

洗心説

食無求飽，居無求安，不作居食想。彼以富，吾以仁，彼以爵，吾以義，不作富貴想。不怨天，不尤人，不作怨尤想。用則行，舍則藏，不作用舍想。〔眉批：鍼砭俗腸，近泰山巖巖意象。」行一不義，殺一不辜，得天下不爲，有甚動得我？知之囂囂，不知亦囂囂，有甚苦得我？非仁無爲，非禮無行，有甚恐得我？江漢濯之，秋陽暴之，有甚染得我？鳶則於天，魚則於淵，有甚局得我？既唤做箇人，須是兩手頂天，兩脚拄地，巍巍皜皜，還他本來面目，一洗世界，萬里無塵，此之謂洗心。

中説

儒者須守十六字宗傳，以中爲本。人心，人之心也。有此人，即有此心。自知誘物化以來，皆爲五官四體之欲，攻取萬端，危孰甚焉！道心，心之道也。有此心，即有此道。雖根於仁義禮智之性，而發於氣拘物蔽之餘，乍明乍晦，微孰甚焉！精者，精明不昏昧也。一者，純一不散亂也。惟此心精明純一，則允復於喜怒哀樂未發之中，而人心皆道心矣。

未發説

昔朱子初年，以人自有生，即有知識，念念遷革，初無頃刻停息，所謂未發者，乃寂然之本體，一日之間，即萬起萬滅，未嘗不寂然也。蓋以性爲未發，心爲已發，未發者即在常發中，更無未發時也。後乃知人心有寂有感，不可偏以已發爲心。中者，心之所以爲體，寂然不動者也，性也；和者，心之所以爲用，感而遂通者也，情也。故《章句》云：「喜怒哀樂，情也；其未發，則性也。」二語指出性情，如指掌矣。王文成復以性體萬古常發，萬古常不發，以鐘爲喻，謂未扣時原自驚天動地，已扣時原自寂天寞地。此與朱子初年之説相似，而實不同。蓋朱子初年，以人之情識，逐念流轉，而無未發之時；文成則以心之生機，流行不息，而無未發之時。文成之説微矣，而非《中庸》之旨也。《中庸》所謂「未發」，指喜怒哀樂言。夫人豈有終日喜怒哀樂者？蓋未發之時爲多，而喜怒哀樂，可言未發，不可言不發。文成所謂發而不發者，以中而言。〔眉批：文成以先生爲未來之益友。〕中者，天命之性，天命不已，豈有未發之時？蓋萬古流行，而太極本然之妙，萬古常寂也，可言不發，不可言未發。《中庸》正指喜怒哀樂未發時，爲天命本體，而天命本體，則常發而不發者也。❶情之發，性之用也。不可見性之體，故見之於未發。未發一語，實聖門指示見性之訣；静坐觀未發氣象，又程門指示初學者攝情歸性之訣，而以爲無發時者，失其義矣。

心性説

心之與性，謂之一則不可混，謂之二又不可分。心之用可言，心之體不可言。性者，心之體也。可言者，仁義禮智耳，仁義禮智之可言者，惻隱、羞惡、辭讓、是非耳，皆心之用也。佛氏之所謂性，與聖人不同者，於用處見之。曾有一禪者問余曰：「儒家言性，與佛同否？」余曰：「不同。」曰：「性豈有二耶？」余曰：「上人了悟人也，又解儒書，請以二則質。顔淵死，門人欲厚葬之，其厚同列之意甚美，夫子何以深嗟重

❶「不」，康熙本、四庫本、光緒本作「未」。

慨，曰『非我也，夫二三子也』？禪家如此否？」曰：「否也。」「子疾病，子路使門人爲臣，其尊師之意甚美，夫子何以嚴詞切貶曰『行詐』，曰『欺天』？禪家如此否？」曰：「否也。」余曰：「儒家之言性如此，禪者不知所謂也。聖人之學，所以異於釋氏者，只一性字；聖人言性，所以異於釋氏言性者，只一理字。理者，天理也；天理者，天然自有之條理也，故曰天序、天秩、天命、天討。此處差不得針芒，先聖後聖，其揆一也。明道見得天理精，故曰：『《傳燈録》千七百人，若有一人悟道者，臨死須尋一尺布裹頭而死，必不肯削髮胡服而終。』此與曾子易簀意同，了此，便知『厚葬』、『爲臣』二則，此理在拈花一脈之上，非窮理到至極處，不易言也。」

氣心性説

氣也，心也，性也，一也。然而天下學術之岐，則岐之于是。老氏氣也，佛氏心也，聖人之學，乃所謂性學。〔眉批：透禪理，窮禪弊，明道以來未見。〕老氏之所謂心，所謂性，則氣而已；佛氏之所謂性，則心而已。非氣、心、性有二，其習異也。習之而氣則氣，習之而心則心，習之而性則性矣。性者何？天理也。天理者，天然自有之理，非人所爲，如五德、五常之類，生民欲須臾離之不可得。而二氏不知也，外此以爲氣，故氣爲老氏之氣；外此以爲心，故心爲佛氏之心。聖人氣則養其道義之氣，心則存其仁義之心，氣亦性，心亦性也。

或者以二氏言虚無，遂諱言虚無，非

也。虚之與實，有之與無，同義而異名。至虚乃至實，至無乃至有，二氏之異，非異于此也。性，形而上者也；心與氣，形而下者也。老氏之氣，極于不可名，不可道，佛氏之心，極于不可思，不可議，皆形而上者也。〔眉批：異端之心始服。〕二氏之異，又非異于道器也，其端緒之異，天理而已。儒者以佛氏外君親，然其教未嘗不先忠孝，吾獨謂二氏足以亂教者，夷善惡是非，而曰平等，而惡分別。〔眉批：仙却不然。〕彼固曰：「無分別心，有分別性。」吾則曰：「有分別性，亦無分別用。」天下，是非善惡而已。聖人因物付物，處之各當，而我無與焉，所以經世宰物，萬物各得其所。佛氏于蜎飛蠕動，無不慈愛，顧使天下善惡是非，顛倒錯亂，舉一世糜爛蠱壞之不顧，而曰「清淨無爲」也。嗚呼！其亦不仁而已矣，此所謂無理也。〔眉批：真見爲爾，不關强合，不顧人疑。〕

或曰：「老氏長生，其神長存，儒者能乎？」曰：「無極而太極之謂長生。」曰：「佛氏無生，出離生死，儒者能乎？」曰：「太極本無極之謂無生。」夫佛氏斥斷常二見，先儒謂人死則滅，反墮其斷見，何也？張子曰：「《大易》不言有無，言有無，諸子之陋也。」故曰：「大哉易也，斯其至矣！」

理義説

伊川先生曰：「在物爲理，處物爲義。」此二語關涉不小，了此即聖人艮止心法。胡氏廬山輩，以爲心即理也，舍心而求諸物，遺内而狥外，舍本而逐末也。嗚呼！天下豈有心外之物哉？當其寂也，心爲在物之理，義之藏於無朕也；當其感也，心爲處物之義，理之呈於各當也。心爲在物之理，故萬象森羅，心皆與物爲體；心爲處物之義，故一靈變化，物皆與心爲用。體用一源，不可得而二也。物顯乎心，心妙乎物。妙物之心，無物於心；無物於心，而後能物物。故君子不從心以爲理，但循物而爲義。不從心爲理者，公也；循物爲義者，順也。故曰：「廓然大公，物來順應。」故曰：「聖人之喜怒，在物不在己。」八元當舉，當舉之理在八元，當舉而舉之，義也；四凶當罪，當罪之理在四凶，當罪而罪之，義也。此之謂因物付物，此之謂艮背行庭，内外兩忘，澄然無事也。彼徒知昭昭靈靈者爲心，而外天下之物，是心爲無矩之心，以應天下之物，師心自用而已，與聖賢作處，天地懸隔。

氣質説

性者，學之原也。知性善而後可言學，知氣質而後可言性，故論性至程張而始定。張子曰：「形，而後有氣質之性。」天地間性有萬殊者，形而已矣。以人物言之，人形直而靈，獸形横而蠢；以人言之，形清而靈，形濁而蠢。匪直外有五官之形，且内有五臟之形。故吴王濞有反骨，而高祖先知其反，安禄山有反骨，而張九齡先知其反；王莽之鴟吻，商臣之蜂目，越椒熊虎之狀，伯石豺狼之聲，皆形也。形異而氣亦異，氣異而性亦異。非性異也，弗虚弗靈，性弗著也。

夫子曰：「性相近也。」習染未深之時，未始不可爲善，故曰相近。然而質美者，習於善易，習於惡難；質惡者，習於惡易，習於善難。上智下愚，則氣質美惡之極，有必不肯習於善，必不肯習於惡者也。故有形以後，皆氣質之性也。天地之性，非學不復，故曰：「學以變化氣質爲主。」或疑天地之性、氣質之性，不可分性爲二者，非也。論性於成形之後，猶論水於浄垢器中，道着性字，只是此性，道着水字，只是此水，豈有二耶？或又疑性自性，氣質自氣質，不可混而一之者，亦非也。天地之道，爲物不二，故性即是氣。氣即成質，惡人之性，如垢器盛水，清者已垢，垢者亦水也。

明乎氣質之性，而後知天下有自幼不善者，氣質而非性也。性善之説始定，而變化氣質之功始力。所謂變化氣質者，正欲人知得性善，雖惡人，可齋戒沐浴事上帝云爾。故曰：「氣質之性，君子有弗性者焉。」弗性氣質之性，則形色天性矣。蓋一明性善，隨他不好氣質，當下點鐵成金。

寅直説

虞廷十六字，萬古以爲心學宗祖矣，至「夙夜惟寅，直哉惟清」，第謂秩宗交神明之道，不知其爲心學之要也。〔眉批：此説一出，遂使「寅直清」與「精一執中」之訓並昭日月。〕夫人心所以不清繇不直，所以不直繇不寅。寅直者，敬以直内之謂也。寅在一元，則人物開闢；在一年，則三陽交泰；在一日，則平旦清明。萬感未接，一念未起，湛然寂然，此真敬也。敬則直矣，直則清矣。一有作意，即非寅非直非清。故曰：「惟寅直，惟清。」惟者，惟此真體，更無纖塵，惟此真色，更無纖染，此人心所以合天德也。有訣焉：「伊尹稱湯，昧爽丕顯。」昧爽者，寅也。孟子亦曰「平旦之氣」，平旦者，昧爽也，真心莫顯於此。於此悟入，則作聖之基；於此混過，則負天之牖。聖人言寅直，微矣哉！

因爲箴曰：天地之先，惟斯一氣。萬有大生，人爲至貴。人生於寅，是謂厥初。有如嬰兒，至静而虚。其心之靈，以氣之直。上際下蟠，與天無極。故惟寅直，乃性真體。其性來復，其心則洗。是曰惟清，纖塵無滓。人配天地，配者在此。勿謂一日，異於一元。昧爽之際，氣反其原。敬以直之，不加毫毛。旦晝勿梏，謂之曰操。日新又新，存存成性。性性不已，以至於命。〔眉批：曰敬，曰洗心，曰操存，曰至命，皆身至而後言之。〕

愛敬説

孟子曰：「君子以仁存心，以禮存心。仁者愛人，有禮者敬人。」君子存心，只是仁禮，仁禮，只是愛敬，所以期至於法今傳後之聖人，斯二者而已矣。斯二者何從來也？從孩提來也。孩提知愛，稍長知敬，莫知其所以然而然，所以爲良知良能，是人之本心也。聖人因之，故曰：「因親教愛，因嚴教敬。」其教不肅而成，其政不嚴而治，所因者，本也。愛親者，不敢惡於人，敬親者，不敢慢於人。天子以此得萬國之歡心，諸侯、卿、大夫、士、庶，以此得一家之歡心，是以災害不生，禍亂不作，天下和平，道如此其大也。故曰：「立愛惟親，立敬惟長。始於家邦，終於四海。」聖人所以治天下如運之掌者，得其本也。世人致禍之道，其事非一，而其大端，皆繇慢人惡人。〔眉批：不自反，不知；不歷世，亦不知。〕故心不和平，災害並至，卒之虧體辱親，成大不孝。君子有終身之憂者，憂不仁不禮，不愛不敬也。有終身之憂，則無一朝之患矣。

好惡說

近見世局紛紜，此一是非，彼一是非，因而推其故，原來只在好惡兩字。不是這兩字上差，差在心上；不是心上差，差在仁不仁上。世間那一箇人是没好惡的？但各人等第不同，一等人便是一等人的好惡，二等人便是二等人的好惡，三等人便是三等人的好惡，其等愈下，其人愈多，其好惡相同愈多。彼見其同，便以爲公好公惡，便是謂能好能惡，❶不知聖人說：「惟仁者能好人，能惡人。」若果如此，世間何仁者之多也。若是猛然自省，我還是仁者否？仁至難言，只把此篇聖人言仁處自家查對，如「久處約而無怨，❷久處樂而無淫」，「志仁無惡」，「欲富貴而不處非道，惡貧賤而不去非道」，「終食不違仁」，「好仁而無以尚，惡不仁而不使加身」，諸如此類，一一合否。若是未合，未可自謂仁者，自謂能好惡也。〔眉批：好惡處亦只反躬。〕

或曰：「兩邊好惡，必有一邊是的。是的就是仁否？」曰：「也難說。」又有一勘法。我這好惡，還從吾君吾民上起念否？〔眉批：又就好惡上一反。〕還只在自家意見上異同，軀殼上通礙，交游上生熟起念否？此亦勘得大概。要之肯回頭查勘，惟恐自陷于不仁，只此念，已向仁路上來，不患其不能好惡矣。〔眉批：又說个無所不反的心事。〕若只

❶「是」，康熙本、四庫本、光緒本作「自」。
❷「怨」，康熙本、四庫本、光緒本作「濫」。

鹵莽滅裂去，無論不是的一邊，即是的一邊，君子而不仁者有矣夫。

乾坤説

凡了悟者皆乾也，脩持者皆坤也。人從迷中，忽覺其非，此屬乾知，一覺之後，遵道而行，此屬坤能，〔眉批：乾知坤成，上通孔聖宗旨，洛閩所未發。〕皆乾坤之倪而非其體，乍悟復迷，乍作復止，未足據也。必至用力之久，一旦豁然，如《大畜》之上九，畜極而通，曰「何天之衢」，乃如是乎，心境都忘，宇宙始闢，方是乾知。知之既真，故守之必力，細行克矜，小物克謹，視聽言動，防如關津，鎮如山嶽，方是坤能。無乾知，則無坤能；無坤能，亦無乾知。譬之於穀，乾者陽發生耳，根苗花實皆坤也。蓋乾知其始，坤成其終，無坤不成物也。故學者了悟在片時，脩持在畢世。若曰「悟矣」，一切冒嫌疑，毀藩籬，曰「吾道甚大，奈何爲此拘拘者」，則有生無成，苗不秀，秀不實，惜哉！

乾象説

聖人之象乾而言元亨也，繼之曰「大明終始，六位時成，時乘六龍以御天」，明言天道矣；❶言利貞也，終之曰「首出庶物，萬國咸寧」，明言人道矣。故朱子別之曰：此爲天道之元亨利貞，此爲聖人之元亨利貞，渾而言之。今別而言之，讀者不能無疑。然非別言天人，聖人象文何以交錯如是也？蓋積疑久之。一日怳然曰：有是哉！聖

❶「天」，原作「人」，據四庫本改。

人自釋之矣。曰：「乾元，始而亨者也。利貞者，性情也。乾始能以美利利天下，不言所利，大矣哉！」此申言「元亨利貞」也。曰：「大哉乾乎！剛健中正，純粹精也。六爻發揮，旁通情也。時乘六龍，以御天也；雲行雨施，天下平也。」此申言「大明」、「首出」以下語也。六爻發揮，六龍時乘，非人乎？天下平，非萬國寧乎？統之曰「大哉乾乎」，皆乾道也。其以人道而爲乾道也明甚，則其以乾道而爲人道也明甚。所以交錯其文者，蓋四德有終始之義，故六爻有時成之位，非御天者之雲雨，則元亨不能成利貞之功，而萬國不寧。皆乾道也，皆人道也，聖人正恐人二之也。

吾於是沛然於錢啓新先生象像之説，而知其有功於《易》者大也。象像之説曰：「爲乾爲坤，天地之象也。上天下地，則人之像也。六十四卦，其象，卦也；其像，人也。缺一，非人像也。」夫聖人不云乎？「君子行此四德者，故曰『乾，元、亨、利、貞』」，明言乾之爲人也；「柔順利貞，君子攸行」，明言坤之爲人也；「豈獨聖人有之」，明言人人自有之也。人人自有之，而以歸之天地、歸之聖人、歸之《易》書者，何也？

乾象釋

萬物資始，元也；品物流行，亨也；各正性命，利也；保合太和，貞也，此乾道之大明終始也。有四德之終始，故有六位之時成；有六龍之時乘，故有四德之終始。乾元統天，而首出庶物；六龍御天，而萬國咸寧矣。

大象

易者，象也；乾者，天行之象也；君子自强不息，則乾之像也；以者，非法其如此而如此之謂也。六十四卦，一易而已；生道者，一易而已。天得之爲天，地得之爲地，人得之爲人，皆此也。以此自强不息，則謂之乾；以此厚德載物，則謂之坤。〔眉批：即易是心，曰「以」。〕非此，則更有何者，而可以自强不息，厚德載物乎？故易者，象三才之爲一像也。

三勿居説

客問高子曰：「何謂浩然之氣？」

高子曰：「性也。」

曰：「性也，安得謂之氣？」

曰：「養成之性也。性者，生理也。如草木焉，惟有性，故忽而根荄，忽而幹葉，忽而花實也。實則成性而復生，或槁之，或戕之，則靡然萎矣。人之於性也亦然。養之暢茂條達，則其氣浩然塞乎天地，而性乃成。浩然者，人之花而實者也。今天下之於性，人人能言之，然自幼而壯而老，不知性爲何物，何怪乎與年俱盡，靡然爲腐草朽木也乎哉！」

「養之何如？」

曰：「直而已矣。直之謂集義，直之謂有事，直之謂勿正勿忘勿助長也。」

忠餘鄒子，以「三勿」名其居，而問説於龍，謹以對客者對。夫鄒子之以是名居，是有志於性者也，是不忍於自槁而自戕者也。夫然，請自勿忘始，勿忘而後知所謂有事，

所謂正助矣。〔眉批：一針入穴，人便好下手。〕

夕可説

潛江宜諸歐陽公，既致其潁州兵使者而歸，朝命再辟，堅卧不起，乃得佳壤於豹湖之濱，而穴之曰：❶「此予之所歸也。」築室焉，顔曰「夕可」，杜門體道于中。使友人問「夕可」之説於某，某曰：「噫嘻！予未朝聞，焉知夕可？且予方有疑於周元公也。其説太極，而以死生之説終，何耶？死生之説，在始終之故矣，若何原？若何反耶？」爲之研味者累月，一夕夢有儒衣冠者，以爲元公也，前而叩焉，公曰：「夫一動一静者，天地之生死也；一死一生者，羣生之動静也。此所謂易也。」恍然而寤。於時明月在室，萬籟咸寂，予乃整襟端居，一靈炯然，如月斯淨，衆緣脱落，如籟斯寂，久之而笑曰：「此物何動何静何生何死耶？噫嘻！我知之矣。死生，道也。譬之於漚，起滅一水也，寂然不動者也。〔眉批：道不可説，聞不可説，説其爲道者。〕吾欲復其寂然者，豈遺棄世事，務一念不起之謂哉？君君臣臣，父父子子，萬象森羅，常理不易，吾與之時寂而寂，時感而感，萬感萬寂而一也。故萬死萬生而一也，聞道者非耳也。至於今，而後恍然知向所爲道，其爲物乃如此也，吾未之聞而且繇焉。朝於斯，夕於斯，必有至也。至之日則吾聞之日，聞之日則吾可之日也。」

謹以質之于公，以爲可否？

❶「而穴」二字，原漫漶不清，據康熙本補。

輔仁説

夫子曰：「爲仁由己。」而曾子曰：「以友輔仁。」何也？仁，人也。仁也者，與人爲體者也；人也者，與仁爲用者也。胥天下之人，而於仁之中也，猶之胥天下之木，而於春之中也。春不可見，而見之於木；仁不可見，而見之於人。仁之於人，無一膜之隔；人之於仁，若萬里之阻，何也？各己其己也。是故胥天下之謂仁，執一人之謂己，推己而人之則仁，執人而己之則不仁。故爲仁者，莫妙於人己之間。吾之所不得而知也，相觀相摩，相習相薰，忽不覺其執者化，推者通，而仁矣，故曰「輔仁」。輔仁者，友也。以者孰以之？爲仁由己也。

馬銘鞠諸君，知於文中求友，友中求仁，爲作輔仁説。

觀兩先生所參春遊記請益

若拈本體，更無可説。才涉言説，盡屬工夫。觀其會通，非一非二。鄒先生意思多在本體上指點，顧先生意思多在工夫上防閑。鄒先生多説放下，顧先生多説操存。要之真放下，乃真操存；真操存，乃真放下。若謂放下者非操存，操存者不放下，則觸語生礙矣。要知伊川先生心存誠敬，乃真放下。心存誠敬，至於死生不動，更有何物不放下耶？若謂心存誠敬，胸中有誠敬，則拳拳服膺，胸中有一善乎？本體本無可拈，聖人姑拈一善字；工夫極有多方，聖人爲括一敬字。重本體者，欲掃念頭，并掃善敬字面；重工夫者，欲顯實理，并掃虛寂字面。兩者之偏雖小，兩者之害則殊，又不可不察也。若說本體了，則立地便了，若說工夫休，則無時可休。至於本體有不透工夫，工夫有不透本體，全在各人自痛自知，❶如靠言語，孤負兩先生矣。敢爲兩先生闡其大指，并以請正。

龍正謹按：非千休無一念，所休者，妄想也。以妄想對誠敬，則惟放下而後爲操存。若欲放下其戒慎恐懼之念，即東坡所云「打破敬字」矣。因打破，故云敬，敬又何打破之有？則惟操存可以該放下。古來遯逸高人，固有放下世間一切，而未知操存者。兩先生之說，畢竟涇陽爲密。

辨類

陽明說辨一

君子於人之言也，必有以得其人之心，盡其人之說，體之於吾身，真見其非，而後明吾之是以正之，務可以建諸天地，質諸鬼神，以俟之後聖，而後無愧其人。若陽明之攻朱子也，果爲得朱子之心，而有當於其說乎？

吾觀其答顧東橋之書曰：「朱子所謂格物云者，是以吾心而求理於事事物物之中，如求孝之理於其親之謂也。求孝之理，

❶「痛」，四庫本作「病」。

果在於吾之心耶？抑在於親之身耶？假果在於親身，而親没之後，吾心遂無孝之理與？見孺子之入井，必有惻隱之心。是惻隱之理，果在孺子之身與？抑在吾心之良知與？是可以見析心與理爲二之非矣。」果若斯言也，朱子可謂天下之至愚，叛聖以亂天下者也。夫臣之事君以忠也，夫人知之，而非知之至也。孟子曰：「欲爲臣盡臣道，法舜而已。不以舜之所以事君事君，不敬其君者也。」夫不敬其君，天下之大惡也。苟不如舜之所以事君，則已陷于天下之大惡而不自知焉，則所以去其不如舜以就其如舜者，當無不至也。子之事親而當孝也，夫人知之，而非知之至也。孟子曰：「事親若曾子者可也。」夫至于曾子之事親而始曰可也，不然，猶爲未能事其親矣，則所以去其不如曾子以求其如曾子者，又當何如也？此人倫之至，天理之極，止之則也。此爲格物而至於物，則物理盡者也，所謂因其已知之理而益窮之，以求至乎其極也。今人乍見孺子將入井，皆有怵惕惻隱之心，此何心也？仁也。格物者，知皆擴而充之，達之於其所忍，無不見吾不忍之真心焉。一簞食，一豆羹，生死隨之，而行道不受嘑爾，乞人不屑蹴爾，此何心也？義也。格物者，知皆擴而充之，達於其所爲，無不見吾不爲之真心焉。此之謂格物而致知。故其心之神明，表裏精融，通達無間，而更無一毫人欲之私，得藏於隱微之地，以爲自欺之主。故意之所發無不誠，心之所存無不正也。

吾所聞於程、朱格物致知之説，大略如此也，未聞其格孝於親之身，格忠於君之身，格惻隱於孺子，格不受不屑於行道乞人也。以是而闢前人之説，譬如以病眼見天，而謂天之不明，則眼病也，於天何與？是可百世以俟聖人乎！

陽明説辨二

君子非立言之難，言而不得罪於聖人之爲難。夫聖人之言，順性命之理而已，後之求聖人之言者，順聖人之言而已。陽明之説《大學》也，吾惑之。《大學》曰：「致知在格物，物格而後知至。」陽明曰：「所謂致知格物者，致吾心之良知於事事物物也。致吾心良知之天理于事事物物，則事物各得其理矣。事物各得其理，格物也。」是格物在致知，知至而後物格也。又曰：「物，事也；格，正也。但意念所在，即要去其不正以全其正。」又曰：「格物者，格其心之不正，以歸於正。」是格物在正心誠意，意誠心正而後格物也。整菴羅氏所謂「左籠右罩」，「以重爲誠意正心之累」，顧氏所謂「顛倒重復」，謂之陽明之《大學》可矣。《詩》云：「無易由言。」天下大矣，萬世而下，不尚有人也夫！

陽明説辨三

凡人之言合者，必二物也。本離而合之之謂合，本合則不容言合也。天下之物有萬，而理則一，無體用，無顯微，無物我，無内外，一以貫之者也。告子之義外，不識性也，故亦不識義而外之，非求義於外也。凡人之學，謂之曰「務外遺内」，謂之曰「玩物喪志」者，以其不反而求諸理也。求諸理，又豈有内外之可言哉？在心之理，在物之理，一也。天下無性外之物，無心外之理，猶之器受日光，在彼在此，日則一也，不能析之而爲二，豈待合之而始一也？陽明亦曰：「理無内外，性無内外，故學無内外。講習討論，未嘗非内；反觀内省，未嘗遺外也。」誠是也，則奈何駁朱子曰「以吾心求理於事物之中，爲析心與理爲二也」？然則心自心，理自理，物自物，匪獨析而二，且參而三矣。是陽明析而二之，非朱子析而二之也。

陽明又曰：「若鄙人之致知格物，是合心與理爲一者也。」心與理本未嘗不一，非陽明能合而一之也，猶之乎其論知行矣。夫知行亦未嘗不合一，而聖人不必以合一言也。故有時對而言之，則知及仁守是也；有時互而言之，則智愚賢不肖之過不及，而道之不行不明是也；有時對而互言之，則知至至之，知終終之是也；有時偏而言之，則夫子嘆知德之鮮，孟子重始條理之智，傳説非知之艱，行之惟艱是也；有時分而言之，則知及而不能守，❶有不知而作者是也。吾故曰聖人不必合一言之也，而知行未嘗不合。惟其未嘗不合，故專言知而行在，專言行而知亦在。

《大學》之先格物致知也，以其求端用力言之，然豈今日知之，明日行之之謂哉？必欲以合一破先後之説也，則《大學》之言先者八，言後者八，皆爲不可通之説矣。凡若此者，總是强生事也。

陽明説辨四

陽明以朱子之致知也，爲聞見之知，故

❶「而」下，四庫本有「仁」字。

其爲宗旨也曰「良知」。吾則以《大學》之致知，本非不良之知，非自陽明良之也。朱子爲聞見之知與？否與？前乎吾者知之，後乎吾者知之，吾則烏乎敢知！雖然，聖人之教不爾也。夫子不曰「多聞從善，多見而識」乎？不曰「多聞闕疑，而慎言其餘，多見闕殆，而慎行其餘」乎？不曰「多識前言往行，以畜其德」乎？此爲初學言之也，知之次也。夫聖人不任聞見，不廢聞見，不任不廢之間，天下之至妙存焉。舜聞一善言，見一善行，若決江河，沛然莫之能禦也。非聞見乎，而聞見云乎哉？

異端辨

乙巳仲夏，余遊武林，寓居西湖，見彼中士人半從異教，心竊憂之。問其所從，皆曰蓮池。問其教，出所著書數種，多抑儒揚釋之語。此僧原廩於學宮，一旦叛入異教，已爲名教所不容，而又操戈反攻，不知聖人之教，何負於彼，庠序之養育，何負於彼，而身自叛之，又欲胥天下而叛之如此之亟也。因摘取其言，各剖破之。又有竭力專詆朱夫子者，另爲一書，尚未得也。

竹窗隨筆内一條辨良知者曰云云

堯舜之道，孝弟而已。孟子指出孩提愛敬，是最初最真處，以是爲妄，何所不妄？仁義智禮樂，其實只事親、從兄二者。二者既妄，五者皆僞，人道盡滅矣，幾何而不胥爲禽獸也！真常寂照，將焉用之！

正訛集内一條辨佛書多才人所作曰云云

佛説多端，約其大義，只「無聲無臭」四字足以蔽之。聖人在人倫庶物中，物還其則，而我無與焉，終日酬酢萬變，實無一事也。畏天命，悲人窮，汲汲皇皇，那有閒工夫在深山浚谷，大家團圞頭，共説無生話也？謂孔、孟爲才人，謂佛經皆孔、孟不及道，其小視孔孟甚矣！吾以爲，孔孟道及處，學佛者不能知，其不肯道及處，學佛者不能知，其不屑道及處，學佛者不能知。

又辨三教一家曰云云

自有開闢以來，聖帝明王，相繼爲治，地平天成，民安物阜，不聞有所謂佛也，不待有所謂佛也。聖人之道不明不行，而後二氏乘隙而惑人。昔之惑人也，立於吾道之外，以似是而亂真；今之惑人也，據於吾道之中，以真非而滅是。昔之爲佛氏者，尚援儒以重佛，今之爲儒者，且軒佛以輕儒。其始爲三教之説，以爲與吾道列而爲三，幸矣；其後爲一家之説，以爲與吾道混而爲一，幸矣；今且擯之爲凡，擯之爲外，而幼之，而卑之，而疎之。然則天下孰肯舍聖人而甘爲凡夫，舍尊長而甘爲卑小，舍親而就其疎也？嗚呼！用夷變夏，至此極矣！斯言不出於夷狄，而出於中國，〔眉批：救之急，故大聲疾呼。〕不出於釋氏之徒，而出於聖人之徒，是可忍也，孰不可忍也！

又辨三教同説一字曰云云

此説鄙陋之極，不必爲剖，吾且據其説佛者問之，一者何耶？以爲有物耶？無物耶？以爲有物，則不識一；以爲無物，既無物矣，又有何物超乎一之外乎？所見如此，而徒爲張大之説，以誑惑後生，罪可勝誅也耶！

與管東溟虞山精舍問答

翁語次深薄宋儒。余曰：「先生必有所見，其灼然處何居？」

翁曰：「只一性字，宋儒便不識。」

余曰：「何謂？」

曰：「性者大覺。宋儒謂性即理也，認做一件鶻突的黑影子。」

余曰：「何以見之？」

曰：「彼以知覺爲心，謂理乃心所包之物，豈非包着一件不覺之物乎？」

余曰：「理有何形？因其心之發見，知其有如是之條理，故謂之理。若謂以覺包理，則理乃在外，宜乎今人以物理爲外，以格物之理爲狗外矣。」

翁曰：「此是公爲宋儒分疏，吾自二十歲時，已見宋儒骨髓。」

余曰：「不然，是老先生有得後看宋儒，故認得如此。若攀龍者，初時一無所見，從程、朱夫子討出工夫曲折，一一依他做，並不見有如此癡學問也。」

翁曰：「公近釋《正蒙》，且論太和何如？」

曰：「張子謂虚空即氣，故指氣以見虚，猶《易》指陰陽以謂道也。」

曰：「即此便不是。謂氣在虚空中則可，豈可便以虚空爲氣？」

余曰：「謂氣在虚空中，則是張子所謂以萬象爲太虚中所見之物，虚是虚，氣是氣，虚與氣不相資入者矣。」

翁但曰：「總不是，總不是。」余亦不敢與長者屢辯而止，因思學問從入之途不同，斷無合并之理。吾儒以秩序命討、自然之天理爲理，其自然之條理，毫髮差池不得處，正是大覺。彼徒以此心之精靈知覺爲覺，宜其認理爲鶻突，爲黑影。端緒迥然，安可以口舌争也？

聖賢論贊

先師

顔之仰鑽瞻忽，曾之江漢秋陽，思之敦化川流，孟之金聲玉振，宰我謂「賢於堯舜」，子貢、有若謂「自生民未有」，是皆智足知聖，未若夫子自言「知我其天」。天不可知，聖不可知，蕩蕩乎其孰能名之？

顔子

簞瓢陋巷，是何胸次！博文約禮，是何脩持！不遷不貳，是何力量！是之謂不違仁。識仁者，當識顔子所以爲仁。

曾子

一貫者，子之悟道也；《大學》者，子之傳道也。絜矩，又何不貫之有？故格物者，格知天下之爲一物也。物格而一以貫之矣。

子思

非仲尼，則堯舜之道不傳；非子思，則

仲尼之道不傳。所傳何道也？中庸也。非「未發」一語，則中庸之道不傳。一語爲千古知性之竅，知此之謂知性，復此之謂復性，盡此之謂盡性。

孟子

何以必道性善？是人人本色也。何以必稱堯舜？是性善實證也。試看不學良知，不慮良能，塗之人與堯舜有針芒不合否？非七篇昭揭，則人人寶藏，千古沉埋。

濂溪先生

先生三代以後之聖人乎！無轍跡可尋，無聲臭可即。無極太極，太極無極，是之謂易妙於未畫。聖人洗心退藏於密，以此。

明道先生

《大學》者，聖學也；《中庸》者，聖心也。匪繇聖學，寧識聖心？發二書之秘，教萬世無窮者，先生也。淵乎微乎！非先生，學者不識天理爲何物矣；不識天理，不識性爲何物矣。是儒者至善極處，是佛氏毫釐差處。

伊川先生

發育萬物，峻極於天。先生之道，通於天地。禮儀三百，威儀三千。先生之道，備於一身。釋有普賢，人知尊之；儒有伊川，人思議之，礙其欲也。人欲肆而防之者禮，學如先生，乃曰克己復禮。

横渠先生

洋洋乎盈眸而是者，何物也？易也。子輿以浩然名氣，先生以太和名易。浩然者，太和之充於四體；太和者，浩然之塞乎天地。匪是不爲知道，不爲見易。故曰：「周公才美，智不足稱。」

晦菴先生

刪述六經者，孔子也；傳註六經者，朱子也。子以四教，文、行、忠、信；子所雅言，詩書執禮。孔子之學，惟朱子爲得其宗，傳之萬世而無弊。孔子集羣聖之大成，朱子集諸儒之大成。聖人復起，不易斯言。

高子遺書卷之三終

高子遺書卷之四

講　義

小　引

聖人之言多矣，而曰「欲無言」，明乎所言者，皆言其無言者也。而天下後世，卒未免求聖人以言。求聖人之言於聖人，若與我不相涉者然，此學之所以不可不講也。講學者，明乎聖人之言，皆言吾之所以爲吾也。夫吾之所以爲吾，果何如哉？知之一日而有餘，行之終身而不足者也。知者不知乎此，行者不行乎此，人各以其所知所行者言焉，其於聖人之言，多覿面失之矣，此學之所以不可不講也。

吾郡舊未有講學者，顧涇陽先生倡之，數十年來，津津焉秉彝之在人心，觸之而動，有火然泉達而不容已乎！不佞幸從諸先生後，不能無請益之言，實不敢求聖人於言，求聖人之言於聖人。然所言者，其所知所行也。懼其覿面而失聖人之言，聊舉以就正有道，求吾之所以爲吾者。乙卯秋日。

六十而耳順二節甲寅

人生只有理、欲二途，自有知識以來，起心動念，俱是人欲了。聖人之學，全用逆法。如何爲逆法？只從矩，不從心所欲也。立者立於此，不惑者不惑於此，步步順矩，故步步逆欲，到五十而知天命，方是順境，故六十而耳順矣，七十而心順矣。繇此觀之，聖凡之判，只在順、逆二字。凡人自幼與人欲日順一日，故與天理日逆一日；聖人自幼與人欲日逆一日，故與天理日順一日。天理者，人所固有，原是順的；人欲者，人所本無，原是逆的。此一點機括，只在學與不學。學而知其固有，故順還他順，逆還他逆；不學而不知其所固有，故順者反逆，逆者反順。吾輩要學聖人耳順從心，有兩句拙法，曰：「逆耳之言必深察，從心之事莫輕爲。」

不仁者不可以久處約章 丙辰

今人將聖人説仁，看作玄微道理，以爲非聖賢不能與於此，在自家身上，是没要没緊的；不知其爲民生日用須臾不可離也。人生有身，必有所處，不處約，便處樂。不仁之人，約也處不得，樂也處不得，即使暫處，斷不可久長，是此身無一處可著落也。然觀世人，窮約的，他也混過一生，富貴的，他自道受用一生，何以見其不可處？不可處者，聖人見之，彼不知也。其不知處，即不仁處也。今看約者，日在愁苦中過日而已，樂者，日在醉夢中過日而已，其中心何曾有安穩處？何曾有順利處？

聖人謂不可處，真不可處也，然則可安可利者何物？仁而已。惟仁者能安之，惟知者能利之。論造詣，安仁者，大賢也。大賢以下，方是利仁者。然仁是人的本心，人能自識得本心，隨心應用，何利如之？隨入自得，何安如之？纔見仁之爲利，便是知者；纔見仁之爲安，便是仁者。吾輩不可將聖賢到頭處，諉於不可及，當從聖賢入頭處，信得人皆可爲。

安仁利仁，總在處約處樂上見，不可處約，不可處樂，總在不安不利處見。聖人不説窮達順逆，説個約樂二字，自相對待。約者，收斂之義；樂者，發舒之義。仁者處約，愈收斂愈發舒；仁者處樂，愈發舒愈收斂。約而樂，不見不足在己，樂而約，推其有餘及人，便是本心之則，便是仁。不仁者，愈約愈局，更無過活處；愈樂愈放，更無收煞處。然則聖人説仁，果是懸虛道理否？果是民生日用須臾可離者否？

富與貴章 庚戌

此章聖人就人情上點出天性來。欲惡，情也。欲富貴，惡貧賤，人情之最切也。然試看同是不以道得之，一則不處，一則不去，何也？以情言，富貴好過，貧賤難過；以性言，處非道之貧賤反好過，處非道之富貴反難過。只這一點過得過不得處，便是仁；只不瞞昧了這點過得過不得處，便是不去仁，便是君子所以成名。繇此觀之，名便是仁，總是實心，不是外面妝得門面的；仁便是名，總是實事，不是裏面弄得虛頭的。只此「君子去仁，烏乎成名」二句，聖人便把千古以來，不好名而不脩行，好名而不根心的，都破盡了。

説君子不去仁，説到終食、造次、顛沛，已到至密處，何故却從富貴貧賤説來？蓋仁是人人具足的，只被那世情俗見封蔽了不得出頭。今於富貴貧賤看得透了，心下方得湛然無事，方見仁的真體。有這真本體，方有真工夫。所以君子終食也在這裏，造次顛沛也在這裏，實落做得主宰，搖撼他不得，此方是了生死學問。若此處看不透，自家身子渾在世情俗見裏，却把些清明景象，〔行批：世情中有此耶？〕慈愛念頭，平坦心腸，玄虛見解，當做仁，如何算得帳？即終食之頃，不知有幾多起滅，事變之來，手忙脚亂，如何支持得去？他日夫子稱夷齊「求仁得仁」，便是不處非道富貴的樣子，稱顏子「不改其樂」，便是不去非道貧賤的樣子。孔門求仁，是學問真血脈，此章是求仁的真血脈。

我未見好仁章 乙卯

聖人論爲仁，此章至爲嚴密。人心只有好惡二者，自有知覺以來，無息不逐於外物，都離根去了，惟好仁惡不仁，方始反情復性。好仁惡不仁，總是一箇仁。好之者，保聚之也，至無以尚之，方無一念夾雜；惡不仁者，防閑之也，至不使加身，方無一息間斷。尚即是加，夾雜處即間斷處，間斷處，渾身已不仁了，無加無尚，是全體至極，純一不已境界。故聖人未見，然却人人可到，何也？好惡之力，人人具足也。此力用之於外物，便有不足，幾見好富貴的都好得來，惡貧賤的都惡得去，可見有用力不得處；若用於仁，幾見有好仁而好不來，惡不仁而惡不去者，可見無不足之力也。一日用力，是人生大翻身處，將從前散漫精神，一切收拾轉向身來，豈但無不足，當日强日盛，亹亹而不能已。故聖人又爲疑辭，以決言其未見也。吾輩今日只要窮究得無以尚之實理，人生以來，除了這箇仁，更有何物？今各人胸中，營營擾擾的，子細推究，何者不是虚妄？即如此身，究竟終非我有，原其所始，反其所終，豈不是只有此仁？更有何物可以尚之？若一事不仁，一息不仁，自家性命即時喪失了。繇此觀之，天下之可好者，孰有甚於仁？可惡者，孰有甚於不仁？若實信得，自不患不用力矣。

一貫章辛亥

此章是聖門傳心之要，不可只將道理來解説過了。如只解作一心貫萬事，人人能説，却與各人身上，總無交涉，須要究到聖人所以能貫處，曾子所以能唯處。

所謂「一」，不是只説一箇心，是説這箇心到至一處。譬之於金，當其在鑛時，只可謂之鑛，不可謂之金。故未一之心，只可謂之心，惟精之心，方可謂之一。一便四方上下，往古來今，一齊穿透，何所不貫。

曾子何以便拈出一箇「忠恕」？假如人自爲謀是一様，爲人謀又是一様，便是不忠，不忠便不一了，如何貫得去？自待是一様，待人又是一様，便是不恕，不恕便不一了，如何貫得去？曾子平日三省，爲人謀不忠，省不一也，與朋友交不信，省不一也，傳不習，省不一也，精察力行，其心已到至一處，被夫子一點，當下便貫了。忠恕只是這箇忠恕，但悟前只唤做忠恕，是下學人事，悟後便是一貫，是上達天德。若不是平日實做忠恕，如何當下唯得一貫？觀門人一時共聞，茫然不知所謂可見矣。

曾子悟處，全在「而已矣」三字。平日還認夫子有甚高妙，到此方知只是如此，别無餘法，此之謂豁然貫通，此之謂渙解冰釋。

吾輩今日這箇心，與孔、曾當日的心是一箇，並無些子差池，然聖凡相去直如天淵，只爭箇一與不一耳。若從今煅煉去到得一處，便知夫子貫處，曾子唯處。

吾道一以貫之 庚申

一貫二字，乃夫子自言其道如此。夫子所以自生民以來未有者，正在於此。自古聖人不及夫子者，〔行批：堯舜文周何如？〕只是貫不去，如孟子言「清任和」者是矣；二氏所以畔於吾道者，只是貫不去，如程子言「名爲無不周遍，實則外於倫理」者是矣。要知聖人一貫，只看《中庸》自喜怒哀樂未發，貫達德達道，九經三重，篤恭而天下平者是矣。曾子與門人指出忠恕，即《中庸》之理，非有二也。吾輩當在日用間實體貼，如一念對不得上帝，便是天人不一貫；一事質不得鬼神，便是幽明不一貫；不可考三王俟百世，便是古今不一貫；如此自待，不如此待人，便是人我不一貫；知攝其心矣，不致謹於威儀言動，知謹於行矣，不能徹身心性命，便是內外不一貫。諸如此類不貫者，總是不一，聖人只在一處求，故曰「非多學而識」。

已矣乎吾未見能見其過節 庚申

尋常見能自知過而悔且改者，往往有之，聖人何以曰「未見」？又何以曰「已矣乎」，作絕望之詞？蓋緣粗看了聖人此語也。此正是「有不善未嘗不知，知之未嘗復行」，蓋見過於幾、不遠而復者也。

訟者必有箇對頭，若無對，不成訟。人果能見得天理精明，方見得人欲細微，一動於欲，便礙於理，如兩造然。遂内自訟，一訟，則天理常伸，人欲消屈，而過不形於外矣。是默識默消，何等力量！顏子而下，便難語此，聖人所以重爲「已矣乎未見」之歎，與「今也則亡，未聞好學者」語意同。故曰：見性斯能見過，見過斯能復性。若泛然知過能改者，是過已形於事，祇於悔者也，豈可同日而道哉？❶

十室之邑節 甲寅

若論本性，則人性皆善，何以云「十室之邑，必有忠信」？若論生質，則聖人之質，創古一見，何以云「十室之邑，必有如某」？蓋常人所以高視聖人者，見得聖人聰明睿知，絶世無比，以爲聖人是天生的，決不可學；不知聖人却看得這聰明睿知，在各人用得如何。桀紂之不善，原未嘗無絶人之資，全算不得帳。常人所以卑視自家者，見得自家質朴老實，無知無能，以爲這是没用處的，如何做得聖人？不知聖人却看得這是天生人的原來本色，隨他大聖大賢，不過是還他本色，原不曾有别樣伎倆。世間人便慣巧利的，果是難與入道，質朴老實的，果是十室而有，聖人便曉得這是忠信。❷若不學，便逐日澆散，若不好學，也不能究竟堅固的，所以終日孜孜如饑食渴飲，如救焚拯溺，一生只做得一件事，不過是這箇忠信，非是把忠信做箇基本，忠信之

❶「道」，康熙本、四庫本、光緒本作「語」。
❷「是」，康熙本、四庫本、光緒本作「箇」。

外，又有甚學問也。於此見聖人所爲聰明睿知者，只是認得這忠信。真做得這學問徹，其不可及者乃在此。若使十室之忠信，有肯回頭猛省的，豈不是絶世聰明睿知？

人之生也直章己未

聖人直指人心，無如此語；直指人性，無如此語。信得此語，本體工夫，一齊俱到。如何信得？只當下體認人生何處有一毫不停當，何處有一毫不圓滿。自家做得不停當，覺得不圓滿，皆是有生以後添出來勾當，添出來念頭，原初本色，何曾有此？子細勘破，真可啞然一笑。但一直照他本色，終日欽欽不迷失了故物，便到聖人地位，也只如此。若迷失了，便唤做罔。罔者，冥然罔覺，悍然不顧之謂。人若罔了，真似投火之蛾，投網之魚，撞來撞去，至死後已。其未死者幸而免耳，總只在一念警醒上，警醒便直，不警醒便罔，生死關頭，所争毫末，危哉危哉！一念不回，千古長夜。

直字止如此。

知之者不如好之者章庚申

知即是知此可樂者，若不是知此可樂者，如何能好而樂之？但其工力，則愈進愈妙耳。吾輩今日且當共研可樂者果是何事。聖門論學，主於求仁，吾輩且當共研仁之可樂者果是何味。

要知樂，且將不樂反觀。不樂却是人時時有之，何以不樂？不樂者，皆生於對待也。如心便與境相對，一見有境，境安得處處盡如我心，所以生出種種不樂；已便與人相對，一見有人，人安得事事盡如我意，所以生出種種不樂，此是世俗上病痛。至細微處，更有聖凡相對，凡如何企得他聖？又有天人相對，人如何希得他天？種種懸慕，又生出種種不樂，此是道理上病痛。不樂處，正是不仁處也。人心若仁，這對待的，便都一貫了，無境非心，有何通塞？無人非己，有何隔礙？無凡非聖，有何欠缺？無人非天，有何拘局？真是求其不樂者而不可得也。但不知則不能好，不好則不能樂。然不樂算不得好，不好算不得知，在各人自證自脩，總不在言語上。

或曰：「君子終身之憂如何？」曰：正是憂不得此樂也。

中庸之爲德章 壬子

吾輩學問，譬如行路者，胸中必有箇主意，要到何處去，方可上路走，若無箇去處，出門罔罔，東西南北，何所適從？學者於中庸，正如行路者所欲到之處也。今人却認壞了中庸，俱就世情俗見上，以圓融委曲，不犯手脚，不惹是非的爲中庸。若如此中庸，世間稍稍乖巧者皆能之，何以曰「民鮮能久矣」？

中庸不是懸空説道理，是從人身上顯出來的。學者要識中庸，須是各各在自家身上，當下認取。何者爲中？即吾之身心是也。何者爲庸？即吾之日用是也。身心何以爲中？只潔潔浄浄，廓然大公便是。身心不是中，能廓然無物，即身心是中也。日用何以謂之庸？只平平常常，物來順應便是。日用不是庸，能順事無情，即日用是庸也。到這裏一絲不掛，是箇極至處，上面更無去處了。故曰：「中庸其至矣乎！」此是人生來天然本色，古如是，今如是，聖如是，凡如是，停停當當，箇箇如此。

然人却生來箇箇迷昧了，何故迷昧了？緣有兩種病，一是只向外，不向裏，一是只知增，不知減。此兩種病，生出千病萬病，賢智之過，愚不肖之不及，都坐此病，所以「民鮮能久矣」。然則中庸遂爲絶德乎？非也。只去得病痛淨盡，還他原來本色，便是中庸，初無難事也。夫子曰「中庸其至矣乎」，分明説此是天地間第一件事，曰「民鮮能久矣」，分明説世人俱將第一事丟去了。有志之士，不要做世人所共能者，須要做世人所鮮能者。

志於道章 己酉

人生只有箇念頭，自生至死，瞬息無停。這箇念頭，爲賢爲聖也是他，爲禽爲獸也是他，只看人安頓何如。若安頓在人欲上去，便把聲色、貨利、官爵等項，結果了一生，目前自謂快樂，不知喪失了自家性命，千秋萬古，却在一生壞了；若安頓在天理上去，便把聲色、貨利、官爵等項，一切擺脱，目前雖覺平淡，却全復了自家性命，這一生做却千秋萬古的事了。所以聖人教人志必於道，據必於德，依必於仁，游必於藝，這志、據、依、游，是人的念頭，道、德、仁、藝，便安頓在天理上了，所謂攝心以復性也。

道不在玄遠，舉目皆是，舉步皆是，活潑潑在這裏。人莫不飲食，鮮能知味，知味與不知味，直是天壤懸隔，故朱子下箇「知此而心必之焉」，知字最重，是夢覺生死關。據於德，德就是這道，不志道，便迷失了，繇迷失而得，所以爲據。依於仁，仁就是這德，不據德，便不仁了，繇不仁而仁，所以爲依。游於藝，藝就是這道、德、仁，但有本領的人看這藝，便都是道、德、仁，以之養心，不以之汨心，所以謂之游；没本領的人，看這藝只是藝，不是沉溺喪志，便是粗心玩忽，不可謂之游。聖人舉此四者，一項有一項工夫，一層有一層滋味，取要言之，只在吾人現前一念，不瞞昧自家，實實落落在人倫日用間，是者知其爲是，非者知其爲非，是者決定去做，非者決定不去做，只這一念，更無二念，志道者此，據德者此，依仁者此，游藝者此。到得此念至純至粹，便是上天之載，無聲無臭，自凡夫做到合德天地，不過這一箇念頭爾。

自行束脩以上二章❶庚申

聖人不是無主意的學問，故看書不可作無主意的解説。如今説誨，便是誨行束脩以上者，啓便啓其憤者，發便發其悱者，復便復其以三隅反者，此所謂無主意的解説也，不知聖人所誨者何事，所啓發反復者何事。

聖人爲著此道，急急皇皇，欲呼世人之寐者而醒之。自行束脩以上，皆向道而來者，聖人未嘗不即引之大道，無奈學者皆看作泛泛教誨，不自敏求，故不憤不悱，不以三隅反，聖人亦遂無如之何也。憤悱

❶「二」，光緒本作「三」。

三隅反，説盡求道者精思力踐模樣，皆專專在一處求，聖人亦專專在一處開之。憤，是無罅縫可入，心懣悶之甚；悱，是明明看得在眼前，心欲言而口不能達；三隅反，是平日用力既深，聖人舉著一隅，便知三隅皆是此物。若無此三樣，是不知當人有一件大事，未嘗一日用其力，何從啓發而復之？可見誨在聖人，學須自學，方及門之人，未嘗不可入道，在門牆之久，至道不可得而聞也。

葉公問孔子章甲寅

子路所以不對葉公之問，不是以葉公不足言，亦不是以聖人難言，孔門自顏子以下，實見不得聖人要領處，葉公忽然問著，子路茫然罔措，不知所以對也。夫子於子貢、子路，每每時切提醒，此處又更透露，曰「女奚不曰」，責之者深矣，曰「其爲人也」，示之者深矣。夫子明見得天下莫有知其爲人者，須索自説，然原自説不得的，須索人自見，説箇「發憤忘食」，必有一件大幹當的事在，説箇「樂以忘憂」，必有一件大受用的事在，説箇「不知老之將至」，必有一件進進不已的事在。顏子則便默識，子路若會疑也，須問夫子爲著甚事，而終不能也。夫子見他不能對，直代之對，令他思而再問，子路便道只教他對葉公者如此，依舊耳中過了。

今日當大家窮究，聖人所以能忘食忘憂忘老者爲著甚事，若不知此事，即不知聖人爲人。不知聖人爲人，即不知自家爲人。

二三子以我爲隱章甲寅

當時門人，亦不是疑聖人有所隱而不以誨人，只是認聖人，人倫日用是一件，神化性命是一件，謂聖人所可見者，非其至也，其至處，則隱而不可見也。審爾，則忽略現前，懸慕高遠，不成學問了。故聖人提醒之如此。「吾無行而不與二三子者」，是一句極活的話，意在言表，要看箇「者」字。謂「爾以我有隱乎爾」，則我平日這無行而不與二三子者，又是何物？此即是某也，爾又於何者求某乎？此無他，只一箇道理而已矣。但這道理，從聖人身上發揮出來，便如天工變化，神妙不測，所以顔子曰：「仰之彌高，鑽之彌堅，瞻之在前，忽焉在後。」顔子便悟得，此不是在聖人身上求的，只求諸己，卓然便在這裏。今日要認是某也，都不離自己，認得自己真，方信聖人真無隱乎爾。

仁遠乎哉章乙卯

人心道心，非有兩心，一撥轉便天壤懸絶。聖人於此，常示轉换法，如欲富貴、惡貧賤，人心也，而轉之爲不處不去之仁；欲立、欲達，人心也，而轉之爲立人達人之仁。《論語》中兩説「欲仁」，仁如何欲？又如何至？此是即刻可驗。夫欲者，人之心也；仁者，心之道也。以心欲道，却成兩箇了，不知只是這箇心，逐物而外馳，便是欲，反躬而内斂，便是仁。繇馳而斂，却如繇外而至者然，故曰：「我欲仁，斯仁至矣。」此是聖人教人點鐵成金、超凡入聖最捷法，念頭撥轉向裏便是。

或曰：「人心内斂，如何便爲仁？」曰：「仁是生生之理，充塞天地，人身通體都是，何曾有去來？有内外？自人生而静以後，誘物爲欲，遂認欲爲心，迷不知反耳。若一念反求，此反求者，即仁也，别尋箇仁，即誤矣。」曰：「如此，不幾認心爲性乎？何以言心不違仁？」曰：「心性不是兩箇，但看人所達何如。程子謂人心反復入身來，自能尋向上去，下學而上達者也。心是形而下者，仁是形而上者，達則即心即仁，不達則心只是心，看人自得如何。心不違仁者，其心常仁，如目常明，耳常聰之謂。人心常收斂，即常仁矣。此一轉念，是生死關頭，千聖都從此做成。」

學如不及猶恐失之 癸丑

嘗疑聖人之學，汲汲孜孜，如有所追求焉，要及這一件物事，如有所奉持焉，惟恐失這一件物事。不知是甚物事，子細研究，原來只是這一箇心。〔眉批：物事已説明白，不曾説得工夫，要人自思。〕但孔門心法極難看，並不是懸空守這一箇心，他只隨時隨處隨事隨物各當其則，須合一部《論語》來看方見。蓋這箇心不是别物，就是大化流行，與萬物爲體的，若事物上蹉失，就是這箇蹉失。聖人亦别無勞擾，只順事無情，物各付物，但無走失爾。所以曰：「逝者如斯，不舍晝夜。」此所以爲天德。學者不知本領的，只去事物上求，却離了本；知得本領的，要守住這箇心，又礙了物，皆謂之不仁。這裏見得，方知聖人所謂「學如不及，猶恐失之」。

達巷黨人章

達巷黨人稱「大哉孔子」，誠然其大也；稱「博學」，誠然博學也；稱「無所成名」，誠然無所成名也，句句説着夫子。然稱其大也以博學，稱其博學也以無所成名，句句説不着夫子。夫子以其似是而非，故説破，見學有所執以成名者，射御之數而已。然則聖人所以爲聖人者如何？如太虚然，四時自行，百物自生，無所不有，實無所有，此所謂天理也。聖人於世間人欲病痛，能去得浄盡，不能於天理本分上加得毫末。吾輩擇者擇此，執者執此，不然，是擇射御之擇，執射御之執而已。

絶四章 辛亥

吾輩學問，只要復性。吾性蕩平正直，合下與天地同體。自有軀殻以來，便有箇我，便將極廣大的拘局做塊然一物，將極靈妙的障蔽做蠢然一物，從我上起出意來，只會要長要短，順之則喜，逆之則怒，只會見長見短，同之則喜，異之則怒，終日起來，但是作好作惡，偏黨反側去了。從我起意，從意成我，中間遞生固必，只此四者滚過一生，自家真性時時現前，如隔千山，了不知爲何物也。聖人直下便絶此四者，何以絶之？只一箇「毋」字而已。此「毋」字，只是箇「醒」字，一醒便毋了。何者？今人錯認這意是我的心，故終身沉迷而不返，若猛然自醒這箇不是，〔眉批：心體原虚，虚之謂正。〕便當下豁然，這箇「毋」字方是我的真心，必須體認得這箇明白，方立得主宰，方得心君出頭，所謂立天下之大本也。

聖門四教四絶，同是教法，「毋」，正所以絶之，正要人下工夫，若作「無」，便不是了。從古無現成的聖人，故聖人無現成的説話。絶而用毋，聖人原做常人的工夫，但毋而便絶，常人到不得聖人本體耳。夫子自言「無可無不可」，孟子稱「夫子可以仕則仕，可以止則止，可以久則久，可以速則速」，正是絶意、必、固、我處。或曰：「《中庸》言『固執』，何也？」曰：「毋意、必、固、我，所以擇善也。〔眉批：善原無物執，得箇太虚之體，方謂能執，方識誠之之本旨。〕擇善而拳拳服膺，更不入於意、必、固、我，所謂固執也。擇善固執，方是絶四，故曰：『無適無莫，義之與比。』」

夫子聖者與二章 癸丑

此兩章，聖人一自以爲無能，一自以爲無知。天下萬世視聖人不可及者，以其無所不能，聖人却自以爲不過少賤之鄙事；以其無所不知，聖人却自以爲不過鄙夫之兩端，然則聖人所知所能者，何事耶？其曰：但看赤子有伎倆否？有知解否？其所知能，不過孩提愛敬已耳，聖人亦然，不過盡得孩提愛敬已耳。故曰：「大人者，不失其赤子之心者也。」若聖人果在多知多能，真不可學；若不在多知多能，豈不人人可爲？人人有聖人知能，却自埋没了，終身矜己誇人，不過就聖人所鄙者，拾得一二而已，豈不棄家珍而襲臭腐乎？

顔淵喟然歎章 辛亥

此章書，向來爲註中「高、堅、前、後，語道體也」一句所疑，更理會不來。若説道體是人人具足，處處充滿，雖曰神化無方，然却冥會即是，以顔子默識默成，於此豈有間隔？若云仰、鑽、瞻、忽，是顔子於道體全是恍惚想象了，況竭才之後，止見卓立，尚未與道爲一；卓立之後，又歎末繇，是終身與道爲二，豈成箇顔子？以此懷疑不信。及味程夫子之言，乃始躍然。程子曰：「此顔子深知孔子而善學之者也。」蓋喟然之歎，直歎夫子，不是歎道體。道體是古今聖凡所同，夫子是古來聖人首出，故仰之彌高，無階可升；鑽之彌堅，無門可入；在前在後，無定本可據。❶當時只有顔子能知之，亦惟顔子能學之。蓋顔子與夫子，止差得一間，故一直要學夫子，却是聰明才智，一毫使不著。幸得夫子循循善誘，博之以文，約之以禮，方知夫子雖神妙，也從這裏來，這便是夫子的階梯，夫子的門户，夫子的定本，❷博約得一分，見得夫子一分，博約得十分，見得夫子十分。至竭才之後，夫子真面目，真精神，徹底呈露了，一箇夫子卓然立於吾前矣。然見得愈親切，覺得愈神妙，雖欲從之，末繇也已，此所以爲仰之彌高，鑽之彌堅，瞻之在前，忽焉在後也。末節是申明首節，竭才正是仰鑽，卓立正是瞻前，末繇正是忽後也。

此章書爲一部《論語》的門户。夫子是

❶「本」，四庫本作「體」。
❷「本」，四庫本作「體」。

生民以來第一箇人，顏子是善學夫子的第一箇人。如今就《論語》中求夫子，真是彌高彌堅，在前在後，無可下手。幸得顏子提出這箇法門，周子所謂「發聖人之蘊，教萬世無窮」者在此。但博文約禮，近世都説向心境上展轉玄虛去，令學者止是作弄，而無實功。考究孔、顏當時，博文只是《詩》《書》《禮》《樂》，約禮只是躬行實踐。吾輩今日，將經書熟讀深味，就是博文；將聖賢所言一一體之於心，見之行事之實，就是約禮。至於所謂「日用動静之文，洗心退藏之約」，自在其中，不必言也。

子在川上章 己未

生生之謂易，無刻不生，則無刻不易，無刻不易，則無刻不逝，所謂造化密移是也，在天地如此，在人身如此，在物物如此。但不可得而見，可見者無如川流，故聖人指以示人。云「如斯夫」者，正謂物物如斯也。如此是人的性體，所謂天德，人自迷失了。如何迷失了？自有生以來，此箇真體，變做憧憧妄念，一般流行運用，不舍晝夜，遂沉迷不反。學者有極親切工夫，但猛自反觀此憧憧者在何處，了不可得。妄不可得，即是真也。緣真變妄，故轉妄即真，如掌反覆，反覆皆此掌也。若欲滅去此妄，别求真性，如何可得？故程子曰：「若説有不好的性，請將好的性來換了此不好的性。」正謂此也。朱子欲學者時時省察，不使毫髮間斷，不是教人將省察念頭，接續不間斷，此真體原自不舍晝夜，人間斷他不得，但有轉變耳。時時省察，不令轉變，久之而熟，乃爲成德也。

衣敝緼袍章甲寅

當時夫子看得子路甚鄭重，曰「其由也與」，眼中真不多見也；引《詩》贊得甚鄭重，曰「何用不臧」，直是可立躋聖地也。何也？夫子之學，下學而上達，即學即達，不離當下。如子路這樣胸襟，潔浄峻偉，一達便是，更無階級，所以夫子每每提醒他，如「是知也」、「知德者鮮矣」之類是也。到此，又直揭他真本領出來，令他自認自家寶藏。而子路却把做兩句詩諷誦起來。記者下箇「終身」字，大妙！這一誦，便是子路一箇終身了。夫子曰：「是道也，何足以臧？」不要看死煞了，聖人言語，如化工造物，豈有死死煞煞便説何足以臧之理？蓋借《詩》言，又轉一箇端緒，若曰「是道也，所謂何用不臧者，果何足以臧乎？」使子路深思之也。子路之病，不在自足，在於自昧。若不自昧，真可自足。日進無疆之道，原在識得自家本無不足也。今人往往好説當下，不知習心習氣，一團利欲膠固窒塞，知他當下是甚麽樣？必如子路不忮不求，却當下便是矣。

子貢問師與商也孰賢章庚申

子張之學，是濶大的，於細密處，有不足焉；子夏之學，是謹細的，於濶大處，有不足焉，二賢正相反。子貢善方人，故舉以爲問，非是欲評定人品，正欲辨明學術。夫子一過之，一不及之，而曰「過猶不及」，蓋言都不是也。於此極可窺見聖人之學。聖人之學，中而已矣。過者求之高遠，蹉過去了；不及者局於近小，見不及了，所以一般迷失。若欲求師之過，俯而就焉，就商之不及，企而及焉，兩下補湊以爲中，豈有是處？然則吾輩將何以求中？非直窮其源不可。《中庸》説「喜怒哀樂未發謂之中」，此真窮源矣，然猶未也。此中從何而來？維皇上帝，降衷於下民，民受天地之中以生。一降衷，一受中，此中之所從來也。然何以謂之中？要知天地間，一太和之氣而已。《易》曰「天地絪緼」，此所謂太和也。〔眉批：安知中反出於和？及在人心，則和出於中。〕人之生也，得此以爲生。既生也，得此以爲心，渾然在中，通徹三極，情識未動，純是此體。故喜怒哀樂未發謂之中，發而中節，不失此體，故謂之和。一切學問，不過保合此而已。有這體，方有這用，故能動静云爲，無過不及之差。聖人精一之心，乃其體也。學問迷源，只做得師、商之學，吾輩何敢輕視師、商？然辯學則須開眼，孟子曰：「皆古聖人也，吾未能有行，乃所願，則學孔子。」

回也其庶乎章丁巳

程、張二夫子，俱將「屢空」作「心空」，若顔子之心屢空，則是頻復也，何以爲顔子？朱夫子作「數至空匱」，其味無窮。能數至空匱，略不經心，其心還有不空者否？此方是真空。至於子貢貨殖，又爲不善看者説壞了。顔子屢空，全不算計，此爲受命，子貢未免算計，不至屢空，此便是不受命。受命者，生死聽於命，如夫子「明日遂行，在陳絶糧」之類，惟顔子能之，子貢貨殖，但未能受命耳。夫子看得他徹骨徹髓，原見他不是以貨殖累心的，其心虛明，能

「億則屢中」。「億則屢中」，緊根上句説來。顔子中道，故能屢空，子貢貨殖，止於屢中。中道則不可云屢，亦不可云億，億則雖云屢中，未可云庶。二賢品第，只在屢空、貨殖上判。貨字稍未脱體，命字遂不到手，聖人「不受命」三字，點出萬世人沉冥痼疾，亦便指授萬世人換骨靈丹。

克己復禮章 乙卯

聖門以禮教門弟子，皆使繇禮求仁。禮與仁皆性也，何以禮之不即爲仁也？曰：克己與不克己耳。何以謂之己？人在大化中，有箇身子，如大海中一冰，此冰是到死不化的，若化，方知與含生之類同一海水。不克己，即使能約禮，禮只是禮，故曰「博學於文，約之以禮」，僅可不畔於道，未知其仁也。克己復禮，則禮即仁矣。此是聖人無我之學，一直上達天德事，惟顔子可以語此，夫子恐其易視之，故曰：「一日克己復禮，天下歸仁焉。」克復於一日，天下即歸仁於一日，如呼吸然，最可以觀仁。夫子又恐其難視之，故曰：「爲仁繇己，而繇人乎哉？」繇己是旋乾坤的力量，却是決江河的機括，全看根器何如，如顔子，言下便決矣，所以略無疑滯，便問其目。何以問目？顔子是極沈潛的人，極細密的學，他便知己之蟠根固，漏竇多，正在節目細微，點滴不漏，方得根株永拔。此是何等見識，何等精神！夫子告以非禮勿視聽言動，是禮在視聽言動之先，與視聽言動爲一，非此即勿之，非簡點於視聽言動之謂也。

大綱上克己手勢重，細目上復禮工夫密，綱如開創，目如守成，顔子問目，正問守法，得視聽言動之説，便刻刻有事了，故曰「請事斯語」，聖門爲仁法程如此。

仁者其言也訒章 甲寅

只看聖人説「仁者，其言也訒」，便把仁者一箇欽欽翼翼的形像畫出來，便把仁者一段欽欽翼翼的心事顯出來。司馬牛乃曰：「其言也訒，斯謂之仁矣乎？」聖人是説仁者之言，司馬牛是説言者之訒，何啻天地懸隔，凡聽言不會意者類如此！ 若今人便對他説言者是何物，訒言者又是何物，都點在虛靈知覺上去了。聖人便質質實實説：「爲之難，言之得無訒乎？」這難字不是謂天下事難做，故言不輕説。此一難字，是千古聖人的心體。聖人看得天下事，無一件是我能的，看得君子躬行之事，無一件是有於我的，其難其慎，爲也如此，言也如此，輕浮恣肆之意，融化無存，厚重凝密之體，造次不失，這便是仁。凡《論語》言仁，都是朴實頭如此，可見爲仁只在言行上，別無玄妙，識仁只在此識。

君子而不仁者有矣夫章 己酉

讀此章書，爲之竦然深懼。夫謂之君子，是天地間有數的人，其於小人，判若白黑矣，而猶有不仁者，何也？ 聖人説「未有小人而仁」，小人定是不仁，不仁就是小人，然則君子而不仁，其去小人，寧有幾何？豈得不懼？

聖人於當世之士，自顔子而外，未嘗輕下一仁字。子文之忠，而仁曰未知，崔子之清，而仁曰未知，由、求、赤之才，而仁曰不知，原思之守，而仁曰不知，即以仲弓德行，而仁曰不知。繇此觀之，君子安得以影響冒認這仁？然聖人曰「爲仁繇己，而繇人乎哉」，是不待求人的；曰「有能一日用其力於仁，未見力不足者」，是人人可做的；曰「我欲仁，斯仁至」，是刻刻可做的。繇此觀之，小人何至遽自絶於仁？蓋既是小人，定不肯去求，此所以爲小人。若夫君子，各因其性之所近，守其節之一偏，往往自以爲是，不知不覺渾過了一生，真是可惜。

夫仁者，人也。仁就是這箇人，人只有這箇仁。天地間無論身外之物，與我無干，即七尺之軀，終非我有。只這箇仁是我，天之尊爵，貴莫貴於此矣；人之安宅，富莫富於此矣；朝聞夕可，壽莫壽於此矣。所以聖人曰：「民之於仁也，甚於水火。」聖人看得如此緊要，此是何故？涇陽先生曰：「聖人説『有矣夫』三字，有無限警動，有無限關係。自觀人者言之，有矣夫者，寬詞也，曰斯人即有是，然而君子也，烏得遽夷之於小人？自自脩者言之，有矣夫者，危詞也，曰吾誠有是，是小人也，豈不貽羞於君子？寬之者，扶之也；危之者，亦扶之也。聖人之扶陽也如是。」愚謂爲世所寬，其危甚矣，是以君子以務學爲急。

莫我知章 丙辰

自顔子亡，而聖人天德之學，無有知之者。〔行批：曾子不知耶？〕子貢雖不能知，而可與知之，故發此歎，以啓其問，因其問而直告之也。「不怨天，不尤人，下學而上達」，正聖人天德之學也。非謂吾之學如是，故人莫我知，正謂人莫知其如是之學也。三句皆是天理自然如此，極平常事，然惟聖人能之，人安得而知之？故曰「知我者其天」。一部《中庸》，聖人只此三句道盡。上天之載，原來即吾人喜怒哀樂，喜怒哀樂，原來即可位天地育萬物，〔眉批：「天人」二句，如此渾洽否？」〕然則何處更有天而容怨，何處更有人而容尤，何處更有玄妙奇特而可舍下達上？

君子脩己以敬章 戊申

吾輩須各各自認得箇己。這箇己，靈於萬物，並於天地，不可輕看了他。他原生來一私不染，萬理具備，天然完全，何故要脩？只緣有生以後，爲氣稟所拘，自家局小了他，爲物欲所蔽，自家污壞了他，失了他原初本色，故須要脩。然脩之之法，却甚簡易直截，只争箇敬不敬爾。敬則此心便在這裏，耳便聽，目便明，四體便恭謹，應事便條理，這箇己便是脩的；不敬，心便不在，耳便不聰，目便不明，四體便頽放，應事便乖謬，這箇己便是不脩的。只争這些子，當下便分聖凡，何啻天淵相隔！

聖人説箇脩己以敬，徹上徹下，全體在此，大用在此，只要人見得透，信得及。子路便信不及，便曰「如斯而已乎」，是看得這箇己小了，看得這箇脩己輕了，不知聖人把握宇宙，樞紐萬化，都在於此，人也以此去安，百姓也以此去安，充其分量，就是堯舜也做不盡的。這箇道理，只在眼前，平常到極處，故人人明白，人人不明白。大要先看透天下萬事，除了脩己，更無別事，若不脩己，更無一事可做。若真真實實脩了這己，一正百正，一了百了，何處更要費一點閒心腸，枉一點閒氣力？

今之談學者，多混禪學，便説只要認得這箇己，他原自脩的，何須更添箇脩，原自敬的，何須更添箇敬，反成障礙了。此是誤天下學者，只將虛影子騙過一生，其實不曾脩，有日就污壞而已。若是實脩，須是整齊嚴肅，著不得些怠惰放肆；須是主一無適，著不得些胡思亂想；須是無衆寡、無大小、無敢慢，著不得些輕忽厭倦。其初雖不免用力，到習之而熟，自有無限風光。今人又多錯認了這箇敬字，謂纔説敬，便著在敬上了，此正不是敬。凡人心下膠膠擾擾，只緣不敬，若敬，便豁然無事了，豈有敬而著箇敬在胸中爲障礙之理？

如今大會中，大家雝雝肅肅，心下潔潔浄浄，便是脩己以敬的樣子。一刻如此，便做了一刻君子，一日如此，便做了一日君子。《詩》曰「聖敬日躋」，只要日日躋陞去。

知及之章 庚戌

聖學繇知而入，這知字却最關係，學術之大小偏正，都在這裏。惟聖人方有全知，一徹俱徹，知之所及，即仁、即莊、即禮，一以貫之。自聖人以下，便要處處著力。仁不能守，是知及上帶來的病，見不透也；蒞之不莊，是仁守上帶來的病，守不固也；動之不以禮，是莊敬上帶來的病，養不熟也。而統宗會元，則在知之一字，此處透一分，以下病痛便輕一分。所以謂知之一字，關係最大，古今學術，於此分岐。何者？除却聖人全知，便分兩路去了。一者在人倫庶物，實知實踐去；一者在靈明覺知，默識默成去。此兩者之分，孟子於夫子，微見朕兆；陸子於朱子，遂成異同；本朝文清、文成，便是兩樣。宇内之學，百年前是前一路，百年來是後一路。兩者遞傳之後，各有所弊，畢竟實病易消，虛病難補。今日虛症見矣，吾輩當相與稽弊而反之於實，知及、仁守、莅之以莊、動之以禮，一一著實做去，方有所就。

予欲無言章 戊午

道一也。天理之自然曰天道，人事之當然曰人道。人道者，求復天道之自然。除却天道，別無人道；除却人道，亦別無天道。聖人只言人道，凡下學處，皆人道也；凡上達處，皆天道也。不學，於何上達？不達，成何下學？門人只述聖人言語去爲學，多不知所學者何事，故聖人直指天道示之，天道不可言，故以「欲無言」示之。以子貢智足以知此，故特於子貢發之。

「四時行焉，百物生焉。」現前皆是也。人人同在時行之中，同爲所生之物，人人覿面不知。若知得，則聖人終日所誨，此也；學者終日所學，此也。若不知得，只是述聖人言語而已。故曰「予欲無言」，蓋轉子貢聽言語的心路，令默識乎此也。如何要默識乎此？此所謂善，博學、審問、慎思、明辨、篤行，皆擇執乎此，了此便徹上徹下。

仲尼焉學章 丁巳

此子貢既聞一貫之後，原以多學而識示人也。學在明宗。宗未明，要多學而識；宗既明，仍要多學而識。若識得一以貫之，觸處是道，無小無大，總是學，無賢不賢，總是師。不是多學而識者是一道，一以貫之者又是一道也。如曾子一生用力忠恕，唯前如此，唯後亦如此。但唯前之忠恕，與唯後之忠恕，天人之隔，霄壤不侔耳。子貢之多學而識亦然，故曰：「莫不有文武之道焉。」此一語便是子貢一貫處。

然必説文武之道者何故？此正是宗傳。夫子曰：「文王既没，文不在兹乎！」故《易》曰「周易」，《禮》曰「周禮」，寤寐欲行者，周公之道。子思贊仲尼曰「憲章文武」，孟子叙道統曰「繇文王至於孔子」，當時文武宗傳在夫子。夫子見滿天下人俱在文武道中，故觸處玩味，觸處茹納，真如大海與百川，相灌相注，所謂一以貫之，亦何嘗不多學而識？

如今吾輩何所師，何所學？繇孔、孟而來，宗傳在周、程、張、朱，昭代憲章，即在周、程、張、朱，滿天下都是此道。道德性命，即賢者識其大，傳註文義，即不賢者識其小，莫不有程、朱之道，即莫不有孔、孟之道。要在能一貫不能一貫耳。

天命之謂性章丁巳

孔門宗傳，中庸二字而已。子思子恐後世之失其傳，故作《中庸》以傳道也。此章首釋中庸二字之義，全篇皆推明此義也。

中庸者何也？人之性也。性者何也？天之命也。在大化上説謂之天，在人身上説謂之性，性即天也。若天命之者然，故曰天命。率此之謂道，脩此之謂教。率者，率循其自然，天之道也；脩者，求循其自然，人之道也。然則道也者，性而已矣。

性即人之性也，豈有須臾離人者哉？試看不睹不聞時何如。耳目有時離形聲，人無時可離道，君子所以戒謹恐懼也。不睹不聞，說時亦可，說體亦可。不睹不聞之時，純是此體也。玩「乎其所」三字，便見不睹不聞不落空，戒謹恐懼非著相矣。此天下之至隱也而莫見焉，至微也而莫顯焉，所謂獨也。

獨者，獨自之獨，各人自知之，自慎之而已。無他，即人之喜怒哀樂未發者之謂也，即喜怒哀樂發而中節者之謂也。未發謂之中，何隱微如之；中節謂之和，何顯見如之。大本達道，總只在此。慎獨者，慎此者也，慎之所以致之也。此天地所以爲天地，故致之而天地位；萬物所以爲萬物，故致之而萬物育。一念不慎，中不中，和不和，而天命幾乎息矣。故握要只在慎獨。

仁者人也 丁巳

各在當人之身認仁，已極親切，而味未盡也。須知天地間這許多人，總是一團生理，各之則不仁，一之則仁，故曰：「仁者人也。」大著眼看這人字，八荒只一箇字，所以爲仁，其最肫肫處，則親親爲大耳。試看九經，親也、賢也、大臣、羣臣、庶民、百工、遠人、諸侯，總是這箇人；試看五達道，君臣、父子、兄弟、夫婦、朋友，總是這箇人。若不開得這眼，各人其人，便是不仁。如何行五達道？如何行九經？行處只此一處，故曰：「所以行之者一也。」如此看來，不知人，真不可事親；不知天，真不可知人。只看這天，還有兩箇否？然則許多人的心，還有兩箇否？將天字看人字，何等明白！

將人字看仁字，何等明白！

天一也。無窮之天，即昭昭之天。然井中之觀，非井外之觀，學未豁然者，即在當身體貼，猶屬昭昭之天。故余爲此說，以盡人字之味。舉似葉參之。參之曰：「仁者人也。在衆人身上說，固見大同，在一人身上說，亦無不盡。蓋一人即千萬人，千萬人即一人也。夫子語意渾涵，原無所不該，非必合許多人看，方見是仁。其實一人體仁，便能通天下之志，而道德九經，一以貫之矣。所謂知人者知此，知天者亦知此，非有二也。泥兄之意，恐不善理會者，謂各在當人之身者，猶未足盡仁，必大著眼孔，知天地間這許多人，總是一團天理，方完得這仁字，則失之遠矣。」參之此說，又不可不知。

不動心章丙辰

此章是聖賢定志之學。人心原是不動的，所以動者，道義不足以貞其志，志不足帥其氣也。故不動心，全在志氣上。志是箇主意，主意一定，匹夫亦不可奪。但看北宮黝、孟施舍可見，雖萬乘三軍，皆不足以奪之。孟子說箇守字便是志，說箇勇字便是氣，說二子便隱然見告子所以不動心，說曾子便隱然見自家所以不動心。不動心之道，已竭盡無餘矣，下特因問明之。告子大主意，只是不求。不求者，不起一念也。他也不要持志，也不要養氣，一直恁地去，未嘗不是不動心，却全不是道義了。其病皆從不知義來，故其心爲蔽陷離窮之心，其言爲詖淫邪遁之言，其害至滅裂於政事，而爲大亂之道。

孟子知言，精義之學也。此義何從來？天地之間，道者體也，義者用也。道義者，天地之志也，〔此語何所本？〕所以帥剛大之氣；剛大者，天地之氣也，所以配道義之志。故集義乃生氣也。集義集字，取鳥集於木之意。集於義，更摇撼不動，❶即志即義，即義即氣，非别有氣生也。義襲襲字，取衣襲於外之意。若不能集義，縱有一事兩事偶合於義，却如義來襲於我而我掩取之，合於此又不合於彼，其不合處，仍不慊於心，而氣索然矣。既謂之義，故必有事焉。必有事者，勿忘之謂也；勿正心者，勿助長之謂也。〔眉批：直截。〕除却告子以爲無益而舍之，又有一等助長以害之者，其爲不知義，一也。

孟子精義之學，又從何來？從孔子來。「自有生民以來，未有盛於孔子」，正孟子知言處也；〔行批：知言所談者廣。〕「乃所願則學孔子」，正孟子定志處也。孟子如何學孔子？其謂「智譬則巧」是矣。「可以仕則仕」四者，正孔子中紅心處。孟子知孔子，正在此處。此所謂義也，化裁於仕、止、久、速，而執極不移。所謂集義也，知一義字，所謂志者此也，所謂氣者此也，所謂持所謂養者此也，豈不爲守之至約至約者哉？❷

孟子道性善章 庚戌

要識性善，只看「夫道一而已矣」，便是註脚。夫天地之道，爲物不二，只是一箇。

❶「更」，四庫本作「便」。

❷「至約」，四庫本不重。

故古今聖愚，別無兩箇。此在人直下認取吾與堯舜，果是一是二；既是一箇，這箇果是善是不善。此可恍然悟矣。悟得這箇，方知我平日的還不是這箇，一切膠膠擾擾，做箇甚麽，一向悠悠蕩蕩，成箇甚麽；吾性原自充滿具足，無少欠缺，吾性原自潔靜精微，無點塵污。從此豁開兩眼，劄住兩足，看得世間更無一物入得我胸次方是。

學不知性，如行者無家，終無住處，如耕者無田，終無種處。故孟子開口便道這箇。此事難在一信字，信了又難在一爲字。當時滕世子有二疑，一是聖凡之疑，謂自己是箇凡人，如何做得去，故孟子將「成覸」三段破他；一是强弱之疑，謂自己是箇小國，如何做得來，故孟子將「截長補短」破他。豈特世子，人人不上聖賢路，只此二疑。直將自己做得事，公然寫甘退，所以不但不如聖賢，漸次入於庸惡陋劣；將自己今日便做得事，要等待如何如何方去做，所以終身只不做。有此疑者便是病，病便須服藥。學者痛自參究，自家做箇人，如何容他這等不明不白，不乾不浄，混帳過了一生，如何是好？參來參去，急尋箇出頭。必有一朝通身汗下，如死復生之日。此爲瞑眩，此爲病瘳。不肖同是病中人，正要共同志依方服藥爾。

大人者不失其赤子之心者也 乙卯

《孟子》七篇，俱明性也。此章又指出赤子之心來，示人益明切矣。天下人那一箇不從赤子來，那一箇無赤子之心？赤子之心如何？無知無能者也。此無知無能者，乃良知良能也。此良知良能者，乃無不知無不能者也。自赤子以後，外誘於物，生出許多知能來，人人認這是我的心，日充日長，却把原來的真心，日湮日没，得此則失彼，直相背而馳了。若猛然警省，我今所認的心，千般萬樣，總從軀殼上起。軀殼六尺而已，豈不是小？當初赤子之心，便即天地之心，豈不是大？「不失」兩字，不要看輕了，有多少工夫在。須是急急回頭，般般放手，到那一絲不掛時，猛然自省，依然還是箇赤子。從此戰戰兢兢，惟恐失之，方能不失。大人一生，只照管得這箇在，更別無一事。

人之所以異於禽獸者章丁巳

幾希者，差不多也。吾輩試研究果在何處。文公先生曰：「知覺運動之蠢然，人與物同；仁義禮智之粹然，人與物異。」然仁義禮智者，五行之德，禽獸不能外五行而生，何能外五行之德爲性？其所以偏而不全，塞而不通者何故？細看乃知《孟子》文字之微妙也。其下云「舜明於庶物，察於人倫」，人只有這一點明察，是異於禽獸處。明察者何也？乃知覺運動中之天則，仁義禮智中之靈竅。知覺運動，固物之所同，這一點天則却不同；仁義禮智，非物之獨異，這一點靈竅却獨異。雖以舜之大聖，異處只此些子耳，謂之「幾希」，真幾希也。再看「行之不著，習矣不察」章，庶民去之，只在不著不察，所謂幾希，愈明白矣。

然這箇明察，人人具足，却在何處去了？知誘物化以後，都變作私智小慧，在世情俗見中，全不向人倫庶物上來，所以不著不察。然一轉頭，私智小慧，又都作真明真察。這一轉，亦惟人能之，禽獸不能也。吾輩提出這明察，如日中天，其繇於仁義之途，如明眼人行於康莊，不若行仁義者，尚是盲人待人詔告也。

天下之言性也章 癸丑

孟子謂天下之言性者，何其紛紛也，只須道一箇「故」而已矣。何謂故？原來故物也。就一人言之，自有生以來，原是如此的；就天地間言之，自有生人以來，原是如此的。千萬人也如此，千萬世也如此，聖也如此，凡也如此，不曾有些子差池。性原是拈不出的，只看這箇故，便自了然，當下可認取，但不可造作壞了他，所以故者，必以利爲本。利者，不鑿之謂也，鑿便造作壞了。今人皆以能鑿爲智，不知正是智之可惡處。這箇智就是故，只以利爲本。但看禹之行水，當入江的還他入江，當入海的還他入海。此之謂行所無事，此之謂利，此之謂智。即如天之高，星辰之遠，今年的便是千歲以前的，一般是這箇故。苟求其故，千歲日至，可坐而得，所以曰：「天下之言性，則故而已矣。」

《孟子》此章最奇特，拈一箇故字，便把有生來難描難畫的本色，和盤托出來與人看，更不須弄一些玄虛；拈一箇利字，便把日用間無窮無盡的工夫，一口道出來與人做，更不須用一些伎倆。次節便是利字註脚，三節便是故字註脚。看得二字透，真所謂易簡而天下之理得矣。

伯夷目不視惡色章 己未

此章正孟子願學孔子處。凡謂之聖人，皆純乎天理而無一毫人欲之私，同是盡性的人，如何有清任和時之異？蓋未至大中至正處，猶未免稍有意在。稍有意在，便於全體有未滿處，於妙用有未圓處。

夫子一生自言，有兩語最要，曰「無可無不可」，曰「一以貫之」。一以貫之，其全體也；無可無不可，其妙用也。夫子曰無可無不可，孟子則曰：「可以仕則仕，可以止則止，可以久則久，可以速則速。」夫子曰一以貫之，孟子則曰：「金聲而玉振之者也。」金、玉亦八音之二耳，全重兼總條貫，金一聲而衆音翕然並作，玉一振而衆音寂然俱止。舉金聲玉振，而八音一貫矣，故曰「始終條理」。聖人知在一處知，故萬理具備；行在一處行，故萬行具足。知聖巧力，一到俱到，更不分輕重。孟子以樂喻聖人全體，以射喻聖人妙用。

二節只說孔子聖之時，不涉三聖。三聖聲調自別，各自成家，不可謂是一音之小成，不可謂力有餘而巧不足。知到處，自然力到，無力到而知不到者。孟子願學孔子，豈獨是一生志願，便是萬古法程，看來夷、尹、惠真學不得。

夫子之時，是人心同然天則，自古至今，自凡至聖，到這紅心處，便俱對針。此所以自生民以來未有之聖，反是人人可學。吾輩若真發願要學孔子，畢竟覷著這紅心。這紅心何在？孟子固言之矣，人之所不慮而知，不學而能者是也。這便是極時的，只依著他，自然體無不備，用無不妙。

性無善無不善章 壬子

道性善是孟子宗旨,此章正孟子所以道性善也。當時論性有三種,謂可善可不善,是認習爲性;謂有善有不善,是認質爲性,俱在粗迹上看,更不足道。獨告子實有所見,無善無不善,儘是玄妙,須要總看他論性處,識得他所認爲性者。杞柳,謂他是箇無雕琢的,湍水,謂他是箇活潑潑的,總是天生見成的,如食色然,生來便如此,豈是人學得的?這裏著不得箇善不善,何處要人用甚工夫?仁義禮智,不過世間幾箇好名目,逼迫人做的,反弄得人不自在了,此所謂外鑠也。孟子則謂這箇果然是天生見成的,但不是這等没頭没腦,渾沌的物事,他極有條理、有典則。你看他當惻隱便惻隱,當羞惡便羞惡,當辭讓便辭讓,當是非便是非,這便喚做仁義禮智,不是別有箇仁義禮智,在外面强逼人做箇好名目也。

繇此觀之,只是這一件物事,各人認得不同。告子認是渾沌虛無的,孟子認是仁義禮智的。這一件是何物?生是也。心也是他,性也是他,情也是他,才也是他。若認是渾沌虛無的,便見是無善無不善,一直還他渾沌虛無便了,不須思,不須求,不須盡其才,所謂不可與入堯舜之道者此也。若認是箇仁義禮智的,便見是善,便須思,便須求,便須盡其才,所謂人皆可以爲堯舜者此也。試看物則秉彝,豈不是善,豈不是天生見成的這箇生?孟子、告子,同在發出來處看,但孟子妙處,將惻隱等四者,換却他食色,便條理秩然。聖學異端,其分岐處只在毫釐間。

乃若其情三節戊午

孟子拈出情字證性之善，拈出才字證性之無不善，固矣。然人之爲不善，畢竟從何而來？爲即才也，非才之罪，是誰之罪與？曰：不思之罪也。思非今人泛然思慮之思，是反觀也。吾輩試自反觀，此中空空洞洞不見一物，即性體也。告子便認作無善無不善，不知此乃仁義禮智也。何者？當無感時，故見其無，及感物而動，便有惻隱等四者出來，何善如之！隨順他天然本色應付去，何善如之！故曰：「乃若其情，則可以爲善。」可以爲善者乃才也。若不思，則人是蠢然一物，信著耳目口鼻四肢，逐物而去。

仁義禮智之才，皆爲耳目口鼻四肢之用。才非性之才，則爲不善，豈才之罪耶？然則如何爲盡其才？曰：只於四端知皆擴而充之。

富歲子弟多賴章甲寅

此章喫緊在「聖人與我同類者」一句。凡同類者，無不相似，常人與聖人相似在何處？只一點心之同然處也。然心之所同然，不是輕易說得的。只看口之於味，必須易牙之味，天下方同；耳之於聲，必須師曠之音，天下方同；日之於色，必須子都之姣，天下方同。不然，畢竟有然者，有不然者，說不得同嗜同聽同美也。心之理義，何以見得天下同然？須是悅心者方是。即如今人說一句話，處一件事，到十分妥當的，方人人同然，稍有不到，便不盡同。所以理必曰窮理，義必曰精義，不到那至處，喚不得理義，不足以悦心，不足以同於天下。

夫人所以易於陷溺其心者，何故？只緣無悦心之物，故外物皆得勝之，而牽引萬端。若到得自家悦心處，人心同然處，便是聖人所先得處。此是凡聖對針合縫，更無毛髮差池。孟子所謂性善，所謂人皆可爲堯舜，俱在此處認取，此處下手也。

牛山之木章乙卯

從古聖人未曾説氣，至孟子始説浩然之氣，始説夜氣，最爲喫緊，何也？天地間渾然一氣而已，張子所謂「虚空即氣」是也。此是至虚至靈，有條有理的。以其至虚至靈，在人即爲心，以其有條有理，在人即爲性。澄之則清，便爲理；淆之則濁，便爲欲。理便是存主於中的，欲便是梏亡於外的。如何能澄之使清？一是天道自然之養，夜氣是也；一是人道當然之養，操存是也。操者何？志也。志，帥氣者也。操存愈固，夜氣愈清；夜氣愈清，操存愈固。此是天人相合處。平旦幾希，正見道心之微；操存舍亡，正見人心之危。若養之純熟，莫知其鄉之心，便是仁義良心，更無出入可言。仁義良心，便是浩然之氣，亦無晝夜之别矣。

雖存乎人者節己未

孟子「養氣」章，以集義生氣，是氣生於心也。此章以夜氣存心，是心存於氣也。然則氣與心，何以别之？

天地間充塞無間者，惟氣而已。在天則爲氣，在人則爲心。氣之精靈爲心，心之充塞爲氣，非有二也。心正則氣清，氣清則心正，亦非有二也。孟子説不動心工夫在養氣，説養氣工夫在持志，持其志，便不梏於物，是終日常息也。常人無終日之功，須假終夜之息。夜氣者，氣以夜而息，息至平旦，稍稍清明，故曰平旦之氣。梏之反覆，則終夜不足以息之，故曰夜氣不足以存。然則息之義大矣哉！氣息則清，氣清則爲仁義良心，心存則爲浩然正氣也。

今人以呼吸爲息，〔眉批：朱子作《調息箴》，亦以嘘吸爲息。〕大謬矣。息者，止息也。萬念營營，一齊止息，胸中不著絲毫，是之謂息。真能持志集義者，自能通乎晝夜而息也。

仁人心也章癸丑

世上人説著心，誰不曉得？終日思量算計的便是。孟子説這箇不是心。仁，人心也。説著路，誰不曉得？終日行來行去的便是。孟子説這箇不是路。義，人路也。世人箇箇曉得路，孟子看來却箇箇舍其路而不由；世人箇箇曉得心，孟子看來却箇箇放其心而不知求。然則動步就是差的，動念就是差的，迷昧顛倒，至死後已，豈不哀哉！

人有鷄犬放，無有不知求者。做一箇人，只有這一箇心，却放而不知求，何邪？不知求者，不知其放也。他一箇身子，隨著世間滚去，饑便思食，渴便思飲，見色逐色，聞聲逐聲，終日營營，非名即利，何處覺得有甚放心？所以全要學問，學問才曉得有這心，才曉得這箇心放不放。如何爲放？不仁便是放。如何爲仁？不放便是仁。

曰：「然則這思量算計的是何物？」

曰：這就是心，只緣放了。放如流放竄殛之放，必有箇安置所在，或在聲色，或在名利。才知得放，便在這裏，所以曰：不知求者，不知其放也。才知便是求，才求便是仁，故曰：我欲仁，斯仁至。心一仁，這終日行走的便是義，非別有路也。只這些關捩子，聖凡相去，直如霄壤，可畏哉！

徐行後長節 丁巳

此是孟夫子指示人爲堯舜的訣法，至顯而易知，又至微而難察，至簡而易入，又易失而難久，非細心密意在日用煉習不可。試察徐行一步，是何意思？不知不覺，已是弟的心腸了，便在堯的路上行。疾行一步，是何意思？不知不覺，已是不弟的心腸了，便在桀的路上行。日用間，種種只是這箇關頭，如作事占些便宜，便是疾行，肯吃些虧，便是徐行；非義之得，要便是疾行，不要便是徐行；非禮之色，視之便是疾行，不視便是徐行；非意之加，較之便是疾行，不較便是徐行。諸如此類，如在岐路口，一邊往堯，一邊往桀，間不容髮。認得路頭明，立得脚跟定。非能自得師不可，歸而求之有餘師，如何？曰：只這一點不敢疾行的，便是真師。

盡其心者三章 丙辰

同是一箇命，理一分殊。一者，千萬人

千萬世是一箇；殊者，一人是一箇。一者，心性也；殊者，壽夭、貧富、貴賤之類是也。一者雖命於天，把柄却屬之於我；殊者雖受於我，把柄却屬之於天。把柄屬之我，故雖有昏明强弱不同，却繇我自立；把柄屬之天，故雖隨遇可盡道，却聽天作主。今人所以營營擾擾，費盡了不當用的心腸，只緣不知聽命；所以悠悠蕩蕩，蹉盡了當用的工夫，只緣不知立命。

此三章，首章言立命，次章言順命。「求則得之，舍則失之」，是求有益於得，又言立命事也；「求之有道，得之有命」，是求無益於得，又言順命事也。其實只一箇知性，便能立命，便能順命。夭壽不二，脩身俟死，又是順命處；盡其道而死，又是立命處。原非兩事，知得順命，一毫心腸不閒用；知得立命，一刻工夫不浪廢，方得精神并歸一路。

萬物皆備章 癸丑

萬物總是一物，故一物皆備萬物。我亦一物也，萬物一我也。即萬爲一，故藏密處不容一些散漫。人被物欲牽誘，却全散漫了，故須反身。反身而誠，即一即萬，取之逢原，何樂如之！即一爲萬，故推行處不容一些隔礙。人被物欲封閉，却全隔礙了，故須强恕。强恕而行，即萬即一，渾然同體，何仁如之！反字强字，千觔萬兩。天地原是一闔一闢，故學問只是一闔一闢。

〔眉批：二節闔闢不同，同歸用力。〕

人不可以無耻章戊午

孟子剔發人耻心，曰「人不可以無耻」，曰「耻之於人，大矣」，又欲人以無耻爲耻，其鄭重如此。但不知耻是耻著甚事？孟子固明言之。耻者，耻不若人也。然人是何等樣人？不若人，是不若人何等樣事？世人耻不若人，或耻技藝不若人，或耻富貴不若人，非但不足耻，且是不當耻。耻不若人，須認得這人字。人是一世萬世、一人萬人對同一樣的，有不相似的，便是不若人。如孟子所謂「無惻隱之心，非人也」，「人之有四端，猶其有四體」之類，是人人本來如此，雖至聖人，原不曾加得些子，走了這樣，便不若人。若爲機變之巧，便與這箇相背而馳。彼看得這箇人，全没些要緊，這箇耻，何處用得著，故曰「無所用耻」。蓋彼原不要若人，又何若人之有？

孟子兩處言不若人，此與無名之指同看更明白。人人手具十指，有不若人，便以爲惡；人人心具四端，有不若人，曾不以爲耻，何也？有能忽然以此之無耻爲耻者乎，便是超凡絶類的人，天下可耻之事，更不能加於其身矣。

君子所性仁義禮智根於心辛亥

孟子道性善，是言人人所同也。此言君子所性，言惟君子有之者也。性之所以爲善者，以仁義禮智。仁義禮智者，求則得之者也。惟君子能求而得之。四者之入於心，如木之於地，根深柢固，故能發榮滋長，暢茂條達，而生色也，不然，則何分定之有？分者分也。天之生物，人人分與全副家當。分得爲分，本分之内，無纖毫欠缺，所以大行不加，窮居不損。若天分之，我不承受，此家當我却無分了，便至沿門持鉢，仰息他人，雖小小得失，能加損之，況大行窮居乎？

吾輩今將何以求之？孟子言之矣。「君子以仁存心，以禮存心」，是操存涵養的工夫；「凡有四端於我者，知皆擴而充之」，是體驗擴充的工夫。如此時時習去，方得根心生色。

士何事章 戊午

若説士未得爲大人之事，止是尚志，則事與志爲二。事實志虛，必須大人而後有事也。王子問士何事，孟子正説士以尚志爲事，王子問何謂尚志，孟子正説以仁義爲事。除却仁義更無事，除却志，更無仁義也。殺一無罪，豈必是殺戮？士君子一言之誤，貽害於人，一事之謬，貽害於人，皆殺無罪也。簞食豆羹，苟爲非義，皆取非其有也。然則日用間，住脚便是居仁，息息有事在；動脚便是由義，息息有事在。大人之事，不過如此，不曾加得毫末；士之事，不曾減得毫末。故曰：「大人之事備。」備是體用完備於此，非預備之備也。

然則孟子何不曰士以仁義爲事，而必曰尚志？正謂志方是真仁義，尚志方是真爲仁義。如今人，一切苟且，爲非仁非義者，總是志不立。若尊尚此箇志來，便浩然常伸萬物之表，行一不義、殺一不辜，得天下不爲。孟子一生得力，只操持此志。

道則高矣美矣章 乙卯

孔子之門，以聖人所言皆易知易能，而疑隱其高者美者；孟子之門，以孟子之道高矣美矣，而欲示其淺者近者。此何以故？蓋夫子平生，只説一學字，即説聖説仁，總是説學，世人不知學之一字，是極微妙的，乃以爲淺近；孟子平生，只説一性字，即説孝説弟，總只證性，世人不知性之一字，是極平常的，乃以爲高美。是皆不知法度出於自然，非人所能爲也。

孟子所謂繩墨、彀率者何在？如論道德，必稱堯舜，論征伐，必稱湯武，乃所願，則學孔子是也。學問窮到至處，方是繩墨，方是彀率，方是性。然此箇道理，亘古亘今，充天塞地，隨人具足，拈著便躍然當乎吾前。此所以爲中道，惟實用力者方知之，故曰「能者從之」。

孟子所謂性，便是孔子所謂學。若非孟子指其源頭，竭其分量，學者不輕視聖人之學，而別慕高遠，陷於異端，即誤視聖人之學，而安於卑近，墮入庸俗矣。

高子遺書卷之四終

高子遺書卷之五

會語 一百則

門人周彥文祝可久同輯

程夢暘小引曰：「先生之學，主於復性。不以敬爲敬，而認敬即性；不以身爲身，而認身即天。蓋其得於窮理者深乎！」

《通書》曰：「一者，無欲也。」程子云：「心有所向便是欲。」可見程子之主一，自周子來。無適即周子之無欲也。

朱夫子三樣入敬法：曰整齊嚴肅，曰常惺惺，曰收斂不容一物。今日吾輩胸中勞勞擾擾，千萬物俱容在此，豈止一物？若要免此，須是常惺惺。要惺惺，須是整齊嚴肅。三法又有次第。

凡事行不去時節，自然有疑。有疑要思其所以行不去者，即是格物。

人要于身心不自在處，究竟一箇着落，所謂困心衡慮也。若于此蹉過，便是困而不學。

先生謂友曰：「愁苦處，能放得下，便有進道之機。須是討出箇究竟，纔放得下，所謂窮至事物之理也。自古聖賢豪傑，多從困苦中得力，人若從此逼迫出，便可向道。」

聖學正脈，只以窮理爲先，不窮理，便有破綻。譬如一張桌子，須要四隅皆見，不然，一隅有污穢，不知也。又如一間屋，一角不照，即躲藏一賊，不知也。

彥文問曰：「靜中何以格物？」先生

曰：「格物不是尋一箇物來格，但看身心安妥。苟身心稍不安妥，便要格之，因甚不安妥。」彦文曰：「若安妥時如何？」先生曰：「安妥便要認，認即是格物也。」

《大學》所重在知本，若不知脩身爲本，格盡天下之物，也没相干。

學問先要知性。性上不容一物，無欲便是性。

學問通不得百姓日用，便不是學問，所以孟子説「反經」二字。

真是爲善最樂。不要説一生平穩，即反思此身乃父母所生，我不曾做辱親事，豈不至樂？此身乃天地所生，我不曾做欺天事，豈不至樂？人有生，必有死，到瞑目時，無累心事，豈不至樂？

主宰定，更無物可奪得。舊曾患牙、腹痛，不可忍，纔主得心定，其痛隱隱退去，稍息，痛忽至矣。可見古之忠臣義士，只是一箇主宰定，雖殺身也不知痛。

無爲其所不爲，是孟子道性善處。性中原無他物，因性中本無，故不爲不欲。若只在不爲不欲上求，吾人終日除不爲不欲之時，須有空缺，此空缺時，作何工夫？如何説「如此而已矣」？

悟脩二者，並無輕重，即如仁義禮智四字，言仁智處皆是悟，言禮義處皆是脩。悟則四字皆是脩，脩則四字皆是悟，真是半觔八兩。

麻城周中興問曰：「不肖生平習氣用事，見人是非，直言無隱，鼎鑊不顧，自謂只全得這點直性。」先生曰：「這只是直之一節，直字不可容易看。人之生也直，直便是性。《易》言『敬以直内』，必敬方能直。聖人下字極妙，直字便將箇罔字對了。罔者，冥然無覺，悍然不顧，如投火之蛾，入網之魚，有不死者，乃幸而免耳。不罔便直。」又曰：「既知習，便可知性。不是除了這習，別有箇性。即如喜怒哀樂，終日習于其中而不知，不知只是習，知得便是性。知者，知其未發也。未發的模樣，便是發的節。若喜怒哀樂發時，一如未發模樣，豈不太和元氣？所以吾輩工夫，只在未發培養深厚，令四者之來，搼曳不動，方是性學。」中興曰：「此道理真有兩條路，但須揀正路走。」先生曰：「只是一條路。學者是一箇明眼的人，高低凸凹，了了行去，不至蹶躓。常人却像盲者，小心的還知策杖而行，大膽的便墮坑落塹。只此一條路也。」

中興又曰：「今而後，不肖知凡閒是閒非，俱不必管也。」先生曰：「爲學之人，何處非學，但入耳目，便非閒事；增何限觸發，何限警省，更無不關己事也。」興曰：「學問只是求心要緊。」先生曰：「孟子只説求放心，不説求心。此心充塞無間，放是梏于一處。了知其放，依舊停停當當，切忌騎驢覓驢。」

先生曰：「孟子『囂囂』二字不得入手，全無受用處。苟無囂然於湯聘的心腸，早有翻然而改的行徑，未有不爲富貴所魔者。」頃之謂門弟子曰：「吾輩閒話且休説。人生幾何，悠悠蕩蕩，今年是這般人，明年是這般人，心性不曾透得一步，經書不曾透得一部，好事不曾做得幾件，好人不曾成就得幾箇，如何如何，不可不大家警省也。」

顔子用志不分，只在情性上學。不在情性上學，聖人不謂之學。身通六藝之人，豈不各有所好？聖人不謂之好學。

顔子之好學，不在怒與過上用功，只看

《大易》，便知《復卦》初九一爻，惟顏子能當之。此一爻即乾元也。所謂元者，善之長也。夫子一生，好學二字，惟自許，許顏子一人。

彦文問曰：「曾子聞一貫，其學亦微矣，夫子猶不許之好學，何也？」先生曰：「在聖門聞一貫，還是入門之學，非終身結果之學也。且曾子在聖門最小，聞一貫時，纔二十歲外。」彦文曰：「曾子之聞一貫，是知大頭腦矣。纔知本領做工夫，到啓手啓足之時，學問結果矣。」先生曰：「然。」

彦文問曰：「夫子静中光景何如？」曰：「念頭頗少。但應接多了，便浮氣不定。伊川先生云定心氣，心氣最難定。」

一貫是忠恕悟處，忠恕是一貫脩處。

意、識、情，俱是不好一邊。若誠其意，智其識，性其情，道理又只是一箇。

學問見了獨體，然後算得性學。不是念頭上見底，若念頭之獨，便有斷滅。見得此體，隨處是獨，而無對也。若有古今、人我、内外，便是二。

静以見性，見性自静。言性則無窮，言才則有限。

人一身都是心，在目主視，在耳主聽，在心主思。心在則爲心官，心不在則爲耳目之官，非别有耳目之官也。夫子所謂九思，是言心官當位，心官在目，則目自明，在耳，則耳自聰。

當下孝弟之事不做，只管講孝弟，孝弟是甚東西？夫子云：「親生之膝下，以養父母日嚴。」孝弟兩字，不是聖人造作出來，見親生之膝下，有此真愛，便名之曰孝，又因漸長而日嚴，因嚴以教敬，有此真敬，便名之曰弟。人生何時能忘此愛敬，故隨處愛敬，即隨處是孝弟。故曰：「愛親不敢惡於人，敬親不敢慢於人。」

彦文問曰：「喜怒哀樂未發，便是敬以直内否？發而皆中節，便是義以方外否？」先生曰：「然。」

讀書如喫飲食，喫得又要消得。凡人有一副知見在胸，最難得入道。昔有人延一名師教其二子者，謂師曰：「二生長者有工夫，易爲力，次生全無工夫，須費力也。」先生試之，謂主人曰：「所云正相反。次者只須與之搬進去，長者還要搬出來了再搬進去。」

吴心矩問：「『天下之言性也，則故而已矣。』故者何也？」先生曰：「故者，所謂原來頭也。只看赤子，他只是原來本色，何常有許多造作？」

「反身而誠」四句。先生曰：「近看來日用受用，只此二句親切。反身而誠，是無事時工夫；强恕而行，是有事時工夫。一不誠，便不樂；一不恕，便不仁。反身是立本之事，强恕是致用之事。終日如此，自當進益。」

動時工夫，要在静時做；静時工夫，要在動時用。動時差了，必是静時差，譬如吾人静時澄然無事，動時一感即應。只依本色，何得有差？

剥者剥落，剥而後復。人自孩提，終日要長要短，到長大便要名利、要貨色，種種膠固，無出頭處。而今吾輩學問，正要逐漸剥去，使之剥盡，始有復機。然須一飜苦工夫，至九死一生中透出方得力。譬如這箇橘子，去皮纔見瓤，去瓤纔見子，子分兩瓣，兩瓣中間纔見一些子芽。這芽還不是，直等乾元一至，從芽中發出者，却無形可見，方是真體。

人只要自己知不善，即是善也。知不善而不復行，明善也。只要自己肯去明，便好。師友只好説，説了不肯行，終没奈何。

學者静坐，是入門要訣。讀書静坐，不可偏廢。伊川先生曰：「節嗜欲，定心氣。」静坐却是定心氣之法。

彦文問：「心與氣何以分別？」先生曰：「心之充塞爲氣，氣之精靈爲心。譬如日，廣照者是氣，凝聚者是心，明便是性。」

學者于理氣心性，一一要分剖得明白。延平先生默坐澄心，便明心氣，體認天理，便明理性。

聖門言仁，只是説行處多，如視聽言動，恭寬信敏惠五者行于天下，俱是説行。只如此體貼，便知爲仁之道。

彦文問曰：「聖人時時對越上帝，何又要三日齋、七日戒？」先生曰：「聖人雖無時不敬，平常不廢應接，至祭祀時皆謝絶，收斂精神，以對鬼神耳。」

彦文問曰：「聖人臨死順之乎？收斂精神乎？」先生曰：「此處如何着得收斂？」

彦文曰：「近覺坐行語默，皆瞞不得自家。」先生曰：「此是得力處，心靈到身上來了。但時時默識而存之。」

孔子不言養氣，然三戒却是養氣妙訣。戒色則養其元氣，戒鬭則養其和氣，戒得則養其正氣。孟子言持志，戒即是持志也。

學問必須躬行實踐，方有益。如某人見地最好，與之言亦相入，但考之躬行，便内外不合，是以知虚見無益。

有友言體認與揣摩，先生曰：「體認者，是實有這件在此，若與人相會，已見其人，又細認之。揣摩者，是未見其人而想像之。朱子曰：『因其所發而遂明之。』發處即是實有這件矣。但人都覿面蹉過，是見其人，不知認也。」

學未有得，則敬以求之；既得，則敬以守之。即聞道者，主敬工夫，與未聞道時一樣做。

有一人兄弟不和，至刻説帖，其人忿忿不平，訴之先生。先生曰：「兄弟相殘大不祥，要之釁端必自取。今不若只是認罪，無論其言之實者，即誣者，皆自認了，只説容我改過，即彼欲訴於鄉黨，亦聽彼自爲，略不與辯，從此急回頭，大黐身，方是活路。」

與光問先生著述，先生曰：「程子至中年始著書。著述之事，甚非學者所宜亟亟，不得已乃言之耳。一生學問有得力處，若無人可授，豈忍自私？只得公之後世，總亦出于不忍人之心，若文詞何用？」

聖人取人之善，譬如今人善看文者一般，將他好處圈出來。即做文字的人，連自家還不知那一句好，被他圈出便躍然，如何不鼓舞興起？

先生曰：『適於義，適亦可，莫於義，莫亦可。』此兩句，原因『義之與比』一句發，無適無莫，一味隨義而轉。」葉玄室先生曰：「『君子之於天下也』一句，極要體會。可見君子之所爲，直要通得天下人，纔行得。若守定一己獨見，雖真心爲國爲天下，也行不去。」先生曰：「此豈但衆人不從，即同志中也不從。須是天下人，無論賢智愚不肖，都通得，方可行也。」

先生謂周穉馨曰：「人生天地間，要思量一箇究竟，此身何來？將來何去？《太極圖》引『原始反終』一句，却大關係。所謂太極者，原始也要原到這裏，反終也要反到這裏。」

其爲物不二，只是一箇道理。惟其一，所以生物不測。惟不測，故神，所謂易也。故程夫子曰：「其體則謂之易，其理則謂之道，其用則謂之神，其命於人則謂之性，率性則謂之道，脩道則謂之教。孟子去其中又發揮出浩然之氣來，可謂盡矣。」《中庸》又説一箇鬼神，以形容斯理之妙，所以説「如在其上，如在其左右」，只曰「誠之不可揜」，何等活活潑潑底。會得時大好過日子，所以説「昊天曰明，及爾出王；昊天曰旦，及爾游衍」。繇是思之，天何常離人？人何常離天？故曰：道也者，不可須臾離也。可離非道也。人居天中，如魚居水中，魚無水不活，人無天不生。人亦死在天中，蓋須自家生氣接得天着，至于養成浩然，則死生一矣。❶

先生曰：「天在眼前，人豈不知？只爲説了天命，不知如何爲命，連天也不知了。天只是天，一落人身，故唤做命，命字即天字也。」彦文曰：「做人的有天命，如做官的有君命，一切行事，皆承君之命而行之。今做人的不知自家有天之命，却如做官的不知自家有君之命也。」

《易》言：「利用出入，民咸用之，謂之神。」吾輩一語一默，一作一息，何等神妙！凡民不知，胡亂把這神都做壞了。學者便須時時照管，念兹在兹，所謂允執，所謂顧諟，所謂慎獨，只此一事。所以古人又説個惟字，曰惟精，曰惟一，不然，不能凝結也。

人之靈，即天地之靈，原是一箇，却是箇活鬼神，倏然言，倏然默，倏然喜，倏然怒，莫知爲而爲，非鬼神而何？

❶「死生一矣」，四庫本作「死亦生矣」。

胸中無事，則真氣充溢于中，而諸邪不能入。

真元之氣，生生無窮，一息不生便死矣。草木至秋冬凋謝，是霜雪一時壓住，彼之生生，無一息之停也。不然春意一動，其芽何以即萌？人之爪髪，即草木之枝葉也。飲食是外氣，不過借此以養彼耳，其實真元之氣，何藉乎此哉？人之借飲食以養其身，即草木之滋雨露以潤其根。

鼻息呼吸，乃闔闢之機也，非真元之氣。真元之氣，生生不息。以上三條，非説養生，總闡明一氣字，與夜氣之論參觀。

王南塘先生言：「可覩可聞皆氣也。」此句極妙。所謂野馬氤氲，亦云微矣。雖微，猶氣也。神則無形之可見，但一屬神，即是感底朕兆，動之幾萌于此矣。寂然不動，乃誠也。學問只到幾處可知，幾之上即不可知。

有友曰：「羅整菴先生言理氣最分明。云氣聚有聚之理，氣散有散之理，氣散氣聚，而理在其中。」先生曰：「如此説也好。若以本原論之，理無聚散，氣亦無聚散。如人身爲一物，物便有壞，只在萬殊上論，本上如何有聚散？氣與理，只有形上形下之分，更無聚散可言。」

有友論天人。先生曰：「天人原是一個，人所爲處即天。譬之命該做官者，必須讀書做文字，讀書做文是人，然肯讀書做文又是天。」彦文曰：「命之所有，先天也；人之肯爲，後天也。無先天，不起後天；無後天，不成先天。」先生曰：「然。」

希顔問易。先生曰：「易即人心。今人有以《易》書爲易，有以卦爻爲易，有以天地法象爲易，皆易也。然與自家身心不相干，所以書自書，卦自卦，天地自天地也。要知此心體便是易，此心變易從道者，便是易之用。所以六十四卦，聖人説六十四個『以』字，如『君子自强不息者，以乾也；厚德載物者，以坤也』。非乾而何能自强不息？非坤而何能厚德載物乎？餘卦又以時言之。君子所以如此者，以此時也。時者易也。總是以此也。」

有言以易洗心，是二物，何如？先生曰：「此言固好，然須知易方是心，心未必是易。到得憧憧往來之心，變成寂然不動之心，渾是易矣，豈不是以易洗心？」

彦文曰：「近日吴覲華先生講《繫辭》，謂聖人作《易》，總只要人能變化。一部《易》，只説得變化二字。」先生曰：「然。」彦文問夫子大象。先生曰：「此是夫子之易，夫子特地教人用易之方。故六十四卦，六十四箇『以』字，《繫辭》内又總記兩箇『以』字，看來讀《易》，又只是以此齋戒，以此洗心耳。」又曰：「一部《易》，只是説一箇『中』字。」又曰：「不曾看過六十四卦，看不得《繫辭》；若不知得《繫辭》，却也看不得卦。《繫辭》是《易》原，若有入處，便可聞道。」

直其正也，何不曰直其敬也？敬以直内，何不曰正以直内？看來敬字，只是一個正字。伊川先生言敬，每以整齊嚴肅言之。整齊嚴肅四字，恰好形容得一箇正字。

一部《易》，原始要終，只是敬懼無咎而已，故曰「懼以終始」、「無咎者，善補過也」。《易》中凡説有喜、有慶、吉、元吉，都是及於物處，若本等只到了無咎便好。

易是現前的物事，看《繫辭》首章可知。只平鋪着看尊卑貴賤、動静剛柔、吉凶變化，自然而然。聖人説一部《易》，却像不曾説一般。

以此洗心退藏於密，隨處是密。程子曰：「密者用之源，顯諸仁，即是藏諸用。」譬如一株樹，春氣一動，抽芽發枝，枝葉都是春發出，是顯諸仁。然春都在枝葉，即藏諸用。夫子言仁曰恭寬信敏惠，可見仁都在事上，離事無仁。密不在寂然不動中尋，又不是舍寂然不動處有密。密只是藏諸用。

「鼓萬物而不與聖人同憂」，言聖人與天地都是一樣，只這憂與天地不同。聖人吉凶與民同患，百姓之憂患，即是聖人之憂患也。

有友問太極。先生曰：「太極者，據易而言。天地間莫非易，易有太極，非易之外别有所謂太極也。且以吾身觀之，吾身是易，當下寂然無些子聲臭，即是太極。周子云寂然不動者誠也，誠即太極也。」

「不出户庭」與「不出門庭」兩爻，人時時用得着。如事之當做者不做，便是不出門庭之凶矣；事不當做而做，便是出户庭而咎矣。

先生曰：「《詩》必以《小序》爲準，國史明得失之迹，豈可不信？但首兩句是真，餘皆後儒附會。朱子不信《小序》，是連真者皆不信矣，將許多思賢詩，俱作淫辭解。如《鷄鳴》、《丘中》，皆思賢詩也。」彦文曰：「《詩》中多以美人喻君喻賢者。」曰：「然。」

彦文問曰：「《大學》『至善』二字，即中庸也。」先生曰：「然。」

「中」字自虞廷來，到夫子，只添箇「庸」字。「中」字得箇「庸」字，纔着實。

《論語》形容夫子「温、良、恭、儉、讓」，從應接處形容；「了温而厲」，還是動容處形容；至於燕居，乃是從獨處無事時形容。今日想像，真是一夫子宛然在目中也。鄒荊璵問曰：「『夭夭』二字如何？」先生曰：「就是桃之夭夭，純是一團生機。」

有友講以約失之者鮮矣。先生曰：「約只是一箇小心，約到至盡處，即道也。」

先生問諸友曰：「『德之不脩』、『出則事公卿』，看這兩章，夫子何等謙退！及『天生德於予』、『文不在茲乎』、『知我者其天乎』，看這數段，何等自任！何也？」劉本孺先生曰：「聖人時時以天自對，所以自信如此。若說工夫，便不敢易言之。」葉玄室先生曰：「正爲聖人日用工夫，時與天游，故臨患難信得過。若常人平日不曾有這工夫，臨患難更信不過。」❶先生兩然之。

「仁者，先難而後獲。」先生曰：「天理必與人欲相逆，纔去做難的事，是向天理上行，然人欲隨之又要獲了。先難後獲，方純乎天理。顏子克己，若紅爐點雪，不必言難，天下歸仁，反從獲上說。樊遲根器大不同，故曰先難後獲。」

「回之爲人也，擇乎中庸」一句，乃是《中庸》一書大關節處。學問思辨，皆是擇乎中庸。「得一善」，不是今日得一善，明日又得一善，從始至終，只此一善。又不是得一萬事畢，性道無窮，學問亦無窮，但得一善拳拳服膺，便日新又新。

「有爲者，譬若掘井。」先生曰：「註中說『及泉』，云仁如堯、孝如舜、學如孔子。此是詣極的及泉，然入門便有入門的及泉，不得入門之泉，終無詣極之泉。周子言『誠者，聖人之本』，即泉也。吾輩當下一念反

❶「更」，四庫本作「便」。

觀，沖漠無朕，便是原泉。『九仞』特爲不及泉者言，掘井一仞而及泉，不可謂之棄井也。」

朱夫子之言，俱是用上説，使人可知可行。孔子教人，亦只是説用，所謂「吾無行而不與二三子」者。孔子後，孟子方説出心性。孟子後，秦漢學者，俱在訓詁上求，更不知性命爲何物。至宋周、程夫子出，纔提出性命到微妙矣。朱夫子出，不得不從躬行實踐上説。若知孟子之言，便知孔子句句精妙；若知得朱子之言，便知周、程語語着實。

五經四書註，俱是漢儒專門傳受，俱有一箇來歷。後來宋諸大儒，又費許多心思，逐句逐字，稱觔估兩定下。肯細心咀嚼之，自有滋味，何必説出許多新奇？更不知今之所謂新奇，正先儒所剩下不用者。故文公先生嘗云：「四書註中，字字句句，俱是某稱量過來。若人不曾用得某許多工夫，却也看某底不出。」其註書時，與敬夫、伯恭兩先生，往來書簡，雖有一字不安，辨論數番。後人未曾見到，反議論前賢，真無忌憚也。

薛文清、吕涇野二先生語録中，無甚透悟語，後人或淺視之，豈知其大正在此！他自幼未嘗一毫有染，只平平常常，脚踏實地做去，徹始徹終，無一差錯。既不迷，何必言悟？所謂悟者，乃爲迷者而言也。文公先生自七八歲時，與羣兒遊，端坐畫八卦，看《孝經》便書八字曰：「人不如此，便不成人。」是何氣象！

氣節而不學問者有之，未有學問而不氣節者。若學問不氣節，這一種人，爲世教之害不淺。

彥文問漢末管寧何如人。先生曰：「高士也。未透性之曾子。」

彥文問：「康齋與白沙，透悟處孰愈？」曰：「不如白沙透徹。」「胡敬齋先生何如？」曰：「敬齋，以敬成性者也。」「陽明、白沙學問何如？」曰：「不同。陽明與陸子静，是孟子一脈。陽明才大于子静，子静心麤于孟子。自古以來，聖賢成就，俱有一箇脈絡。濂溪、明道，與顏子一脈；陽明、子静，與孟子一脈；横渠、伊川、朱子，與曾子一脈；白沙、康節，與曾點一脈。」彥文曰：「敬齋、康齋何如？」曰：「與尹和静、子夏一脈。」又問：「子貢何如？」曰：「陽明亦稍相似。」

彥文曰：「告子，所謂强持者乎？」曰：「他也不强持，他倒是自然底。」彥文曰：「近於禪乎？」曰：「非也。告子之學，釋氏所呵也。在釋門謂之自然外道。」

彥文問曰：「隋之文中子，與漢之董仲舒，何如？」先生曰：「文中子更大，有聖人依歸，造就與顏、閔同。」

參夫曰：「吾儒之學既透，不透禪是欠闕否？」先生曰：「非欠闕也。禪之一宗，惟濂溪、明道兩先生真能知得，後來闢佛者，總闢他不服。」參夫曰：「整菴、陽明，俱是儒者，何議論相反也？」先生曰：「學問俱有一箇脈絡，即宋之朱、陸兩先生，這樣大儒也各有不同。陸子之學，是直截從本心入，未免道理有疎略處。朱子却確守定孔子家法，只以文行忠信爲教，使人人以漸而入。然而朱子大，能包得陸子，陸子麤，便包不得朱子。陸子將《太極圖》、《通書》及《西銘》俱不信，便是他心麤處。朱子將諸書表章出來，繇今觀之，真可續六經。這便是陸子不如朱子處。」

彦文問曰：「武侯『學須静』之静，何如？」先生曰：「他是胸中無事，閒居抱膝長吟，在軍中雖終日戰鬬，却如無事一般。胸中長安静，故思慮細密，而神化不測。」彦文曰：「與程夫子『百官萬務儘悠悠』意思何如？」先生曰：「也差不多。」

學問並無别法，只依古聖賢成法做去，體貼得上身來，雖是聖賢之言行，即我之言行矣。我朝曹月川先生，是理學之宗，看他文集，不過是依了聖賢實落行去，將古人言語略闡發幾句，並無新奇異説，他便成了大儒。故學問不貴空談，而貴實行也。

岳鍾尹問曰：「有言許魯齋不該仕元，何如？」先生曰：「文清稱魯齋無間言，云程、朱後一人而已，又云魯齋有仕止久速氣象。文清撿身極密，非見之真，決不輕言也。」頃之曰：「予亦非漫信文清者，蓋有道焉。魯齋所居之地，燕雲十六州，石晉時歸於契丹，至宋已三四百年，魯齋生于斯，長于斯，祖宗已爲彼民久矣。況魯齋非有意仕元，並無一毫功名富貴之念，每以師道自居。聘爲教官，曰：『此我可爲也。』聘爲祭酒，曰：『此我可爲也。』抗賓師之禮於太子，毫不假借，稍有不妥，拂衣而歸。其出處進退，綽綽然有餘裕也。」曰：「吴草廬何如？」先生曰：「草廬與魯齋大不同。草廬乃中國人，嘗爲宋貢士。宋貢士，我朝進士也。謂未當任而不死，亦當披髮入山，又可仕乎？且中國人爲天子，猶不可，況夷狄耶？」曰：「未仕宋而仕之，可乎？」曰：「不可。元本夷狄，《春秋》謹華夏之辨，焉有中國人而仕夷狄者？若金華四先生，其法程也。」曰：「劉誠意先仕元，而後忠太祖，何如?」先生曰:「焉有中國人爲天子掃腥羶,既抱大才而不輔之者乎? 誠意之差,差在仕元。」

魯齋有用夏變夷之才,與子見南子意思同。有魯齋之志,有魯齋之德則可,不然,只學金華四先生爲安穩。

周、程、張、朱,是爲天地幹蠱之人。白沙、康節,是享現成家當者。若其間最苦心竭力者,又莫過朱夫子,於世上無一事不理會過。

彦文問:「王龍溪之辭受不明,必良知之學誤之也。」先生曰:「良知何常誤龍溪? 龍溪誤良知耳。」彦文曰:「龍溪之差,恐亦陽明先生教處未加謹嚴。」先生曰:「我朝文清先生,與陽明先生俱是大儒。第文清之學,嚴密無流弊,陽明未免有放鬆處。」

程子云:「孟子才高,學之未可依據,且學顔子。」余則曰:「顔子才高難學,學者且學曾子有依據。」

彦文曰:「明道許康節内聖外王之學,何以後儒論學,只説程、朱?」先生曰:「伊川言之矣。康節如空中樓閣,他天資高,胸中無事,日日有舞雩之趣,未免有玩世意。」

一向不知陽明、象山學問來歷,前在舟中,似窺見其一斑。二先生學問,俱是從致知入。聖學須從格物入,致知不在格物,虚靈知覺雖妙,不察於天理之精微矣。知豈有二哉? 有不致之知也。毫釐之差在此。

有一玄客至東林,先生曰:「東林朋友,俱不知玄。雖然,仙家惟有許旌陽最正,其傳只浄明忠孝四字,談玄者必盡得此四字,方是真玄。」其人默默。

參夫問曰:「開伊洛之源者,濂溪也。

二程親得其秘，何不大闡發之？ 伊川又謂伯淳之學，得之遺經，即《太極圖》、《通書》，至朱子始爲表章，何也？」先生曰：「二程不過再見茂叔耳，教尋孔、顏樂處，但指點其源頭，再見之後，各處做官，即《太極》、《通書》，似俱未見。 伯淳曰：『吾學雖有所受，天理二字，却是某體貼出來。』謂《大學》，孔氏遺書，謂《中庸》，孔門傳授心法。 常教人讀書必先《語》、《孟》，不是程子表出四書，聖學真無入門，得之遺經，豈不信然？」

高橋别語七則

門人魏大中録

乙丑被逮，以午日抵錫山，厥明景翁先生，觴别於高橋之滸，申以誨言，諄諄亹亹，爰次其略，用比韋弦。

雨露霜雪，總是造物玉成至意，須善承受。

富貴、貧賤、患難、夷狄諸境，禪家云一切惟識，性中無富貴、貧賤、患難、夷狄。

患難中，容易透性；患難中，一切萬緣都斷。

臨深淵、履薄冰、禪家過獨木橋，並着不得第二念。

陸子静減擔法：減之又減，擔子自漸輕却。

嘗夜半腹痛，痛不可支。起坐，覺此心精明，痛亦隨止。尋偃息，痛復如初。仍起坐，達旦，不藥而愈。又一日，在鎮江齒痛，亦以静坐愈。

一禪子見峩冠偉衣裳者，接之頗倨，曰：「我南嶽神也，能生殺人。」禪子曰：「我見汝無異衆生，我見我無異汝。無我相、人相、諸相，便是太虛。能生殺人，能生殺太虚否？」峩冠偉衣裳者拜受戒而去。

初謁語五則

門人陳敳録

讀書窮理至於朱子，可謂盡美盡善矣。須知所以讀書者，專爲治心。若因欲速而至煩躁，反是累心了。須守定朱子讀前句如無後句，讀此書如無他書之法，方可謂之讀書。

人心能疑，便是能知痛癢了，正好當下發憤用功去，當有豁然自信、安然寧謐之日，不可悠悠忽忽，錯過了一生。

叔幾亭問操存難久奈何。先生曰：「《易》曰：『敬以直内，義以方外。』敬義原非二物。假如外面正衣冠、尊瞻視，而心裏不敬，久則便傾倚了。假如内面主敬，而威儀不整，久則便放倒了。所以聖人説敬義立而德不孤。難久者，只是德孤。德孤者，内外不相養，身心不相攝也。今當從此着力。」先生又曰：「人心本無一物，所以紛擾者，只是外蔽。誠能一日反觀，物欲便廓然消化，所謂紛擾者安在？故一覺便是乾，一敬便是坤。」

夢中作得主張者，方是真學問，方能臨大事而不亂。

聖人之道，中庸二字盡之；天地之道，易之一字盡之。

高子遺書卷之五終

高子遺書卷之六

四言詩

水居 六首

微雨乍過，好風徐來。游雲斷續，衆峯皆開。歡然撫景，盡茲一杯。世事如積，亦已焉哉。

飯飽欣然，蕩槳菰蘆。菱蔓搖漾，蓮花芳敷。今日何日，吾長五湖。其來徐徐，其去于于。

舉網得魚，摘我園蔬。烹魚煑蔬，載陳我書。酒中有旨，書中有腴。聊爾東窗，不樂何如！

薄暮登樓，四望遠疇。時雨既降，農人乍休。乳燕來止，鯈魚出遊。萬族有樂，吾亦無憂。

涉世愈拙，入山宜深。踽踽空谷，悠悠長林。支頤一卷，掛壁孤琴。游目閒雲，傾耳鳴琴。❶

清晝掃室，中宵擁衾。無象之色，希聲之音。咎譽可遠，陰陽不侵。雖乖通理，爰得我心？

❶「琴」，四庫本、光緒本作「禽」。

五言古詩

静坐吟四首

我愛山中坐，恍若羲皇時。青松影寂寂，白雲出遲遲。獸窟有浚谷，鳥棲無卑枝。萬物得所止，人豈不如之？巖居飲谷水，常得中心怡。

我愛水邊坐，一洗塵俗情。見斯逝者意，得我幽人貞。漠漠蒼苔合，寂寂野花榮。潛魚時一出，浴鷗亦不驚。我如水中石，悠然兩含清。

我愛花間坐，於兹見天心。旭日照生采，皎月移來陰。栩栩有舞蝶，喈喈來鳴禽。百感此時息，至樂不待尋。有酒且須飲，把盞情何深。

我愛樹下坐，終日自翩躚。據梧有深意，撫松豈徒然。亮哉君子心，不爲一物牽。緑葉青天下，翠幄蒼崖前。撫己足自悦，此味無言傳。

幽居四樂

我愛管幼安，蕭然一木榻。詩書有餘閒，户庭無塵雜。四海方沸糜，吾獨深閉閤。辛勤海上歸，樂此舊井邑。徵書何爲者？莞爾笑不答。

我愛陶元亮，採菊東籬時。悠然南山意，怡悦心自知。北窗睡初起，讀書忽解頤。正爾得樽酒，日夕歡相持。

我愛陳希夷，神遊帝之先。空山石壁下，谷口飛泉邊。結廬傍叢竹，開户當清漣。麋鹿遊堂上，落花滿庭前。幽人在何許？松下方高眠。

我愛邵堯夫，緬懷發清吟。當其在百原，危坐必正襟。會此丸中理，寧受外物侵。心空百營息，氣静天根深。爰以風月談，聊見羲皇心。他人營息而心空，又次息營以空心。

謫居

余謫居揭陽，官舍幽清，庭有盆魚、有竹石，楹前榴花，灼灼不絶，樹間小鳥，交交弄語。長至後，謝病杜門，益無往來，終日静坐，讀《易》誦《詩》。月明静夜，活火焚香，援琴小弄，意興既極，恬然而卧，蓋從容乎樂也。賦詩志之。

自昔悲羈旅，局促詎非迷。丈夫志四方，高棲豈荆扉。昭曠苟在懷，憑運與委蛇。嶺海何必惡，四時有丹荑。我來一甲子，即事多所怡。華舘絶塵鞅，水木澹幽姿。好鳥時一鳴，静蘊流天機。縱心八極外，蟄心在幾微。歷覽千古書，此理不吾欺。被服誠無斁，真賞欣自如。持此以永念，可用忘棲遲。自非高堂戀，鹿門乃在兹。

考亭恭謁朱夫子

束髮自黽勉，所志非浮榮。辨途慎所之，擇術居其貞。巍巍雲谷翁，紹孔明六經。羣書萬卷破，奇功一源并。自從子輿來，倬絶莫與京。如何取徑子，繁絃亂中聲。計身亦誠便，畔道非所寧。我來拜闕里，考亭爲南閩闕里。齋心矢其誠。歸軫探神奥，發軌謹門庭。董道而不豫，聊以拙自成。

夏日閒居

長夜此静坐，❶終日無一言。問君何所爲，無事心自閒。細雨漁舟歸，兒童喧樹間。北風忽南來，落日在遠山。顧此有好懷，酌酒遂陶然。池中鷗飛去，兩兩復來還。

水居詩

少敦詩書好，長嗜山水娱。一朝謝簪組，而來居菰蘆。青山當我户，流水遶我廬。窗中達四野，喜無垣壁拘。桃柳植長堤，菱荷被廣渠。徒侣有漁父，比隣惟田夫。虚堂白日静，恍若遊黄虞。兀兀日趺坐，欣欣時讀書。會兹動静理，常得性情舒。恬然以卒歲，去此將焉如？

庚戌春日月坡初成

浩浩月初上，月坡正受之。以我無營心，當此獨坐時。爲籌世中事，無樂可代兹。長林寒風息，春氣藹如斯。萬族各萌動，我心豈不知？俯視方輿静，仰觀圓象馳。靈襟既無際，一形安足私。持以畀大鈞，榮悴非所思。

❶「夜」，康熙本、光緒本作「日」，四庫本作「夏」。

辛亥春至水居

宇宙何終極，吾念有所止。既罕百歲人，所營一樂爾。禽魚藹可親，湖山斐有旨。引酒召元和，觀書悟無始。在昔稱達人，往往契斯理。撫己常泰然，此樂庶可恃。

山居

城郭多塵事，入山意始豁。炎暑絶尋遊，芳園轉閒潔。拂簟卧看雲，漱泉滌煩熱。疎林來遠風，虚堂入新月。湛湛無交心，端居見超越。百營良有極，庶以善自悦。

湖上閒居季思子往適至

正爾山水間，念吾煙霞友。春風吹微波，日暮倚楊柳。我友惠然至，童僕喜奔走。相别嘆經時，相逢慮非久。所歡得晤言，欲言仍無有。默默各自怡，一室閒相偶。夜深不能寐，明月在東牖。

讀書山中季弟攜具見過

山中讀《易》罷，臨風弄瑶琴。絲桐感憂思，無言對嶇嶔。有弟愛吾趣，挈壺遠相尋。翩翩求羊侶，林下成盍簪。火輪忽銜山，蘭地生清陰。崇雲叠布錦，皓月波流金。融融酒中意，悠悠塵外心。道勝迹自超，慮淡樂非淫。榮名有衰歇，清和良可任。

弢光静坐

偶來山中坐，兀兀二旬餘。澹然心無事，宛若生民初。流泉當几席，衆山立庭除。高樹依巖秀，脩篁夾路疎。所至得心賞，終日欣欣如。流光易蹉跎，此日良不虚。寄言繕性者，速駕深山居。

遊玄墓❶

春至百蟄作，吾亦難幽居。玄墓梅萬樹，兹遊豈當徐？出門日以遠，塵事日以疎。終日棲花間，志意常浩如。入俗苦不足，入山覺有餘。以此成荏苒，欲歸還躊躇。吾性最所適，終當期結廬。

遊静樂寺

杖策尋古寺，深山縱所如。古木連溪橋，脩篁夾細渠。翳然見人家，茅屋庭除虚。緬懷於此中，坦腹哦詩書。良朋三五人，列塢南北居。興來相經過，直質返厥初。生與羲皇侶，殁與天地俱。

遊鴈蕩山

昔我愛丘山，名勝在夢想。去去三十年，塵事空鞅掌。兹遊愜始願，千里遂獨往。望山屢馳騖，入谷轉疑怳。仰觀秋瀑飛，俯聽潭流響。陽崖峙雄突，陰洞藏奇

❶ 「墓」下，康熙本、四庫本、光緒本有「山」字。

敞。幽尋碧澗底，遐矚紫霄上。春風蕩輕陰，百里見開朗。青丹未可圖，文翰誰能髣？悽心願止託，回首空悵怏。勝地古今存，浮生俄頃賞。安得結茅廬，於此一偃仰！

湖上

道人不識憂，隤然罕所慮。胸中有奇懷，常得山水助。時乘酒半醺，或值睡初卧。❶獨往恣幽尋，欣若有所遇。有時深林行，穿徑忽失路。有時湖上還，看雲忘所務。凝目孤鳶歸，傾耳細泉注。所造趣未極，原陸任昏暮。非關耽清娱，曾是秉遠慕。閒心始造理，忙意多失步。嗟爾行道人，迫迫焉所赴。

輿中

輿中何所務，得已聊自媚。周道亦何遥，玄景去如鶩。前途有佳人，麗服策名驥。輕風吹遠芳，望之不可企。遠望欲何爲，行行慎吾事。雲斂山氣佳，風定水容粹。所以至人心，貞吉在不二。妙處絶幾微，如醒半如醉。白得此中玄，萬事皆如棄。其玄本無色，君子以爲賁。

客途

旭日照輿中，仲冬藹如春。焚香玩羲易，瞑目怡心神。每入野店中，宛若家室

❶「卧」，四庫本作「寤」。

馴。糲飯甘如飴，村醪白於銀。充然醉飽後，晏卧芻藁茵。但覺無事樂，不知客途辛。望望故園近，歲杪兒孫親。

採菊

天地有終極，人生豈常爾。年壽不可知，富貴焉足恃。昔爲春原荑，今隨秋草薙。四時更代謝，百年遞成毁。區區世人心，詎能違物理？所以採菊翁，悠然了斯旨。

異草

南山有異草，不逐衆卉榮。古淡無顔色，幽芳有餘情。結根千仞岡，似吸陰陽精。小物有至性，近垢不得生。嚴霜無遺秀，卓彼猶崢嶸。雖非松栢質，可結歲寒盟。世無知之者，含風以淒清。

黄龍菴訪超然上人

山深晝寂寂，樵語聲屑屑。一徑入青藹，竹木更秀潔。有僧赤脚眠，長嘯天地裂。見我掇衣起，坦腹笑咥咥。任真無蓋藏，布懷不曲折。摘茗煮鮮泉，荳芋楚楚設。充然可供客，足己了不缺。引我看泉石，發興皆奇絶。揮手別之去，中心自怡悦。

心中無事人，見亦悦，別亦悦，別後憶憶，便彼此非無事人。然或不及之，或過之者。

題吴之矩雲起樓

吾友搆高樓，上與南山友。推窗延諸峯，憑几揖羣阜。樓中列萬卷，亦貯泉百缶。彝鼎皆商周，圖書悉蝌蚪。客來賞奇文，疑義相與剖。遞品陽羨茶，呼取惠山酒。或時自晏坐，淡然一何有。青山時出雲，白雲時入牖。倏忽曳作衣，亦或變爲狗。起滅千萬端，巧歷能算否？人生一如此，幻化安能久。借問天壤間，何者是不朽？

壽俞景梧六十

昔我少壯日，與君握杯酒。仰見明月光，邀之爲三友。一笑千古空，世事復何有！荏苒歲月疎，相看成白首。今吾持一觴，祝君無疆壽。借問此觴酒，還如少年否？與我同時人，半已成腐朽。而我幸與君，一觴還相偶。回首生平懽，轉覺淡可久。但醉莫復問，君歌我擊缶。

壽吴東溟先生七十

去日每苦多，來日每苦少。棲棲世中事，鼎鼎誰能了。所以達人心，擺落出物表。吾慕東溟翁，攝生得其道。投志西來宗，無念以爲寶。觀空覺諸妄，埋照淡自保。平生經苦辛，未嘗入懷抱。理得身世寬，戰勝顔色好。持此入無窮，長隨天地老。

送辰州守瞿元立

秋至林薄佳，幽人自怡悅。閒尋山中侶，偶坐松下石。一酌清泠泉，滌茲當午熱。自餘無一事，於性有至適。云胡同心人，簡書迫行役。我欲賦招隱，言念斯民厄。以君之操持，所至有膏澤。囂訟可不聽，兇惡當斬絕。六言舊王章，勿惜時提挈。誠然振五品，何必恃三尺。郡齋有餘閒，即是林間客。得意且歸來，共泛五湖碧。

蔡觀察貽余禪衣成夜坐詩寄謝

長林寒風厚，斗室霜氣侵。珍重故人惠，有衣亦可衾。中夜每起坐，春温解重陰。明月入我户，流光照鳴琴。念彼世中人，異調難同音。頓使羔裘賢，難執遵路襟。思君三歎息，付之一悲吟。萬感既刊落，一息自深深。乃知人心妙，晝夜當温尋。感君衣被意，示我禪定心。獲此領中珠，❶不啻腰纏金。欲悉此中玄，何時來盍簪？

七哀詩

肅肅秋風深，漫漫秋夜長。中夜百感集，攝衣步空堂。俯聽蟲聲悲，仰視明月光。物色一如昨，舊人何茫茫。歲月日以疏，髣髴日以亡。一朝成永訣，千載空相

❶「領中」，四庫本作「領下」。

望。静心易生哀，遺情難爲方。願從夢中路，柔身至其旁。

程酒詩

尼父酒無量，天然中權衡。自非大聖資，剛毖宜服膺。云胡末世下，放飲斯得名。❶微醺憶堯夫，止酒見淵明。哲者以怡性，愚者以促齡。損此清明躬，受彼昏濁縈。吾以自深省，黽勉持法程。觴以九爲極，倍之洽親朋。上與日月誓，下與山水盟。以此茂對之，杯盡意有贏。世有善飲者，於焉知我情。

五言律詩

水居

到此情偏適，安居與日新。閒來觀物妙，静後見人親。啼鳥當清晝，飛花正暮春。呼童數新筍，好護碧牕筠。

即事

乍雨洗庭柯，斜陽到薜蘿。讀書聊散帙，看竹偶經坡。鳥下山初暝，月來池欲波。幽情無着處，呼酒一高歌。

❶「斯」，四庫本作「始」。

晚步

緩步到溪頭，相看事事幽。斷雲疎島嶼，落日艷汀洲。水静芙蓉夕，風生蘆荻秋。吴歌何處棹，驚起欲眠鷗。

庚子秋日同友水居静坐

兀兀何爲者，朝曦屬夕陰。六經疑處破，一氣静中深。霄漢孤懸榻，乾坤壯盍簪。五湖秋色滿，相守歲寒心。

丙午元夕

歲冗今朝静，閉門春色深。安居知帝力，觀物見天心。栢葉休辭醉，梅花已可吟。但於叢竹裏，日日聽春禽。

和許静餘先生閉户吟三首

年來惟好静，始覺解天弢。山月閒相照，春風淡自陶。床頭儲濁酒，燈下有《離騷》。算盡人間着，無如閉户高。

有竹已疎林，空齋貯碧陰。徑縈蘿薜遠，池帶荻蘆深。人静惟開卷，情閒或撫琴。幽居多樂事，剥啄莫相尋。

君公嘗避世，❶仲蔚愛閒居。城市何妨隱，蓬蒿豈必除。榻留孤劍伴，人共一瓢餘。滌盡人間念，吾將返厥初。

❶「公」，康熙本、四庫本、光緒本作「平」。

秋月同張伯可吴子往泛溪

不作清溪泛，空令此月孤。寒烟浮欲出，遠嶼淡疑無。日月高皃鵠，行藏長荻蘆。棲遲何必惡，秋色有吾徒。

戊午春月朔登子陵釣臺

桐江一片石，千古白雲横。世亂無寧宇，巖棲得此生。漁樵亦偶爾，富貴豈吾情。寂寞空山士，安知後世名。

五言絕句

水居飲酒詩 三首

憂危不爲己，放逐豈忘君。但願常太平，把酒看白雲。

有弟知我好，致我長春花。花紅映酒紅，日夕飲流霞。

春氣暢人意，桃花滿村家。人如不爲樂，天却無此花。

齋中對菊

白日林中静，秋風此室閒。黄花無限意，相對一開顔。

弢光山中雜詩五首

開窗北山下，日出竹光朗。樓中人兀然，鳥雀時來往。

山黛濃於染，丹楓間翠竹。遠見白日間，❶山僧結小屋。

寒風客衣薄，依巖曝朝旭。坐久不知還，山童報黍熟。

日暮山寂然，樹響棲烏下。獨行深澗邊，野花摘成把。

時穿深竹坐，人境忽如失。落日照前山，松間一僧出。

白雲篇二首

遥望白雲來，轉見白雲去。白雲去不來，不知散何處。

心隨白雲遠，亦隨白雲遲。欲隨白雲滅，白雲無盡時。

題畫竹

此君有高節，亭亭自孤植。總多千畝陰，❷不礙青山色。

❶「日」，四庫本作「雲」。
❷「總」，四庫本作「縱」。

秋花咏六首

菊

日暮有好懷，閒閒來田間。籬邊見黄菊，相對不知還。

芙蓉

芙蓉臨清水，露下顔色冷。山齋人未眠，獨步月中影。

秋葵

花開在今朝，花落不終夕。開落如君恩，丹心不可易。

蘆花

秋水不可極，月出寒山静。一夜孤舟邊，風吹蘆花冷。

芭蕉

山人晝掃室，焚香讀《周易》。泠然萬念空，芭蕉照人碧。

紫薇

小窗當北牖，日夕生涼風。最愛竹叢裏，忽揠一枝紅。

荻秋雜咏四首

雪鷗閣

日夕水烟起，細雨漁舟出。草閣生微寒，主人方抱膝。

點瑟軒

曰狂我豈敢，聊爾混樵牧。閉門春色深，相看柳條緑。

巢居

遠村人語寂，幽人卧方妥。夜半聞清鍾，明月當樓墮。

斑荆館

無客長閉門，客來共心賞。去來亦何心，春風芭蕉長。

和西築咏八首

引泉

次第竹根來，相將得到家。鳥啼春雨後，流出滿山花。

種竹

自將山竹種，豈望便成林。一竿明月裏，聊爾步清陰。

負薪

採薪松巖下，日暮負盈肩。還思天際鶴，或恐避茶烟。

有客

偶隨白雲出，不掩白雲扉。有客坐來久，山僧歸未歸？

坐石

徘徊澗邊石，小憩一悠然。不知山月吐，已滿竹窗前。

步月

獨坐松堂下，參差静影來。西湖歌吹歇，推却小窗開。

枕流

春澗鳴幽鳥，春花欲滿山。不知人世事，❶一枕石泉間。

❶「人」，四庫本作「塵」。

卧雪

山上雪連屋，山僧擁褐眠。下方來往絶，身在幾禪天？

六言詩

湖干四時歌八首

竹颯颯兮雪墮，梅寂寂兮月明。蘆洲動兮漁火，茅屋響兮書聲。

春風蕩兮柳緑，微雨灑兮桃紅。騁裘馬兮年少，惜芳菲兮老翁。

水溶溶兮林静，雲皛皛兮晝長。緑陰濃兮掃徑，黄鳥窺兮移床。

荷最妍兮朝旭，蟬何急兮晚風。有幽人兮兀兀，樂永日兮融融。

氣高徹兮遠天，蟲淒切兮清宵。人所悲兮蕭瑟，吾獨樂兮闃寥。

秋韻馥兮桂樹，秋色佳兮菊華。持巨螯兮沽酒，汲惠泉兮烹茶。

千山皓兮方曉，五湖冰兮復雪。盡大地兮無瑕，如寸心兮不涅。詠雪者，千秋上下，以此二語爲冠。

寒風淒兮墐户，淡日煦兮親人。君何慨兮歲暮，冬不久兮欲春。

水居漫興十六首

水緑青山自在，日來月往如斯。有味津津誰會？無言默默自怡。

柴門春掩寂寂，小樓卧起徐徐。朝來

公事幾許，過橋東岸觀魚。

蟬聲參差高柳，荷香遠近芳塘。一榻涼風午睡，半卷殘書夕陽。

楊花點點上下，燕子飛飛去來。春色行看盡矣，山茶還有未開。

綠樹遮山有態，白雲過水無心。一窗半開半掩，四月乍雨乍晴。

黄葉疎疎門巷，寒風淅淅蒹葭。人在小樓隱几，夕陽忽度昏鴉。

桃花一叢爲佳，柳樹幾行足矣。行樂不務其多，人心自不知止。

小閣凭欄莞爾，匡牀擁被陶然。夜半人聲何處？蘆花隔浦漁船。

一點兩點村火，三聲四聲漁歌。半生得趣不少，百年好景無多。

山人别無妄念，三茶兩飯便足。種成百樹梅花，此是窮奢極欲。

靠山一畝種竹，近水兩畦栽花。客至莫愁下筯，二十七種菜鮭。

平沙漠漠兩岸，流水灣灣幾村。興至便呼葉渡，歸來不掩柴門。

臨水閒心便遠，見山塵慮都消。❶此間益者三友，一琴一卷一瓢。

風來柳線轉媚，雨過桃花更研。着履遶堤散步，❷自言不減神仙。

山人作何功課，終日對山不語。問我此意何如，白雲自來自去。

赤日墮於西隅，白月升於東牖。我趁於此開樽，佩得金印如斗。

❶「都」，四庫本作「多」。

❷「履」，四庫本作「屧」。

七言歌行

鄭母壽歌

太孺人終日静默，言笑比於河清，其相夫子教子孫，皆有法度，可謂協坤之静，安女之貞者矣。爲之歌曰：

天迴地遊浩茫茫，❶萬象昭列四氣翔。人生其中百念長，消鑠至靈空彷徨。持握徑寸壽無疆，專静沉默道之鄉。心遊至和迓百祥，有子賢哲孫枝昌。委運任遇神不傷，念中無營身輕康。春妍景淑日載陽，鶯鳴花發化無方。子孫拜上千年觴，心知和悦樂未央。

七言律詩

水居

有客風塵歸去來，兀然孤坐水中臺。九龍山似翠屏立，五里湖如明鏡開。春雨蕨肥菰米飯，秋風鱸美菊花杯。蒹葭白露伊人在，悠向江天亦快哉！

水居獨坐

獨坐孤亭四望寬，夜深明月浸溪寒。

❶「遊」，康熙本、四庫本、光緒本作「迴」。

歸來山色如相許，老去秋風展自安。❶ 萬里雲霄看燕雀，百年天地有金蘭。尸居未可言瓠繫，屈指山林事更難。

水居閉關

幽居無事不開顏，爲惜春光只閉關。〔眉批：他人惜春，必在關外。〕兩眼情親惟緑野，一生心契有青山。桃花灼灼鳥啼寂，柳絮飛飛人意閒。緩步溪頭看落日，月明深竹抱琴還。

即事

萬里迢迢晴色開，千秋藹藹野芳來。孤舟最喜青山伴，倦眼多爲緑樹迴。邑里過時驚薄俗，衡門深處念時才。可憐無盡乾坤内，百念消歸一酒杯。

同許静餘先生遊山

新涼甘雨遍汀洲，況復山中桂樹秋。以我中年窺静理，知君晚節解閒遊。喜看巖竹穿幽徑，愛聽松風上小樓。滿地夕陽收拾去，并將明月載歸舟。

同洪平叔遊武夷

連宵陰雨長春苔，方駕山中雲即開。峯勝正愁舟急過，灘高絶便首重迴。排雲巖竹山山出，映水春花曲曲來。薄暮天遊最高頂，可無呼月醉深杯！

❶ 「展」，康熙本、四庫本、光緒本作「轉」。

次劉伯先閉關韻

在在名山寂寂逢，❶淵泉深處有潛龍。非於太極先天覓，只在尋常日用逢。當默識時微有象，到名言處絶無蹤。洗心藏密吾曹事，長掩衡門獨撫松。

静坐吟三首

静坐非玄非是禪，須知吾道本於天。直心來自降衷後，浩氣觀於未發前。但有平常爲究竟，更無玄妙可窮研。一朝忽顯真頭面，方信誠明本自然。

一片靈明一敬融，別無餘法可施功。乾坤浩蕩今還古，日月光華西復東。莫羨仙家烹大藥，何須釋氏説真空？些兒欲問儒宗事，妙訣無過未發中。

一自男兒墮地來，戴高履厚號三才。未曾一膜顔先隔，何事千山首不回！一静自能開百障，老翁依舊返嬰孩。從今去却蒲團子，鯤海鵬天亦快哉！

戊午吟二十首

戊午吟者，謂是年所見然也。春氣動物，百鳥弄韻，人心至閒，自有無腔之韻，悠然而來，足以吟諷。吟者不可謂詩，所吟者不可謂道，姑就行持，心口相念云爾。

聖賢止是學爲人，學不知天人未真。天在人身春在木，人居天內木涵春。萬殊

❶「逢」，康熙本、四庫本、光緒本作「峯」。

精別方知義，一本窮研始識仁。試看天人無間處，不知天道豈知身？

莫爲爲者是真機，稍着安排便已非。桃自鮮紅李自白，魚能淵躍鳥能飛。不知本體原如是，安得工夫妙入微？看盡古今差謬處，只緣些子見相違。

千聖傳心一敬脩，不知真敬反成囚。欲求一得且永得，須下千休與萬休。蔬水曲肱常浩浩，百官萬務儘悠悠。廓然天地渾無事，一物胸中豈足留？

中庸二字聖真詮，來自唐虞一脈傳。本體覩聞爲入竅，工夫戒懼是天然。但從庸行庸言裏，直徹無聲無臭先。此是人人真本色，可憐千古作陳編。

格物無端成聚訟，起於知本二言分。但知知本即知至，格致何曾有缺文？本在操舟方有舵，本迷亂國爲無君。只翻誠意一錯簡，滌蕩青霄萬頃雲。

知本繇來義最深，須從物理細推尋。一靈充塞皆爲物，萬象森羅總是心。心正涓流俱到海，身脩點鐵悉成金。細窮物理無多事，只在兢兢顧影衾。

不將一事掛胸中，蕩蕩乾坤在此躬。恰似雲開天穆穆，更如冰泮水瀜瀜。因無邪妄名爲寂，豈謂虛無即墮空？履薄臨深緣底事，只愁無浪又生風。

吾儒窮理最爲先，理徹心空不入禪。窮是十分到底處，理須一物不容前。六經盡向躬行驗，一字不從文義牽。自有豁然通貫日，方知日用是真玄。

物物其來有定則，自然之則謂之天。但因在物付各物，一任紛然本寂然。隨處家庭堪作佛，無須巖壑始脩仙。此機實在程門顯，何事廬山不細研？

聞道如何可夕死？死生原是道之常。不聞有晝可無夜，幾見無陰只有陽。道在何從見壽殀？心安始可等彭殤。更於此外求聞道，踏遍天涯徒自忙。

萬物同生形不同，犬羊人性豈相通？因觀物性明人道，始信人倫是聖功。仁義非於明察外，愚蒙偏蔽事爲中。雖云此理幾希甚，兩字金針是反躬。

天載無形觸目真，羲皇兩畫寫其神。六爻雖列上中下，一物强分天地人。讀去還知非汝密，悟來方始是家珍。試看爪髮生生處，何但枝頭可覓春！

見易更須知用易，聖人原只用中庸。剛柔見處幾先吉，中正亡時動即兇。能懼始終皆免咎，存誠隱顯悉成龍。莫言卜筮用爲小，動静須占是易宗。

人心偏倚道心中，凡念迴旋即聖功。精是不迷如日照，一爲不二與天同。篤恭爲執辰居所，未發爲中水不風。聖智聰明收斂盡，寂然不動感而通。

孝是脩行無價珍，此身在處即吾親。一禽一草非時剪，五辟三千律可論。食德飲和供菽水，朝乾夕惕省昏晨。不分富貴與貧賤，大孝光天是守身。

事事精詳是與非，紫陽以此示全歸。初經勉强須堅苦，漸近天然妙入微。精義無過能擇善，入神還只是知幾。須知聖學無多法，尺寸基培萬仞巍。

言行須從擬議成，不從擬議失權衡。擬言本自三緘慎，議動繇於百煉精。率意豈真爲率性，爭先或恐是爭名。須知變化方爲易，變化原從擬議生。

朱陸當年有異同，祇於稽古稍殊功。存心自合先知本，格物無過要識中。六籍漫從鹵莽過，一靈那得豁然通？前賢指示皆精切，後學無訛是晦翁。

精氣爲軀造化功，遊魂爲變浩無窮。神化如何謂死爲滅盡，反落禪訶斷見中。神化自然稱不測，有無不着是真空。莫將空字謾歸佛，虛實原於微顯同。

學人須自立根基，三戒當先謹獨知。鎮重無分少壯老異境，一於財色鬬嚴持。鎮重常如五嶽峙，防危更似九河堤。大廷暗室心如一，玉粹金精體不虧。

至水居

何事驅車緇洛塵，歸來烟水味愈真。寒塘古岸五衰柳，落日秋風一老人。兀坐冥然天地古，觀書恍爾性情新。未須蒿目憂時事，聞道明君信直臣。

七言絕句

水居題壁

澗水泠泠聲不絕，溪流茫茫野花發。自去自來人不知，歸時長對青山月。

村居 三首

日暖風微楊柳斜，桃花處處點村家。誰人此際能閒坐，載酒東皋醉落霞。

桂露瀼瀼欲濕衣，蚤乘殘月出柴扉。天清木葉隨風起，閒看流雲坐釣磯。

小屋深深墐北房，烹茶煨芋地爐香。主人曝背書軒下，卷羲經至夕陽。

題畫

翠靄青峯欲上樓，緑楊一帶野帆幽。攜琴時向沙邊坐，閒對春風數白鷗。

洛南縣薛厚倫妻南氏殉夫烈節

峻如南嶽千盤秀，潔比中峯萬仞花。埋骨山中應化玉，飛魂天外亦成霞。老杜絶句，時有此體。

偶成

堯舜垂裳恭己時，天然真色復何爲。欲知性善無言妙，此處端倪尚可窺。

和葉參之過東林廢院三首

滿目蒿萊三徑荒，秋蛩吟處舊升堂。黨人不死傾葵藿，一飯君恩不可忘。

竹徑茅齋此日居，藤梢橘刺欲教祛。白雲片片溪流静，黄鳥聲聲樹影疎。

城頭曾築小方臺，四望長空萬象恢。今日荒墟惟草色，春風依舊有情來。

賞花

世事可虞，❶得與諸公把酒看花，幸矣！更冀明年此日，長共此花，詩以祝之。

❶「世事可虞」，四庫本作「樂事難逢」。

春風無恙一登臺，猶見桃花滿徑開。
無計可留花再住，明年花發約重來。

高子遺書卷之六終

高子遺書卷之七

疏

崇正學闢異説疏

萬曆二十年爲行人上，得旨允行。

臣惟自古治天下者，未有不以教化爲先務，而教化之污隆，則學術之邪正爲之，所係非小也。是以聖帝明王，必務表章正學，使天下曉然知所趨，截然有所守，而後上無異教，下無異習，道德可一，風俗可同，賢才出而治化昌矣。臣見四川僉事張世則一本，大略自謂讀《大學》古本而有悟，知程、朱誤人之甚。謂朱熹之學，專務尚博，不能誠意，成宋一代之風俗，議論多而成功少，天下卒於委靡而不振。於是以所著《大學初義》上獻，欲施行天下，一改《章句》之舊。

臣惟自昔儒者，説經不能無異同，而是非不容有乖謬，是非謬則萬事謬矣。以程、朱大賢，謂其學曰不能誠意，謂其教曰誤人之甚，是耶非耶？議之於私家，猶爲一人之偏詖，而於聖賢無損；鳴之於大廷，則遂足以亂天下之觀聽，而於世教有害，臣有不容已於言者矣。

夫自孟子没，而孔子之學無傳，千四百年，而始有宋儒周惇頤、程顥、程頤、張載、朱熹，得其正傳，而絶學復續，學者始知所從入之途，其功罔極矣。然是五賢者生於宋，而宋不能用其學之萬一，前則章惇、蔡京之徒，斥之爲奸黨，後則韓侂胄之徒，斥之爲僞學，貶逐禁錮，以迄於亡。恭惟我太祖高皇帝天縱神聖，作民君師，即位之初，首立太學，拜許存仁爲祭酒，以司教化。存仁爲先儒許謙之孫，謙承朱熹正學。而存仁承上命以爲教，一宗朱氏之學，令學者非五經四書不讀，非濂、洛、關、閩之學不講，而天下翕然向風矣。我成祖文皇帝益章而大之，❶命儒臣輯《五經四書大全》，而傳註一以濂、洛、關、閩爲主，自漢儒以下，取其同而删其異；别以諸儒之書，類爲《性理全書》，同頒布天下。永樂二年，饒州儒士朱友季詣闕，獻所著書，專詆毀周、程、張、朱之説，上覽而怒曰：「此儒之賊也！」特遣行人押友季還饒州，令有司聲罪杖遣，悉焚其所著書，曰「毋誤後人」，於是邪説屏息，吾道中天矣。迨今二百餘年以來，庠序之所教，制科之所取，一稟於是。學者幼而讀之，老而不知一言爲可用者固多，然而真儒如薛瑄、胡居仁、吴與弼、陳真晟、曹端、羅倫、莊㫤、章懋、張元禎、陳茂烈、蔡清、陳獻章、王守仁諸人，彬彬盛矣。至一代之風俗，上有紀綱，下重名節，當變故之秋，率多仗義死節之士，值權奸之際，不乏敢言直諫之臣。賢士大夫之公評，士庶之清議，是非井然，一有不當於人心，羣起而議其後。故至於今，上下相維持，非祖宗教育之明驗與？不意今日乃有如世則，肆然斥之曰誤人，曰不誠，欲變祖宗表章之至意，率天下而盡背之也！

即世則所論程、朱之學，亦可謂不得其

❶「章」，康熙本、四庫本、光緒本作「張」。

門者矣。夫程、朱之學，其始終條理之全，下學上達之妙，固未易言語形容，然其大要，則不出涵養用敬、進學在致知二語。此非程、朱之教也，孔子之教也，故窮理即博文之謂也，居敬即約禮之謂也；非孔子之教也，堯舜之教也，故博文即惟精之謂也，約禮即惟一之謂也。二者合一並進，而主敬爲本，故理日明瑩，則心日静虚動直，而初非溺於詞章；心益定静，則理益資深逢原，而初不流於空寂。此聖學所以允執其中也。至《大學》一書，程子所揭爲初學入德之門，而《章句》之作，則朱子所爲一生竭盡精力之筆，後人學未造其域，豈容輕議？況古書皆有錯簡，古本安可盡信？

世則之言誠意是矣，豈諸儒獨不教人誠意乎？誠者聖人之本，學之所以成始成終，功先格致，正所以誠正也。意有不誠，心有不正，即非所以爲格致也。若夫溺於記誦，狥外忘本，此俗學所以爲陋，豈《大學》格致之教哉？夫孔子之道，至程、朱而闡明殆盡，學孔子而必繇程、朱，正如入室而必繇户。世之學者，誠能虚心涵詠，切己體察，毋務新奇，而先以一己之私意主張於前，毋務立説，而取聖賢之言矯揉爲己之用，循循焉以周、程、張、朱爲四書之階梯，以四書爲五經之階梯自得之，而道可幾矣。故善學者默而識之，不言而信，述而不作，心逸日休。況今天下，不患無論説，而患無躬行。就聖賢已明之道，誠心而力行，則事半而功倍矣，何必曉曉焉必務自私用智，欲伸其一己之説爲也？

世則又以宋之不振，歸咎於諸儒之學。噫！是何言也。人主不能用其道，雖以孔子之聖，生於魯而不能救魯之衰微，何疑於諸儒？宋之亡也，繇前而言，則壞於新法，繇後而言，則壞於和議。今不咎王安石、吕惠卿、蔡京、章惇、黄潛善、汪伯彦、秦檜、韓侂胄之徒，而咎諸儒之學，何心哉！夫所謂議論多而成功少者，非言者之罪，而用言者之罪也。自古芻蕘獻説，工瞽陳規，其議論豈不至多？然而上之人善於用中，則片言可折而盈庭可廢，天下見事功之實，而不見議論之虚；上之人漫無可否，則人持所見而邪正雜陳，徒滋耳目之煩，無補經綸之實耳，豈以人人緘默而後爲盛世乎？

世則又謂本朝持衡國是者，無決斷之勇，分猷庶職者，有模稜之風，庠序無真才實學之士，朝廷鮮實心任事之臣。此信有之，正不學之故也。奈何反以咎程、朱之學也？抑臣有深憂焉。自世廟以前，雖有訓詁詞章之習，而天下多實學；自穆廟以來，率多玲瓏虚幻之談，而弊不知所終。笑宋儒之拙，而規矩繩墨，脱落無存；以頓悟爲工，而巧變圓融，不可方物。故今高明之士，半已爲佛、老之徒，然猶知儒之爲尊，必藉假儒文釋、援釋入儒者，内有秉彝之良，外有惟皇之制也，而其隱衷真志，則皆借孔、孟爲文飾，與程、朱爲仇敵矣。故今日對病之藥，正在扶植程、朱之學，深嚴二氏之防，而後孔、孟之學明。使世則之言一昌，天下之棄其仇敵也，不啻芻狗焉。於是人人自騁其私，淫詞充塞，正路蓁蕪，將二祖列宗之教，蕩然掃地矣。

伏願陛下皇建有極，端本化人，身體孔、孟之微言，首崇程、朱之正學。必親經書以窮理，必收放心以居敬，朝乾夕惕，省察克治，思天之所與人，而人之所受於天，惟有仁義禮智四者。人君爲天之子，必克完天之賦予，而後永膺天之眷命，一念之發，一事之動，審其果合於仁、合於義、合於禮、合於智，則務擴而充之，力而行之，審其有不合者，則務遏而勿思，禁而勿行。如是日新又新，純爲天德，則萬化之源清，萬幾次第畢舉，聖主之精神一奮，天下之意氣維新矣。於是體二祖之意，振正學於陵夷廢墜之餘，明詔中外，非四書五經不讀，而不得浸淫於佛、老之説；非濂洛關閩之學不講，而不得淆亂以新奇之談。學無分門，士無異習，人心貞一，教化大同。如是而人才不出，政治不隆者，從古以來，未之有也。臣入仕之初，適見世則之疏，不勝私憂隱慮，遂有此論辨。或曰四方多事，何暇爲此清談。臣謂不然。此天下之大本，古今之命脈。危微之别，毫釐千里之差，千聖兢兢於此，而可以細故視之哉？故不避僭越之嫌，迂濶之誚，冒昧上陳，伏乞聖明採擇。

今日第一要務疏

萬曆二十年爲行人上，留中。

臣觀今天下事勢岌岌矣，賊虜既爲門庭之寇，而倭奴復爲堂奥之災，人情詾詾，識者寒心。所幸者紀綱未盡壞，人心尚在離合之間，誠得其要而圖之，則天心感格，民心悦懌，元氣一復，神氣即振，而天下可措於泰山之安。故不敢瑣聒，特揭其至要者二端上聞。

一曰天下之大本。臣聞天下之事，有本有末。正其本者，雖若迂緩，而實易爲力；救其末者，雖若切至，而實難爲功。所謂天下之本者何？陛下之心是也。人君之心，與天爲一，呼吸相通。一念而善，天以善應之，一念不善，天以不善應之，如影之隨形，纖悉不爽。是以古之聖王，終日乾乾，操持此心，以對越在天，故曰：「昊天曰明，及爾出王。昊天曰旦，及爾游衍。」蓋自朝及夕，出往游衍，無息不與天相對，故天理流行，人欲屏息，而能常凝帝眷於無聲無臭之表。然人心至活，倏忽之間，起滅萬狀，未有無所事事，而能懸空守之者，故必觀經書，以求聖賢存心養性之道，或觀史鑑，以求古今治亂興亡之原，君子小人立心行事之别。又必時召侍臣，相與講説討論，以求治國平天下之要。如是，則一日之間，此心常止於義理，人欲不得而乘之。心有所止則静，心静則氣和，氣和則喜怒皆中節，而刑罰不過其則，聖心沖然和平，聖體泰然安舒，而後天地之和應之，七政循軌，雨暘時若，萬物茂盛，百姓阜成。所謂篤恭而天下平，蓋自然之實理也。我太祖高皇帝曰：「人心虚靈，乘氣機出入，操而存之爲難。」成祖文皇帝曰：「人君不可有所好樂，流而不返，則欲必勝理。朕每退朝，未嘗不思管束此心爲切要。」此二祖所以遠紹堯舜精一之傳，而聖子神孫所當萬世佩服者也。

臣少伏草茅，側聞陛下憂天時亢旱，布袍步行禱雨。陛下此心何心也？畏天命，悲人窮，惻然不能自寧，故屈萬乘之尊，爲步行之勞而不憚也。然而靈雨隨車，天心格矣。當其時，臣見雖山童田叟，莫不舉手加額，歡欣鼓舞，謂聖天子舉動，爲萬代瞻仰，是人心格矣。陛下一舉而天人交格如此，孰謂蒼蒼者不可知，而林林總總者不易化乎？伏願陛下常提此心，保而勿失，擴而充之，每事皆然。陛下今日如此，即今日之堯舜也，明日如此，即明日之堯舜也。堯舜之道，至易至簡，言之似迂濶，而行之實無難。故雖爲山九仞，苟一念怠荒，即前功盡棄也；雖未覆一簣，苟一念精進，爲之即是也。陛下何憚而不爲堯舜，使聖德光於海隅，休聲傳於萬世乎？此爲天下之大本，伏惟聖明留意，臣愚不勝惓惓。

二曰天下之大機。臣聞天下之事，必有其機，故事機一握，則百年之業，可底成於一朝，兆庶之情，能轉移於俄頃。何則？機者神化之樞，得其機而化斯神也。臣觀今日内而百官，外而萬姓，所引領望於陛下，其最急者曰除刑戮、舉朝講、用諫臣、發内帑。是四者，陛下爲之，易如反掌，然而天下臣民所注向，忽快觀於一朝，如飢者之得食，渴者之得飲，觀聽遽新，精神頓聳，天下之事，無不可爲矣？

夫上帝以生物爲心，天子以天心爲心，豈以仁聖如陛下而獨不然乎？臣固知必左右使令之人，懾於天威而舉動失措，故益動天怒而刑責太過耳。夫不安則傾，人極則變，理之常也，豈以睿知如陛下，不慮此乎？臣以爲慮之亦無益也，反之固甚易也。陛下誠自今日開誠諭之，許以更始，盡除刑戮，將見人心悦服，皆如再生。聖主推心置人腹，而左右傾心戴一人，上下相安，永無意外之變，豈非挽回天心，奠安宗社之至計乎？是特在陛下一念轉移間耳。

所謂舉朝講，陛下即未能盡復其舊，或五日一舉，或十日一舉，稍省虚文，使聖躬不至厭倦，孰曰不宜乎？或以午朝，或以晚朝，預爲傳宣，惟聖意所便，孰曰不宜乎？或御便殿，時召輔臣從容咨訪，相與經畫天下人心，豈不警策萬倍乎？

所謂用諫臣，非謂建言諸臣，皆君子而無小人參於其間也。夫天下固有沽名釣譽之小人，而必無同流合汙之君子，故諸臣未必皆真，而真者出於其中。陛下容吏部從一時之望，精人倫之選，擢而用之，豈不彰天地無心之化，帝王從諫之美？今必使秉銓者畏罪不敢推，貶謫者以官爲禁錮，是使賢不肖皆無繇顯見，而天下後世，謂聖人之朝，以言爲禁，如聖德何？夫安居以享榮貴，自守以待遷除，豈非人情所甚便？諸臣明知其不利於己，而必慷慨論列者，無他，其一念忠君愛國之誠，激於中而有不能自已耳。爲人子諫於父母，逢父母之怒，至於笞撻，及其事定之後，父母未有不思其言而矜其情者。臣固知陛下於諸臣，必有如父母之於子者矣。

所謂發内帑，臣非欲陛下盡捐内庭之積，爲天下之用也。臣觀古今善理財者，無如周公。而周官所立泉府，謂之曰泉者，欲其如泉之流而不滯也。《記》曰：「有財此有用，故財用相因，善用之則爲治平之道，不用則爲無益之物。」臣以爲宜許户部得以通融出入，有事則暫借爲邊方之用，不致天下急賦斂而激生他變；無事則仍補還原數，以備不時之需。既明示天下以天子無私財，而實則府庫之財，未有非其財者也。

天下之事，可言者不止於是，而四者其要機。伏惟聖明留意，臣愚不勝惓惓。以上二者爲今日第一要務，而聖心尤爲根本，必如是則天心格，而天下可無水旱之災，民心悦而率土益堅尊親之戴。陛下試行臣言，將見朞月之間，萬事改觀，邊方將吏，勇氣百倍，何憂乎么麽之叛賊哉！不然，則上下之情日隔，天下之心日離，臣恐可虞之事，不獨在叛軍驕虜、海島不測之夷，而又有不可知者矣。伏願陛下擴天覆地載之弘仁，垂日照月臨之精鑑，慨然而俞之，毅然而行之，赫傳聖諭，示清秋朝講之期，再下吏、户二部議行臣説，使百官萬民窮年累月之望，一旦易爲歡騰踴躍之情，無論其他，即此中外之人情，亦足以感皇天而丕變四海矣。

聖明亟垂軫恤疏

天啓元年爲光禄寺寺丞擬，因臺臣李公疏先上，得旨允行，遂止。

臣三十年前，官行人司行人，曾於嚴寒見窮民赤體行乞者，〔眉批：隔三十年，宜有十年之蓄，乃使貧民日增，政事何在？〕不勝怵惕，然間有之而已。今蒙聖恩擢用，載至京師，❶則窮民赤體者，遍滿街衢矣。每近日暮，皇城左右哀號之聲，悲慘萬狀。臣往來過之，目不忍視，耳不忍聞，痛心刺腸，眠食俱惡。臣日在東門，恭進陛下膳羞，慨然嘆曰：「滿目窮民，不過費陛下一朝之享而足也。」昔齊景公時天大雨雪，景公衣狐白之裘臨朝，而曰不寒，晏嬰進曰：「古之賢君，飽而念飢，煖而念寒。」景公悟，脱裘，發粟以與飢寒者。夫景公一國諸侯，能行一善，名昭千古，況我皇上神聖，何善不能爲？在一舉念間耳。

景泰中，本寺寺丞王鍾，奏東安門外夾道中，日有窮民跪拜乞錢，四關無處無之，人遇寒沍必有凍死，乞敕户部等衙門勘審，給布衣一身、米一斗，審其原籍有親戚者，

❶「載」，康熙本、四庫本、光緒本作「再」。

待明年春煖，沿途給與口糧，遞送還家，其無親戚者，在京以没官房給之，仍行天下有司，遇有窮民，一體矜恤。得旨户部議行。成化時，禮部尚書姚夔，奏乞特敕巡街御史，督五城兵馬，拘審道途乞丐殘疾之人，有家者責親隣收管，無家者收入養濟院，照例給薪米，其外來者亦暫收之，候和煖，量與行糧，送還原籍，有司一體存恤，務令得所。此亦調攝和氣之一端也。憲宗可其奏曰：「無問老幼男女有無家及外來者，順天府尹盡數收入養濟院，記名設法養贍，無令失所。」萬曆四十年，本寺少卿徐必達，疏内有請恤窮民一款，云「文王哀先煢獨，阿衡恥一夫不獲，奈何令輦轂下有此？邇之不能，遠於何有」？〔眉批：丁司空隨地行實事，此見一班。〕又言：「操臣丁賓，署南光禄時，清理南京飯堂，籍闔城飢民姓名，逐坊約期給以錢米，具受實惠。況六飛親御之地，何乃獨屯其膏？請敕令各城御史，照二臣題准行，兵馬司按坊按舖備核各飢民，給以火烙印牌，户部出米，御史按牌親給，夜則查空閒官房，分編字號，亦按牌投宿。」其法甚善，惜此疏留中不行。臣謂此一舉也，王政所必不容已。況陛下一元伊始，萬壽方新，今萬國執玉，九夷貢琛，而令赤子寒無一縷，赤身立骨，展轉於塗泥之中，叫號於風雪之夜，豈盛世光景？可使四海九州萬目萬耳聞且見乎？

臣隱度之，此類窮民，多不過千餘，目前最急者，當人與絮衣一身、米一斗。户、工部百孔千瘡之時，決不能及此，合無於本寺預借庫銀四百兩，〔眉批：苦心設處，以求必行。〕倉米一百石，且爲千人卒歲之計，容本寺臣涂喬遷等，會同巡視科道，清查應節省錢糧，上請陛下允行，補還此數，可以不費陛下纖毫，而增聖德無量。如不以臣言爲謬，立發本寺庫銀四百兩、倉米一百石，委本寺堂上官一員，督精敏署官製衣，仍設法隨米給散，務令人受實惠。此係權宜，後不可爲例。更乞敕下户、工二部，如景泰、成化間，王鍾、姚夔題准事例，及萬曆間徐必達題請事理，立爲可久之制，其於導和迎祥，豈曰小補？

破格用人疏

天啓二年爲光禄寺少卿上，得旨允行。

臣觀今日之事，大不可測也。奴賊長驅與否，不可測也；山海關能堅守與否，不可測也；各邊口保無疎虞與否，不可測也；西虜保無乘虛與否，不可測也。而我所以備之者，泛泛然日復一日，無一可見之實事，則有坐待危亡而已。非常之時，豈當守尋常之格？臣以爲宜特設一防禦大臣，專理守戰、招豪傑，如協理詹事府事、禮部右侍郎孫承宗，其選也。臣不識承宗，見其言論忠義懇切，絶無瞻避，詢之賢士大夫，皆謂豪傑之士、有爲之才。又素留心兵事，果其用之，當以學士兼尚書都御史職銜，如在外總督之任，於京師開府行事，與部院名位相並，職事相通，庶幾行無窒礙。更別發帑金數萬，令其修舉庶務，不至支用各部，擔延日月。近奉旨練兵教射之董應舉，舊奉旨製造軍需之李之藻，皆當加以職銜，協佐承宗，此要着也。

夫守京師，非獨於京師也。四輔、八府、中州近地，自巡撫各道，至各府、州、縣，皆須得人。今大計之後，豈其有不職者？

顧或資性與武事素不相習，亟宜選以善地，別選異才，布滿畿地，無事則練兵積穀，有事則率兵勤王，此要着也。

守禦之道，以人心爲本。民不知義，見難争避，不可守也；無賴惡少，瞥起搶劫，不可守也；奸細伏匿，乘危竊發，不可守也。治之之法，無踰保甲。諸臣既詳言之，皇上既申命之矣，然行之存乎其人。責府縣行，不能也；責五城御史行，不暇也。當專任一人行一事，巷至户到，巡行稽察，教以忠義，旌其良善，精擇壯丁，使習騎射，如兵部職方主事鹿善繼可任也。臣嘗一識其人，剛毅清約。真實任事，須以本部郎中帶御史職銜，令與五城御史事權相並，與府縣職事相攝，方便振行法紀，支取用度，此要着也。

國家之事，束縛於格套，分岐於意見，摇奪於議論，所從來矣，雖以聖明之朝無事不可爲，而有志之士無事可爲者，大率坐此。今日何日，尚可循沿積習乎？臣以腐儒越庖言事，罪以出位，夫復何辭！伏望皇上行臣之言，仍治臣之罪，臣之願也。

釋羣疑銷隱禍疏

天啓二年爲光禄寺少卿上，報聞。

臣觀今日中外人心，皆疑戚畹鄭氏，并及其昔日所用之人，以爲奴賊奸細，伏陛下宫中，一朝寇臨於外，奸發於内，其禍有不忍言。臣從田間久聞此語，今來都下，人言更甚，通國危疑，莫必其命，近且流言入於大内矣。臣伏而思之，人言胡爲而然耶？往者張差謀逆，實係鄭國泰主謀，差之供招具在；劉保謀逆，實係盧受通謀，劉于簡供招具在；受亦鄭氏之人，不可掩也。則人言洶洶，有自來矣。然臣以爲，祖宗功德甚厚，陛下福祚方隆，天地鬼神，森列擁護，故張差、劉保，先後伏誅。凡謀者必敗，敗者必誅，即天下至愚，不應復萌此念。況鄭養性等，蒙三朝不殺之恩，正保守富貴之日，豈復更有邪謀？而無奈人心之積疑不解也。人心與國勢相爲存亡，人心疑則懼，懼則易動而不可固，雖有高城深池、堅甲利兵，其何以守？

臣以奸細之説，不必論其事之有無，當思所以處之之道，不過從人心所積疑者而解之，非以害之，正使之遠害以自全也。故在鄭養性自爲計，不宜以人所共指之人自處危疑；陛下爲養性計，不宜以人所共疑之人密邇禁近。亟當使歸湖廣原籍，仍令帶俸，以示優厚者也。至於李如楨一家，交關鄭氏，計陷名將，殺百萬軍民，失千里土地，禍延至今，皆其兄弟所爲。劉于簡原招，明言李永芳約如楨内應，陛下不誅如楨，直是養虎遺患。所當亟正典刑，以除禍本者也。至於崔文昇者，當先帝新喪哀痛，萬幾勞瘁，凡有疾病，其證必虚，雖至庸醫，亦能辨之。文昇故以泄藥，元氣一泄，不可復收，是明以藥弑也。在律故違本方殺平人者皆斬，況於至尊乎？陛下不即誅夷，僅止斥逐，四海人心，已憤鬱不平，今文昇復潛住京師，意欲何爲？亟當明正典刑，以全陛下父子至情，示天下君臣大義者也。蓋文昇素爲鄭氏腹心，特當時失刑，不及考訊，故不如張差、劉保，蚤正謀逆之罪，其罪豈在張差、劉保下乎？

天下事，當其可爲，則絲綸出納而有餘，當其不可爲，則斧斨破缺而不足。今事急矣，伏望陛下立賜乾斷，將鄭養性一家發回原籍，將李如楨、崔文昇即正典刑，則人心之危疑可釋，肘腋之隱禍可銷，國家之紀法一明，天下之神氣一振，然後戰守之事，次第可行也。事關安危大計，臣下皆可直言，臣不敢辭出位之罪。

恭陳聖明務學之要疏

天啓二年爲太常寺少卿上，得旨罰俸一年。

臣觀帝王之德，惟明而已。惟其明也，天下誦之曰明明后，雖以堯舜之聖，不過明其峻德爲明明后也。故明明后者，必明明德。明德者何也？人之心也。人心本明，有不明者何也？心本明，又須人自明之，故放於外則不明，復於身則明，着於欲則不明，循於理則明，動於氣則不明，安於止則明，荒於怠則不明，居於敬則明，騖於動則不明，主於静則明。其明與不明，在一念轉移間，如反覆掌無難也。今陛下臨朝，百官肅肅於下，陛下肅肅於上，陛下之心無不明也；陛下臨祭，百執事肅肅於庭，陛下肅肅於位，陛下之心無不明也。然而未爲明也，何者？朝祭之頃，陛下之心無不明，陛下不自知其明也，必反而思曰：此時心中不着一事，豈非心無爲以守至正乎？是所謂心復於身也，循於理也，安於止也，居於敬也，主於静也；是所謂不放於外，不着於欲，不動於氣，不荒於怠，不騖於動也。故曰思則得之，不思則不得。得者知吾心之明，本來如是，非繇人爲造作也。然後陛下知吾心之無外，即天也；吾心之有主，即上帝也。故曰：「上帝臨汝，無二爾心。」故曰：「小心翼翼，昭事上帝。」此心一刻放失，即二其心，非所以事上帝矣。夫然後深宮之中，得肆之地，雖欲不凛然保之，不可得矣。至於深宮之中，得肆之地，凛然保之，而後爲明明德也。夫然後陛下讀聖賢書，知無一字不言心，無一字不言心之明，而津津有味焉。至津津有味於書，而此心之保不難矣。

自昔聖帝明王，未有不好讀書者，人主好讀書，未有不爲賢君令主者。人心易放而難操，舍讀書别無操之之道。如《大學》一書，既講於經筵，入於聖慮，臣以爲即此書反覆玩味，明明德於天下裕如矣。推而廣之，宋臣真德秀《大學衍義》，不可不讀也。再推而廣之，先臣丘濬《大學衍義補》，不可不讀也。陛下盡心於三書，而帝王心法治法，無不具備。夫然後知若何行政，若何用人，若何理財，若何治兵；人臣若何爲正，若何爲邪；臣下之言，若何爲是，若何爲非，若何爲似正而實邪，若何爲似是而實非，皆了然於聖心。而後爲明明德，而後爲明明后也。

如近日禮部尚書孫慎行，論舊輔臣方從哲一疏，關係甚大，隄防甚遠。從哲之罪，非止紅丸，其最大者，乃在交結鄭國泰。國泰父子所以謀先帝者不一，始以張差之梃，繼以美姝之進，終於文昇之藥。而從哲力左右之，培植其爲鄭者，鋤擊其不爲鄭者，一時若狂，知有鄭氏而已，此賊臣也。討賊則爲陛下之孝，而説者乃曰爲先帝隱諱則爲孝，此大亂之道也，不可不明也。又如戎政尚書黄克纘，論選侍一事。陛下念聖母，則宣選侍之罪，念皇考，則優選侍之禮，義之盡也，仁之至也。而説者乃曰爲聖母隱諱則爲孝，明如聖諭，以爲假捏，忠如楊漣，以爲居功，人臣避居功甘居罪，君父有急，冷眼旁觀，此大亂之道也，不可不明也。一惑其説，孝也不知其爲孝，不孝也以爲大孝；忠也不知其爲忠，不忠也以爲大忠。忠孝大節，皆可反黑爲白，何事不可指鹿爲馬！昔宋朝欲貶蔡確嶺表，宰執恐開端，朱熹歎曰：「使後世見無禮於君，拱手坐視而不敢逐，必此言矣。」今務隱諱而已，將何所不至哉！事有不辨於至微，貽禍於無窮者，皆若此類。在陛下多讀書，精義理，此心常明，自能辨之。果其辨之，則如方從哲、鄭養性，大義豈容不討，何可一日復令居輦轂下耶？

臣蒙陛下擢於廢棄，玷於朝班，八閲月矣。伏見陛下，真有爲堯爲舜之資，天下真可被爲唐爲虞之福。而禍亂未已，治平未臻。羣臣之言，鉅細畢具，然舉而措之，在陛下一人；所以回天地之運，握宇宙之樞，提挈綱維，兼總條貫，又在陛下一心。不然，如無舵之舟，無釘之車，何所執持，何所適從乎？臣故舉要言之，必讀書以明理，明理以明心，明心以出治，始可弘濟於艱難，建中興之大業也。臣非迂言，四十年體驗於身心，考究於經史，信其理之必然，食芹而美，曝日而温，以獻至尊。臣老矣，不能久事陛下，不敢不畢其所欲言。伏惟聖明少垂察焉。

辭免重任疏

天啓四年爲刑部右侍郎上，得旨令遵新命供職。

臣聞命而驚，俯躬而愧。臣常讀《易》曰：「德薄而位尊，知小而謀大，力小而任重，鮮不及矣。」臣蒙聖恩拔擢，貳于秋官，自揣逾分，方切循牆。況于都御史者，天下之事，皆得而言之，臣工之邪，皆得而糾之。然而世習之漸靡，難言矣，臣子不真心爲國家，不真心修職業，悠悠忽忽，則有難振之氣；以請託爲固然，以貨賂相結納，則有難洗之習；升遷壅滯，仰屋書空，則有難定之志；謬同異爲是非，誤愛憎爲好惡，則有難清之見；無端而起畛域藩籬，無端而起弓蛇鬼豕，則有難調之情。所以難者，皆緣人心各有陰私，故各成隔礙。必居此位者，自心先無陰私，而后可潛銷人之陰私，自心先無隔礙，而后可潛通人之隔礙。至于御史，簪筆朝端，公論之明晦繇之，持斧宇内，一方之安危繇之。必爲之長者，聯爲一體，萃爲一心，惟君國之是殉，毋身家之苟營，而后可弘濟于艱難。

今者大計在邇，巡方之使，當使循良之麟鳳，悉耀光明，貪殘之豺虎，皆投有北，庶幾困窮之四海，災荒之孑遺，尚獲少延喘息，不然，御史之失職，即都御史之失職，此之關係，何如重大！ 迺以臣之薄劣當之，是《易》所謂覆餗者也。況英賢滿朝，以臣視人，真皆勝己，以臣自視，真不如人。伏乞聖明亟收新命，任臣舊職，別選賢能，以當兹選。

糾劾貪污御史疏

天啓四年爲都察院左都御史上，得旨允行。

臣惟御史回道考察憲綱至嚴也，列聖之明旨，皇上之申飭，蓋諄復鄭重矣，迺不意有慢視憲規，恣行無忌，如巡按淮楊御史崔呈秀者。陛下不以臣爲不肖，使長西臺，豈非欲其是則是、非則非，無所媕阿隱默乎？ 臣初入院，適見有兩御史回道，一爲江西巡按御史謝文錦，一爲崔呈秀。 臣心訝曰：「異哉兩御史，一時回道，一至清，一至濁，涇渭較然。 臣不別白爲陛下明言之，是不忠之大者也。」即發河南道考核。 無何河南道御史袁化中，以所考核謝文錦者至，臣即以稱職考，奉旨回道訖。 越二旬而化中始以所考核呈秀者至，化中蓋有難于言者矣。 臣于去年奉差而出，今年復命而入，往來淮楊間，所見淮楊士民，無不謂自來巡方御史，未嘗有如呈秀之貪汙者。 强盜，地方大害也，每名得賄三千金輒放；訪犯，地方大惡也，每名得賄千金輒放。 不肖有司應劾者，多以賄免，不應薦者，多以賄薦。 至御史出巡，每有節省公費助國用者，呈秀到處透支，至一萬四千兩，各縣賠補，不勝其苦，彰彰於地方耳目。 臣時以非職掌所關，不敢訪其主名何人，過付何人，至於舉劾失真，貪酷漏網，則有兩淮運司同知談天相在，是呈秀所薦也。 呈秀甫離地方，而鹽臣樊尚燝、按臣劉人綬，且臚其贓私入告矣，則又有霍丘知縣鄭延祚在，是呈秀所薦也。 吏科都給事中魏大中，且發其餽遺，奉旨提問矣，是賄而薦之實證也。

臣嘗竊笑人臣之負國，又自負也。 受國家寵榮，若何而所爲者不務于可榮，皆蹈于至辱。 御史巡方，寵榮極矣，如呈秀者，辱身辱國何如哉！ 臣聞其知談天相之貪，欲論劾也，天相稔其易與，奉之以千金，求免劾而卒免；天相益稔其易與也，又奉之以千金，求薦而卒薦。 則是摇山撼岳之威，祇供其禦貨攫金之用，而墦間壟斷之賤，且冒居觸邪止佞之官。 臣故謂其至辱，所當重處，以一洗巡方之辱者也。伏祈皇上敕下吏部議覆施行。

申嚴憲約責成州縣疏

擬，未上。

臣觀天下之治，端本澄原，必自上而率下，奉法守職，必自下而奉上，故朝廷膏澤，至州縣始致之民。州縣者，奉法守職之權輿也。州縣賢則民安，州縣不賢則民不安。顧天下之爲州者，凡二百二十有一，爲縣者，凡一千一百六十有六，豈能盡得賢者而用之？賢者視君爲天，不敢欺也，視民爲子，不忍傷也，奉法修職，出于心所不容已，非有所爲也。其次則有所慕而勉于爲善，有所畏而不敢爲不善。其下則不知職業爲何事，法度爲何物，恣其欲而已，是民之賊也。故爲政者，拔才賢、除民賊、約中人。天下惟中人爲多，約之于法，皆不失爲賢者。太守，約州縣者也；司道，約府州縣者也；撫按無所不約。約之使人人守法，如農之有畔焉而無越思，則天下治矣。臣謹條畫州縣所當持行者，令自撫按而下，以遞相約。皇上不以臣言爲謬，謂可施行，仍乞天語申敕，令臣等刊刻成書，發各差御史頒行天下，臣等按以覈天下州守縣令，并以覈約州守縣令者，庶幾皇上之仁恩，得實究之民也。謹列款如左：

一、課農桑。須中心誠懇，欲開民衣食之源，賞勤警惰，使民興起。毋得徒事虚文，差人下鄉，反滋民害。

一、興教化。教化自身而出，非以彌文，故曰：民不從其令，而從其好爲人上者。敬以持身，廉以勵操，肅以御下，民自觀而化之。更須彰善癉惡，樹之風聲。孝子順孫，義夫節婦，必表揚之，鄉紳耆德，必尊禮之。邑中經明行修、令譽著聞者，必稽考其實，聞之巡按御史，疏薦于朝，以補鄉舉里選之廢典。而不孝不悌，及一切關人倫、傷風俗者，必寘之法。如是久之，而教化自興。

一、育人才。朔望臨學宫，必以聖賢明訓，爲諸生諄切教誨。俊秀之士，必令讀四書五經、《小學》、《近思録》、《性理綱目》，以端其心術，正其識見，爲國家有用之才。

一、鄉約，爲教化内一要事，但縣官不以誠心行之，徒成虚文，而約正約副等，反爲民害。果有力行者，必敦請邑中德行鄉紳，或孝廉貢士爲民欽服者，主其事，而約正副等以供奔走。鄉約行，則一鄉之善惡無所逃，盜息民安，風移俗易，皆得之于此。有記善簿、記惡簿，又須有改過簿，許令自新。

一、鄉飲鉅典，不得濫及匪人。

一、社學，務選教讀得人。

一、學宫敝壞，即申詳修理。境内凡有古先聖賢，及祀典所載山川祠宇敝壞者，即時修理。完好者，仍要掃除潔浄，關鎖祠門，不得容人堆積雜物，坐卧作踐。四方過客瞻拜，有識者，常以此占州縣官之品，何可忽也！

一、積貯，民之大命。豐無所儲，荒無所賑，尚可稱民父母乎？必須隨宜設法，使一縣積穀，足備一縣賑濟。〔眉批：罰鍰原爲積穀。〕豈獨活民，即以弭亂。州縣之功在蒼赤，慶流子孫，端係于此。

一、社倉，是救荒良法。各鄉勸縉紳及名家自造倉廒，自放自收，不可以官府與之。其法量人户種田多少，人口多少，以二分息，于青黄不接時借貸，又必二三十户連名保借欠者，即同保内人户攤賠，小荒減利，中荒捐利，大荒連本米下熟徵催，官府給與印信文簿，爲究治奸頑，使之可久。

一、境内有荒蕪田土，宜竭力開墾；流移人民，宜竭力招撫。

一、境内有陂池宜浚者，及時開浚；圩岸宜築者，及時修築；城垣頹塌、橋梁毁壞者，及時整理；高原污下，所宜樹木，及時種植。

一、倉穀主守，須擇殷富謹厚者，量以禮待。每年交盤更换，勿令偏累傾家，但令接管者照數交收。勿令吏書參與，以滋需索。及時斂散，出陳易新，皆縣官躬親。

一、養濟院，近來竟成弊藪，煢獨不沾實惠，皆繇吏胥添揑詭名混冒。須是州縣官據其陳告者審實，給以面貌木牌，仍不時查核，分别革留。凡男婦犯重罪，或游蕩傾家，及有子孫壻姪可養者，不得混收，以妨無告。

一、州縣極貧待斃之民，大約可計。每歲動支預備倉谷城中四門，擇寺觀寬綽者賁粥，每人米五合，即可茍延殘喘。自十月十五日起，正月十五日止。孤老有糧，不許混冒。約費米百餘石耳。設誠行之，利濟不少。所當委任得人，稽查出納，無成虚文。

一、錢糧，一縣大事。秋冬之交，必先算定，分派繇帖，使小民先知辦納之數。徵糧則總立一簿，算定人户額田數、田糧數、均徭里甲條鞭數，分爲十限，每月限完幾分。比較只用此簿，不得别立第二簿。完欠俱用實寫，不得用浮票。民間依限完者，即不聽比。過限不完，方拘其尤者比責。

須是分數明白，如欠一兩而從來未完者，即從重究，欠十兩而完過七八分存剩者，即從寬處，毋得但論多寡，而不分全欠零欠之別。催徵止用里甲，間于奸頑之户，行不測之威，票拿一二，無得遍差皂快，執牌下鄉，徒空鷄犬，無益繭絲。

一、徵銀不加火耗，即頌聲遍地。此亦易事，何海内寥寥？信矣立志高遠者之難，所宜猛省。

一、收銀，要不時取收頭法馬等子查對，令解户親自敲針。

一、起解銀兩，須委佐二。不得用窮官猾吏，以致失事。

一、天下庫藏，未有不爲庫吏書侵欺者。查盤時那借支吾，非其實也。必須訪的監禁，即時變産，完納者，貸其死，不完者，即申上司，置之法，一應收放。掌印官纖悉自封自判，勿復入其手。

一、無情之詞，十無一實，縣官貪取罪贖，輒多准詞狀，致原被兩家，同歸于盡，民之窮困，此其一端。爲民父母，當肫切勸化，令勿輕訟。事涉倫理而無大故者，即爲焚其狀詞，免其仇隙。其他苟無關係，概勿聽可也。

一、人命狀詞，尤不可輕准出牌。在城告人命者，縣官即至其家相驗，審問四鄰，誣告者重懲，情真者方准。在鄉者，必令帶尸到壇，帶四鄰到尸所，然後投狀。縣官即到壇中相驗，審問一如在城之法，則不真者，自不敢輕告，非但官省事、民保家，以人命詐人者亦息，老稚之獲全其命者多矣。

一、佐二不得令擅受民詞，擅出牌票，衙役尤宜箝束。佐二之害民，即令之害民也。

一、勾攝止差里長。〔眉批：原被各差一證似更，妥否？〕非真正强盜人命巨惡，不得濫差皂快下鄉，以滋詐擾，是造福小民第一義。

一、本縣人不得容棍徒在别縣赴告。除强盜，外關提者勿聽。

一、婦人非犯姦及人命，及被公婆夫男所訟，俱不許拘。

一、輕犯罪人，勿得輕送監舖，致染瘟疫，及爲牢頭索詐。婦人不係大辟，及勘合追贓家屬，雖娼婦，亦勿濫禁。

一、罪犯除大辟及引例充軍外，其祖父母、父母老疾，家無次丁者，照《大明會典》，發本州縣擺站做工，煎鹽哨嘹。在京無論軍民，發兩京府會同館擺站。各照徒流，年滿釋放。此刑罰中仁恩，不可廢而不行也。

一、獄中重囚，日間寬鬆，夜間當嚴禁獄門，不得容人出入。常以不測查點。

一、吏書門皂，嫗之縱之，皆縣令也。皁胥役分其利，一縣令受其名，愚者不爲，往往愚而不悟，何也？所宜猛省。

一、善人者，一方元氣。民間有孝子悌弟，其上矣；次則仗義好施者，次則終身自守不作非爲者。必須訪實，各書所長，扁額表其門，免其雜泛差役，以爲民勸。

一、惡人者，良民蟊賊，蟊賊去而良民始安。凡天罡地煞、打行把棍之類，訪其首惡重治，仍籍之于官，使禁其黨類，一有黨類詐害良民者，并其首治之。

一、訟師，教唆起滅破民家、壞民俗，一段機械變詐，無識者競以爲能，浸淫入于其術而不覺，不復顧天理人心爲何物矣。所當訪實，悉榜其名于申明亭，審出刁誣詞狀，追究寫狀之人，〔眉批：狀上寫代書人某，自不敢欺。〕并拿重治。

一、豪奴倚主人之勢，魚肉小民，莫可

控訴。訪實惡端，申巡按御史拿治。

一、刑杖竹篦，不得重一斤，務要削平稜節，不許打在一處，不許打腿灣，拶指不得過兩時，非强盗人命，不許輕用夾棍，夾不得過兩時，敲杖不得過三十。

一、堂上須要肅清，不得容吏書皂快門役，擁立左右，致姦弊出于意外。

一、每日所行事，須立一簿，逐件登記，完者勾之。一月内事，必于一月内了，使吏書不得延挨索詐，上司事，亦不至沉閣取咎。

一、私衙要關防嚴密。多有清謹官，爲妻子僮僕親戚所壞，交通衙役，私出官票，暗騙民財。時宜覺察。

一、縣官鄉里親戚，不得容留在寺院説事得財，以速官謗。

一、本縣每日供給，須照時價，給現銀與市民，兩平易買。不得倚官減值，虧短賒欠，不得縱容買辦人索取舖行錢物，佐二衙一併禁戢。

一、各役工食，按季放給，不得預放扣減。

一、生辰令節，不得受禮物，以長奔競。

一、不得假借巡戢查點。將不到人役，科罰銀穀。

一、不得稱貸富室，及至富室、監生家飲宴。

一、上司鋪陳，往往借用當鋪，江南則派糧長借辦，極爲擾害。須本縣節省公用，置辦着庫吏收領封貯，入查盤事件内，無令移用，以至缺少。

一、俵解備用馬疋，不得剋減馬價。

一、保甲，所以弭盗安民。今本縣開報保長時，既饜飽吏胥一番，而棍徒充當保長，又詐害良民無已。竟使善法，皆成厲政。團練鄉兵亦然，徒滋擾害而已。既不可懲噎而廢食，豈可不循名而責實？要在賢者着實舉行，周密防備。天下多事之時，二者實爲未雨綢繆之計，不可忽也。

一、武備，不但地方保衛，亦官府自身保衛。昔人作縣，猝遇大盜詐作承差，突入縣庭，拔刃劫庫。縣官給以庫銀，大錠不堪發用，爲批票取之大户，所僉大户，皆民壯之驍勇者。諸人知令有急，皆襁磚石而入，遂擒群盜。使非掄選平時，安能應變倉卒？故據各州縣民壯弓兵，汰其老弱，實其虛冒，儘足以募壯士、練精兵，備不虞也。

一、盜賊，地方大害，必有窩家，必與捕快交通。平日當密訪窩家，及通盜捕快，置之于法，一有生發，即行嚴捕，必擒獲而後已。此等風采彰聞，自然盜賊屏息。乃不肖有司，護盜如子，既欲邀盜息民安之譽，又避上司地方多盜之責，往往深怒失主呈告，反責捕快詐誣。其甚者，與盜相通，納其貨賄，致盜賊以此縣便于行劫，縱横無忌，失主不敢告，捕快不敢擒，釀成大亂，恒必繇之。所當痛以爲戒。

一、强竊盜到官，縣官即刻自審，勿輕用刑，只嚴急起贓，贓真然後具招。勿輕信扳誣而容捕快先拷，勿先發佐二審問。

一、賭博爲盜賊之源，必須嚴禁。民間開場賭博者，責令兩隣首告，不首者同罪。

一、娼家爲盜賊之藪，不許容留城内居住。有居住者，兩鄰不首同罪。

一、白蓮、無爲等教，自古倡亂之首。務要密察訪、嚴驅逐，無致遺害地方。

一、州縣官表率一方，宜先簡儉，以挽侈靡之俗，即宴會名刺，不可以爲小事，漫從流俗。當照憲規刊刻小約與本地縉紳，彼此遵行，節財用于易忽，移風俗于不覺矣。

一、民間溺殺子女，最傷天地之和。有犯者重治，四隣不首者同罪。

一、宰殺耕牛，粘網飛鳥，當設法嚴禁，亦仁政之一端。近江南有以鳥銃射彈飛鳥，〔眉批：熊鱉視飛鳥同異何如？〕一發輒斃多命，尤爲殘忍，所當嚴禁。

自請罷斥疏

得旨回籍。

臣于本月初八日，奉旨會同吏部尚書趙南星，看議御史陳九疇，論新推山西巡撫謝應祥，及文選司員外夏嘉遇，與九疇互相奏辨事，隨具疏上聞。十二日，奉嚴旨處分矣。夫應祥之推巡撫，出冢臣真見，以爲他人遇缺干求，應祥恬静自守，欲以此奬勸恬士。故與夏嘉遇言之，而特用應祥。會官推舉，衆論僉同，已蒙皇上點用。不謂陳九疇謂其昏耄，謂其圖謀，乃以誣不要錢不説事之吏科都給事中魏大中也。天地神明，昭布森列。九疇誤爲人使，以欺皇上，臣則何敢欺皇上，以欺天地神明！今大中、嘉遇，俱已降斥，部院被含糊偏比、委曲調停之旨，臣愧死無地，自傷愚昧，不能仰當聖心，報皇上知遇之恩，又傷煩言亂政，致重干聖怒，虧皇上平明之理。臣，諫臣之長，以諫爲職，當有顯諫。顧伏而思之，臣之事君，如子事父母，父母有怒，爲子者當夔夔齋慄，待親心之自明，親怒之自霽，何可更爲激瀆？臣又伏而思之，九疇疏中，有「背公植黨」之語，前代往往以黨之一字，空善類，傾人國，亦繇當時大臣過激，以速成其禍，今日何可別爲激瀆？然而臣之職失矣。官以諫爲職，而失其職，則皇上何取失職之臣爲哉？伏乞即將臣罷斥，以爲人臣不盡其職者之戒。

遺疏

臣雖削奪，舊係大臣，大臣受辱則辱國，故北向叩頭，從屈平之遺則。君恩未報，結願來生。臣高攀龍垂絶書，乞使者執此報皇上。

揭

罷商税揭

伏見天津撫臺李懋明老先生，疏内有復商税一款，攀龍不覺頓足嘆曰：「何意斯言發於賢者！」夫神祖朝，群臣敝舌秃穎，請罷税而不可得。光考一朝罷之，海内歡呼，有若更生。光考一月仁政，千秋令名，此事最大。夫罷而歡呼，則復而怨咨，歡呼而誦光考之仁聖，則怨咨而謂皇上爲何如主耶！此一事耳，皇上子道所關，君道所關。今日輿人之口，即他年信史之筆，人臣縱不畏一身受譏讒，獨不畏君父蒙譏議乎？此而不畏，則王安石之「人言不足恤」矣。

今日定亂，以人心爲本，舉朝方惴惴憂加派之失人心，而商税之失人心，倍蓰於加派。加派之害以歲計，商税之害以日計。商税非困商也，困民也。商以貴買，決不賤賣，民間物物皆貴，皆繇商算税錢。今税撤而價不減者，實繇鑛税流禍，四海困窮。加以水旱頻仍，干戈載道，稅撤而物且湧貴，況稅復而寧知底極乎？

兵興以來，言利者細無不舉，無一足恃，實非策也。鈔關當舖，皆令民怨而天怒，反致悖入而悖出，以奪民之財，非生財之道也。生財之道，生之節之，兩端而已。試觀二祖開基，軍國浩費，曾有今日之諸款乎？曾有今日之不足乎？不過屯田、鹽法、錢鈔等事，行之得宜耳。宋仁宗用師西夏，命近臣及三司議省浮費，詔自乘輿服御，及宫掖所須，務從簡約，若吏兵禄賜，毋得輒行裁減。治朝生財如此。今生之不能遽生，節之不肯遽節。目前急着，在天下巡撫得人，使其隨地相機，隨宜措置，每年務設處若干，以佐國用，豈遂不及復稅所得之數乎？以此俟屯田之成，虜寇之滅，庶幾其可。

商稅一事，言之痛心。萬望李老先生，前念皇考，後念皇上，慎勿以復稅爲念，同朝諸老先生，慎勿以復稅爲言也。謹揭。

論學揭

近者黄門朱五吉老先生，有《憲臣議開講學之壇國家慮啓門户之漸》一疏，指意歸重東林，至欲以東林爲戒，而不復講學。此説一倡，吾道之禍大矣，天下國家之禍大矣。職東林人也，即不言及於職，何忍坐受東林之誣？正欲具疏，旋奉明旨，如日中天，不復瀆奏以啓争端，故謹具揭。

夫黄門所言東林，非東林也，乃攻東林者之言也；所言東林之禍，非東林能禍人，乃攻東林者欲禍東林也。數年來，職每自詫：理義，人心同然，何以言理義者，輒目爲朋黨，而不容於世乎？一日憬然曰：「正惟其同然也，故以爲黨也。」國家用一當用，行一當行，去一當去，必曰是東林之脈也；或有人言一當用，言一當行，言一當去，必曰是東林之人也。不論東西南北，風馬牛不相及之人，苟出於正，目爲一黨。東林何幸而合天下之衆正，何不幸而受天下之群猜！弓蛇石虎，塗豕鬼車，皆非實事也。即如郭明龍正域，生平未嘗講學，生平不識東林，黄門謂與顧憲成開講東林，即此而觀，他可例推。無亦黄門師生姻婭之間，涵濡浸灌之久於時局之説，不自覺其入之之深乎？不然，何以二三年來，門户去於人口，依然還作當年口吻耶？

夫時局何爲而攻東林耶？方中涵相國未入相之前，首參之者，吴嚴所亮也；既入相之後，首參之者，錢梅谷春也。故一時承迎相國者，皆以攻東林爲職業，摧殘善人，戕害國脈，率繇於此。此果東林所爲乎？抑攻東林者所爲乎？以爲東林所爲，東林能制其鄉里言官不參論人乎？昔程伊川先生，講學於熙、豐，而爲蔡京諸人所攻；朱晦菴先生，講學於慶、元，而爲韓侂胄諸人所攻。不以蔡京、韓侂胄諸人爲戒，而以伊川、晦菴爲戒，可乎？東林非程、朱，而習程、朱之教者也。不幸類是矣。

夫學者何也？人之性也。性者何也？天之道也。知道，則刑名錢穀皆實事也；不知道，則禮樂刑政皆虚文也，在此心迷悟間耳。諸老從迷得悟，不忍人之覿面而迷，故講以明之，正使之即事爲學，非以學廢事也。黄門曰：「孰是仕優者乎乃可學，不然勿言學。」職亦曰：孰是學優者乎乃可仕，不然勿言仕。審如是，可仕者寡矣。

宇宙甚大，不可以一見相礙。釋、老且不能廢，況可廢儒？儒者，以明道者也，非儒生帖括之謂也，非督學膠黌之事也，收拾精神，而非消耗精神者也。人不知學，世道交喪，於是朋黨禍起，相安則交安，相危則交危。故黨類之黨不能無，是群分之品也；偏黨之黨不可有，是亂亡之本也。知黨類之不能無，使之各得其所，而勿相猜忌；知偏黨之不可有，使之各懲其禍，而勿爲已甚。但得人人自反，勿專尤人，則無不可融異爲同，化小爲大，故有教則無類。并黨類之黨，亦可融之者，其必繇學乎！惟學可消門户，顧以學爲立門户。職未見立門户者，而可以謂之曰學也。謹揭。

問

解頭問

或問解頭之役。曰：「江南自糧解而外，解役之最重者有四：一硃漆解也，一茶蠟解也，一皇磚解也，一胖襖解也。四者皆足以破民家而殺其身。」

曰：「若是其甚與？」

曰：「民趨役于三千里外，而受命于宦豎。宦豎之視富民，虎之視肉也，何厭之有？」

曰：「然則將奈何？」

曰：「民辦物，官爲解。民厚出解綱給之，使解官有利無害，斯善矣。」

曰：「辨者非解者，解者非辨者，民競爲粗惡以塗塞，物不堪解，而解官何所呼號於輦轂之下也？」

曰：「是有主者，終無所逭其責，民則何敢？且物不具，解官不行也。」

曰：「解官挾不行之勢以漁民，奈何？」

曰：「解官有轄，民有控，何病？」

曰：「主者爲誰？」

曰：「上富户也。次富爲貼，不及下富。」

曰：「户上下於何知之？」

曰：「上富表表邑中，不必以田知，田有飛詭也。次富以田知之，差其多寡爲等。當事者平日當有一小册，差等富户，參伍咨訪，周知四境，以審糧役、點解户，不淆於臨事，不欺於胥吏矣。」

曰：「吾聞役法，莫不善於用貼。譬之一牛駕一犁，牛未必僨，一犁駕十羊，羊斃而犁不舉矣。」

曰：「貼有二。貼役者，雖氂毫，亦同其不測之禍，謂之以羊代牛，可也。貼錢者，雖銖兩，必有定派之額，謂之衆擎易舉，可也。吾所謂貼，貼錢而非貼役也。」

曰：「其法如何？」

曰：「一解役出，則點幾上户爲主，必其三年内無糧長等項重役者，仍量其所費若干，與貼户若干，貼户出錢，主者辦解，物具而差官。解官亦必擇其人之可任者，即今候缺小吏，窮困無聊，如年度日。民出錢以餽官，官出力以惠民，官民兩利，計莫善於此也。」

曰：「費之多寡，何以知之？」

曰：「此須細詢。令經役而熟于事者，

詳開某件時價若何，某件工價若何，此可以知解户之費矣；詳開沿途某費若何，到京某費若何，此可以知解官之費矣。解户務在多與貼，而不困其力，解官務令多與糈，而不苦於行，斯上下相便而可久也。每見往時，民解既易官解，官解旋復民解者，非官解之不可行，解綱儉而官稱厲也。當其議官解時，民不勝吝，即令微益於解官，而不能平；及其復民解時，民又不勝苦，即欲厚輸于解官，而不可得。夫民可與樂成，而不可慮始，固在上之人，力持而公裁也。若曰官解終不可行，則金花亦屬官解，經收亦屬宦官，何以人争求之，至令居間爲也？則以金花解綱最饒故也。」

曰：「官解既久，宦豎知解綱饒，獨不窮索解官乎？」

曰：「固也，視民則有間矣。解官有官差可憑，有當路可告，有地方仕宦可丐，以宦豎及各衙門吏胥視之，則鷄肋也，孰與富民？先儒有言，天下事未有有利而無害者，擇其利多而害少者爲之耳。抑愚復有慨焉。今天下白糧，獨出江南，江南獨出七府。宫闈百官，胥食之民，出財力輦輸以供國家者，獨當海内勞苦，而白糧船所至，關津復税之何耶！今民貿易米麥，關津亦不加税，豈貢賦之米反當税耶？或曰：非税糧，税私貨耳。此又不仁之甚者也。夫糧有定額，船亦有定額，所帶幾何？而不使勞民自潤乎？此聖王之必以聽而不禁者也。誠得當路特奏免之，其錫福於民者無涯，斂福於身者亦無涯矣。此則蘇民間糧解之最苦者也。」

高子遺書卷之七終

高子遺書卷之八上

書

與李見羅先生

侍先生三日，側聞所論，庶幾不逆于心，歸而益博求之，見從上聖賢所傳之要，❶隱約皆在，於是日用之間，頗得歸宿，未知繇此而之，又更何如也。往時見明道云：「吾學雖有所受，然天理二字，却是自家體貼出來。」不曉作何語。今乃見此理充周于吾前，活潑潑地，真不可須臾離也。妙在反躬而已矣。凡學問真切下手，自無閒口説閒話。去年向先生説格説致，仔細檢點，意念起處，總屬爲先儒分疏，假饒説得十分是當，與自己原不相干。〔眉批：自針自砭，針砭盡千古學人。〕學不切己，精神都向末上去，終日問辨，以爲無不在道，而於道背馳矣。静言思之，不覺失笑。

有拙序一首，其於先生教旨，未審彷彿有入處否，風便一語指點。

與許敬菴先生

龍平昔自認以此心惺然常明者爲道心，惟知學者有之，蚩蚩之氓無有也。即其平旦幾希，因物感觸，倏明倏晦，如金在鑛，

❶「上」，康熙本、四庫本、光緒本作「古」。

但可謂之鑛，不可謂之金，如水凝冰，但可謂之冰，不可謂之水，則道心於人心，即在鑛之金，道心迷而爲人心，即凝冰之水也。而先生乃曰：「童僕之服役中節者，皆道心也。」初甚疑之，已而體認，忽覺平日所謂惺然常明之心，還是把捉之意，而蚩蚩之氓，有如鳶魚飛躍，出于任天之便者，反有合于不識不知之帝則，特彼日用不知耳。〔眉批：不自執，亦不曲從，因許翁言，又進一格。〕然則無覺非也，有意亦非也，必以良心之自然者爲真，稍涉安排，即非本色矣。

又見先生舉朱子云「凡天下之物，莫不因其已知之理而益窮之，以求至乎其極」，謂是欲盡讀天下之書，盡窮萬物之理，却不然。此只就一物上説，因其所知一二分是處，窮到足十分是處，積之之久，自有豁然貫通處耳。若謂知得一物，必須窮盡物物，則堯舜之智而不遍物，寧有此等學問乎？今時錯認文公格物者正在此，故不敢不辯，乞先生更教之。

答顧涇陽先生論格物

來書云：「尊稿中所欲正者，乃是所引《格物説》『一草一木』二語，丈看得甚有原委，但仔細磨勘，似説得稍濶。陽明之學，與聖門之學，端緒雖殊，要其説之所以得行，亦有其故。程、朱兩先生，大本大原，灼然無可疑者，而條理節目間，未盡歸一。幸丈再精研之。」

辱教格物草木之説，據愚見本無可疑。天下之理，無内外、無鉅細，自吾之性情，以及一草一木，通貫只是一理。見有彼此，便不可謂盡心知性。聖賢之教，隨人指點，見問者欲專求性情，故推而廣之曰：「一艸一木，亦皆有理，不可不格。」會得此意，則與《中庸》所指鳶飛魚躍者，何以異哉？

孔門之學，以求仁爲宗，顔、曾、思、孟之後，惟周、程、張、朱之傳爲的。陸氏之學，從是非之心透入性地，不可謂不是，然而與佛氏以覺爲性者相近。陽明良知之學，亦是如此。一邊是仁體，一邊是知體，仁統四端，而知不能兼仁。故仁者無不覺，而覺不可以名仁，源頭處杪忽差殊耳。

程、朱二先生，細看來無不歸一處，所不同者，解説書義。然書中緊關用力處，則亦無不同也。

愚見如此，望先生教之。

二

來書云：「兄云無善無惡説，當提出根源，良是。渠所以能籠罩人，緣渠亦未嘗不以性爲善，只是將這善看得詫異耳，此其爲惑世誣民之最也。一艸一木之説，善會之，亦自不妨，但六經、《語》、《孟》中，並未見説着此等功夫，其故安在？鳶飛魚躍，傍花隨柳，乃是自家一團生機，活潑潑地，隨其所見，無非是物，與所謂一草一木，亦不可不理會者，根趣自殊，試體之可見。仁者必覺，而覺不可以名仁，信然。〔眉批：觀此書，知端文析理至精，忠憲推尊，良有其故。〕覺非特不可以名仁，亦不可以名智，徒以智與覺字面相近，故説者多以屬之耳。如以覺爲智，則以覺爲性，又何疑焉？丈謂仁兼四德，而智不能兼仁，似尚未爲究竟語。仁義禮智只一般，渾言之，只提着一箇，便色色都在其中，非特仁兼四德；偏言之，便各有所主，又非特智不能兼仁也。道理須四方八面看，始盡耳。」

孟子只以四德言性，此便是善，安得而無之？舍此言性，非知性者也。舍此言善，非明善者也。

一艸一木之説，先生以六經、《語》、《孟》中，未見説着此等功夫乎？此正孔門一貫之學也。近取諸身，遠取諸物，只爲從來源頭是一箇，故明此即通彼，通彼亦明此耳。

先生曰：「鳶飛魚躍，傍花隨柳，乃是自家一團生機，活潑潑地，隨其所見，無非是物。」若不是一物，何以隨其所見，無非是物？既是此物，則格諸身、格諸物，何以見根趣之殊耶？

仁兼四德，而智不能兼仁，此語有病。覺非特不可名仁，亦不可名智，先生之言是也。但覺之淺深，又絶不等。今之言覺者固不足道，而象山、陽明，又不可以此目之。此處幾微，直是毫釐千里也。

三

《格物説》近看得何如？〔眉批：又因顧説而得渾融。〕一艸一木，是格物事，鳶飛魚躍，是物格事。朱子詩云：「一日洞然無別體，方知不枉費工夫。」正謂此也。先生試格之。

四

先生云：「莫非理也，有何鉅細？有何精粗？但就學者功夫論，自有當務之急耳。」龍謂《大學》最先格物，便是當務之急。開眼夭喬飛走，孰非心體？以草木爲外，便是二本，便説不得格物。

先生云：「有梅于此，花何以白？實何以酸？有桃于此，花何以紅？實何以甘？一則何以衝寒而即放？一則何以待煖而方榮？」〔眉批：顧意謂此等處不可格，先生謂各有理在。愚謂花尚有一朵中半紅半白者，格之而後知其不測，亦格也。〕龍謂天地間物，莫非陰陽五行，五行便是五色，便有五味，各自其所禀，紛然不同，固無足異。至發之先後，蓋天地間有一大元亨利貞，各物又具一元亨利貞，雜然不齊，良有以也。

先生云：「于此格之，何以便正得心、誠得意？于此不格，何以便于正心誠意有妨？」龍敬問先生曰：此一艸一木，與先生有關否？若不相關，便是漠然與物各體，何以爲仁？不仁，何以心説得正、意説得誠？「樂意相關禽對語，生香不斷樹交花。」所以爲善形容浩然之氣，所以不可不理會也。

先生云：「既無別體，我之體即物之體矣，豈必逐草逐木，一一而爲之格？即欲逐草逐木，一一而格之，辨其如何而爲一草，如何而爲一木，此所謂堯舜猶病者也。」龍謂萬物一體，誰不知之，然只是説話。仁者渾然與物同體，不是小可事，恐當大費功夫。若必欲逐草逐木，辨其如何，豈成學問？所以説及草木，〔眉批：程言得此纔明。〕若曰求之性情固切，然理不專在一處求，這裏也是，那裏也是云爾。

先生云：「孔子，作《大學》者也，其語子貢曰：『吾非多學而識。』曾子，傳《大學》者也，其語孟敬子曰：『籩豆之事，則有司存。』籩豆，日用不可缺者也，猶然見略，況一草一木乎？」龍謂多學而識是玩物，此是格物。玩物是放其心，格物是求放心。籩豆之事，是有司事，此是心性事，不可同日而語。

先生云：「程、朱兩夫子之說，則然矣，亦曾用此等功夫否？《遺書》具在，詳哉其言之也。孰謂發明一草一木之理者乎？孰謂商求一草一木之理者乎？」龍謂庭前草不除，便是這意思。如觀雞雛、觀盆魚，皆是。至于朱子所謂鱖魚肚裏水，便是鯉魚肚裏水，尤親切可思矣。大抵先儒此說，本輕而活，先生所駁，則重而執。輕而活，則指點流行，觸目道在；重而執，便落言語障礙矣。〔眉批：先生嚴事端文，道之所在，爭辯如此，具見端文之無我也。始悟朱陸當年未嘗動氣。〕先生更細研之，觀物即是養心，不枉却功夫也。

答涇陽論周元公不闢佛

昨承手教，令致思周元公不闢佛之故。龍竊以元公之書，字字與佛相反，即謂之字字闢佛，可也。元公謂：「聖人之道，仁義中正而已矣。」會得此語，可謂深于闢者矣。

答涇陽論程朱闢佛

昨思程、朱所以闢佛之故。凡斯道大明之日，即是異端附會之時。〔眉批：又須知聖人存時，異端不敢附會。〕聖賢因時有作，循其自然之勢而已。夫子没，而七十子各以其所得者爲學，及其弊，異端並起，而孟子不得不好辯。千四百年間，儒者不過爲修身謹行，訓詁誦習之學，與二氏蓋判不相入。及周元公開揭藴奥，〔眉批：亦在元公没後。〕而天下始知求之性命之微，異端因之假合。程、朱不得不辯者，勢也。故觀《魯論》而見元公之道，觀《孟子》而可以知程、朱之心。如昭代盛時，道德一、風俗同，薛文清一向篤實而閒静也，豈見討擊異同乎？縱觀今日，是何局面耶！故聖賢不得已之心，皆天理自然之妙，而有意爲鬪，有意而不鬪者，皆私也。元公之時，明吾之道而已，譬如人之無病，則起居飲食，即是衛生却疾。程、朱之時，吾道已明，必須去其混之者，如六邪外侵，攻去其疾，而元氣始復也。

答涇陽論管東溟

續論更不可少，益覺快心。管翁篇中，大義數十，先生已俱得之，但尚有小曲折，未審可一并説破否？〔眉批：管翁不出於真心真見，書必不傳。先生惧其誣民，特著此辯。〕蓋此翁一生命脈，只在統合三教，其種種開闔，不過欲成就此局。拈出一个周元公，是欲就道理上和合；拈出一个高皇帝，是欲在時勢上和合；拈出羣龍無首，則欲暗奪素王道統，而使佛氏陰篡飛龍之位；拈出敦化川流，則欲單顯毘盧性海，而使儒宗退就川流之列。其他尊儒者，不過局面上調停，引儒者之言，不過疑似上附合。故無極太極，近于虚空法界，則宗之；朝聞夕死，近于生死大事，則宗之。然其所謂太極，所謂道，即所謂毘盧遮那者是也。至于陽尊程、朱，陽貶狂禪，而究竟則以程、朱之中庸，五宗之佛性並斥，更是其苦心勤力處，欲使闢佛者更開口不得也。然舉要而言，則枉却一生勞攘，到底三教殊科耳。

前蒙此翁惠書，近擬答一柬，又覺孺子唐突長者，且既有環轍之宣尼，且作閉户之顏子，先生以爲何如？

答涇陽論生之謂性

來書云：「生之謂性章，頗有所疑。性者，萬物之一原，安有不同？孟子將犬牛之性猶人之性折難告子，分明謂人與犬牛有二性矣。如何註謂知覺運動，人與物同，仁義禮智，人與物異？似皆宜有商量，幸丈一參之。」

在天爲命，在人、物爲性，一也。然以命言，則萬物一原，以性言，則有稟受之不同，故人得之而爲人之性，犬牛得之爲犬牛之性，非性異也。形既異，則氣爲形拘，有不得不異者，所謂「纔説性時便已不是性」者，謂落在形氣中也。仁義禮智，人與物一也。形氣異，是以有偏全明晦之異。故曰：「論性不論氣，不備；論氣不論性，不明。」理之與氣，二之固不是，便認氣爲理，又不可。告子生之謂性，語未嘗差。生之謂性，與一陰一陽之謂道，何異也？〔眉批：愚謂形而上者即是一陰一陽。一陰一陽原不指陰陽也。惜不及面質先生。〕然聖人不謂陰陽便是道，故又曰「形而上者謂之道，形而下者謂之器」。形只是這個，須是截得上下分明。告子不知此，故認氣爲道也。鄙見如此，先生以爲何如？

答涇陽論儒佛善字不同

春來浪遊，頗是妄動。山水佳麗，未免有馳騖之意，亦爲心害。人心動于欲，〔眉批：則知耽慕烟霞，亦是逐物。〕未有不爲害者，山水尚然，况其他乎？ 辱示《求正牘質疑草》，一字一爽，千古不可磨滅之正論，又何疑？

龍自正月以來，盡取佛書讀之，頗能究竟其旨。今日談學者，都將佛宗來證聖學，實無有知吾聖人之道者。若果知之，自見彼此，正如南轅北轍，如何合得？ 佛氏所謂善，念中善事也，與吾聖人言善，絶不相干。韓子曰：「彼以煦煦爲仁，孑孑爲義，其小之也固宜。」如佛氏所謂善，其無之也亦宜。乃欲將來混攪聖學，澌滅義理，真大亂之道也。今日邪説横流，根株只此四字。先生捉着病源，真是擒賊擒王也。

答涇陽論猶龍一語

人性一也，習之於聖人之道則聖矣，習之於佛則佛矣，習之於老則老矣。維吾聖人之道亦然，習之於夷則夷矣，習之於惠則惠矣。孟子眼高千古，故曰「所願則學孔子也」。凡學，以習生悦，以悦生悟，以悟成性，則不可回，蓋所見無非是物矣。是以君子慎所習也。

「天下無二道，聖人無兩心」，此語誠然，而習不同。不同，則其應用全别。用處既别，和體全非。❶ 故學之至者，雖其反本

❶「和」，四庫本作「合」。

還源之處，同歸於太極，而實則有霄壤之不侔。故曰失之毫釐，謬以千里也。向者攀龍嘗思于三教異同之際，而頗見其微，故一言蔽之曰：性相近也，習相遠也。

夫子謂老子曰：「鳥，吾知其能飛；獸，吾知其能走。今見老子，其猶龍乎！」天不可見，見之于時行物生；聖人之道不可見，見之於日用常行。凡天下之至道，皆愚夫愚婦之所能知者也。猶龍者，高之也，亦外之也。藏於淵，入於雲，在於不可知不必知者，〔眉批：聖人之量如天，聖人之言無迹，使二氏遊於其中。〕君子無庸心矣。他日子夏論及於三才之數，生物之細微，夫子曰：「然。吾昔聞之於老聃。」子夏出曰：「論則美矣，非世之所急也。」夫子曰：「然。如女所言，亦各其所能。」繇此觀之，聖人猶龍之意見矣。二氏之道，陰分中事也，故皆在杳冥之境。吾以可知者詰之，彼即以不可知者逃之，其誰得而窮之？以是知聖人猶龍一語之微而婉也。

昨以對客，草草奉復，故詳其意如此。

與涇陽論知本

《大學》之旨，明德、新民，要於止至善。止至善者，一篇主意也。其下皆説止至善工夫。「物有本末」一節，最爲喫緊。「先」「後」二字，示人入道之竅。失了先着，便不可入道。先着即在格物。格物之功非一，其要歸於知本。知修身爲本而本之，天下無餘事矣。故曰：「此謂知本，此謂知之至。」知本則知止矣，正與「物有本末」一節相叫應也。

竊謂古今説《大學》者，格致之義，程、

朱爲最精，致知之義，陽明爲最醒，止修之義，見羅爲最完。三家相會通，而不以一説相排斥，斯可耳。但見羅看知本之本如中庸。中者，天下之大本之本，謂非以修身贊其爲本，乃是以本歸之修身。蓋以善無聲臭，點到身上，便有着落。故曰「本之一字，乃所以點化此身，欛柄此善」也。此義雖甚精奥，然平平玩味本文「其本亂而末治者否矣」，似無此意，而見羅之説，又自成了一箇安心訣法，未必是《大學》原旨也。《大學》之旨，只是教人格物致知，格來格去，知得世間總無身外之理，總無修外之工，正其本，萬事理，更不向外着一念。如此，自然純乎天理，而無一毫人欲之私，豈不是止至善也？觀下文「聽訟」一節，其釋知本，昭然可見矣。當初程、朱二先生，只錯認「此謂知本」是闕文，而謂格致自别有傳，遂令「修身爲本」二節無歸着。後世知得「此謂知本」是原文，而謂格物只格本末，又令格物致知之工無下手。假令一無知識之人，不使讀書講論，如朱子四格法，而專令格本末，其有入乎？只如陽明單提致良知，而掃朱子窮理之説，弊敗亦已見矣。故程、朱格物之説，更不可動。只提挈得《大學》主意在止至善，而知止工夫，先於格物知本，自然如木有根，如水有源。而格物窮理，皆所以致其良知，而非徒誇多鬬靡，爲聞見之知矣。何者？道理一不向身體貼，便非知本，便非致知也。如此，覺得文義條直明白，而工夫當下得力也。先生試體之，以爲何如？

答涇陽病中作工夫書

先生云：「閒時作工夫，病來即不能。」竊以病來做不得的，還未是真工夫也。橫渠曰：「自來以多思爲患，且寧守之，只行其所無事。」又曰：「心之要在平曠，熟後無心，如天易簡不已。」如此，則病時正好做工夫。先生體之，以爲何如？

觀白鷺洲問答致涇陽

江右之學，自宋至今，如一塗轍，豈風氣使然與？今雖云陽明之宗，實則象山之派。諸老之中，塘南可謂洞徹心境者矣。然以愚見窺之，尚有未究竟在。何則？聖人之學，上下一貫，故其言表裏精粗無不兼到。舉要而言，循理而已。循理便無事，即無思無爲之謂也。今徒曰無思無爲，得手者，自不至遺棄事物，然已啓遺棄事物之弊矣。如曰止於至善，有何名相倚着之可言？至矣極矣。今必曰無善無惡，又須下轉語曰：無善無惡，乃所以爲至善也。明者自可會通，然而以之明心性者十之一，以之滅行檢者十之九矣。無思無爲者，即無善無惡之謂也。未離知解，則未離門户，未離門户，則未離倚着。倚着易知，而無倚着之倚着難知也。故曰尚有未究竟在。

聖人之道，至易至簡，無可名言，故曰予欲無言，言之至也。惟其無可言，故其可言者，人倫日用之常而已。所以愈淺而愈深，愈卑而愈高，愈顯而愈微。然則如之何而可使人見本體也？曰：此在人之信，而非可以無思無爲、無善無惡，轉令人走向別處去也。如《易》曰：「乾，元亨利貞。」如言人，仁義禮智之謂也。停停當當，本體如是而已。信得及者，别無一事，日用常行，人倫事物，無令少有污壞而已。此聖人之學所以爲至易至簡也。

雖然，王塘老之學，實自八十年磨勘至此，其静功最深，妄窺之者，浮矣輕矣。然學術杪忽之間，不可不據所見相與評質。先生試參之，以爲何如？

與涇陽論東林

東林樂聚，原是宦于此土之忌府，何則？誠畏之也。大抵吾輩罪名，只在心腸不冷。冷亦何難，恐逆天理耳。因思聖人在家則曰「吾其與聞」，在外則曰「必聞其政」。當時大段多事，不知何法免三家之忌，至匡人之圍，桓魋欲殺，似不見饒。以先生之仁，直是於人無所不容，然見得是非極真，故世決放不過也。君子決無有見原于小人之理，但因而自警，各人身上各有充不盡的分，各有改不盡的過，各自勉而已。

與顧涇凡論已發未發

朱子首篇内一條云：「有天地後，此氣常運，有此身後，此心常發。要於常運中見太極，常發中見本性。離常運者而求太極，離常發者而求本性，恐未免釋、老之荒唐也。」吾兄云：「此朱子初年未定之見，陽明先生自以爲秘傳者也。當删無疑。」

龍按：朱子初年之見，蓋認性爲未發，心爲已發。凡謂之心，則無未發之時，而未發之性存焉，則終未嘗發也。故其工夫，亦只在察識端倪，而却於程子所謂涵養於未發之前者有疑，蓋全向流行發用處尋求也。後來却見得渾然全體之在我，存者存此，養者養此，非別有未發者，限於一時，拘於一處，然其樞在我，非如向日在萬起萬滅、方往方來之中立脚矣。後又益見得性情之妙，管攝於心，而動静之功，貫徹於敬。當其未發，仁義禮智之性具焉，此心寂然不動之本體也。及其已發，惻隱羞惡辭讓是非之情形焉，此心感而遂通之妙用也。而戒謹恐懼之功，❶則周流貫徹於動静之間，而尤必以涵養爲省察之本。此所以未發則鏡明水止，而喜怒哀樂之發則無不中節也。凡朱子所見，大約歷三轉而始定。至此條之説，又別爲一義。其論太極者有曰：「太極之義，正謂理之極致耳。有是理即有是物，無先後次序之可言，故曰易有太極。」則是太極乃在陰陽之中，而非在陰陽之外。若以乾坤未剖，太極未分之時論之，則非也。蓋恐人於陰陽外，別求太極耳。其所謂常發中見本性，亦孟子所謂「乃若其情，則可謂善」，明道所謂「由其惻隱，知其有仁」。蓋性不可見，必於發處觀之也。特此心常發，類於初年之語，然此主見本性而言，語相似而意不同，非比初年之見，以未發已發分別心性，不加涵養，而純任察識也。

兄更審之，以爲何如？

與涇凡二

兄入禮曹，於國家闕典幸留意。建文

❶「謹」，康熙本、四庫本、光緒本作「慎」。

年號不復，靖難死節諸臣未表，君君臣臣，天地大義，孝子慈孫，莫之能掩，與其爲之於後人，孰若爲之自我。又我朝謚法，獨不倣古，必兼行惡謚，乃昭勸懲。此弟平日所藏於胸中，兄相時因事，可一及之。

向所云東平守，弟初甚愕其人，後問於予，拙云「朴人也」。弟昨道經之他州縣，皆有人持刺出接，惟彼州若不聞。細廉其民，皆云無他，以此益知迎送之間，大不足以觀人。纔着一分愛憎，便都失之，不可不慎也。

答鄒南皋先生一

當今先生之學，深徹人生而静以上，茫茫宇宙，可以考證此事者，賴有先生而已。敝同年馮少墟，北方學者未能或之先也。先生見其集否？

自朱、陸兩先生分門後，兩脈並行于世。龍以爲但取其來龍真、結穴真，不必問其何方何向也。先生以爲何如？

與南皋二

竊觀《中庸》一書，自誠明之性也；《大學》一書，自明誠之教也。《中庸》下手慎獨，即誠即明；《大學》下手格物，即明即誠，無二物也。惟是《大學》錯簡缺傳，不決于心半生矣。近年得崔先生一語決之，敢爲表出，請正是否。

答南皋三

得先生教，及賜新刻，讀之爽然一化，

更無所疑。攀龍于甲午秋，赴揭陽謫所，長路孤征，寂寥蕭灑中，窮研此事。至汀州店樓，推窗看山，忽然粘縛脱落，本心豁露，方知從上聖賢所說，❶皆是藥方，皆是拄杖。自是以來，二十年矣，天然本色，瞭然日用，終是放藥不得，放杖不得，根器薄劣，無可奈何。聖人于天下萬世上中下根，照見得透，故照顧得到。先生集中，每每及之，如《與海門先生柬》，更是喫緊，此道幸甚。某自來極信得先生之學，不能無疑先生之教，以爲說得太鬆滑。〔眉批：此病恐終不免。〕天下人却不是先生忠肝義膽，萬難千磨中來也。于今始無疑矣。

誠明之說，昔有問者云：「《中庸》何以首言慎獨，便在誠身上做起？《大學》何以首言格物，又在明善上做起？」攀龍曰：「《中庸》言自誠明之性，《大學》言自明誠之教。」由今思之，只是弄口。至崔後渠先生定古本《大學》，以「誠意」章內自「淇澳」至「此謂知本」一段，移在「所謂誠其意者」之前，文從理順，昭然知本是格致之義，而格致未嘗缺傳也，却如夫子宅中掘得蝌蚪原文，可以了《大學》一案，學者精神，更不得向身外一步走漏矣。先生以爲何如？

年來東林滋多口，是信道理不達時宜之罪。天下事未有不繇自取者，得此一番冰霜，大受諸公化育，不敢辜負也。辱先生相念，并及之。

答南皐四

往者從結心開處，窺見本性風光，未嘗

❶「上」，四庫本作「古」。

不知人之即天也，物之即我也，凡之即聖也，今之即古也，倫常日用之即神化性命也。然有陰氣在，如月光然。讀先生合編，竟先生之言，如赫曦透體一遍，遍去寂静的意思，覺此身方活，見人方親，方有味乎「善與人同」之語，此乃謂寂静也。〔眉批：鄒翁之學，惟先生能取其益。先生極真切，則見鬆滑乃真鬆滑也。否即落世情，即近鄉原。〕初看便有此意，今乃益實，感幸之餘，附此爲報。谿此而之，未知能不負先生否耳？

答南皋五

比者正體驗人心，除却怨天尤人，即蕩蕩乾坤，更無一事矣。然學問不真，且向此中過活，殊不自覺。先生教及此，當幾提挈也。要在有事幹當，强排遣不得。

會約及文潔公誌銘，何啻百朋之賜。

答南皋六

得先生平等之教，并認平等之誤。平等者，性體也。森羅萬象，並育並行，善者還他善，惡者還他惡，而已無與焉之謂也。若非見性人，等惡于善，究且背善從惡矣。所謂火力煅煉質性穢濁，復吾太虛真體，非以調停劑量之精神，薰物而無忤也。體認如此，非造詣所到，先生以爲何如？

與馮少墟一

鄙見蒙老年丈印可，何幸如之。此事不落言詮，要在心悟。谿無言無象中，彷彿可言可象者，中庸二字而已。谿可言可象中，默契無言無象者，擇、執二字而已。無一毫攙和之謂擇，無一毫滲漏之謂執。〔眉批：便見不倚。〕弟今日惟時時刻刻覺其攙和滲漏而已，未知何日可幾道岸也。

海内惟老年丈之教，無一字之逆于心。弟決不敢爲昧心語，然弟所見於年丈，有未同者，千萬勿吝指示。此事非小，容情不得也。

答少墟二

善即生生之易也。〔眉批：善字從無人識，先生已發其端。〕有善而後有性。學者不明善，故不知性也。夫善，洋洋乎盈眸而是矣。不明此，則耳目心志，一無着落處，其所學者僞而已矣。然其機竅，在於心入身來，故能尋向上去，下學而上達也。大集中闡發已無餘藴，雖以弟鄙淺之説有所印，而此中人士，遂知所歸。今世有老年丈，斯道之大幸也。

答少墟三

手教云：「内存戒慎恐懼，外守規矩準繩，兩語當終身行之。」又云：「戒慎恐懼，是性體真精神；規矩準繩，是性體真條理。」此透性語也。人未知性，謂此爲桎梏，若透性，方知此是真安樂。蓋天然自有之中，絶無安排造作者也。非窮參不悟，非悟不徹。性體不徹，未有知吾聖人之矩爲天生自然者，又何怪其欲掃除此矩哉？聖人之學，所以異于釋氏者，窮理而已。窮理，則性爲聖人之性，不窮理，則性爲釋氏之性。性豈有二哉？所從入之端殊也。

南方風氣，劣于關中百倍，弟之力量，劣于年丈萬倍。反觀此性，無欠無餘，上視聖賢，不差毫髮。所以不忍自棄者，以此。伏惟老年丈時賜提策，開愚立柔。

答少墟四

得教復得《涇野先生語録》之賜，感感。拙説爲老年丈印可者，方敢存之，〔眉批：不自是如此。〕應改者，一一如教易之矣。

知學者甚難，知正學者更難，知學而能通達世務，不至以學害世者尤難。非老年丈，吾誰與歸？弟已得差歸矣，老年丈不日大用。當歸而歸，當出而出，有一定之卓識，而無執一之成心，非老年丈，吾誰爲望？

班役索報，艸艸寄復，有欲聞者當別寄，恐書郵之浮沉也。

與逯確齋

與兄別來，略窺得路徑。聖人之學，只閑邪以存誠，此理直是易簡，然却與世學所謂易簡者不同。乾之易也以健，坤之簡也以順，蓋以健順而易簡，非以易簡廢工夫。若以易簡爲心，便入異端去矣。

世儒亦多有見得誠的意思，只是無克己閑邪工夫，故純是氣禀物欲用事，皆認作天性，以妄爲誠，種種迷謬。此格物致知，《大學》所以最先用力也。格致亦別無説，只是分別得天理、人欲界分清楚透徹，正閑邪之要也。其入手處，則程先生每喜人静坐，朱先生每教人讀書。此意真妙，錯認其意者，便溺章句，便耽寂静，失之遠矣。

弟看來吾輩每日用工，當以半日静坐，半日讀書，静坐以思所讀之書，讀書以考所思之要，朴實頭下數年之工。不然，浮浮沉沉，決不濟事也。兄以爲何如？幸相與覓便反覆印證，朱夫子曰：「日月去矣，大事未明，可懼也。」吾輩不可不念。

與確齋二

兄之學必已得力，曾詣一旦豁然貫通境界否？弟甲午東粤之行，千里孤征，燕閒静一之中，微有窺見，五年于兹矣。雖于日用不無斷續，但覺此理充滿活潑，瞭然心目之間，身心有箇着落處，行事有箇把柄處。所苦者，既非聖賢根器，又無小學工夫，而志學又遲却孔子十年，〔眉批：遲却孔子二十餘年者尚有之，可勝惋惜！〕以致氣習薰染，陶洗爲難。今亦無他法，只將義理浸灌栽培去耳。兄受質之淳，處困之甚，倍于弟，其得力必百倍于弟，不知其入處何如？此事甚大，日月漸去，幸速相研究也。

答確齋三

得兄書，下弟頂門一針矣。不必與兄談易，此便是易。

弟於數年前，不意中有崑山一語，落于相知之耳，遂爲言路諸公扯作印證，横起風波。不節之嗟，又誰咎乎！今欲一陽之潛，須是三緘之密耳。

兄一生爻位，甚是正當，向來讀《易》無所入者，想索之文義，今有所見者，想是印之此身。尚有一語問兄，何者是畫前之易？幸教之。

答劉念臺一

伏承下教，咨所以居方寸者。方寸即宇宙也，世人漫視爲方寸耳。顧非窮究到名言不立之地，爲名言而已；非存養于思慮未發之先，爲思慮而已。名言思慮，爲憧憧之方寸而已。弟之愚昧，正在憧憧中生活，言之可怍。有一小書，可證斯理，敢以奉覽。

復念臺二

格物者，窮理之謂也。窮理者，知本之謂也。仁丈云：「一窮理焉盡之矣。」誠然哉！理者心也，窮之者亦心也。但未窮之心，不可謂理，未窮之理，不可謂心。此處非窮參妙悟不可。悟則物物有天然之則，日用之間，物還其則，而己無與焉，如是而已。

弟稍窺此路，從此行去，雖不能忘歸家之念，亦不敢念到家之期。没身長途，所不慮也。反身而誠，是到家語，何敢言？吾輩但認得家真，認得路真，有家肯歸，有路肯走而已。仁丈以爲何如？

答念臺三

此事甚細，得兄相與推敲，甚幸。但無成心，各據所見，勘究到底，彼此必有益也。

净色根，魄也。隨念分别者，意也。靈覺則是心，《傳》所云「心不在焉，視不見，聽不聞」是也。此與意識相似而實不同。蓋心作主宰，意主分别也。心一也，粘于軀殼者爲人心，即爲識；發於義理者爲道心，即爲覺，非果有兩心。然一轉則天地懸隔，謂之覺矣，猶以爲形而下者，乘於氣機也。

視聽持行，皆物也。其則，乃性也。佛氏以擎拳豎運、拂水搬柴，❶總是神通妙用，蓋以縱横豎直，無非是性。而毫釐之差，則于則上辨之。兄以孟子著見之端，即佛氏作用處，此最可觀。凡事稍不合則，必有不安，此見天然自有之中，毫髮差池不得。若觀佛氏於彝倫之際，多所未安，彼却不顧也。故儒之與佛，論其潔浄精微，不掛絲髮，空空如則同，而其中自然之秩叙，若權衡之輕重，度量之長短，佛則一概抹殺，超超自如矣。盡虚空、遍法界，性體充周，正謂如是。所以云與自己總不相干者，正謂軀殼上重重私欲耳。若一日克己復禮，則軀殼之己，便與天地萬物爲一，豈有二耶？

吾儒與佛氏，名目多不同，如儒者説性，只在人物上，未有人物，只説天，未有天地，只説太極，其實一也。知性則知天，人生而静以上，未嘗不可説；用力敏疾則念清，人生而静以後，未嘗不可復。學問之道無他，復其性而已矣。弟觀千古聖賢心法，只一敬字，捷徑無弊。何謂敬？絶無之盡也。〔眉批：只爲不識敬字。〕有毫釐絲忽在，便不是，有敬字在，亦不是。《易》曰「直其正也」，直心正念而已。直心即正念，正念即直心，卓卓巍巍，惺惺了了，至於熟焉，習心化而無事矣。

弟之于此，如適千里者未出户庭然。曝温芹美，思以爲獻，不自覺其老生常談之可厭也。連日病齒，答多未盡，乞兄再窮

❶「運」「拂」兩字，康熙本、四庫本、光緒本互乙，宜從。

究之。

與安我素一

天地間需才爲急，知人甚難。君子經世，原與斯人爲徒，望兄所在，精察人品爲要。方人，爲聖人所不暇，而不知人，聖人所深患，〔眉批：真學問不可避方人之嫌，一口中月旦，一心中辨察。〕二者相去遠矣。

足下清曹杜門，春日更遲，何以爲功？須以半日讀書，半日静坐，白沙所謂「静中養出端倪，方有商量處」也。天理無窮，人欲亦無窮，於此日損，則於彼日益。雞鳴而起，向晦宴息，中間何所事事，最是喫緊着力處也。所謂人欲，亦豈獨聲色勢利，只服食器用？纔有牽戀處便是欲。須打掃得潔潔淨淨，方見無事之樂耳。弟正有志而未逮，敢爲同志告之。

答安我素二

兄此行討一入頭，是暮年大享用也。此事只在篤志，真信聖人，朝聞夕可，不聞不可也。一念竦然，即此竦然之刻，便是放心收回之刻，當下認取，自後放即收回，以直養之而已，無他事也。所謂放即收回者，纔覺放，便已回，更別無收。所謂以直養之者，不入纖微事也。覺其放者，乾知也。乾知大始，如閃電無踪。直養者，坤能也。坤作成物，如住宅可守。弟有《静坐説》，是守之之法，書以請正。萬不可做有作有爲功夫，一涉有爲，即是假法，决不見道。蓋此事本體原是無極，故功夫不得有爲。〔眉批：何嘗不説無爲？其説無爲却如此。〕合功夫之謂本體，合本體之謂功夫，二之則不是矣。

辱兄清問，以弟所知者備採擇可也。

答錢啓新一

承教聖賢之言，語語是的，吾丈見其的矣。若識得朱子東風面、源頭水，則章句亦便是朱子，只争這些子，故百年來無端生出許多説話來。

再觀丈與涇凡辨論，涇凡所謂心便有兩，大是險語，先後天之説，亦因時説生，似不必然。夫人之心即天也，聖人不過即先後以明其合一，丈此語最是。至心性之辨，實是難言，在人自默識之。丈所舉整菴先生之言曰：「天人本無二，人只緣有此形體，與天便隔一層，除形體，渾是天也。」又曰：「人心之體，即天之體，本來一物，但其主於我者謂之心耳。」又曰：「静中有物者，程伯子所謂亭亭當當、直上直下之正理是也。」又曰：「心性至爲難明。謂之兩物，又非兩物，謂之一物，又非一物。除却心，即無性；除却性，即無心。惟就一物中分剖得兩物出來，方可謂之知性。」數語已顛撲不破。吾丈謂「心之理便是性」，六字亦顛撲不破矣。

尋常見世儒以在物爲理，爲程子錯認理在物上，以窮至事物之理，爲朱子錯在物上求理，頗爲絶倒。此不獨不識理，亦不識物，名爲合心理而一之，實則岐心理而二之。此程子所以吃緊。爲學者先須識仁，❶識得此理，自不作如此見解也。老丈之意，惟恐學者開剖割裂，岐心性爲二，竭力指點

❶「爲」，康熙本、四庫本、光緒本作「謂」。

曰：「虚靈知覺者，即精微純一之備具也。」誠然誠然。然要在人之用功何如。❶若存養此心，純熟至精微純一之地，則即心即性，不必言合。如其未也，則如朱子曰：「虚靈知覺，一而已矣。」而所以爲知覺者不同，不嫌於分剖也。何如？

與錢啓新二

覯華歸，訊知道況殊勝。先生所爲，退亡喪、進存得也，道理實是如此，非千休無一得矣。

《易》象經先生説明，一字一句，既知來歷。今只味其言外之味，受用無盡。先生居其勞，某輩居其逸，何德如之。

年來此身在易中，如魚在水，此易在身中，如春在木。看得世間吉凶悔吝，頗覺了了，而世人懵懵，愛莫能助。如何如何。

與揭陽諸生

别來加工何如？靜坐收攝浮蕩精神，舉動守聖賢法戒，貨色二字，落脚便成禽獸。〔眉批：先生將名字略放寬，以誘後學。〕貧儒少年從此清楚，方有根基可望。舉動不苟，則虚明中無悔尤之擾，靜處益得力。靜處收攝寧定，則事至物來，方能審擇是非，不迷所向。兩者合一交資，而尤以靜定爲本。每日如此用工，不患人品不成。意念高遠，襟懷洒落，加以讀書精專，不必求工文字，自無不工之理。所業既工，科第自在其中，又何必營營於得失，自累其虚明，使彼此兩

❶「功」，四庫本作「力」。

失哉？此鄙人近來灼見，決不誤諸兄，千萬加察。三千里外，遥思往日相與之雅，愛莫能助，惟此言可贈耳。

與管東溟

蒙先生印許，謂攀龍于本體上頗爲得手。得手則豈敢云，略知下手而已。蓋此件事下手最難，緣下手處多是錯也。〔眉批：管翁最輕躬行，差到極處，且未問其議論之誤也。〕昔賢云：「未曾識得，涵養个甚？」未曾識得，則纔着意，便落安排，任其自然，便成昏昧也。自昔聖賢兢兢業業，不敢縱口説一句大膽話。今却不然，天下人不敢説底話，〔眉批：箴之甚切。〕俱是學問中人説，以心性之虚見，爲名教罪人者多矣，打破一桶，又做一桶。末學未臻斯境，想像應然。使心意勉勉循循，俟其自化耶？〔眉批：請教亦寓箴規。〕却別有工夫耶？望先生教之。

與管東溟二

竊窺先生大旨，要在統一三教，所以統一三教，爲欲度盡衆生。此是先生願力，其他種種法門，皆繇此起用。蓋先生實見得毘盧性海，本共一家，而三教聖人，原無二性，分吾儒，分二氏，總是妄生分別，反使大道自限藩籬。故拈出羣龍無首，破道統之説，使素王不得獨擅其尊；拈出敦化川流，示遮那全體，見儒教不過三流之一；創遡太極於無極之旨，欲學者從此悟虚空法界之體，不然，終落儀象五行；立聖體、仁體二宗，見宣聖、元公而下，儒者不過究竟仁體，猶未窺見頭顱。先生牘中大義數十，此其最著也。

蓋先生於佛氏之學，可謂精詣其體，而大弘其用者矣。然於聖人之道，終有不合。攀龍自奉教以來，虚参實體久矣，決不敢以口耳之間，求異于長者，但微細體勘，儒、釋源頭相似而實非。佛氏渾淪空體，真彷佛太極，而實非聖人之太極；得無所得，真彷佛中庸，而實非聖人之中庸。此處最難下語，最未易信。除是盡置佛學，反求諸六經，切證諸日用，另開眼界，另作思維，自然見之。見則不獨路徑敻殊，直是源流各别。説者曰：「儒、釋體同而用異。」是大不然。道本無體，體本無眹，只就用處見之，繇其用處如是，所以知其本體如是。試看儒、佛用處何如，便可默識其體。故三教之異，非其川流之别，實是敦化之殊，非二本也。此一理耳，聖人體之，凡民由之，異端背之。

然既曰一理，何以有此異端？亦是此理中合有此端。蓋天地間對待之理，有陽便有陰，有晝便有夜，有明便有暗，有中國便有四夷，有吾儒便有二氏。佛氏之教，陰教也。觀其生於西方，宗於夷狄，所言皆鬼神之事，概可見矣。自古陽分中極治之世，何嘗有佛氏來？陽極盛則陰生。三代之時，世界已屬陰分，至孔子之時，吾道大明，其盛已極，而佛、老遂並生於其間。迨後世運益下，聖道益衰，夷狄亂華，佛、老司教，各以其類也。然陽全陰半，故聖人之道，通于幽明，〔眉批：勿視爲粗迹語，實抉破大頭顱。〕而二氏之學，不可以治世，又其定分矣。

其在今日將奈何？曰：使之各得其所而已。儒宗孔，釋宗佛，道宗老，斯不害不悖之義，先生所謂祖述仲尼，憲章聖祖之實也。何則？儒者自應誦法孔子。孔子道無虧欠，本不須二氏幫補，聖祖所以不廢二氏，不過以其陰翊王度，使其徒各守其教，亦未嘗合之使一也。故儒者闢之，扶陽抑陰之人事也。其次分之，觀于陰陽消長之天運也。而先生乃以統合三教，爲今日經綸天下之大經，豈其然乎？抑嘗熟玩先生之書而思得其故矣。人之于道，猶足之於路，只分岐處一步左右，以後便各成路徑。原夫先生從明哲悟入，以趨大覺之體，迨後讀《華嚴》見性，益契無倚之智。❶至於儒者六籍，〔眉批：從未究心六經。〕皆先生悟後印證，故究竟只成佛門見解。觀先生以神武不殺、飛龍大人、至聖至誠、過此以往未之或知之類，隱隱皆推重如來，而所謂乾元，所謂太極，所謂敦化，隱隱皆指毘盧性海，蓋所見無非是物也。至于尊崇儒矩，排斥狂禪，亦不過謂世法宜然，而窺先生之意，實以一切聖賢，皆是逆流菩薩，本無三教，惟是一乘耳。故攀龍謂先生之學，全體大用，總歸佛門。而後之信先生者，必以牟尼之旨，疑先生者，必以仲尼之道。

龍謬承先生之教，使推敲其説，以決千古疑信。此是先生體道虛懷，龍何人，敢與于此。伏而思之，先生既以赤心俯詢，龍何敢不直心仰答。如前縷縷，蓋是千古同然之疑，幸當先生之世，一明決之，❷學者幸甚。

上儕鶴趙師一

渭南居鄉不識賢令尹，〔眉批：知人原是第

❶「智」，四庫本作「旨」。
❷「一」，四庫本作「以」。

一事。〕居官不識賢鄉紳，復何言其他事？

龍今年自東林會期外，即入山閉關，以學問宜静，以衰年宜静，以時局宜静。此時山中人不一味静嘿，非學矣。老師以爲何如？

上趙師二

龍去年得胸膈之疾，殆矣。急勇猛擺脱，一切世事，盡情棄捨，終日怡怡，觀大化流行。〔眉批：忘懷退疾，益信戰勝而肥。〕久之，身心内外，瑩然朗徹，病亦自愈。自喜因病得藥，又因藥得病，不免習成懶惰。

令侄丈在此年餘，于老師亦無一字報聞，秋來方始整頓。伏念老師當此秋爽，不知于何處行樂？以何事爲樂？世局如此，總無開口處，總無着心處，落得做箇閒人，自家性命，自家受用而已。見老師種種製作，于海内知交，如齧十指。十指應心，負老師一點痛心者，非人哉！龍滋懼矣。

上趙師三

老師位冢宰，正百官，天下賢俊，鼓舞相慶，天之留碩果，使陽剛來復也。國祚靈長，於是乎徵。況老師之命甫下，皇子之生接見，陽德一亨，福慶交集，龍不意晚景見此盛事，日爲笑樂而已。

方今天下之害，在天曹不清，天曹不清，在司官得頂賂，而引用匪人，衣鉢相禪。除得此弊，而精選天下正人君子，以寔四司，是第一義。又精選巡撫，以安民生，精選學道，以端士習。其丁治理，思過半矣。

答趙師四

世情難調，自古而然。調世情者，非在世情中煆煉極熟不能。以老師天際真人，俯視世情如蚊蠅，而能爲蚊蠅相調乎？然譬之入海者，既在同舟，不得不調其捩舵、開頭、持篙、擊楫之人。在彼則世情，在老師非世情也。渡苦海者，〔眉批：以援世，不以媚世。〕法當如是，無可奈何矣。

候趙師五

奉老師之命，不敢言時事，亦不忍言也。惟是老師之事，每念及，即不能眠食。所誣坐者，不知將何究竟？老師何以應之？當此患難，非平生學力，抵當不過。老師得力者，專望詳示。龍屏居湖干，不見一客，洗心待盡而已。但見本性本無常變，變動他不得，一切變幻，皆銷歸於此。此則可對老師言者。

謹遣一豎，一以候老師之安，一欲印證行持，一欲知貴地當事所以措置斯事者。貴郡公爲御泠門人，御泠爲老師至切，良不易得。

龍嘗謂惟天下大人物，受得大磨折，蓋天欲立千古榜樣。老師暮年一出，擔此大擔子，定數也，豈可逃乎？惟祈老師善自保衛，俟天之定。

答錢御泠

翁臺正氣天高，深心地厚，真世道所藉覆載。敝師趙儕翁先生，久不聞問，近日始馳一豎候之，乃翁臺嘿默救援，真懇如是，〔眉批：四字今古妙用。〕殆九廟之神，借靈於仁人，非偶然之故也。捧緘感而欲泣。異夢兆自翁臺，必有奇應，辱貺。謹拜茶笋，以享明德。

答葉臺山

攀龍迂鄙無似，少讀孔、孟之書，程、朱之訓，退而體之日用彝倫之間，恨稟賦庸下，愈鞭策愈蹇躓不前。故覺聖賢之言，愈淺近，愈精深，蓋一字一句，有終身用之不盡者，乃欲舍是而更求異端之説，直當面蹉過矣。故嘗妄意以爲今日之學，寧守先儒之説，拘拘爲尋行數墨，而不敢談玄説妙，自陷于不知之妄作；寧稟前哲之矩，硜硜爲鄉黨自好，而不敢談圓説通，自陷于無忌憚之中庸。積之之久，倘習心變革，德性堅凝，自當恍然知大道之果不離日用常行，而步步蹈實地，與對塔説相輪者遠矣。鄙見如此，所謂學究頭巾語也。

門下闢邪衛正之意，真矣至矣，而所取如龍者，則非其人。然願以此折節下士之誠，廣求海内，必有以副門下之意者，使此意引而伸之，浸昌浸明，來復有日矣。

答朱平涵

年丈以地方役事，冒羣譏衆訕，毅然爲小民造命，此大丈夫所爲。即此一事，他日立朝之概可見。〔眉批：只一實字，不實便非學問，非人品。〕居廟堂之上，則憂其民，處江湖之遠，則憂其君，此士大夫實念也。居廟堂之上，無事不爲吾君，處江湖之遠，隨事必爲吾民，此士大夫實事也。實念實事，在天地間，凋三光、敝萬物而常存。其不然者，以百年易盡之身，而役役于過眼即無之事，其亦大愚也哉。弟丘壑中腐物也，有虛見而無實用，舍年丈其誰與歸？

尊柬有云弟與王年兄論動極静極之説，已忘之矣。然吾輩學問，以眇爾六尺，爲太極作个骨子，則陰陽動静，又不足言也。何日得一抵掌，臨書慨然。

與蕭自麓一

先生年高德邵，愛莫能助，惟是大化流行，未嘗止息。君子之學，上達天德，非法天行何繇焉？聖王之德至矣，而几杖户牖之銘，工瞽史巫之警，如是兢兢者，以宴安之可畏也，則孺子可爲長者誦斯言矣。

朱子已畢覽否？攀龍敢斷謂士不志於聖人則已，苟欲求聖人之道，必從此入則無差。夫聖人之道，「閑邪存誠」一語，本體工夫兼至，而夾持之功，則莫如「敬以直内，義以方外」兩言之簡而盡。敬則是敬，義須索精，故在格物致知。敬義立而德不孤，夫然後精明的確，而無似是而非之敝。不然，知敬而不知集義，則偏陋固滯，或有敬非其敬者矣。程門之學，其大端不出乎此，特其旨雖顯，其言甚微，至朱子而始發明詳盡，學者便得下手耳。統惟乘時努力，勿隨俗悠悠爲望。

與蕭自麓二

某近來爲學，雖知所歸宿，第欲根隱伏，〔眉批：先生尚説欲根世情，人可不自搜剔？〕世情隨觸而動，收攝來，即有貼定時節，而氣未澄凝，終非天性本來面目。默默點撿，千病萬病，只是志不耑一，想亦別無巧法，專一陶洗收攝將去而已。

園池清幽，借棲聽教，客館閒身，學力必倍。昨乃匆匆思歸，既歸而始悔之。孤興時飄飄而動，終無奈老親在堂，洒落不得也。

妻叔王謙齋名大益者，司理於漳，先生有意惠教，或可覓便寄書。三千里得先生一語唤醒，醉夢中人，當必有躍然而起者矣。

陸古樵兄歸，所詣必深，異日肩任斯道，廣先生之教者，其在斯人乎！清侍未期，臨書黯然而已。

與羅匡湖一

學必須悟，悟後方知痛癢耳，知痛癢後，直事事放過不得，蓋盡性知命之難也。先生過來人，以爲然否？

二小刻請正，是否乞判一語。此請殊非漫然，仁者萬勿棄之。

答羅匡湖二

人自有生以來，一念妄想，相織相續，至死不已。惟仗學力深透，此念忽破，則真心豁然顯現，方知前者之爲妄。迷悟一關，聖凡千里，其要在一念之破不破耳。先生過此關久矣，然悟前妄爲主，見真體固難，悟後真爲主，消妄想更不易。十二時中，空過不得，作何功課，幸詳教之。

答羅匡湖給諫三

貴鄉飢，而老先生盡力如此，真學問也。

《大學》以明、親、止爲一物一事，就中揭出本始，使人知所先後，而先於格物致知。格物者，究竟到極至處，知本之所在，即明、親、止一齊在此，其義備於「淇澳」一段。蓋知本確是格物，而此段又確是知本。《大學》明言此謂知本，此謂知至，此段又明言此謂知本，不得紐合誠意中。老先生以知本爲致知，大旨已了，文義久當自會。

蓋攀龍是數年憤悱得之，非漫從也。如刻教不知在腸中幾盤旋矣。得一本字到手，更有何事？但此字頭面易見，肺腑難窮，古人下格字致字，萬分鄭重。老先生洞悟心靈，只體貼天理便見。天理與心靈，又豈有兩物？妙在體貼兩字耳，只在一部《大學》中，懸空體不出，泛濫亦體不出也。盲人之見而陳於離婁，得毋一噴飯耶？

答耿庭懷

得教推求光景之說，甚幸甚幸！聖門所貴默識，正謂須識得此體。此豈以静而有，動而無耶？既識得，則惺惺了了，自然知是必行，知非必去矣。若用處一差，即是本體不徹，而所謂見者，乃虛見也。虛見之謂光景也。如静中觀喜怒哀樂未發氣象，此爲未見道者引而致之，正令于心無所着時默識其體，此見性之捷法也。真見得天命之性，則真見得道不可須臾離，雖欲不戒懼慎獨，不可得矣。戒懼慎獨，亦不過一靈炯然不昧，知是必行，知非必去而已。所以然者何也？此件物事，不着一毛，惟是知是必行，知非必去，斬斬截截，潔潔淨淨，積習久之，至于動念必正，方是此件。〔眉批：是必行則胸中無事，一非不去，即介介留許多不安處矣，何繇復得人生而静以上？〕不然，只是見得他光景，不爲我有。試體行不慊心之時，還是此件否耶？某平日體驗如此，不知是否，望老父母更正之。

與陳思嵩

兄近來學力何如？性體豁露否？❶正念現前否？二義實相須，性體不透，決不得正念現前，正念不純，所謂性體，只是虛見耳。兄試體之，以爲何如？

復錢漸菴一

東林會中，傳先生發改過修慝之義，尤爲同學日用精切工夫，自茲以往，日事斯語而已。

往者見禪林古德有言：「末後世明道者多，行道者少。」惕然有省。竊以爲于今之時，❷不患本體不明，惟患工夫不密，不患理一處不合，惟患分殊處有差。必做處十分酸澀，得處方能十分通透。天下事大抵皆然，得之易，失之亦易也。先生以爲何如？

❶「豁」，康熙本、四庫本、光緒本作「發」。
❷「時」，康熙本、四庫本、光緒本作「世」。

復錢漸菴二

席上之言，貢其狂瞽，亦蒙採擇，見老先生虚中無我之至矣。知危者便是道心，此提最醒，得此欛柄，至於精一執中無難矣。

何莫非虚靈？中間層級，萬有不同，即如一小事至前，所以酬應區畫之者，孰非虚靈？然要商確到極停當處，〔眉批：堯、舜、周、孔而下，壹是皆然。〕便有許多推敲，要果行到極慊心處，便見許多摇撼，于此見道心之微，而精一允執之要也。人心一片太虚，是廣運處，此體一顯即顯，無漸次可待，徹此則爲明心；〔眉批：辨心性莫明於此。〕一點至善，是真宰處，此體愈窮愈微，有層級可言，徹此方爲知性。

或曰：「至善是現成天則，有何層級？」攀龍曰：所謂層級，就人見處言。身到此處，見到此處，進一層又一層，見到天然停停當當處，方是天則。此即窮理之謂也。或曰：「虚到極處，便見至善，豈虚是虚，善是善？」攀龍曰：只看人入處何如。從窮理入者，即虚是理，虚靈知覺，便是仁義禮智；不從窮理入者，即氣是虚，仁義禮智，只是虚靈知覺。緣心性非一非二，只在毫芒渺忽間故也。老先生試爲一參究而終教之。

與徐匡嶽大參

《大學》一書，某于文義尚有不決于中者，近始決之。此與李先生稍異者，以格物致知而知本，以知本爲物格知至耳。至于主意，則在知止，工夫則在知本，一也。吾人日用，何曾頃刻離着格物？開眼便是，開口便是，動念便是。善格物者，時時知本，善知本者，時時格物。格透一分，則本地透一分，止地透一分耳。老先生試體之。

答曹真予論辛復元書名全，河汾人。

復元公，聖質也，見在已是吴康齋先生等輩矣。説者謂康齋不及白沙透悟，蓋白沙於性地上窮研極究，以臻一旦豁然，康齋只是行誼潔修，心境静樂，如享現成家當者，快樂受用而已。然其日漸月磨，私欲浄盡，原與豁然者一般，即敬軒先生，亦不見作此樣工夫。至其易簀之詩，謂「此心惟覺性天通」，原是此樣境界，不可謂其不悟。復元公再肯進此一步，大儒矣。但恐其質妙行敦，身心已定疊得去，日用已洒落得去，不信有此一步。只有一試法，須自知之：有妄想否？有倚靠否？若有妄想，即樂亦須假物，如讀書，亦假借也。若有倚靠，即敬亦是倚靠，如以敬直内，便不是直也。

弟得其《樂天集》，如飲沆瀣，不忍釋手，故不能奉璧。更望翁臺再見賜其《養心録》，千萬千萬。

與劉雲嶠一

千古西江爲道德忠節之區，今海内所傾心注目者，台丈與南皋先生而已。儒者經世之學，不格物，不止善，毫釐千里，所關于天德王道非小。望台丈於憂中，更進百尺竿頭一步也。

弟晏居，深念以爲當今世道交喪，無計挽回，惟是諸君子深明此事，則或出或處，總是撐拄乾坤，自餘非綱要所在也。❶台丈以爲何如？

與劉雲嶠二

今之學者，每好言悟。夫悟，誠足重矣，非悟則無默識，非默識則何以學，何以教，何以不厭不倦。然悟者，虛靈之偶徹，本體之暫現也。習心難忘，本真易昧，故非真修，不足以實真悟。若使天下萬世之念不切，好善惡惡之意不誠，〔眉批：虛見地。自了漢須自窮究。〕徒執一見，自作過活，假饒身心安頓得下，恐非千聖血脈也。知年丈辨之審矣，弟懼謬誤正在臨岐，不審年丈何以教之。

復朱密所

嘗讀《孟子》曰：「能言距楊、墨者，聖人之徒。」未嘗不廢書三嘆。夫曰能言而已，何遂爲聖人之徒？蓋誠有大不忍于心，如新亭之涕，視神州陸沉，汲汲望天下勤王之師也。茲者天幸海内聲氣稍動，吾輩既得路徑不差，須從身心上實履出來，乃爲能言，乃可距楊、墨。弟雖不敏，請從老公祖之後，鞭策其駑駘疲足，以不負斯語。

與何天玉一

諸賢得釋，海宇同歡，況足下之于僕

❶「自」，康熙本、四庫本、光緒本作「其」。

耶！聞報之日，亟呼酒稱慶，一時侍兒亦有奇喜，可見心之同然。今足下已置身雲霄之上，足以羽儀天下，所被服者明霞，所餐者沆瀣，乃纖塵不到之境。若如光音仙人貪食地肥，便身重不能上天矣，慎哉自愛。僕恃道義之愛，敢發此狂言。然人心甚危，雖豪傑之士，常不能自制，須得義理栽培，讀書賢于他好。知足下有味斯言也。

與何天玉二

昨與門下無語不契合也。區區鄙意，則以門下既開此眼，更無別事，〔眉批：切切只勉人躬行。〕足赴之而已。《離》之初九，惟敬錯然之履，一片大光明，日就月將在此，所以爲踐形盡性也。《困知録》已卒業否？以爲何如？

答吴安節年伯一

聖學全不靠静，❶但各人稟賦不同，〔眉批：極得力於静，故知之，亦可言之。〕若精神短弱，決要静中培擁豐碩。❷收拾來便是良知，散漫去都成妄想。益驗念菴先生無見成良知之説也。

答吴安老二

人生處順境好過，却險；處逆境難過，却穩。〔眉批：此點醒近淺，然最親切，先生每每揭出，自有當可處。〕世味一些靠不着，方見道味親

❶「全不」，康熙本、四庫本、光緒本作「不全」。
❷「擁」，四庫本作「養」。

切，道味有些靠不着，只是世味插和，❶兩者推敲，儘有進步。若順境中，一切混過矣。當此世局，正是玉成，不可不知也。

老年伯玩易了心，是無上勝事。滿目生機，充塞無間，人于其中，藐然有身，但胸次不着一物時，内外融徹，純是易也。即易是心，無心可了。鄙見如斯，老年伯以爲如何？

答吴安老三

官至九列，當邪正水火之時，而屹然持正，不失天下之望，非老年伯平生學力，何能得此！聖人重成名，豈好名者可得而假乎？總憲公完名去矣，協院公以巧成拙，只看今日結果，便知當年下種。造物之于人，真者必顯其真，假者必破其假，静中觀物，良有味也。

賢孫之變，誠爲不堪，第看破一命字，便可一切放下。知老年伯之朗照，在羣物之表矣。

與洪桂渚

邇來道況何如？世局如此，吾輩自檢處，欲日虚日密，自信處，欲日堅日泰也。近因一二事，觀天人之際，如呼吸相應。《詩》云：「胡不相畏，不畏于天？」甚矣天之可畏也！甚矣天之可恃以無畏也！丈自可默識于言意之表矣。

❶「插」，四庫本作「攙」。

答陳伯襄憲副

侍於君子以來，忽即歲月，門下敭歷中外，實心實事，〔眉批：四字寫盡先子一生。〕日見之行，此之爲德以迓福者，可涯涘耶？今年大浸稽天，民在飢溺，此仁人盡力之秋。門下居尊職要，凡念諸懷，吐諸口者，皆膏澤也。此地此時，得愷悌如門下，真上帝不絶民命矣。

弟迂踈腐人，年來惟是朝聞夕可一事，如盲者在途，悵悵乎其未有適，無足爲門下道者，猥辱存念，獎借逾分，是門下與人爲善之至意也。惠書惠儀，謹拜長者之賜。

楚中歐陽宜諸，精金良玉也。隨事幸一表章之。他如郭明龍、周二魯，皆門下友善所宜及，附以聞。

龍正謹按：是時先公副楚臬，以予輩累多，不攜之官，故貽先生原書未及見。讀先生報章，德業相勸，而先公拮据賑濟，果已多方。又歐、郭諸公，與先公不約而孚，信乎同心之言，其臭如蘭矣。

與吴子往一

接教言連日精神不暢，此不可放過。凡天理，自然通暢和樂，不通暢處，皆私欲也。當時刻唤醒，不令放倒。作科第業，不足妨兄。但見得顯晦分定，毫髮非人力所爲，信得徹底，此一片田地，方潔浄，方有做工夫處。不然，任是嘉種，田地蕪穢，發生不起。韓昌黎曰：「將蘄至于古之立言者，則無望其速成，無誘于勢利，養其根而竢其實，加其膏而希其光。」夫昌黎之論工爲文章者，且當如是，況求聖人之道者乎？

與子往二

荻秋大足陶鑄學者，兄勉之。弟所見兄閒適之味多，研窮之力少，〔眉批：子往先生嚴事忠憲，服而感之以此。〕故經年之別，而無疑義相參，坐讀書不多，悠閒過日之故也。

兄之文章，自是錦心繡口，一時絶調，毋過怯之而苟安焉，使此事進退維谷，反爲靈府之累也。亦在多讀書，使外來之聞見，與性靈之趣味相浹，出之不難矣。

讀書而氣逼塞不暢，此是内外相拒，不相乳入之故。勿顧而愈前，至于旬時，彼此相粘而融融矣。

心即理，理即心，理散見於六經，聞見狹而心亦狹，非細事也。兄勿疑於此。

與子往三

與兄別後，此件工夫，無可告語印證，殊無日新之益。家居只隨分應酬，尤悔日積，但徵色發聲之間，皆爲煅煉琢磨之助，亦自得力。因此愈知直方之工，動静一體而成。静中有毫髮私念攙和，便不能直，動中有毫髮世情粘帶，便不能方。愈直則愈方，愈方則愈直，妙處真不容言也。

兄静坐已得身心妥貼否？有不妥貼處，皆屬安排，皆非自然。蓋此箇心體，無有形體，無有邊際，無有内外，無有出入，亭亭當當，直上直下，不容絲髮人力。但昏雜時，略綽喚醒，一醒即是，本體昭然現前，更不待認而後合。待認而合，則與道爲二，反成急迫躁擾矣。

日前見兄多有無事生事處，〔眉批：以深相知，言極凱直。〕或因用工煩惱，或遇佳境貪戀，或修業而又慮累德，或修德而又恐遺業。此等皆非主一先難之義，甚乖湛然之體，要於此處灑灑落落，始覺自在耳。至於静中，不可空持硬守，必須涵咏聖賢之言，使義理津津悦心，方得天機流鬯。兄試體之，大抵性命心切，天下事自無不可爲，不然，則虚生虚死。

吴子于善，無所不受，故高子言無不盡。高之切，正見吴之虚。

與子往四

弟觀此道，既爾充塞，形色即是天性，但隨身所在，一切整齊嚴肅，許大乾坤，便樞紐在此，總無餘事矣。歸途或來訪兄。

與周自淑

東省大災，古今罕見，吾兄貧而當此，不知何以作活？每恨無魚雁可通此念也。

關中馮少墟先生講學，外世爲局，此中顧涇陽先生論學，與世爲體。當時見涇陽先生爲大，此時覺少墟爲高。何者？與世爲體者，世與爲敵矣。弟年來又受世敵之益，一切動忍，爲洗心退藏之助也。

答史玉池

定志之教，丈甚見其大，弟即反而思之，於三賢所謂毅然己任者，來書云：「范文正以天下爲己任，司馬公以天下是非爲己任，明道先生以興起斯文爲己任。」惘然無有也。今日爲計，惟有責志，不責其無三賢之所任，責其無三賢之所學而已。蓋恐一念向外，不免有舍己田而芸人田，代大匠斲之病也。

弟居平惟日取諸聖賢書，循循而讀之，內體諸身而合，外應之事而順，自不覺其篤信而深好之。故自《學》、《庸》、《語》、《孟》，周、程、張、朱諸書而外，〔眉批：人所忽畧在此，故難能在此。先生只是認真，便到聖人，也只認真二字。〕不敢泛有所讀；確守師説，亦不敢自立所見；出而應世，一秉其所信，亦不敢有所委曲求濟於其間。不審其間尚有弊病否？乞爲弟細察之。

弟極愛魏莊渠先生言：吾輩若透却名利關，人安能軒輊我？縱毀我、譽我、萬方我，只消不見不聞，便都了却。我若是真金，儘教他做烈火。倘還有些渣滓，却藉他做洪鑪，猛煎熬一過，添我多少精神！此與行無忌憚，而不恤人言者相霄壤。丈所謂大爲警悟一番，但不可因之動忿心者，正兩得之。若於此不透，正坐爲己之根未深。怒於毀者必喜於譽，却似平日所爲好事，不過欲人道得一箇好，於自己性分，都無干涉也。

玄臺兄昨相聚兩日，蕳淡之趣，殊足以藥弟之所不及。又言吾輩氣象，須要涵養和粹始得。即人以非理相干，但勿從之，不必生疾之之意。弟深服其言。其他見解，多有不然。自孔、顔、濂溪、明道而外，如曾、孟、小程、張、朱，皆有訾議，察其深病，不免落於禪宗。吾丈會時，當切劘之。此兄今人所難得，不欲其終於此而已也。〔眉批：深愛。〕

與周念潛

得吾丈秘書之報，喜而欲狂。蓋得其人，則邑中之庇也；非其人，則蠹也。庇與蠹，相去遠矣。〔眉批：都從百姓起念，他人只見朋友。〕令先公不爲蠹者也，故天以丈報之。丈慎自愛，萬里之行，自此始矣。

都下人事碌碌，能讀書否？有直諒多聞之友否？每讀《論語》至論齊景、夷、齊處，便令人意思拔汚泥而升雲霄。讀《孟子》陳代、景春章，浩浩然俯視寰區，俗物都茫茫矣。此野人芹味，試爲丈獻之。

賢郎留邸中爲佳，少年拘撿數歲，可望成性也。

與張子慎

別來兄進修何如？擺一分俗趣，入一分道味，勢不兩立者也。如兄聰明，何事不成，但恐志立兩岐耳。今人自孩提至成人，父母之教，師傅之誨，曾有出於富貴之外者乎？根心生色，不言而喻。此念已若天性，而真仁義反若矯揉，安望有超拔沉淪，能自覓求吾之所謂至富至貴者乎？非豪傑如兄而疇望。

曩時面語，今日緘書，弟之鄙誠，無出此語。蓋弟誠自體驗，廣居正路，人人自有，不待安排，只爲此賊竊據其中，故主人翁擯逐於豺虎荊棘之叢，曾不得頃刻休息。發大勇猛，誓不與此賊俱生，方能擴通道路，光復吾廬。舍此而談玄説妙，平居儘足自哄，恐當境分毫用不着耳。

弟於此正在交戰之時，未知何日奏凱。雖然，吾之所謂至富至貴者，一日到手，外賊要不難除，内修外攘，正爾交資，莫兩相靠。不審兄近日持行何如，風便幸一示知之爲望。

與吴懷野一

弟年來認得學問要約處，止一性字耳。此處真假，干涉非細，若不將有生以後添出者，盡情放舍，不見其面目也。何日與年丈相對默然，一印斯理。

答吴懷野二

弟學同人之學，無同人之精力，故欲自遂其幽人之分量，而以一歸爲快。畢竟東林掌記，乃弟實銜，五湖釣叟，乃是兼官，他不稱職。此實語，不敢妄也。

弟歸見敝邑東林諸兄，蒸蒸上進，以弟衰耄，如着緊鞭。吾輩老矣，幸見未發性地，然欲從戒懼造于篤恭，必有須臾不離道之工夫，以復須臾不可離之道體，雖欲罷而不能也。

《理學家録》，置坐右，如日侍教戒，感謝。

答蕭康侯

不謂康侯罹此大慼。喪禮久廢，能勉而行之，即性體也。

心境易開，性分難盡，此悟修之説，非心性之辨，言不真修非真悟也。躬行君子，聖人所爲未得者，要形色純是天性，聲爲律，身爲度，做到聖人亦無盡處。所以爲未得，實不可得也。故不悟之修，止是粧飾，不修之悟，止是見解，〔眉批：不修之悟亦爲文，千年同犯之病，千年未發之藥。〕二者皆聖人所謂文而已，豈躬行之謂哉？

問津書院成，門下當以身肩之。千古之業，只在眼前，不於他覓也。

復陳敬伯

人生不向道理上去，總是虛生；道理不向身心上去，總是虛語。早下手一日，省氣力一日。惟丈念之。

答周二魯

先生云：「學涉玄虛，士迷利禄。」二語括盡世弊。天下無真事功者，〔眉批：談學問都在虛處，何其過高！受病痛都在實處，何其過陋！〕繇無真學術。學術果真，步步踏着實地，朝市山林皆有事在，不必得位也。

答瞿洞觀一

前尊丈爲我慮水銀詐死，良是。弟則謂原是真金，但一向埋没耳。弟自甲午年赴謫所，從萬山中、磐石上，露出本來面目，修持十五年，祇覺一毛尚在，去年一化，方知水窮山盡處耳。雖然，聖解一破立盡，凡情萬疊難銷。〔眉批：瞿好禪，即用禪機點退。〕古德牧之爲牛，弟則奉之爲君，夫何爲哉？恭己正南面而已。

寄瞿洞觀二

斯土士風民俗何如？廣土衆民，君子所欲，老丈得之，其與世俗吏傳舍一官者，必有如燕駕越轂，不可同年而語，所以苦心畢力其間，不言可知。廊廟山林，俱各有事。在山林者，一念不空，即非真體；有民社者，一念不實，亦非真空。〔眉批：觀世音復生，當爲心折。〕老丈從事心學已久，知於此裕如，弟正孳孳焉未有得手處也。便中祈一示持行真諦。

與顧新蒲

人有言曰：「安詳是處事第一法，謙退是保身第一法，涵容是與人第一法，灑落是養心第一法。」信然矣。然何以能安詳、謙退、涵容、灑落耶？襲其事則不可久，求其真則不可得，遵何道而可？曰：心存則是，心不存則非；知性則是，不知性則非。何謂心存則是？心欲如是，則如是矣。何謂知性則是？知性之本如是，則心欲如是矣。不安詳者，躁也；不謙退者，傲也；不涵容者，隘也；不灑落者，滯也。躁與傲，隘與滯，吾性所本無也。復於性則四惡屏，四美具矣。存心之謂居敬，知性之謂窮理，此二門者，萬善所自出，寧獨四者？故學貴務本。

與丁子行

見新詩，知況味遠矣。弟近來無他進益，惟見得人生只有一個念頭最可畏，全憑依他不得。精察天理，令這念頭只在兢業中行，久之純熟。此個念頭，即是天理。孔聖七十方到此地位，吾輩何敢説大話也？

答劉直洲

弟衰絰中，百里之内，得顧涇陽伯仲，與玄臺輩磨勘商確，退而閒居，左右圖書，歲月殊不惡。

適奉手札，知足下禪根獨深，欲與弟共此美。足下念弟深矣。弟獨謂此道，其徒自能爲之，非吾曹之所爲也。非獨不可，抑亦不能。何者？釋氏之道，始於止，妙於空。其空之妙，即空字更不容着，故至於滅而倫理，棄而事物，絶而思慮，其初雖鬚髮之微，覺爲煩惱，亦削去之。吾曹今日能乎？習其道者，兀坐一室，亦自有餘，一交事物，種種憎惡，至於顛倒錯亂，無可奈何，則强曰不必安排，頭頭是道，不知拂於人情，乖於物理者多矣。吾曹爲孔子之徒，自宜從孔子之教。足下誠取四書沉潛體驗，篤實力行，無先立己見，强聖賢從吾，每一温尋，濯去舊見，以求新知，久之自當知釋氏萬般指引，吾儒開口便見，釋氏徹底精微，亦儒家所不屑道者耳。

丈又云近於二程書，更覺心適。此丈入門之漸，而吾道得人之幸也。第先入之言，〔眉批：劉欲以禪引先生，先生始令舍儒，妙于拒，妙于引。〕主張於内，爲力亦難。倘於高明未合，願姑舍之，萬勿援釋合儒，爲孔門大罪業。今之陽尊儒而陰從釋，借儒名以文釋行者，自陽明以後更大熾。足下才高力强，尤大可慮。與其似是亂真，則不若浄守禪宗，借此路亦可淡灑世味耳。

弟無所知識，守先儒之説，勉循下學，但立志不敢不端。語曰：「行百里者半九十。」足下姑取其志考之于異日可也。不盡欲言諸，惟願足下臨事平情，毋輕喜怒，得情勿喜之道，常存之方寸。此爲弟負暄之獻。

與羅止菴

自得教誨以來，工夫雖多作輟，每輟每續，亦漸得力，止修合一，所謂易簡而天下之理得矣。

邇年來杜門，益肆力於周、程、張、朱四先生之全書。洋洋乎！優優乎！窮子一日而獲其寶珠矣。嗟乎！今世之士，其無志於學者無論也。幸而志於學，則皆樂趨捷徑，率逃之於在彼在此之間，令人不可方物。李先生獨揭止修之旨，於是而自頂至踵，皆爲實地頭，無動無静，皆爲實工夫，其意微矣，其功大矣。善學者得之，則凡聖賢之言，皆見下落，如五味之相濟而不相爲病。〔眉批：夫子自道也。愚嘗謂見羅、南皋之學，惟先生乃能用之。〕不善學者，舉一廢百，亦有不覺其相爲牴牾者，何也？聖人之言，寬而不迫，雖至於千變萬化，而道則一也。李先生提綱挈領之教，説近于執，然而執則迫矣。故弟以爲，既得其大本，則宜益涵泳聖賢之言，而寬以居之，斯爲不失李先生之意也。惟丈精察而更教之。

與王具茨

丈夫生世，即甚壽考，不過百年，百年中除老穉之日，見於世者，不過三十年。〔眉批：任是籠統人也提動了。〕此三十年，可使其人重於泰、華，可使其人輕於鴻毛，是以君子慎之。僕老矣，此三十年，從蠹魚中忽忽而過，遂於世爲不足有無之人，努力春華，敢望之大君子。

案牘之暇，《近思録》不可不讀，謹致一册。聖度兄居恒道《大雅》津津然，春陽醉人，〔眉批：婉而風。〕知仁者施政惠民，正如斯矣。

答張雞山

龍每謂姚江之學興，而濂洛之脈絶。忽得大教，且驚且喜，不謂濂洛當再復中天。略玩致曲言，已窺見先生一斑，確然聖脈無疑。望先生以身顯道，〔眉批：「身」「道」二字代言行，□甚。〕使天下信其人而信其道，信其道而信濂洛諸君子之道也。

有宋大儒誠明之性，明道先生是矣；明誠之教，晦菴先生備焉。舊刻呈覽，諸有拙見，邇來正欲録出，當以明年寄正。

答吕釗潭大行

辱教舟行晏坐，此最勝之事，難遘之緣，惟夙根道器，能覿面不失耳。

靜坐只以見性爲主。人性萬物皆備，原不落空；人性本無一物，不容執着。性即天也。惟天之命，於穆不已，可以爲無乎？上天之載，無聲無臭，可以爲有乎？天即心也。當其感，皆天之用也；當其寂，即天之體也。必體立用行，故於靜時嘿識其體。觀未發氣象，即默識其體也。觀者，即未發者也。不動於意，故不可以有意言，不可以無意言，總只是一片靈明；久着于物，故不靈不明，一念反觀，便靈便明耳。即此是性，即此是天，更無二物，以此觀彼也。

自來研證所見之涓埃，仰正於高深者如此，惟不惜往復惠教。

答王儀寰二守

三教各自爲宗，故起因結果，絶不相同。人但知性之不異，不知學之不同。夫子曰：「性相近也，習相遠也。」學習不同，一者不得不三。非性之有三，習使然也。至於談良知者，致知不在格物，故虛靈之用，多爲情識，而非天則之自然，去至善遠矣。吾輩格物，格至善也。以善爲宗，不以知爲宗也。故致知在格物。一語而儒禪判矣。茫茫宇宙，辨此者實鮮。老公祖精研於此，豈非天之未喪斯文與？

答湯海若

龍爲舉子業時，則知海内有湯海若先

生者，讀其文，想其爲磊落奇男子也。從入仕版，以未得一見顔色爲恨，乃辱手書之。及開緘誦之，喜心欲舞。及觀賜稿，貴生明復諸説，又驚往者徒以文匠視門下，而不知其邃於理如是。

龍嘗讀聖賢書，見孔子言仁，便説復禮，孟子言浩然之氣，便説集義。夫仁者，與萬物爲一體，浩然之氣，塞乎天地，可謂大矣，而拈出一禮義字，便分毫走作不得，其嚴如此。〔眉批：以放蕩爲廣大者，讀此作何愧悔？〕今時之學，非無見其大者，只緣這些子走却，便爾落草。門下諸篇，迥別時説，何勝爲吾道之幸！聊發所見大端，以望金玉之音。

答吴嚴所司封

弟抵家至郡中之日，即翁臺榮發之日也。後先半日，遂失一晤。令先公屈於一時，伸於千古矣，此是宇宙定理。弟嘗謂，以暫，則正必不勝邪，以久，則邪必不勝正。正不勝邪者，陰陽盛衰之勢，邪不勝正者，陰陽尊卑之分。君子所以必屈於當世，必伸於後世者，以此。世界甚長，知者不於百年作小過活也。抵掌當於秋爽，微物寄意。

答區羅陽太常

伏讀老年丈《明德疏》，字字莫逆。弟去年有《勸學疏》，不過因大疏而望聖主以警悟之機，保任之法耳。謂其君不能，不敬莫大焉。故寧冒迂闊之譏，不敢蹈不敬之罪。

形色天性，即形即性，即性即形，此之謂躬行君子，此之謂君子所貴乎道者三，此之謂根心生色。聖學所以與佛學異者，只一性字。性者，理也；理者，矩也。從心所欲不踰矩，方是躬行，方是踐形。拙説蒙年丈印可，何幸何幸！講之于口，體之于身，二語奉以畢世，不然只是講，不是學也。

弟已歸，恐弟南而年丈北，又未得于一水時通問也。

答吴進士

古人奉天命以周旋，不敢褻而棄之者，如士人得一第，天即以君民命之矣。仕宦而不于兩者起念，非天所命也。弟觀世間弊敗，皆緣此念不真。弟非能真者，不敢不以望天下俊傑如仁丈也。

答友人書

向者老生常談耳，然向世人語，便以老生常談，一噱棄之，固知非門下之敏，不能味無味之語也。

得教喜躍無似，然尚在見解上盤旋，若便從此下手，一切放下，一切淡苦，❶淡到極處，方是此平常真體。此體雖極平常，却極奇特。彼自能孝能弟能忠能恕，一毫不須人力攙和，雖聖人所不盡，却人人所共能。門下試默識。默識兩字，是隨時隨地隨事真工夫也。

❶「苦」，康熙本、四庫本、光緒本作「去」，宜從。

答吴百昌中翰

至都下，適海内同志，一時盍簪，可謂此生遭逢之幸，而鄒南翁、馮少老，又以聖學相參相印。二老卒以學去，不肖亦將繼之，學之不容于世如此。然既謂之學，不必其容也。以容爲學，豈復有學哉？

想台丈學殖日積，道況日佳。蓋格致者，皆推究其極之謂。推究到極處，即太極無極，所謂至善也。此是一塵不到，萬理明淨之境，況味何如哉？學之所以爲樂者以此。

慕崇文如飢渴，想黄山在夢寐，未知此生還有此緣否？言之神往。

答田雙南

聖賢息息只是學。聖賢之學，息息只是仁，所謂逝者如斯，不舍晝夜也，極平常極奇特。若煅煉精純，渾是此件，即通乎晝夜，更無生死，豈不大哉？弟有志於此，而茫乎未之有及也。台臺取其一二推測之言，自是與善曠懷，使弟益勉勉於斯者，皆台臺與善功用矣。

致周懷魯中丞

三吴不幸，横罹水害，是乃氣數適窮，然大幸台臺當路，此真天心仁愛。夫以萬萬生民，寄與台臺一身，天之所以待吴民者，可謂至仁；以台臺一身，活萬萬生民，天之所以待台臺者，可謂至重。邇者伏見大疏，及一應文移，真足仰酬蒼蒼之意，俯慰林林之望，即某等亦不覺感激涕零，況忍死待拯之民哉！

竊惟目今民間雖未甚闕食，危急已在冬間，宜先知應賑人户之數，然後可預處米穀，預立給散之法。攀龍稽考古昔，〔眉批：惜三款未見。〕咨諏老成，謹列三款，仰備採擇。然此事所係，全在得人，即如審户、給散二事，欲正官爲之，勢必不能。當精擇佐貳，須台臺特委，許以特薦，免其一應迎送及本衙職事，使專意爲此。另給食錢，寬以日月，禁其煩擾地方。諭令訪求各鄉公正有德之士，不拘紳衿耆老，相與商求，務使澤無遺人，人無冒澤。如不盡力，且以賄聞，即時鎖拏問罪。如此庶幾事事得實。但佐貳官堪委者，極難其人，又須訪問各處公正縉紳士人耳。〔眉批：爲地方□事，全在豫知賢士大夫。〕

又惟台臺爲民請蠲請賑，至矣極矣，然又有事外之念焉。今杜監部，實司農耳目，不可不使之與台臺同心。密有揭報，〔眉批：何等籌畫作用！〕劉稅監實内庭耳目，不可不使之自爲稅計，預報灾傷，此亦一助也。伏乞採擇。

高子遺書卷之八上終

高子遺書卷之八下

書

與許同生父母

前奉教造荒册之法甚美。顧荒之與饑，自是兩事。荒者田，而饑者民。勘荒可一覽而百畝千畝，審饑則一日止三村四村。必急乘此風和日煖之候，了審饑一事，則飢民可計數而知，賑糶可相時而發耳。

夫賑饑，不難于饑者必賑，而難于賑者必饑。賑者未必饑，則饑者未必活。何者？以有限之財，當無窮之冒，必不繼也。惟是隨門逐户，什伍相稽，當時給票，據票給米，自無中間展轉弊竇，民受實惠，喫緊在此。望仁臺亟給賑票及文簿，先就興道鄉四河口爲始。蓋以此鄉爲最低最饑。且縉紳則有葉玄室兄之賢，住居此鄉，可相參酌。

謹以票式及簿式呈覽，幸仁臺裁之。其餘勘荒勘圩，則可一舉兩得，待荒册造成，行之未遲也。

與林平華父母一

敝邑解軍之役，民間最爲重累，近易官解，百年疾苦，一朝去之。但當時原議，每百里盤纏二兩，蓋念差役道路防閑之苦，經過衙門使費之累，故稍優之。〔眉批：破冒壞事，不知一意求節省亦害事。〕于時當事者以爲太饒，每百里減去八錢。自遵行以來，則快手之累又不減於民，真有賣屋賣妻，猶不能償債者。近呈道尊蒙許亟行，伏乞老公祖即爲一申，復其原議百里二兩之額，庶幾民間衆擎易舉，出者不以爲厲，差役見利忘勞，行者不以爲苦，而此法可垂永久矣。

與林平華父母二

東林之政，仰荷主持，遂得徼寵於各位老公祖儼然賜命，重之弘施煌煌，斯文實式臨焉。然而揆之鄙衷，尚有不能嘿嘿而安者。

昔聞邑先達文莊邵二泉先生，嘗建尚德書院祀李忠定矣，比部華補菴先生，嘗建崇正書院祀七賢矣。還按東林故事，二泉先生嘗屬補菴先生重行改葺矣，並不聞上煩公帑，下煩里中父老趨事也。惟是惠山尊賢祠，二泉先生寔倡諸衿紳共新之，則亦謀諸一邑而已，卒不聞上煩公帑，下煩里中父老趨事也。典刑具在，龍等何敢有違？已而反覆思之，祠堂之設，主以龜山先生，配以羅、胡、喻、尤、李、蔣、邵七先生，崇往厲來，於是乎繫，是一邑之公也。至於會所之設，廣麗澤也，乃龍等之自求助耳；書屋之設，備藏修也，乃龍等之自求益耳，是二三同志之私也。其爲一邑之公也，請得奉揚明德，庶幾翕然興其仰止之思，以無負表章至誼；其爲二三同志之私也，請得退而守固陋之分，無容藉口談道之名，靦顔非格之賜，以致處非其據，貽誚《伐檀》。〔眉批：創事時如此嚴介，廿年後猶有劫運，舉動可不慎與！〕懇乞特賜鑒裁，轉達於各位老公祖。幸蒙許可，鏤刻有百倍于恒情者矣。

答湯質齋

弟觀自古聖人，參贊化育，只有扶陽抑陰四字。謂之扶抑，畢竟特有低昂，畢竟衆人不識。故衆人不識處，正君子苦心獨運處也。台丈云：「不着一邊，豈不爲持平極則？」弟猶恐着一己意思，爲不着之着，不若廓然只聽之通國正人公論，爲着而不着也。

答段幻然一

今上御極以來，江陵扇虐以後，未有如婁江之邪毒者，一切否局，皆其所造，廿年虺螫，一揭鴟張。而台丈于雜然羣枉，獨獲大首，自此誠宜提綱挈要，相候乘時。凡天下之事，去其太甚，則人心背服，求之已甚，則人心胥疑。匪特爲小人之藉，亦恐爲小人所乘矣。

答段幻然二

台丈云：「斷粗慾易，斷細慾難。」誠然誠然。然學人難於不見道耳。台丈見道既久，只收拾精神，復於未發，乃爲着實，若放空擴去，猶未帖帖。把住放去，二者之病，知丈所不蹈也。二者幾微之異，試參之。

與段幻然三

知道體去歲頗有微恙，台丈星度，年來未佳，愼之愼之。

世事如此，正論之伸無日。然諸人舉動，又豈可久可大者乎？吾輩苟志於道，此等事如陰晴遞變，何足道哉？道之行也樂而憂，何者？兼善難也。道之廢也憂而樂，何者？獨善易也。今日衡泌之樂，諸公貽之，彼以爲足以困我，安知我輩寔以爲德與？

與段幻然四

弟以出山，故爲世不容，老父母不出山，亦復不容，何耶？然有口如簧，不能易異代之白黑，有衆如林，不能亂上帝之視聽，他又何足計乎？

雖黨禍未知底止，暫得閒身，儘作靜功。〔眉批：至哉！〕吾性中却無門户，天爵自貴，廣居自富，在人自領受耳。

敝鄉去年大水，今年大旱，人害天灾，一時并集，非此學，真難過日也。

楊大老得生還，弟死無恨。諸無足言者。

與徐十洲一

台丈在鹺司，諸人密伺。弟謂鹺事當重於惠商，而輕于稽弊。商之弊即上之惠，〔眉批：非仁不能智，先生大仁，故大智。〕方便之弊與耗蠹之弊不同也。

又聞有二上舍，常持台丈手書騙人，與人刻期曰：某日當有某檄下矣。幸其言多不讐，人之疑信尚半，〔眉批：忠告善道。〕乞爲一密察焉。

答徐十洲侍御二

救競以恬，救囂以静，吾輩宜以身先之。弟於東林，只爲乾之惕、坤之括。大會亦不舉，只與同邑同心默默做小學生規行矩步事。時事非海内一二知己，並不吐一字。同遊中岐路者，只與論學，不與論事。如是而已。

答徐十洲三

台丈到彼，且當善藏。丈夫舉事，據吾真心所發，締觀羣心所同，如雲興雨作，有自然之機，難以前擬。今未見有最勝義也。

答劉石閭中丞

翁臺撫浙，可謂大雅明哲矣，而不免世忌，以是知志於道者，必不諧於俗。然諧於俗者，豈志於道者哉？世之所忌者道耳。以學道得彈射，譬之以明珠彈人，受彈者得珠矣。

浙之賢者，湖州朱平涵、長興丁慎所、山陰劉念臺。平涵曠懷穆穆，慎所正氣浩浩，念臺清風凜凜。又嘉善吴遡齋，今之黄叔度也。四君一時首出，千古名流。翁臺地方人才，當精意表揚。翁臺足以重諸公，諸公足以重翁臺。弟之敢於及此，夷門監所以重公子，而報其虚左之意也。

人生富貴在天，道德在己，現前一舉一動，皆自道自成。知大君子見之審矣。

答耿華平中丞

兩浙名邦，以翁臺名賢撫之，人地交重。浙有三大功臣，有三賢太宰，聲震宇內。自三閣臣相繼，今復三閣臣並起，一何盛耶！人言天地之中，古在洛，今在越，或其然與？不知受天地之中，而能養之以福者，歸之何人，而可與三功臣、三太宰相光映也？

丁儀部慎所、劉光禄念臺、魏黄門廓園、吴儀司蘧菴，皆如金如玉，不倚不流。得翁臺正人當路，而後諸賢始無戒心，民之疾苦庶幾有聞於翁臺者乎！〔眉批：薦賢仍只爲民，方不昧本。〕此即不肖弟芹曝之獻矣。

答楊大洪父母一

清芬遠播，寔足洗滌塵宇，則功化豈在百里間耶？鄧按臺好惡極正，保撫臺一疏，似累而實非累，參福唐一疏，似非累而實累。大要舉事必於人心同然。苟其同然，即有不同，不足恤；苟非同然，即有同者，不足恃也。而察于同然處，須是一念不從軀殼上起，乃得之耳。以台臺之明，因物察則，如此等處，儘堪着眼也。信筆及之，以當抵掌。

與楊大洪二

向見考選報，深慶世間有真是非，朝廷得真人品，天理之終不可絶如此夫！乃裒葛再易，不敢一字通問者，時義然也。攀龍遭此世界，甚得便宜。何者？一味株守，乃安樂法，一味冰兢，乃補救法。二法足以卒歲矣。惟是山林人，一飯兩粥下得腹，一頭兩脚貼得席，在縣父母而已。

敝邑姜父母，禔躬則冰寒蘗苦，宜民則甘雨和風，蓋循良之最也。乃以鄉紳鄉飲一事，不能以無實無據之事，趨時人之局，遂失時人之歡。若或中傷，是父母能使山林人相忘于江湖，而時人能借山林人驅父母於羅網矣。自是而後，山林人其危矣哉！惟台臺念之。

與楊大洪中丞三

弟自來心疑老父母之不宜去也，而未能決。至昨聞聖躬不安，中夜徬徨，不能合眼。因思古所稱社稷臣者，決不於自身起見，決不於格套起見，并不於道理起見。去此三見，方是真道理。始奮然起，憬然悟，決知老父母萬萬非去之時，萬萬無去之理。今日乃敢開此口，非苟焉而已也。幸高明勿疑。

聖上視學，豈可憲地無人？孫老先生未知體中何如？老父母與左滄老，不容不出矣。

與楊大洪四

人世風波，所不敢避，聖朝雨露，所不能勝，即精神之衰，可知福分之薄，〔眉批：至真之言，世人難解。〕爲力所不及之事，一失脚時，悔之無及矣。趙師已有書盡言之，望老父母垂念，只使之趂好住，爲所全者大也。

答方本菴

辱教展《朱子節要》，知龍之學以朱子爲宗。龍何能宗朱子，殆有志焉。竊以自孔子而來，欲尋其緒者，必由《大學》。《大學》以明明德爲主，以格物爲先。格物者，窮究到天理極至處，即至善也。此處見得透時，更有何事？即如台教尋春尋樂，皆由一旦豁然後，自有此風景耳。

陽明于朱子格物，若未嘗涉其藩焉。其致良知，乃明明德也。然而不本於格物，遂認明德爲無善無惡。故明德一也，由格物而入者，其學實，其明也即心即性；不由格物而入者，其學虛，其明也是心非性。心性豈有二哉？則所從入者有毫釐之辨也。老年伯試體之，以爲何如？便羽乞一語決其是否。

答方本菴二

別來知道履萬福，今年復得賢郎高發，雖善門之慶，實吾道之幸也，欣慰何量！張栢老來接手教，提警備至。

向有東鄒南翁曰：「朱、陸二脉，並行於世久矣，但當論其來龍真，結穴真，不必問其何方何向也。」所謂龍穴，則老年伯當下識取本心之謂矣。建陽亦無朱元晦，青田亦無陸子静，信得斯心，方信斯語。但立教則不可不慎。讀《論語》，便見聖人小心。其周物之知，曲成之仁，正在于此。故附會失真者，其真自在，快意下語者，語即流禍耳。

關中有敝同年馮少墟，老年伯曾見其

集否？其學極正極透，與老年伯諸書，南北並峙，砥柱狂瀾。此道不墜，賴有此也。

大集中，惟人心惟危一語，于同然之心未合。近見《南遊記》中，以「語大莫載，洋洋發育」屬惟危，「語小莫破，優優禮儀」屬惟微，恐宜再入思慮。不可以老年伯之書垂于千古，而有一語之不慊也。

答周綿貞中丞一

此番入朝，深悔出山。太宰欲擇匠石之斤，一斲漫鼻之堊，而所遇者非其人，紛紛宜也。然亦有疎節焉，心非不切延攬，力實疲於應酬，故各省諸賢，氣脈不貫，紛紛宜也。方欲與相知共挽之，而未得會。楊大老一疏，施拔毒之劑，反發腐骨之毒，縉紳之禍作矣。京師地震，兆在斯乎！

東南大水，隱憂方大，賴老公祖在事爲民請命，攀龍輩亦不敢不竭其力。

答周綿貞二

此中司農諸公，皆以京邊無餉，難於改折，鄭玄老之書實語也。攀龍謂之曰：「無餉之空國，難言改折矣；無米之窮民，獨可催徵乎？折色雖無米，本色并無銀，兩者孰利孰害？」諸公頗語塞。〔眉批：不得不直。〕俟勘災疏至，即可竭力從事矣。今之肆毒者，固在中涓，與中涓合毒者，實繇外庭。

聞聖主知萬水部死，甚悔，大好消息也。目下爲總憲事紛紜，龍蚤自跳出，庶不至網羅之難。❶爲說甚長，未易詳布。

❶「難」，康熙本、四庫本、光緒本作「罹」。

四府公啓汪澄翁大司農

竊惟天下之事，有益于國，而有損于民者，權國爲重，則宜從國；有益于民，而有損于國者，權民爲重，則宜從民。至無損于國，而有益于民，則智者不再計而決，仁者不宿諾而行矣。夫國家當此匱乏之秋，畿輔、山東、川湖、雲貴，爭祈減賦之日，攀龍等何敢復出諸口？顧攀龍等所言，與諸方異；新征之賦，與久逋之賦異；酌量加派，與請蠲加派異；請折本色，與請蠲本色異。故曰無損于國，有益于民也。

夫久逋帶征，徒飽吏胥皂快耳。每見官府出一番牌票，吏胥得一番牌錢，皂快持牌到民間，但索牌錢，不索逋賦。〔眉批：天下逋弊，居官者明知之明爲之，何故？〕即官府嚴拏欠户，欠户亦但出杖錢，僱人受杖耳。民間費無限之錢，國家何曾得錙銖之賦？此而不蠲，上受虛名，民受寔禍者也。

加派之害，其害在照畝。蕩灘山峯，不毛之地，原無九氂之額，今有九氂之加，民何能堪？田上加派，靜聽皇仁，惟蕩灘山峯，勢不容緩。宜隨各府田糧之則，合成田糧一畝，始加一畝之派。地力既均，民不偏苦，庶可少捱，以俟虜寇之平。此則通融調劑，上損不多，民悅無疆者也。

至於改折之款，但省民間之浮費，不虧國家之正額。當此民窮財盡之時，正是救焚拯溺之計。唯布折少求量免，國家毫毛之損，實小民丘山之惠。

若白粳、糙粳、菉豆、稻艸，四項南糧，名曰民解，實多爲積猾包攬，私侵入槖，累年拖欠，動至幾萬，習爲慣常，民實無緩徵之利，而國則有逋賦之害，此江南一大弊藪也。年來雖屢厘部督，而此弊不去，畢竟難清。若得竟爲改折，委官解京，〔眉批：吾浙亦宜倣北。〕既得年年足額，一洗宿蠹，又可略省水脚，充抵別需。且各解常年率攜銀至京，賤糴客米上納，更有買籌私折者，其價甚減。何如官折白粳每石七錢，糙粳菉豆每石五錢，其值正昻。此於軍國，大有便利，與稻艸改折，尤屬無疑。

以台臺之明，何俟詞之畢乎？伏乞毅然主持，即賜覆行。台臺上爲國，下爲民，中亦造無限陰功，所謂寶山之寶也。

與李大司農

敝鄉田中一無所出，欲其出本色之米，并其折色之銀而無之，空激萬姓怨恨而已。今年照災輕重改折，督其明春輕齎而來，則可以救明年之急。明年回空蚤兑，督其後年先秋而至，則可以救後年之急。不損國家之賦，而大得民心之和。此其利害較然，知翁臺之仁明，不待其詞之繁也。

與胡撫臺

吴中重役，糧長爲甚，然常、鎮二府，原與蘇、松不同。蘇、松官户之田，浮於民户，民户懼役，爭詭入官户，避役者益多，受役者益少，勢極重而不得不變。常、鎮民户之田，浮於官户，可役者既多，受役者累少，上下原自相安。向年徐老公祖，均蘇、松之役，并及常、鎮。敝府自役官户以來，但見其害，不見其利。何者？官户受役，勢不得不托之親戚家人，親戚家人，豈能盡體主人之意？小户輸糧，嘖有怨讟，其勢然也。王老公祖以役官户，不若加役米。加役米，則畝畝出米，不必清花詭，人人出米，不必役官户。官户多出役米，是無役而有役也；富民多得役米，是有役而無役也。一時傳播，萬口稱便。令四郡有司倡率，獨無錫一縣奉行，舉優免不役之田，盡出貼役，民間以爲最公最平之事矣。〔眉批：豈非賢者倡率講學，果何負於君民！〕夫縉紳受役而不親供，既未便於民隱，若出貼役，又復受役，豈政體之平乎？乞老公祖念聖旨詳細經畫之語，❶畫爲百世可久之法。令各郡縣約糧長每年所費多寡加派役米，但是役米既行之處，即免官户之役。役米處處得行，則糧長處處無累，官户處處得免，則小户處處無累，〔眉批：只一味平心，自然事事得妥。〕永賴之澤也。編審在即，具呈上懇。

與秦華玉

行時勞費親丈者至矣。是日爲團圞之樂，又爲離别之悲。惟江流浩浩，漠然無情。自有江流以來，不知見幾人喜，幾人悲，而浩浩者萬古如斯，有情之人，不能如無情之物多矣。

弟此番入都，大非昔年光景。爽鳩之署，素號白雲，清淡安閒，甚宜衰朽。第權璫盤據，强虜伏戎，水旱幾遍南北，稱亂無間軍民，念之殆無事不憂，不能以優游爲樂。荒事在此，力争蠲折，蠲或不能，改折可望。幸大司農先與往來。此公與論理，不得一味恐懼以禍福，〔眉批：見先生用世之權。〕

❶「旨」，康熙本、四庫本、光緒本作「主」。

尚有可入也。

答陳筠塘一

令公恣意，實從來所無，大抵天下熱腸人，應作天下喫虧人。然願年丈百受人虧，不可使熱腸變冷。吾輩在世，寧有幾多時，百年喫虧人，自是千古便宜人也。

與筠塘二

今之罡煞，不可窮治，籍其首于官，餼之，使攝其徒黨，有事便可用之。年丈在鄉，有鄉之風波，弟在朝，有朝之風波。大抵衰世熱腸之人，無地非風波也。

與筠塘三

都中景象，全非壬戌年氣色，中官横行，縉紳之禍，未知底止。弟謂外庭法用正直，内閣法用和婉，既未能拔其毒，且須殺其毒。内閣挾外庭之攻，勸其勿侵外權，多作好事，以收人心。故外庭不宜以内閣之和婉，而謂其通内；内閣不宜以外庭之直攻，而謂其聒激，乃爲相成。今頗相反。弟以空言維之，又何救焉？

朱平老一疏，大爲君子吐氣，年丈十五年不申之是非，今日始申。世人皆以爲善者未必得福，爲惡者未必得禍，只是眼孔小也。

與筠塘四

今四海困窮岌岌矣，弟在此，只以安民爲主，訪循良吏表之，貪酷吏除之。蓋此衙門終日與巡方者相通，而都下五方雜處，訪賢否反易于巡方之欲得諸監司者。若訪之果確，使巡方者糾核無誤，民生猶可安也。弟又爲條教，列州縣之事，刊布書册而頒之。年丈爲名守令，惜不能縮地一商。巡方者，另有一禁約押之，或可不至大恣。弟所爲，作一日和尚撞一日鐘，不知其他矣。

與歐陽宜諸一

得潁州之信，下邑之民，失其所天，惘然無措，況於弟哉？如老公祖之廉明剛正，詢之壽耇，咸謂無雙。兩年宦轍所歷，遂爲敝郡百世未逢之盛，而盛事難逢，盛時難再，可勝於邑。弟之蒙愛，更逾尋常，欲報之德，惟有盡其微誠。

老公祖兩年於兹，庶事盡美，獨有兩者，未滿人心，則貞婦、逆奴是矣。若老公祖自認爲誤，毅然改正，斯乃豪傑出格之事，不惟兩事得正，且一破世俗回頭不認錯之陋，豈不快哉？古人以陳善爲敬，則弟今日之敬，莫有大於此者。〔眉批：方見交情，亦是敬長上。歐陽公雖不終聽，然與先生歡好如初。〕夫吾輩浩然獨往來於天地間者，祇此自慊之心，以一日之不自克，而貽終身之不慊。智勇如老公祖，必不其然。時哉不可失也。弟豈不知成事不説？但念公祖去後，天下更有何人可開此口！知己難逢，有懷不盡，亦恐自貽終身之不慊也。

與歐陽宜諸二

適與園適共榻相商此事，共謂事關天理民彝，非同細事，若不盡言，必貽後悔，是負公祖也。得老公祖在念，則默默轉移，豈無其會？若必認以爲一事俱屬茫昧，則大誤。君子爲政，不過因民之好惡，民情如此，何顯著如之，而猶以爲茫昧乎？若果有茫昧可疑，則爲時許久，何無一人發之，而皆爲此憤懣不平乎？弟輩決非作好惡者，達民之情而已。公祖居上，決不如弟輩聞見之真，此正當用朋友之處，乃反不用乎？夫一貞婦也，既汙其名，又殺其身，又汙其體，銜恨九泉，何時而已！仁人君子，不爲一伸，而作如此兩平乎？一奴也，妻主之妾，子主之子，反告其忤逆。如此大逆不道，而可視爲尋常乎？

與歐陽宜諸三

知老公祖所苦未得脱然，每念及之，中懷如繫。仲淳醫聖，前無古人，其處方劑藥，皆世人所不曉。老公祖第留數日，令深察病本，然後立方久服。慎勿與庸醫參酌，易其藥品，違其輕重，即無疾不可愈也。

此中同志如昨，近以章奏屢及東林，未免多事。弟輩但以空空遊之，〔眉批：空遊誠佳，空在何處？〕彩筆畫空空不染也。

公啓吏部留王郡尊

往者歐陽宜諸年兄之守敝郡也，郡民皆謂二百年來，二千石稱賢者，未能或之先，一旦奪而敕潁上兵，〔眉批：如此心事，便可爲曹參。〕如赤子之失其哺母。幸而鍾嵩王年兄繼之，一守宜諸約束，清正惠和，如出一轍，於是敝郡之民，皆手加額曰：「幸哉！一歐陽去，一歐陽來。」如赤子方號呼其哺母而忽遇之也。不謂忽有西安之調，郡之父母子弟，❶及縉紳士人，惘然曰：「有守如是，即其未至，方願選擇而惠吾民，況已至乎？既滿秩，方願再借以究其澤，況方來乎？若以南、北人不相習，則使君已令崇德，服習吴中水土，庶幾無疾病也。若謂才猷宜調繁劇，則吾常爲財賦之區，當南北要衢，其地不下西安，天子惠念之，亦不宜下西安。上之既習其俗，下之又安其政教，無故而奪之，何也？」於是同詞語弟輩曰：「吾子與使君同年籍，而今之司進退百官，奉天子嘉惠元元至意，爲海宇擇良守牧者，亦惟吾子之年籍，豈可默無一言，置桑梓休戚不顧耶？」❷弟輩無以應，故敢連名具書，懇祈於台臺。伏乞憐父老子弟之至意，亟爲別選西安守，而終惠鍾嵩於敝郡，不勝幸甚！父老且將裹糧走兩院，走闕下，而弟輩先之以此，乞台臺委曲圖之。

如此守乃堪保留，如此事乃可公啓。

答蔡虚臺

敝郡黎通府，在敝邑攝篆僅二十餘日，生等所見，以聽訟則明，以讞獄則敏，奸胥無把持之弊，小民無伺候之苦，至于正弑逆

❶ 「母」，四庫本作「老」。
❷ 「顧」，康熙本、四庫本、光緒本作「問」。

之罪，察淫僧之縱，雪龔鯉之冤，皆通邑所欣呼踴躍，以爲真民好好之、民惡惡之之父母。及去之日，縉紳祖道，父老扳轅，皆嘆曰：「人固貴自立。〔眉批：有此鄉紳篆貳，皆應自勵。〕以攝篆別駕，乃得民如此哉！」則又嘆曰：「人固貴乘時。以旬日攝篆，乃得民如此哉！」生等謂此真異才，當待以異等。

伏乞老公祖特爲表章，以爲懷才抱異，不得一第，而有以自樹立者之勸。風勵激揚，豈小小哉！敬以爲請。

與曾郡尊

敝邑諸文學，具呈台臺，仰祈即賜申報學院。洎道尊，爲先祖故黄巖令名材，學宮俎豆也。先祖以萬曆二十六年，浙中按臺學道，祀入名宦，移文敝邑。彼地祀名宦，則此地祀鄉賢，例也。于時敝邑甲科先輩應舉者多，恐至壅滯，故未敢并舉。今應舉者盡矣，始及先祖，與秦樂易先生，皆乙科也。實萬心同然，萬口如一，倘有疑似，即子孫何敢徼非分以啓物議？〔眉批：爲祖父不可妄乞恩榮，在朝在鄉皆然。〕是以害爲愛，寧直非孝，蹈大不孝也。攀龍雖愚，計不出此，伏乞垂察。

答何府尊

今日事，聖主非不焦勞，公卿非不拮据，却如無舵之舟，莫知把握，無針之盤，莫知向方，良繇左右竊柄，雖用人發帑，朝上夕下，而精神血脈，宮府先已不通，故百司一切頹闒。近幸川中亂賊，誅夷過半，海内思亂之徒，尚有所憚。長夏奴賊未至，守禦之計，尚有可爲，或稍延歲月耳。以九廟之靈，聖主聰明日啓，政事日練，別换一箇乾坤，中興之業，方可望也。

老公祖聲望甚隆，皆知晉陵一郡，金湯屹然，緩急無慮，即如習射一事，良爲地方至計。若得推行五邑，設誠服習，老公祖不時都試，示其鼓舞，人人善射，〔眉批：募勇士自可兼行。〕則在在精兵，何必練鄉兵募勇士，徒擾而無益耶？寵貺遠頒，率筆復謝。

與王三府

不腆敝邑，老公祖儼然臨之，士民拭目以觀新政，謂必有所以乳哺而卵翼之。乃數日以來，輿人之誦，頗似可疑。有謂刑罰太重者；有謂催科太急者；有謂鄉民手持官錢，不得以時收貯者；有謂鄉民候比，動經二三日者；有謂鄉民賣米輸官，市人持其急，每致損時價十之一二者；有謂鄉民逋賦未有如盜賊迎遊者；有謂青衿行學戒飭，出于公差之曲票，以致諸生人人自危者，而皆歸咎于貴廳之三役。〔眉批：鄉紳在在如此，官自清，民自安。徒爲斂飭之貌，衹是媚上忘下。〕風聞是李姓、曹姓、計姓，以爲失老公祖之德意，大都三人爲之。不佞輩不敢不以上聞，恐爲明德之累非小也。連牘密啓，總以成老公祖之高深，惟恕其狂戇。

與趙肖鶴

敝邑不幸有極惡棍徒任奎者，勾引税官至此，將開無窮厲階於往來客旅。蓋税官係賣炭商人，任奎以女妻之，故與共成此計，以誘太監也。近日誣陷四行家，即任奎平日所怨，借税官之勢而甘心之。萬幸事在臺下。伏乞台仁，即將真情竟申太監，以昭雪無辜。豈獨生全四家，龍輩私居之懣，亦爲少舒矣。萬勿解此四人以投虎吻。

至於臺下所差哨官，嚇詐四家甚酷，殊失德意。〔眉批：誰肯言？誰肯盡言？誠有大不忍於心者。〕四家與龍並無一面，亦未嘗以公義來求。區區不平之心，不容但已，知台慈更有切於此者矣。

與尤時純

方生事，昨奉教，大義朗然，然於鄙心，竊有疑焉。吾輩當在在以慈仁植物，令生机流衍，凝爲至和。〔眉批：此生所犯必輕，先生析義必當，故請寬之。若出自他人之口，未必非鄉原學問。〕若物方欣欣生植，而吾乃横摧折之，恐非造物之意也。弟尚恐獨見未是，正之有道，共謂宜然，故敢畢誠于門下，決當帲幪之，以擴四海兄弟之義。此義爲勝，則他義爲劣，可弗問矣。

與李懋明中丞一

神交之久，未得一接丰采，方在瞻仰，忽見大疏有復商税一款，豈以台臺見事之明，不審利害，正以台臺憂時之切，不避嫌怨也。〔眉批：善道。〕夫不避嫌怨，必大義所在，可決行而無顧。此事是神祖一朝粃政，光考幹蠱，是光考一朝仁政，使今上不得繼其志，大義之謂何？如毒再發，如防斯決，海内喪氣，亂賊執言。台臺固嘗稽之於衆，不知何人誤台臺以爲快耶？以攀龍於台臺，但宜密規，何可顯揭。〔眉批：讀至此，李公自應忘怒。」他事則爾，此事不然，正懼快之者衆，不可不一明其義也。《易》曰：「先號咷而後笑。」攀龍不惜先號，台臺自應後笑，理有必然，異而自同也。不勝悚懼。

與李懋明中丞二

天下事，固有異乃成其爲同者。翁臺西江不深受税害，故于税害知之獨淺，即鄒南翁先生亦然。攀龍以爲，寧使攀龍得罪于翁臺，〔眉批：至誠動人。〕不可使翁臺得罪于天下後世。此意可矢天日，不爾，不成吾輩也。

數年前已辱臭味之收，今未得覿芝蘭之宇，不省何日一快談。此地非翁臺久駐之所，諸相知人人急翁臺之入也。天下事尚可爲，百惟努力。

與王東里黄門

伏讀大疏，人各有見，豈能盡同。然人臣爲國，當杜漸防微，懲前毖後，有無疆之思，不宜爲亂賊脱罪，爲君父種禍。如臺下所論兩朝之事者，不肖直是痛心，義難緘口，請畢其説。

夫張差制挺，美女代劒，先進熱藥，繼進泄藥，以紫禁青宫之中，忽有荆軻、聶政之人，於飲食男女之内，行其斧斤鴆毒之謀，皆意想所不及。天下萬世之公，致討於亂賊者重，而責備於君上者輕。若爲隱諱，則粉飾門面者虚，壞亂法紀者實。況其事彰明較著，中外共知，雖欲諱之，孰得而諱之？諱之一字，是爲亂賊設護身之符，今加以誣謗二字，又爲亂賊立箝口之法。臺下即不顧往事，獨不慮將來乎？

皇祖威福在手，妙於調停，是皇祖身上事；皇考仁孝根心，妙於隱忍，是皇考身上事；皇上祖考在念，妙於處分，是皇上身上事；若夫臣子君臣之義，嚴萬古綱常，守三尺法紀，君讐必報，君賊必討，是臣子身上事。上下相維，並行不悖。〔眉批：精於《易》、《春秋》，渾身是《易》是《春秋》。〕烏得以討賊者，遂爲謗君，遂爲誣君，遂爲傷皇考之明，遂爲害先帝之義，使天下更不敢開口説亂賊一字也！王大成以優人誤入禁地，而以比張差，張敖未嘗知貫高之謀，而以比張差之主謀者，燭影斧聲，本無其事，而以比進美姝、進熱藥、進泄藥者，一切實而虛之，所以爲亂賊則善矣，所以爲君父則吾不知也。

垂簾之説，出自聖諭手授方相國，乃云臣子設爲不必然之慮。且皇上何嘗薄待選侍，臣下亦何嘗欲皇上薄待選侍？賈御史之揭，當時自有誤之者，侍御所以自悔爲人所誤也。

大抵臺下言《孝經》尊親，不言《春秋》亂賊；言主上父子之親，不言臣下君臣之義；言主上一時之權，不言宇宙萬世之經。亂臣賊子聞之而喜，忠臣義士聞之而懼，一喜一懼之間，所係世道人心，豈其微哉！〔眉批：聖賢專正人心，爲是治亂興亡之本。〕國事所關，不敢委曲，中涉嫌怨，亦不暇避，伏惟高明少垂察焉。

答周來玉

三吴異常水灾，拯民饑者急目前，慮國儲者念日後。弟謂天下事皆當顧日後，不當狥目前，惟救荒只宜顧目前，不當慮日後。何者？民既無食，近患已在目前，遠憂豈在日後耶？幸改折等項，大司農委之倉塲，倉塲畢見老，與今署事鄭玄老，皆通達正大，能盡羣情。俟勘灾疏到，通算所折幾何，所存幾何，略可支一年軍餉，盡以惠民矣。

至於官買官兑，許霞老所駁司農之疏者，不知其出鄭玄老也。此實其作外吏時已試良法，但行之者難其人耳。懋遷有無化居，即大禹救荒之法，如劉晏等善理財者，不脱有無轉輸，〔眉批：未嘗薄劉晏，晏與桑、孔原不同，唯先生具此眼。〕台臺幸與有識者熟講之，此法行，改折更便矣。

陳筠塘湖州救荒，見於朱平老之疏者，民間轉輸也。民間易而官府難，何者？官府謀國之心，不能如大户謀利之真也。瘧后疲弱，諸不及詳。

柬周來玉侍御

仕宦者，鄉評、宦績而已。鄉評，則本地縣官知之；宦績，則宦地上官知之。今以本地縣官，訐本地鄉宦，不言其居鄉之事，而言其居官之事，其宦地之贓，受於何人，證於何人，宦地上官，曾無一言，而於何問，於何追？國家有如此法度乎！恐亦徒成笑話也。其他削奪，但足以損國威、高士節，不足辱也。即使刀鋸，益足以損國威、高士節，不足異也。嗟乎！至於削奪不足爲辱，刀鋸不足爲畏，而國家馭世之用窮。興言及此，但爲聖主痛心而已矣。此時各宜杜門屏跡，及未死之日，偷一隙之閒，故不來看台丈。

與沈銘鎮一

當今之時，如居沸鼎，朝野迄無寧居，有志之士，當自求入火不焦、入水不濡之道，得大安穩，乃爲勝義。〔眉批：只自反求。〕而欲世界之不水不火，不可望矣。台丈以爲何如？

與沈銘鎮二

翁丈冠冕陪京，棟梁斯世，蓋已少見一班，至寶夷之事，尤極峻偉。郭欽徙戎，非關衛道之正，昌黎詆佛，不爲經國之猷。翁丈功則兼之，猗與休哉！

遼事如此奈何？野人望得二十年太平，一丘一壑，可卒歲矣。今似不支也。〔眉批：戊午，先生年五十七矣，自度精神可支二十年。〕兒子輩應試，得以一緘上候，不敢使來見。

答孫司理子嗇

門下不以文章之雄自雄，不以政事之卓自卓，顧蒿目棲心，在世道人才，此所謂豪傑之士也。夫豪傑之士，念不起于溫飽，念不起于官爵，無念不在吾君吾民。此念一真，即無事不真矣。莫輕視此身，三才在此六尺；莫輕視此生，千古在此一日。門下勉旃自愛。

答祁長洲

臺下長才遠識，乃不令居禁近、補闕、

拾遺乎！已而念曰：是天之大任臺下也。夫人處濃釅之地，假境界扶翼其假精神，儘自過活得，遂終身迷失其寶藏而不知也。若天欲復其真性，必勞苦之，令其一無躲閃，自能求得真欛柄處；必澹泊之，令其一無靠傍，自能求得真滋味處。今臺下作劇縣，勞苦之矣；又作部官，澹泊之矣。勞而逸之，逸而始復勞之。俟臺下欛柄到手，滋味悦心，〔眉批：當日明明未許。〕而後肩荷宇宙之事，建千古事業，爲千古人物，直是真性流行，非從局套點綴，始無負大丈夫出世一番耳。弟非妄言，後當自驗，試以質之海門先生。

答袁寧鄉

敝邑之士，於臺下津津去思，無不曰長者長者，此益見臺下之真，寧鄉之政，不占有乎矣。不佞妄謂人生作令，率爾放過，真是寶山空回。一生令名，百世血食，方寸有無窮之慊，〔眉批：方寸之慊，不妨插入四者之中。〕子孫有無窮之報，不過三年中一念自持而已。臺下當已深味於斯。

答陳石湖令公一

文成十家牌法，決可行，行之決有益，此弭盜安民要事。

練鄉兵恐無益有擾，只從本縣額設民壯，揀選訓練，可耳。

吳中詞訟，假人命及告賣價不敷者，最爲民害。人命在城者，即時台駕往驗，喚四鄰一審；在鄉者，令攜尸壇中，台駕往驗，有實者方准狀，〔眉批：先驗後准，第一良法。〕誣者懲之，許風自息，全老稚之命實多。告賣價不敷者，除豪强佔奪外，一切不斷。只此二事，民受惠多矣。

又體恤舖行，于得民心最捷。即如辦酒一事，碗碟出於舖户，狼籍不堪。若發公費置買器用，貯之庫中，專人掌之，不以煩民。以此節節推之，使民安堵，老父母三年中便是千秋人物矣。

如此凱切獻替，今公書中猶不敢言，先生獨言之。見先生之仁，亦見石湖之可與言。

答陳石湖二

今日議論，彼此枘鑿，如方圓然。弟謂天下欲得太平，皆當置之兩忘，但觀理之是非，勿在人身上起見。所謂觀理之是非，又只論朝廷紀綱，地方風化，勿在人情上起見，乃可。然而不能也。自昔兩黨相攻，極勝者必極敗者。今日之勢，大是東濕，非諸公持盈之道也。

詠尊詩云：「每嫌眼界小，到處即登高。」爲擊節三嘆。

與徐檢老房師

科場事發，一時公論，已闡到九分有餘，清則必淆，明則必晦，〔眉批：惟唐虞不然。〕譬如時已向寒，一番熱適重其一番寒耳，此陰陽之定機。至于扶陽抑陰，則君子之定着，主宰於陰陽之外，萬變而不失其常者也。不知當軸於時，何以妙其用耳。

與葉園適一

孫氏之事，邑中大變也。在弟切手足之痛，報仇而已矣；在諸君子抱士風之憂，正俗而已矣。綱領既正，持論自得其平。若于弟身上起見，謂所損實多，則入於利害之見；於舍弟身上起見，謂人不足惜，則入於憎惡之私。利害之見生于弟之心，憎惡之私生於諸君子之心，無有是處。弟昨所謂似是而非者此也，不可不辨。

與園適二

足下狷而知裁，駸乎中行矣。兩年兩與足下連宵之話，退而自惟，每愧不及。足下闇然内充，令人心融氣平，弟望此境而未見也。第足下精神氣魄，太近收斂，其弊欲入於佛老，不可不察。朋友相與，須盡力砭其失，方有進處。弟施矣，足下不可不報。大塊百年中偶爾相遇，毋相孤負也。

與吴霽陽

伏惟老丈吾鄉獨發，天之所以厚丈者至矣。夫官爵爲身外之物，無足言也。然一以謝舉業之習，可置力於身心，二以藉君父之寵，爲德於民稍易耳。吾邑最稱人文之地，自昭代以來，爲吾輩者，不知凡幾，庸衆者，草木同朽，不肖者，笑駡猶傳。有志之士，能不猛省？弟頑鈍性成，所至賴良友鞭策，思欲不入於小人，誤愛如丈，伏惟不棄而提挈之。千里相聞，諄諄滿紙，言不及義。〔眉批：于今益甚。存此書式之。〕今日仕路爲然，弟不敢也。故欲言止此，所祈加餐順時自固。

答李雨亭

大計在即，親丈清譽盈耳，無煩念慮，使者弟敢促返。弟見今日是非甚明，〔眉批：賢者親情如是，世俗以爲無親情。〕惟半上半下人最難做，亦不得便宜。親丈作令時，能超然於流俗之外，至今人多稱述。願慎此以往，千仞壁立，勿爲世情所摇奪也。休戚相關，不敢不吐肝膈。知尊嫂皆已抵任，甚慰。持家者幸常加申諭，寧過於嚴，此宦遊者之要務也。弟不久得差南還，有所聞見，亦不敢不盡其愚。

答錢心卓

竊窺年丈之才，何所不濟。第今天下，不患無才，而患無志。志一立，則趨向殊而人品實矣。夫衆人之所悦，士之所笑也；小民之所甚德，已私之所不便也。二者之間，相去遠矣。君子不隨時，不足以有爲。所謂隨時者，隨風土之宜，順人情之公，就往事之有過不及，及時有爲，以利益斯民耳。今之所謂隨時，只隨俗而習非，弊也久矣。篤志如年丈，已久辨之，使旋附此請正。仕路套語，不可施於年丈，皆所不及。

與諸景陽

晚節難持，不謂老丈有此敗着，以踐人

言，令友朋喪氣，斯道無光，可惜可惜！老丈以貧儒起家，要許多田産何用？爲今之計，惟有賣去一二千，盡還諸逋，盡絶俗交，杜門讀書，禁戢賢郎纖毫勿與外事，爲世間立個悔過痛改的榜樣，猶爲大勇，不失令名。若再失此着，懸其身於不道不俗之間，兩下不收，小人喜得其間，君子恨毁其藩，即老丈自欺，亦屬面目可憎，語言無味矣。輕擲一生之品，坐弃千載之業，何爲乎哉！第辱老丈骨肉之愛，❶半世于兹，無以報德，敢下此苦口，千萬念之。

與徐玄仗一

丈過梁溪，弟又在外，歸而本孺道丈惓惓若與弟心針對券合。弟嘗言交友不終，其人無終，何者？五常，人之本也。其本撥而能有終者鮮矣。弟自矢天崩地裂，此念不移，在人者非吾事也，又何問焉？即如弟與丈，曾有纖介乎？不過議時事有異同耳。此異同者，于吾兩人有纖介交涉乎？真可啞然一笑。吾輩日用一敝器，廿年相與，不忍弃之，況于朋友？君子小人，更在何處徵驗？其在斯矣。今後吾輩各各只管我所以待人，更勿顧人所以待我，久之當不膠漆而固。

氣運異常，往往事出意外，須自立太極，勿爲陰陽所役也。弟今年自東林會外，便閉關山中。此暮年安樂法，堅守之矣。

❶「第」，康熙本、四庫本、光緒本作「弟」。

與徐玄仗二

弟不至光祿，亦不知老公祖居官到處，實事實心如此，即志書一事，嘉惠後人無窮，不然，何所據而裁橫璫奸胥之破冒也！

弟以衰朽之人，獨當一衙門事，只守成法，事必躬親，亦無難處。惟内官索行户鋪墊，弊不能革，但力爲主持，使行户有所恃而不盡與，品物交足，内官又無所執而索於行户。初時甚撓擾，弟頑然不動，〔眉批：四字妙得處小人之法。〕彼亦無可奈何，今竟不至矣。

河西之失，經撫之醜已極。一棄廣寧，一棄右屯，罪案有何不明，而祖分左右？弟謂數年玄黃，今吾輩不宜出一語佐鬭，久之當無味而自定耳。

桂渚、中素、本孺，相繼没於京邸。人生如幻，何足擾擾憧憧。惟日行善事，乃不負餘年。不然，此一官徒增業障耳。

今日之事，弟不憂奴而憂人心，不任武而耑任文，不招將而耑招兵，不用法而耑用情。無人，故人無所恃而不固；無法，故人無所攝而不固。繇今之道，不變今之政，未有不底于危亡者也。如何？老公祖在事，當多得勇力之士。〔眉批：王文成曾用此法。〕武士游談，最不足憑，而膂力最不可僞也。

答郭光祿

天財庫實無監生，監生應撥者，納銀于本監竟歸矣。特顧一二人在内監書寫則有之。楊晉老疏陳革去，奉旨下部。但疏中及御馬監等項錢糧甚多，内監亦上疏得照舊之旨。蓋指御馬監軍人及廚役等，未嘗及天財庫，彼遂借照舊之旨來混。弟之不與只是挨，錢晴老亦然。今翁臺賢勞獨久，便挨不去耳。或現年者且給一半，再挨何如？大抵光禄於諸冒濫，既不得清，〔眉批：救一分是一分。〕只有挨法，每年所省亦多，他無計也。草草布復。

與楊鳳麓

長安中擇公是公非最難，失口一時，遺臭千古。丈寧作啞給事，決不可矮人看場也。

邑中有加賦之争，亦是無事生事，起于一二好事之人。高鄉諸公，則看事太輕，而失之莽。低鄉諸公，則看事太重，而失之俗。一鄉之中，平心觀理者，亦未見其人，何怪國事之紛紛耶！

答袁節寰中丞一

今天下難聯者人心，難得者人才，難鼓者士氣。得老公祖一點真精神，不難矣。太平之塗轍，非艱危之行徑，〔眉批：袁是內地佳官，非邊才也。先生早知而規之。〕須是廓而大之，長袖善舞，多財善賈，博而收，選擇而使，又何害乎？損冗兵百，可養壯士十。平時養壯士十，臨事可得精兵百。一方豪傑，皆在老公祖幕下，士氣自倍，人心自歸。與老公祖共此者，其地方賢士大夫乎？不審有其人否？腐儒之談無當也。而涓埃可佐高深，故不敢以膚言，而以衷語。

答袁節寰中丞二

國家三空四盡，左支右吾之不給，孚號同于充耳，真如老公祖之教矣。以弟愚見，今天下節鉞諸賢，必假以便宜，使得多方生財以自足用。若必待司農，司農已告罄，必待内帑，内帑將不繼。一旦有急，無論呼而不應，即應亦後時。其禍可忍言哉！不知彼中，亦有心計之人，可與上下其議者否？事窮則變，變則通，如之何坐而待斃也？弟腐儒，一無以報國。近風波生於講會，鄒、馮二老行，弟亦從此去矣。

答武楊紆中丞

大教謂醜虜斷無渡海之期，即此一語，便識超一時。弟見前人防虜渡海，不覺失笑。此等事尚不知，何云知彼知己哉？毛帥，自是奴禍以來，一出色人物。雖不可盡信，要豈可盡疑。老年臺接濟之，覈實之，與之呼吸相通，是今日要着也。

弟迂疎無用之人，不勝匹雛，令舉百鈞，其何能勝？今且盡力作去，亦未知作得去否。作不去時，自有不可則止一着。老年臺有所概於中者，幸纖鉅教之，爲國家，非止爲弟也。至禱。

答翟凌玄中丞

弟再入長安，耳目頓別。然巖疆濟濟，有五臣焉，前此未有若斯之盛者。初六日，杖林道長，而六科廊火。禮失則火爲災，天人相與感應如此，不知聖主動念否耶？

至于宰公用一考功，而縉紳鬨者兩月，蓋三十年前之常事，則三十年後之怪事。人情以習慣爲定理，其鬨宜也。要在以和息争，以静治亂。與之俱争，則俱亂矣。此猶易言也。若負嵎之璫，則恃天之篤佑皇家何如耳！

麾下得名將否？惟豪傑識豪傑。翁臺所得名將，真名將矣。適病暑，草草復謝。

與羅黄門心華

奴俘今日下法司矣。毛帥以四幼童充作活夷，以四幼女謬稱達婦，是其粉飾一破綻也。此番獻俘，既屬可已，又將一羣幼小，驅詣闕廷，不可醜耶！據律男子年十五以下，婦人則不論年，皆給功臣家爲奴，

叛族且然，況於夷地村民？以皇上視之，皆赤子也。往年貴州之俘，刑一幼童，道路流涕，行刑者亦流涕。殺一無罪非仁也，況於九倪乎？會審既經科院監臨，台臺不可無言，須言此九倪者不當獻。蓋獻則必刑也。疏上於刑部前，方有濟，冒昧僭陳。

與方孩未

攀龍，天下最迂愚無用之人也。台臺拂拭之、華衮之，至潔浄二字，攀龍平生不以三公爲榮，以二字爲願，實未之能詣也。台臺不量其所詣，遽與其所願，何其神與！古人貴天下一人知己，良有以也。敢不日以台臺二字，爲一鞭而終身乎？

與李瞻成侍御

不肖不入春明三十年，驟見滿地窮民，觸目刺心，情不能忍，欲具一疏上聞，緣欲借本寺儲侍也。昨始知台臺已有大疏，急覓觀之，喜幸無量。不肖念得釋然，又言無狂發，即焚其疏，存揭呈覽。台臺按視南城，正可倡率四關，不知部覆之後，果如疏議否？大抵須得城司核實給牌，即每人日給米五合，亦勝于煑粥虛糜。聞留都錢米十日一散，庶得疎數之中，即不能人與之衣，而得煤房安宿，免其房錢，亦可延其殘息。此在台臺最切之仁政，在神京必先之王政也。恃愛敢布其愚。

答劉心統侍御一

河汾諸生有辛全者，天賦異質，兼以純修，力行孝弟于家，不求聞達於世。倘得台臺薦揚，以補鄉舉里選久廢不行之典，其于世道，殆非小補。敢因明問而及之。

答劉心統二

天下原是一身，吾輩合并爲公，即天下如一氣呼吸。何謂合并爲公？人人真心爲君民也。君民心真，則千萬人無不一，故曰如一氣呼吸。

三晉得門下，得保障矣。屬吏最優最劣，切願一聞。此二項不爽，中人當不日而化。知門下心所同然也。

答楊侍御

伏蒙華衮之賁，益增薄劣之慚。然門下正脈正見，已得於言意之表矣。天下原是一身，吾輩當共爲一心，同爲吾君，同爲吾民。此心而真，即不獲罪於天。既非獲罪，即是求福。吾輩每日以求福爲工課者也，〔眉批：真語。〕辨一片心，自有兩隻眼，其於察吏當迥出尋常。因教之辱，敢布腹心。

答沈侍御

台臺清標遠韻，蓋不受世之塵滓者也。今且以茶馬攬轡三秦，三秦之民其有生色乎！夫民自非天降大割，皆足以自活，牧之者擾之耳。台臺指顧風清，咄嗟澤究，上治之理，在聲臭之表，聊借聲臭之象非難也。偶病瘧，草復不詳。

答張侍御

竊聞温處之間，海寇滋矣，若非預防，難於應卒。去貪吏以息勞民，雖是刻本官方，實爲救時上藥，度皆台臺意中事也。睿哲所急，亦庸愚所同，既辱下問，輒敢上陳。

答郭旭陽侍御

台臺當世俊傑，其於天下士，如伯樂、九方皋之於馬，豈有不了了目中者？顧盻及鄙人，寧啻馬骨，殆凡馬之骨矣。然凡馬之骨且然，況于駿骨，況于駿馬？於是乎天下之士争願執鞭也。

安民先於察吏，此巡方第一義。台臺注神於此，寔萬姓更生之日也。今世運日下矣，如物之蠹壞者，骨理皆離，而外面尚合，聯合得一日，還享用得一日。所以維持調護者，全係人才。台臺察吏，去墨爲先，辨真爲要。大略于案牘中能精别是非者，可得十之五，於輿論中爲細民所頌者，可得十之五。而道府鄉紳之口，則存乎其人，未必可盡憑也。龍身在遠地，茫乎未之有聞，果有所聞，敢負虚懷。

答潘虞廷按臺

老公祖採人小善，忘其大愚，如攀龍者，豈非天地間最迂愚無當之人乎？猶津津道之不啻口出也，則于天下所茹納何如哉！吴中之民，皆足自生自植，有司不漁獵之熙熙樂國也。第情緣世界，漁獵之苦，老公祖何自聞之？仁者造福萬姓，惟此一事最急。清問之及，又發其愚。恃高天之覆，大海之涵，無所不茹也。

答湯闇生學憲

長安中得與翁丈把盃相歡，熙如穆如，宛若黄虞景色，不復知風塵中矣。非翁丈坦中忘機，何以得此。弟衰病，以一歸爲快，抵家至湖上，湖干魚鳥，如故知相逢，不忍復作别也。翁丈東粤學政，當卓冠海内，文章家法眼，自不必言，然須以起敝維風爲第一義，則行優行劣，當世行之成格套者，君子行之神鼓舞矣。幸留意焉。

與華潤菴鄒荊璵忠餘❶

趙太宰一世人傑，每事出格，庸人噤而不敢動，賢知囂而不能静，再得一年在事，吏治民生必有可觀。其言曰：「君子在救民，不能救民，算不得帳。」〔眉批：真知學者真知仕。〕誠然。然此事或尚可爲，培得元氣，感天之和氣，轉禍爲福，此癡人癡心也。

與鄒荊璵

當道有人，海内遺逸，相繼彙征，此亦佳事，可喜在此，可危亦在此。譬如優人滿堂，紅袍盡數登塲，便將散塲，若賢主佳賓，興濃量大，再做一本，方好耳。東遼西蜀，雖未必成得大事，要之兵戈正未有息期。光禄之事，弟以一人攝之，終日手不停筆，全賴平日静功，忙中收斂，以翕而發，聊可支吾。以是益信學必以静爲本，方有受用。吾丈勉之。

答鄒忠餘

一入仕路，便不得自繇，欲歸不能，開口不得，致君無術，聊脩職事而已。

與華潤菴

弟今年以一人攝一寺事，既無精神，又無才略，所仗者一静而已。静則理顯，不静

❶「潤」，康熙本、四庫本作「訒」。「荊璵」，康熙本、四庫本、光緒本作「經畬」。下篇同。

則理昧，故静即理也。此心非三四十年不静，故學在蚤下手。朝中事，外象尚可支持，可憂者神理。且看聖主，一二年間未能定也。

與秦君鄰

春來想閉關發憤矣，不然即没於人事中，歲月可惜。近事想邸報可見，滿朝覓一撥亂之才不可得，意孫愷陽近之，故具疏聞，今雖大拜，未卜作用。

拙以一人任一衙門事，幸平日有虚聲，謂拙是氣概凌空者，今却得此用，稍用氣概於中官，相戒不要惹他。初至，甚受其聒撓，今嚴立法度，不敢復來，止此一事甚快，裁省得無限冒濫。

奴賊不必憂，國家有大運，人生有大數，非人所能爲，可爲者盡心盡力做去，不要怕耳。即如奴賊，何嘗有大本事，都是自怯内潰也。❶

與李肖甫

部中甚安閒，儘可静養。但學者以天下爲任，不以一部爲職。〔眉批：此意非出位之谋。〕念至此，無處着一樂字矣。

與華蠡陽

仕宦者，每借山林爲口吻，實以官爵爲性命，蓋不自知其性命也。如弟稍自識性命。養性命者，必以山林爲宜，但世間濁福

❶「憒」，康熙本、四庫本、光緒本作「潰」。

易知，清福易蹉耳。弟在西臺，幸事亦簡，精力尚堪，所作功課，只勸化諸巡方者，表循良，去貪酷。京師，五方雜處，天下之大，如指諸掌。訪一貪酷吏，即于置郵中告其巡方者。彼隔于上下相蒙，反不如都下之見聞，博而易真也。其州縣之弊，作一書册頒行之。弟暫在此，或稍有憚。必民安始可天和，非迂也。

答王葱嶽

弟少時見《前定圖》，有禾插婦人頭，而旁引一小兒者，皆曰倭也。然旁引小兒，不在左而在右，明是鬼也。今日一內一外，恰符合之，豈非天哉？弟老矣，不能俟河清。翁臺骨相，豈終于此而已者？望加餐自愛。

與張侗初少宗伯一

翁臺暫躔南斗，需次北辰，所謂雲上于天，飲食宴樂時也。夫飲食者，道腴也；宴樂者，道真也，足干己而施及于天下。〔眉批：不知此者，即飲食之人。〕故曰需于酒食，天下將醉飽之矣。

與張侗初二

吾丈天賦明睿，如冰壺映月，徹骨無滓，故灑落自在如此。弟之大患，以爲鈍根之士，惟患心境不徹，而落于一切粘帶；利根之士，又患事理不透，而落于一切便安。夫一靈炯然，充塞宇宙，森羅萬象，總是一物，豈有心外之事理？故事理愈徹，則心靈愈瑩。但患含糊，不患分別。聖學所以開物成務，只是非二字而已。此處一空一混，即使身心皎然得大安穩，不過自了之學也。丈試究之，以爲何如？

答陳赤石

浙中學政，蓋無事不令人擊節也。嗟乎！安得兩畿十三方，皆得台丈其人，〔眉批：後此果莫能儷者。〕而又久於其事！士其有興乎！世其有瘳乎！舍是而談治平，其道無繇也。

讀《先正要語序》，而又知台丈篤志於學，喜慰。人生只有斯事，頃刻悟之而有餘，終身修之而不足。幸台丈珍惜此日月也。

與黃鳳衢一

年丈橫被風波，然轉高聲價矣。夫天意豈直高年丈之名，乃玉成年丈之實。百年浮榮，轉盼過眼，遲暮思之，惘然無得。若將向外精神，反歸自己，討箇定帖，乃千生萬劫轉迷成覺之日也。此箇路頭，干涉非小。但在順境中趁着興頭，難得回頭，逆境中没了世味，方尋真味。故弟嘗謂造化每以逆境成全君子，以順境坑陷小人，以弟驗之，即今半生受用，實緣聖主一謫。年丈異日當有味斯語，幸勿以弟言爲迂而忽之。

答黃鳳衢二

唐荆翁所選《諸儒語要》，各盡其長，不

執己見，〔眉批：編輯書要當如是。〕編輯中之法眼也。

年丈卒業，當必有深造焉，而布之浙中，如以甘露水沃日暍病人，其施溥矣。弟雖不文，當以一言附之。

弟今歲於手足同氣爲朞者二，爲功者一，淚幾爲枯，不得與西湖賢主一葦六橋之間，命也夫。

與黄鳳衢三

自古未有朝士聚訟如今日者，未有朝士與林中人相訟如今日者。東林風波，其所從來，二事而已。一者段黄門幻然之論崑山也，而引東林人爲証；一者吴侍御嚴所之欲明時事也，而發抄顧涇陽先生二書以爲快。二事之外，東林于朝中絶無一毫干涉，久當自明。

昨者孫道長摘弟三事。一《淮撫援書》，謂弟贊畫；贊畫則無，此書實弟所見，實未嘗沮，此罪不敢辭。一京察搆害，與弟風馬牛不相及，此罪不敢認。一者《金吾書》則極可笑，弟實無涉於身，無愧於心，其人其事，俱不必言。要知山中人不可輕見客，無端生出此事，則亦弟之罪也。弟於劉大行疏，當益自策，於孫侍御疏，當益自惕。好之惡之者殊途，其交成之則一也。於年丈一道之，他人絶不開此閒口矣。

與陳省堂

丈之所居顯榮厚利，既懸而艷之於後，毁譽得失，復紛而戰之於前。吾之神明主宰，爲吾所自有者鮮矣。丈若置之不顧，猛然發必爲聖賢之志，風塵中有此人物，可謂非豪傑乎哉？

知交自清漳來者，輒訊起居，知孳孳向學不倦，柔懦如弟，每爲興起。弟歸杜門，一榻一卷，丈宰百里，萬姓萬務。雖勞逸殊勢，而倏爲不殊。處者一念不空，妄自魔障，出者一念不實，空文搪塞，徒自辜負耳。白沙詩曰：「廊廟山林俱有事，今人忙處古人閒。」知吾丈閒忙總不徒然矣。風便幸舉所持行教之。

答王聚洲

弟性好靜而畏忙，以精神短弱，學不得力也。惟靜可收拾精神，填補學問。連年以一官，終日終年在忙中，疲困極矣。昨冬歸，即屏居五湖之濱，不見一客。往時偷閒，是討便宜的私意，今日閉户，是合時宜的道理。幽居之中，聞故人之禍，泣數行下，得故人之書，酌數盃酒。此兩端悲喜之外，惟以太虛爲家舍而已，他皆不顧也。

得台臺書，備悉近況。以俗眼觀，是極淒楚逐臣，以道眼觀，是極瀟洒行遥。況有子萬事足，有賢子萬慮益可捐乎。他語可相照于無言。天生豪傑，必有用之，惟仁丈加餐自愛。段幻老自云盲廢，望翁丈空青甚亟，托爲促之。

與蔣恬菴一

丈養高於家六年矣，人生幾得此閒日月，百年中詎數數有此幾六年，丈不以此時究身心之實益，求經濟之定計，迺於酒食戲談中浪置此身，豈天所以生吾丈之意乎？

天下之生久矣，經史具在，往跡昭然，大之而聖賢，次之一節之士，曾見有于酒食戲談中得來者乎？世俗之名爲迂者，則誠迂矣，而所迂者，又或以迂之者爲惜，二者之間，是非之實，吾丈不可不察也。縱言至此，弟狂過矣，請慎其餘。

雖然，自六年來，弟與丈不相及者地，不相親者形，而彼此之情，如一日而一席之也。弟非丈不狂，狂於丈非狂也。第弟浪擲六年，并其飲食談笑之樂而亦擲之，而且呶呶然發其狂言於丈。夫夫也，其亦謂今之狂也與？

與蔣恬菴二

國家造士，文行兩者而已。今多士如雲，於何稽之？弟竊謂有簡要焉。但杜門讀書，則兩俱脩者也，出門放曠，則兩俱窳者也。若時稽時警，自當月異歲殊。往者弟嘗在監，日見諸生所苦者班卯，放蕩者稍就羈馽，好脩者實虚靡精神。劉雲丈有講院考，入院者則免之，一妙法也。不入講院者，不審亦可爲劑量，令輪班迭進否？以吾丈精審，於此等必有妙運，願一聞之。

答繆仲淳

長安中如丈識見者，絶不可得，如丈者，豈非遺賢乎？甚矣科目之不能盡人才也。

近言路有起廢太濫一疏，羣小見諸賢盡出，明年内計可慮，故戈矛潛動。弟謂此等小人，彼正恃口舌可尼君子作用，君子但置之不聞，當做便做。陽氣盛，邪氣自消。

若與角口，即墮其計中，若畏其口，亦墮其計中。諸公頗以爲然，邪説一切高閣起矣。

報大哥一

東事甚急，以國家承平之久，故易壞，然以高帝功德之大，亦未易壞。弟原以君親二字出門，故在此甚安。當死則在家亦死，不當死則在此亦不死。人只爲看不透一命字，每先事憧憧耳。

報大哥二

衰年仕宦，力所不及者，不得不丟。常以半日偃卧，耳不聞，目不見，心不思，手足不動，以大息之。幸煉得三十餘年，頗放得下，息得來，不然幾不能過活矣。

天下事盡歸中官，楊大洪欲去其毒，反發其毒，此豈可口舌争也？惟有外庭諸君子，各脩職業，内閣諸公，居中勸化之，庶可少救少延，他無策也。

家鄉大水奈何？東南不能無事，凡可以及桑梓者，惟力是視，不敢放過也。便風惟欲知哥善飯而已。

答七弟

前書中，辱弟相勉不朽之業。不朽之業，不在長安中，長安中以不失足爲第一義。名利二字至危，鮮有不爲所魔者，蓋凛凛持之，未知得保晚節否。

邇來漢唐末季之事已見，當見幾作矣。然念各人自潔，作一散場，將此世界，視其陸沉，後世必謂王夷甫諸人不得不任其咎，以此未忍。然亦只是挨延之法，如父母病危，人子盡愛日之誠耳。

答汪若谷

老公祖在風波震蕩中，正可安眠穩坐。天下常勝者正理，愈危而愈安也。兇鋒肆起，但宜堅壁。是非者天下之是非，人心不死，徐而自定耳。

答范太蒙尚寶

天下才品不同，但須别其邪正，於正人更不可論其異同，吾輩待彼，只取其大處長處。此時還須此老，翁丈師弟也。當急出助之，多誘掖，少箴規，牖其明，闕其暗，乃可耳。

答劉清之叔姪

今日之怪事，皆往代之舊事，在我輩相戒爲不可爲者，皆諸公相勖爲不可不爲者也。其要在昧于天道，不信感應之理，取快一時，沉淪千古。哀哉！我輩只求不獲罪于天而已，他無所計，亦不可計。聖人曰：「人無遠慮，必有近憂。」在今日人有近憂，皆繇遠慮。聖人欲人盡人事，今人却不知聽天命也。台丈以爲何如？

與李壽伯

今朝野皆成競局，治之之法，静嘿兩字而已。且吾輩做自家人，脩自家心，安得閒工夫向人分疏閒事也？臧否二字，吾輩亦每犯之，在末世是禍本。善善長而惡惡短，郭林宗所以免也。近思之，此是吾輩一項大工夫。

答翁應玄

門下在榆關，必有以自見矣。凡事只認真做去自有效。世人見不透，以爲人皆尚假，何能獨真，百假一真，人必不容；不知惟其百假，所以一真易毀，惟其不容於假，所以必信于真。一真信之，勝於百假容之矣。門下力行，久久自見。

與黄黄石

自丈爲小人所誣，至今未有明目張膽，中大義於天下者。然天地間未結之案，終有人結之，於丈不關加損。然是非不明，不足損所不明之人，而足以損世，是非明，不足益所明之人，而足以益世也。諸人欲斷東林脈，東林無官脈可斷，若道脈，如何斷得？丈家居甚當，南中非佳境也。

與劉鴻陽

昔延陵季子之聘於上國也，所至輒盡得其一時之名賢，故於晉則叔向，於鄭則子產，於齊則平仲，於衛則史魚、伯玉，皆覿面孚心，結終世之歡，何其神也。攀龍何人斯，乃至於貴邑，亦得大君子之傾蓋，東山之屐，班荆臨流，落日開心，平蕪豁目，不亦一時之勝乎！〔眉批：先生是時年三十二，猶有文人風韻存，此見其一斑。〕別來澹然孤館，此興戚戚而動，慨良朋之不常，惜盛游之難繼。今且北歸，莽漠雲山，飛蓬身世，回首舊游，儼如圖畫矣，則夫人際景逢辰，盍簪具美，又安可不暢彼此之懷，極逍遥之致哉？懷望道範，不任馳神。

與吴觀華一

反復之説，蒙丈印可，而體用之辨，極要明白。體即是用，用即是體，雖不容分，然用寂是體，體發是用，亦不容混。一觀而用寂矣，所謂觀未發者如是。若徒觀其氣象，何啻千里。人能知用寂之體，只於此立本，乃真復也。

與觀華二

弟衙門有人可脱身，念中事亦次第了之，可浩然歸矣，一登依庸，便是弟十洲三島也。

人心寂即是易，發即是爻，有繫縛者皆非也。習久，則繫縛者開，即無思無爲之體。非是繫者去，别有一個易來也。此又是復以自知時，一層體認處，丈試驗之。

與觀華三

馮少墟云：「人生自幼讀書成名，作家生子，俱少不得，却俱算不得。雖至作好人尤少不得，也算不得。」弟謂若知道，此少不得者俱算得。此一道字極可怪，一切點鐵成金，如知易者，一草一木，一禽一獸，皆卦也。静觀真有趣，此可與吾丈道耳。

東林得丈，不至草深，弟在此稍安。得脱便歸，畢竟此事爲吾輩究竟。夫子喟然與點，良有深味。近園適促弟歸，知心語也。

與許涵淳

令先慈久病不起，涵淳至性，哀痛可知，有脩身一着，可報罔極也。

學問起頭要知性，中間要復性，了手要盡性，只一性而已。性以敬知，性以敬復，性以敬盡，只一敬而已。讀書，窮此者也；靜坐，體此者也；會友，明此者也。心無所適便是敬。時時習之，熟則自妙。其他皆大擔閣，大障礙也。

答薛用章一

以本體爲工夫，以工夫爲本體。不識本體，皆差工夫也。不做工夫，皆假本體也。惟誠敬即工夫即本體。誠無爲敬無識，❶以識本體，故未嘗費纖毫之力也。起因如此，結果如此，未有假因成真果者。門下所見甚的，可喜。

答薛用章二

相知中如門下真肯向裏尋求者矣，別無他法，但時刻提醒，勿令昏昧，積有年歲，自成片段。所患日復一日，年復一年，不零星積聚，允無頓段受用耳。

❶「識」，康熙本、四庫本、光緒本作「適」。

與周仲純季純

學無動静也。然形太用則疲，神太用則困。故省外事者，學之要也。季純六年東林，少有入頭。然此事凝之甚難，散之甚易。道豈有聚散乎？正欲凝此無聚散者。故本體本無散，工夫只是凝。所欲言者止此。

與周季純一

學不在多言，只變化氣質，涵養性情，一切五常百行，皆以此爲本，然非見道不能。每日偷閒静坐，猛奮體認。若静中復頽闒，則動中氣濁，道體不顯也。

答季純二

季純病中所見良是。學問只要一絲不掛，其體方真。體既真，用自裕，未有有真體而無真用者也。用之大小，則隨稟賦，用之真僞，則因學力。到真用功夫時，即功夫一切放下，方是功夫。非真做功夫者，不可與語此，所謂癡人前説夢也。僕于出處去留，極不敢苟，在此細細稱量，要之合義而已。

去年朝中，稍有陽氣，治亂賊亦便有勝機。陰陽消長之分如此，人可不知易乎？

與季純三

季純作工夫何如？向年静中意思，恐

失之矣。然作過一番工夫，纔警策便在，但惟恐失之意不可無耳。

相別四月，諸相知有所進，幸各寫總封寄來，一以驗諸相知工夫，一可以相答，不然僕作無益語無益，即作有益語，亦不逗機，漠然度外，又各孤負也。

與任希顏

深院幽閒，小齋闃寂。道人無事，卧起從容。胸中廓然其大，浩浩無涯。隨意静坐，隨意讀書，隨意會友。畛域不設，物我皆春。事既易簡，味更悠長。此爲本分人作本分事，厥脩乃來，如日加長而不覺也。如曰吾志在天下，奈何爲此區區者？請看千里遊心客，還是東林一腐儒。

與尤澹明

弟之視壻猶子也，第一欲其養成德器，次之欲其熟讀經書。素聞箭老篤於教孫，而舍親母頗過溺愛。然天下傷生之事非一，未聞在於讀書。讀書則心静，心静則氣和，閒惰則心放，心放則氣散，二者之間相去遠矣。小兒之疾，多在寒煖不調，飲食不節，今不歸咎於不調不節之故，概歸咎於讀書勤苦，故父母益成姑息，子弟益習頑惰，此惑不破，是廢學無成之兆也。

夫學未有不勤而成功，師未有不嚴而教行。望丈以嚴爲主，勿恤其他，雖其教之初行，或有不宜於人情，至於習而安之，久而成功，思丈有不能忘者矣。望以鄙意致箭老，必得内外一心，教乃可行。不然，則一暴十寒，一傳衆咻，終無益也。舍親母亦已令人傳説，諸凡望丈主持決行。萬萬。

與安無曠

昔人語科第者曰：半積陰功半讀書。誠然。然陰功非但分人以財，孜孜切切，惟以濟人救人爲事，行之數十年，此意純熟，動念即是，方謂陰功。何者？此乃仁心也。仁則生，生則吉，吉則百祥咸集，科第在其中矣。此萬驗良方，幸勿忽之。

與卞子静一

霪雨爲災，水居洪濤，及於檻外，遂不可居。兀坐家中無事，襟懷雖得瀟洒，而觸目民艱，未免時復攢眉。方知良苗樂歲，一觴一咏，不得輕易放過也。

與卞子静二

年來愈覺得身心之事，當汲汲求之，不可丢在無事甲中，一切求閒好静，總是無事生事，亦成當面蹉過。聖人之學，下學上達，惟是孜孜矻矻，好古敏求。只一求字，便可做二六時中工課也。何如？

與魏廓園一

人不見性，萬事俱低。何莫非性，所争知不知耳。只不睹不聞，便是未發，其發處，一話一言，一躬一揖，皆是也。不知者漫過，知者默而識之，故曰：「人莫不飲食，鮮能知味。」門下當有一日啞然自笑也。

與魏廓園二

聞門下於吉水先生，有浹旬樂聚，快哉！僕獨恨少此一行耳。今之山林，阿世以取容者下矣，次則憤世而滋口，次則玩世而不恭，最上則善世而不競。先生其善世而不競者乎。甚矣人之審局難也。局定而終身以之矣。乾坤鼎革，光彩一新，今皇之虔始，即先帝之厚終，非有二也。世事可喜之中，亦有大可憂者，看天意何如耳。

與魏廓園三

周士顯居然内擢入朝矣！其主考試録，謂六經亂天下而有餘。自古未有以六經爲亂天下者，自士顯始。此得罪於萬古名教，可令復立清朝乎？此而不糾，可爲清朝乎？發於禮垣，更覺正當。此最大題目，最大文章。以昔之太宰，尚能考察士顯，豈今趙先生之賢，不能削奪士顯？天其或者借此一擢，激出臺諫名疏，太宰快事乎！吾輩願學孔子，縱不能行其道，當閑其道。孟子以正人心、息邪説爲承三聖，爲天下一治，非小補也。幸門下速圖之。

與魏廓園四

長興之寇，吴野樵，是葉朗生事内欽犯第二人。近日之舉，欲據邑，非劫庫也。彼自以朗生事報仇殺石令，不知殺廉吏而人心痛憤，故即被擒，是石令以一死完一邑也。寇劫獄，獄囚無一從叛，皆曰寧死不負石爺，此良吏所以爲保障也。門下爲貴鄉，當特題一疏請優卹，最可鼓天下靡靡怕死者。

與魏廓園五

時事不敢以臆見瀆聽，大要以趙師作宰，門下輩作諫官，大洪諸賢在紀綱之地，不患不佳，但恐過求其佳，反乖步驟耳。

與陳似木一

學問在知性而已。知性者，明善也。孟子道性善，而言必稱堯舜者，何也？性無象，善無象，稱堯舜者，象性善也。若曰如是如是，言上會者淺，象上會者深。此象在心得其正時識取，心得其正者，心中無事時也。風便寄意。

答陳似木二

士有其志，何所不可爲？況今所爲者，乃是孩提無知識時所具足，反以有知識後昧之者也。今借吾知識，反於孩提無知識時本色，故曰復其初。門下弱體，但一切放下，不用一些知識，胸中無物，皆真精神也。養德養身，是一件事；靈源返則靈機浚，理學與舉業，亦是一件事也。

答陳似木三

此無別法，即如門下所謂知而不能者習之而已。人安得遽能？以習而能。《論語》開卷示一學字，即示一習字，又示一時字。學而習，習而時，自凡人作聖賢，不過三字立下見效者也。即如忿欲習於懲窒，懲窒過二三次，便省力，便有味，豈患不能耶？

與孫淇澳宗伯 乙丑

世事甚危，黨人之危，不足言也。年來履虎尾，反覺有用力處。現前於穆之真，絶無聲臭，安得有富貴貧賤夷狄患難？是刀鋸鼎鑊之所不能及，安得有死生？但在日用煉習，純是此件，即真無死生耳。知翁臺進步處，又在百尺竿頭，幸不吝教示。

答劉念臺

向得丈所寄王侍御書，當此時侍御有此心，是於漫天殺局，欲一轉生機，真仁人也。果爾，弟正不可見之。何者？敝邑爲通都，此地人多踪迹弟爲貢獻之着，則侍御先無以自爲，何能爲世？故弟雖奉丈教，終不敢見也。近日又得丈書，仰見直心浩氣，可貫金石泣鬼神，而所教者，弟不敢以爲然。

近都下正有傳姑蘇詞林作六君子吊忠文者，想如丈教，正實其説矣，此何異公子無忌約賓客入秦軍乎？

杜門謝客，正是此時道理。彼欲殺時，豈杜門所能逃？然即死，是盡道而死，非立巖牆而死也。況吾輩一室之中，自有千秋之業，天假良緣，安得當面蹉過？大抵現前道理，極平常，不可着一分怕死意思，以害世教，不可着一分不怕死意思，以害世事。想丈於極痛憤時，未之思也。

答熊壇石操院

新法之行，吾黨亦與有過。經歷世故，乃知義理無窮，君子自反亦無窮。若夫一治一亂，殆非人力所能爲。

去年九月，木星犯三台，其占已如見今日也。諸君子在外者，尚可得民和，固邦本。而漸次芟除四載中所布列，已去其四，自此民不聊生，大亂將作矣。老公祖於倖序中，不久榮轉，當留心救世，不必以自潔爲高。

弟歸迫歲除，粗了家事。元旦後即入山村，行吟澤畔，作快活屈原，不囚土室，作疎散袁閎而已。

與李次見侍御

世事雖甚亂，吾輩正可乘此絶無滋味之時，作絶有滋味之事。何者？身無世道之責矣，可謝一切紛擾之累矣，蕭然一身，取資何幾，兩間甚廓，可以自容，千古甚長，何以不愧，滋味寧有窮乎？知翁丈同此致也。

弟所居湖干，蓮花正放，蚤起推窗，見鮮葩簪簪出濁泥中，一似人生當此世界，但心不隨境染者，真蓮花矣。野趣方濃，不忍出門，不得一看台丈，寄此道意。

與徐按臺

台臺以殊格待黨人，諸黨人惟銘之心，

不敢出諸口。〔眉批：知微。〕惟是地方人才，萬不可齒及諸黨人，非惟大傷老公祖，抑且深禍諸黨人。彼且以諸黨人圖死灰之然，爲飜局之本，借以大創，決非小懲，又增朝廷一番過舉，傷宇宙一番元氣，何益之有哉！非獨愚計，實出輿情，俯賜採納，世道所關也。

答楊金壇

世路飜覆，一彼一此，如山勢遞爲起伏，如水波遞爲來續，以此遞成今古，無足異也。但盛世之一往一來，究歸於治，衰世之一往一來，究歸於亂，仁人君子，不能不爲杞憂。〔眉批：知天之言。〕

誠有如台臺所教，若不肖之放，魚鳥歸林淵，適得其所。雖林淵未必遂能安處，而衰白之人，得一日且爲樂一日，總不作前後想也。伏承翰貺，此誼當篆之衷臆。

答王無咎

世界如棋局，人才如白黑子，勝負不常。在吾輩則以不常者爲常，故勝不爲喜，負不爲戚。勝可也，負可也，客散棋收，勝負安在哉？常者在此不在彼也。與其得罪千古，無寧得罪一時。困窮之中，借以洗心滌慮，爲大歸之計而已。道義之愛，中心藏之，所祈絅錦璞玉，以爲天下。

與曹允大

昔漢二疏祖帳東門外，爲千古健羨，近魏黄門就逮，貴邑士人之攀號，爲千古悽愴。

悽愴者何必減健羨乎！天地間總是一大戲塲，悲歡離合，留一影子與後人觀塲耳。

與東林諸友

有人問我東林作何工夫，吾拱手對曰：只是這等大聖大賢也增不得些子，愚夫愚婦也減不得些子。莫輕看了這一拱手，從前不知費幾許鑽研，方討得這個模樣，從後不知費幾許兢業，方保得這個模樣。且莫説要看臘月三十日。

臨終與華鳳超

僕得從李元禮、范孟博遊矣。一生學力，到此亦得少力。心如太虛，本無生死，何幻質之足戀乎？〔眉批：此先生臘月二十日。〕諸相知統此道意，不能一一也。三月十六夜，攀龍頓首。

龍正謹按：亢龍有悔，聖人有時爲亢龍耶？否耶？伊周處亢而不死，先生處亢而死；子房、懷英不處亢而不死，先生處亢而死；任智遠害之士，或不處亢而亦死，先生處亢而死。同耶？異耶？悔耶？否耶？夫子言之矣，惟聖人不失其正。宜亢而亢，正也，宜死而死，正也。以必不處亢必無死地爲正，失其正者，毋乃多乎！先生于魏忠節之逮也，語予曰：「吾以惑於救世，昧於知幾。」先生嘆無救於世也，非自嘆其將及禍也。仁人殺身，自古衆矣，亦云正而已矣，奚悔而奚嘆！

高子遺書卷之八下終

高子遺書卷之九上

序

大易易簡説序

夫易，豈難知者乎哉？豈難能者乎哉？天高地下，萬物散殊，八者流動充滿于吾前，吾于其中具形而爲一物。天地之八者，未嘗不備于我，我之八者，未嘗不充塞于天地。静而成象，動而成占。成象者退藏焉而爲密，成占者神明焉而爲德。吉凶悔吝，如日月彰彰焉，而冥行者不知也。聖人惻然患之，莫能致力，則以易示之，又詔之曰占，故曰易者，卜筮之謂也，卜筮者，占之謂也。静而不密則不占，動而不德則不占。至將有爲也，將有行也，問之以蓍，則卜筮之一事云爾。謂蓍不足以盡占可，謂占不足以盡易不可。雖然，不見易而能占者鮮矣，則謂蓍爲占也亦宜。於何見易？曰：易無之而非是。識其無之而非是，無之而不可見易也。然果何物也？曰：吾之心也。天下有非易之心，而無非心之易，是故貴于學。學也者，知非易則非心，非心則非易也。易則吉，非易則凶，悔吝其知易，知其能簡，能易簡而天下之理得矣。於是作《易簡説》。夫五經註于後儒，《易》註于夫子。説《易》者，明夫子之言而明易矣。

周易孔義序

《周易孔義》者何？孔子之義也。人每言《易》最難讀，余謂不然。見易難耳，見易則見道，道豈易見哉？若讀之而已，六經惟《易》易讀。何者？經非註，則無門入；註非經，則從門入者，註也，非經也。惟《易》註自夫子，故即註即經。非夫子而吾烏知《易》之所語何語哉？學《易》者，當以夫子之註學，字繹而句味之，經不難讀也。然而經者易也，易非經也，存乎其人。夫子固曰：「聖人以此洗心退藏於密，聖人以此齋戒以神明其德。」此者何也？見易之謂也。《易》以孔義明，孔義又以《易》明。以目前事故不易見，然以目前事初非難見也。

朱子節要序

聖人之道大矣，學者學焉，而得其性之所近，故賦質各别，成德亦殊。至於前聖後聖，若合符節之處，則不容毫氂差也。以毫氂差，迺千里謬矣。聖人嚴似是而非也，嚴之於此也。

繇孔子而後，見而知之者爲顔、曾、思、孟，然當孟子之時，邪説並作，而仁義充塞，不有孟子，孔子之道不著也。繇孟子而後，聞而知之者爲周、程、張、朱，然當朱子之時，邪説並作，而仁義充塞，不有朱子，孔子之道不著也。故昌黎韓氏曰：「孟子功不在禹下。」而河汾薛氏曰：「朱子功不在孟子下。」可謂知言矣。

夫聖人之道，載在六籍。得其言而得

其意，以之而明聖人之道，不得其言而不得其意，以之而晦聖人之道。自朱子出，而六籍之言，迺始幽顯畢徹，吾道如日月之經天，江河之流地；非獨研窮之勤，昭晰之密，蓋其精神氣力，真足以柱石兩間，掩映千古，所謂豪傑而聖賢者也。

其書自傳註而外，見於文集語録者，浩渺無涯。攀龍不自揣量，三復之餘，節其要言，倣朱子《近思録》例，分爲十有四卷，而不敢擬於《近思》，名曰《朱子節要》。嗚呼！不有朱子，孔子之道不著也。而不知孔子，朱子之道不著也。余豈知之者哉？以爲是編，於天理人欲，毫釐千里之介莫詳焉。學者欲知前聖後聖若合符節之處，此其要也。鍥成書此，以諗同志。

就正録自序

人之所以爲人者，性而已矣。性之所以爲性者，天而已矣。人在天中爲至虛，天在人身爲至靈。虛靈者，於人無朕，於天無際。性之所以妙於天人之間而爲心。呈天之體，顯天之用，而非徒以棼然思慮者，供其塊然官骸者，晝夜接搆之妄而已也。

自夫人認塊然者爲身，棼然者爲心，至舉吾之與生俱生者，卒與死俱死而不自知。其不自知，繇不學也。蓋聖賢具言之，存乎人之好古而敏求之。其事至近，其近在目前，而人以渺然之軀與天同者，不出於目前至近，第舉吾幼所誦讀者切身體味之而見矣。

不佞至拙，以拙也安於拙而無他營，體

味所及，如見嶽於一拳，見海於一勺，就正於海内有道曰：「果其爲嶽也與否？ 果其爲海也與否？」必有語之嶽與海者矣。

講義自序

聖人之言多矣，而曰欲無言，明乎所言者，皆言其無言者也。 而天下後世，卒未免求聖人以言，求聖人之言於聖人，若與我不相涉者然。 此學之所以不可不講也。 講學者明乎聖人之言，皆言吾之所以爲吾也。 夫吾之所以爲吾，果何如哉？ 知之一日而有餘，行之終身而不足者也。 知者不知乎此，行者不行乎此，人各以其所知所行者言焉，其於聖人之言，多覿面失之矣。 此學之所以不可不講也。

吾郡舊未有講學者，顧涇陽先生倡之，數十年來，津津焉秉彝之在人心，觸之而動，有火然泉達而不容已乎！ 不佞幸從諸先生後，不能無請益之言，實不敢求聖人於言，求聖人之言於聖人，然所言者，其所知所行也。 懼其覿面而失聖人之言，聊舉以就正有道，求吾之所以爲吾者。

重鍥近思録序

朱子曰：「四書爲五經之階梯，《近思録》爲四書之階梯。」言所繇以從入之序也。 從兹而至聖人之道，譬之植五穀者，下種既真，培之溉之，熟可計時而待，匪是，是種稊稗而欲其爲五穀也。 夫近思者，近取諸己。 近取諸己，萬理具備，視聽言動繇是，君臣、父子、夫婦、昆弟、朋友之間繇是，聖人之道，如此而已矣，要在人默而識之。 默而識之曰悟，循而體之曰脩。脩之則彝倫日用也，悟之則神化性命也。聖人所以下學而上達，與天地同流，如此而已矣。此其教所以賢愚胥益，爲能開物成務，惠天下萬世於無窮也。

今之説者好言悟。夫悟，誠足貴也。懲之者又諱言悟。夫悟，奚可少也？立卓非顔之悟乎？至於不遷怒貳過，斯其悟真悟矣。一貫非曾之悟乎？至於啓手足，斯其悟真悟矣。今之悟者何如耶？或攝心而乍見心境之開明，或專氣而乍得氣機之宣暢，以是爲悟，遂欲舉吾聖人明善誠身之教，一掃而無之，決隄防以自恣，滅是非而安心，謂可以了生死，嗚乎！其不至於率獸食人而人相食不止矣。

予既倣《近思》而節《朱子要語》，秦生彦熙，欣然有意其間，并刻《近思録》。嗚乎！逃虚谷者，聞人足音，跫然而喜，況於今之時乎？於今之時，有能讀《小學》、《近思録》，而斤斤脩彝倫日用之間以爲學者，吾必謂之曰聖人之徒也。

朱子性理吟序

昔者子朱子嘗取六經四子中要義約爲韻語，命曰《性理吟》，以訓其子。芝老，金川車公名振者，受於其祖松坡公。松坡得之五河李先生，李得之雙峯饒先生，饒得之勉齋黄先生，黄則親承師授者也。天順中，車公爲常州府司理，刻於常，攜其板歸，燬於火。嘉靖中，車公壻饒公名傳者，爲汀州府司理，刻於汀。

今年予訪維城張公於武林，得而珍之，曰：信非朱子不能作矣！味之而愈旨，研之而愈深，終身所不能窮也。昔明道先生嘗欲爲詩歌以訓蒙士，朱子此編，豈成其志乎？學者幼而誦之，長而繹之，載籍雖博，要旨不離乎是。以是求道，如規矩設而不可欺以方圓，南北辨而不可欺以燕越也夫。因重梓之，以廣其傳焉。

予次重梓此編久矣，而忽忽逾邁歲月，今乃得吾姻家楊爾亮梓之。爾亮而好此也，亦度越時俗也哉。予見張無垢作《論語吟》，後人多繼其響者，大都以禪機說聖學，面目不相似也。學者於是編深味之，始知聖人之學，其時行物生之機，躍然言意之表者，不必求之於禪，而民彝物則之正，秩然矩度之中者，不可亂之以禪也。有茲刻，而此意之流行天地間，其不晦矣乎！

程朱闕里志序

自昔大聖賢之生，必有同道共德者出于其地，相與左右後先，以明其學，撥天下之亂而反之治。吾夫子生尼山，顔、曾、思三大賢，非出其家，即出其鄉，七十二弟子，大抵魯人爲多，至孟氏道益大明，而近聖人之居，又若是其近也，豈偶然之故與？

孟氏之後，聖學不傳千四百年，重開於周子，光大於程、朱。程夫子生洛，朱夫子居閩，人知三夫子洛、閩相去之遥，不知兩姓之祖同出歙，又同出黄墩之撮土也。天地之氣，山河之靈，鍾爲聖賢，或發於一時一地，或培其先世而發於異地異時。蓋上下千古，不能幾見，然則黄墩者，固千古靈異所鍾，而歙之最勝事也。

朱子而來四百餘年，未有表其事者，表之自趙誠之先生始，方定之先生繼之，而後歙侯劉公，即地創祠焉。太學趙君某，誠之先生孫也，乃博考旁搜，舉凡有關三夫子者，彙而志之，使新安人士，開卷見三夫子也。志成，以鮑公中素教徵言攀龍。攀龍何所知，蓋嘗竊窺古今之槩矣，三代而後，聖王不作，於是夫子出，以六經治天下，決是非、定好惡，使天下曉然知如是爲經常之道，越志者欲有所肆焉，民得執常道以格之，故亂臣賊子，不旋踵誅夷，生民之類，不至糜爛而無遺餘。是六經者，天之法律也。順之則生，逆之則死。天下所以治而無亂，亂而即治者，以六經在也。然漢、唐之間，儒者溺訓詁，而傳六經之糟粕，佛氏言心性，而亂六經之精微。傳其糟粕者，言理而不本之心，亂其精微者，言心而不本之理。一則窮深極微，而外於彝常日用，一則彝常日用，而不可知化窮神。于是六經又蔽，而周、程、張、朱五夫子者出。五夫子出，而後知六經者，天理二字而已。天理者，天然自有之理，天得之爲天，地得之爲地，人得之爲人者也。無所增于聖，無所減于凡，無所升于古，無所降于今者也。誠者誠此，敬者敬此，格物者格此。明此，而後知俗儒之所蔽，佛氏之所亂，一膜而千里也。人知程、朱三夫子之黄墩，亦知其學之黄墩乎？豈惟三夫子，千聖萬賢之黄墩，胥於是乎在。尼山乎，黄墩乎，天地之氣，山川之靈，鍾爲聖賢，其生也有自，其出也有爲。夫何爲哉？明此而已矣。

重刻諸儒語要序

唐荆川先生輯《諸儒語要》十卷，其六卷，皆諸先生所自得語，四卷，則辨析同異，而考亭之語爲多。吾友黄雲翼讀之而奮然起曰：「道在兹乎！」重刻於浙中，而徵言於不佞。夫不佞則烏知道，竊以善觀聖人之道者，觀其學；善觀聖人之學者，觀其教；善觀聖人之所言者，觀其所不言。觀聖人，而後乃知諸先生也。

夫聖人之憂患天下後世遠矣，故不難於自盡其心，而難於盡衆人之心，不難於開一世人之心，而難於稽萬世人之心。聖人知不學之害小，而學術之害尤大。不學之害，害其身，而學術之害，害萬世。故能言而有所不敢言，欲言而有所不敢盡，欽欽然守先王之法，文則先王之文，禮則先王之禮，聖人特示之博，特示之約，使萬世之賢且智者，有所裁而不敢恣其意，愚不肖者，有所循而得以殫其力，如是而已矣。

夫道，人所自道也。譬之適長安者，聖人第示以至之之塗，示以至之之具爾。塗不辨，不可得而至，用不具，不可得而至。及其至，則長安自見，不以言而見也。後之教者不然，每侈言長安，而學者亦宛若身親其地，然而心遊千里，身不越跬步也。彼其侈言長安者，夫豈非身至之者乎？以爲言塗與具，非長安也。乃不知徒言長安者之非真長安也。夫然後知聖人之憂患天下後世之遠，故於其所不言而知其所言也。斯義也，繇孔子而來，惟周、程、張、朱五先生得之。自五先生外，諸先生各有獨至，而學聖人者，必以五先生爲其辨塗之正，具用之備也。吾觀聖人之教，而知諸先生，觀諸先生之教，而益知聖人。甚哉教之關萬世生人命脈也！是以聖人視如河堤蟻穴，知其必決而慎之。

王文成公年譜序

嗚呼！道之不明也，支離於漢儒之訓詁；道之明也，剖裂於朱、陸之分門。程子之表章《大學》也，爲初學入德之門；今之人人自爲《大學》也，遂爲聚訟之府，何天下之多故也！國朝自弘、正以前，天下之學出於一；自嘉靖以來，天下之學出於二。出於一，宗朱子也；出於二，王文成公之學行也。朱子之説《大學》，多本于二程。文成學所得力，蓋深契于子静，所繇以二矣。

夫聖賢有外心以爲學者乎？又有遺物以爲心者乎？心非内也，萬物皆備於我矣；物非外也，糟糠煨燼，無非教也。夫然，則物即理，理即心。而謂心理可析，格物爲外乎？天下之道貞於一，而所以害道者二。高之則虚無寂滅，卑之則功利詞章，朱子所謂其功倍於《小學》而無用，其高過於《大學》而無實者也，蓋戒之嚴矣，而謂朱子之學爲詞章乎？善乎莊渠魏氏曰：「陽明有激而言也。彼其見天下之弊於詞章記誦，而遂以爲言之太詳，析之太精之過也，而不知其弊也，則未嘗反而求之朱子之説矣。」當文成之身，學者則已有流入空虚，爲脱落新奇之論，而文成亦悔之矣。至於今，乃益以虚見爲實悟，任情爲率性，易簡之途誤認，而義利之界漸夷，其弊也滋甚，則亦未嘗反而求之文成之説也。良知乎？夫乃文成所謂玩弄以負其知也乎？高攀龍曰：吾讀譜，而知文成之學有所從以入也，其於象山曠世而相感也，豈偶然之故哉？

時攀龍添註揭陽典史，莊大夫致菴公以玆譜示，而命攀龍爲之言。攀龍不敢，而謂公之文章事業，蔑以尚矣，學士所相與研究，公之學也。故謹附其説如此焉。

許敬菴先生語要序

聖人言道，未嘗諱言無也，曰：「上天之載，無聲無臭。」夫無聲無臭者不可言，言人倫庶物而已。聖人曰：「即此是道，更別無道也。」夫曰即此是道，更別無道者，無之極也，學者不察也。天生蒸民，有物有則，是故典曰天序、禮曰天秩、命曰天命、討曰天討，是之謂天則，非人所能與也。以人與之，爲私而已。聖人之學，物還其則，而我無與焉，萬變在人，實無一事也，無之極也。

今之言無者異於是，曰無善無惡。夫謂無惡可矣，謂無善，何也？善者，性也，無善是無性也。吾以善爲性，彼以善爲外也。吾以性爲即人倫即庶物，彼以人倫庶物是善，而非性也。是岐體用、岐本末、岐内外、岐精麤、岐心迹，而二之也。聖人之道一以貫之，是故言天下之至賾而不可惡也，言天下之至動而不可亂也。彼外善以爲性，故物曰外物，窮事物之理曰狥外，直欲一掃而無之，不知心有未盡，不可得而無也，理有未窮，心不可得而盡也。今以私欲未浄之心，遽遣之使無，其勢必有所不能，則不得不別爲攝心之法，外人倫庶物而用其心，至於倫物之間，知之不明，處之不當，居之不安，將紛擾滋甚，而欲其無也，愈不可得矣。是故以理爲主，順而因之而不有者，吾之所謂無也；以理爲障，逆而掃之而不有者，彼之所謂無也。兩者根宗少異，而精神血脈，頓若燕越背馳，不可不察也。

德清許敬菴先生，汲汲於拯其溺也，其遺言具在。吾友張維成、周自淑，先生之高第弟子也，復揭先生要語刻之，而徵序於攀龍。攀龍則何知道，謂先生立言之正，二君擇言之精，而集中無善無惡之辨，最爲喫緊。故表而論著之，以就正於二君，就正於天下之有道者，不知以爲何如也。

方本菴先生性善繹序

名性曰善，自孟子始，吾徵之孔子，所成之性，即所繼之善也。名善曰無，自告子始，吾無徵焉，竺乾氏之説似之。至陽明先生，始以心體爲無善無惡，心體即性也。今海内反其説而復之古者，桐川方本菴先生、吾邑顧涇陽先生也。方先生謂天泉證道，乃龍溪公之言，托於陽明先生者也。

攀龍不敢知，竊以陽明先生所爲善，非性善之善也。何也？彼謂有善有惡者意之動，則是以善屬之意也。其所謂善，第曰善念云而已，所謂無善，第曰無念云而已。吾以善爲性，彼以善爲念也；吾以善自人生而静以上，彼以善自五性感動而後也。故曰非吾所謂性善之善也。吾所謂善，元也，萬物之所資始而資生也，烏得而無之？故無善之説，不足以亂性，而足以亂教。善一而已矣。一之而一元，萬之而萬行，爲物不二者也。天下無無念之心，患其不一於善耳。一於善，即性也。今不念於善，而念於無，無亦念也。若曰患其著焉，著於善，著於無，一著也。著善則拘，著無則蕩，拘與蕩之患，倍蓰無算。故聖人之教，必使人格物，物格而善明，則有善而無著。今懼其著，至夷善於惡而無之，人遂將視善如惡而去之，大亂之道也。故曰足以亂教。此方先生所憂，而《性善繹》所以作也。

善乎先生之言曰：「見爲善，色色皆善，故能善天下國家；見爲空，色色皆空，不免空天下國家。見之異，則體之異，體之異，則用之異，此毫氂千里之判也。」嗚呼！古之聖賢，曰止善，曰明善，曰擇善，曰積善，蓋懇懇焉。今以無之一字掃而空之，非不教爲善也。既無之矣，又使爲之，是無食而使食也。人欲横流，如河水建瓴而下，語之爲善，千夫隄之而不足，語之無善，一夫決之而有餘。悲夫！

王儀寰先生格物説小序

《大學》在明新止，格物者，格知明新之至善處也。故身心意知家國天下，皆明新止之物也；誠正脩齊治平，皆明新止之格也。格者止也，通也，正也。格物，則隨物察則；物格，則一以貫之。格物必窮至極處，物格則通徹無閒，而物各得其正矣。天地間觸目皆物，日用間動念皆格。一部《大學》皆格物也，六經皆格物也。《孟子》七篇，更可作《大學》註疏。何者？以皆窮至其極，見天理真面目也。

予嘗以此語人，罕有解其微者。儀寰王先生《格物説》，獨得余心同然，《大學》之旨，庶幾其明矣。先生二府京口，大得民和，其以格致爲治平乎！自是而歟歷愈久，益將以治平顯格致乎！嗟嗟！聖人之學，所以與佛氏異者，以格物而致知也。儒者之學，每入於禪者，以致知不在格物也。致知而不在格物者，自以爲知之真，而不知非物之則，於是從心踰矩，生心害政，去至善遠矣，所係豈其微哉？

點朱吟序

啓新錢先生之于《易》也，蓋四十年動静食息于其中矣。當其精思力踐之熟，一旦豁然，見夫聖人畫乾畫以象天，畫坤畫以象地，合乾坤畫以象人。故夫卦之而八，重之六十四，皆天地象也，皆人象也。像其象焉之謂人，不乾不坤不震不巽不坎不離不艮不兑之謂匪人。世人知《易》之爲象，不知象之爲儀，是人與《易》二之也。説《易》者自程、朱兩夫子而後，先生可謂再闢乾坤之門而發其藴矣。然象像之書行于世，理深文奥，學者至不能句，罕有知其義者。吾邑吴叔美諸君，謀于攀龍曰：「豈可當先生而不得其道一聞于錫之士耶？」龍曰然，於是迎先生説《易》東林。先生欣然許之，以十一月六日至，又四日而日長至，其夕相與飲酒而樂。先生爲詩示學者閉關之義，一時從游士賡而成集。先生既序而刻之，攀龍復申其義曰：夫關，心關也。其紛念爲商旅，其真宰爲后。商旅不行則内固，后而省方則外馳。闔乾坤之門而爲闢，斯闢乾坤之户而爲盛德大業。三百八十四畫，一畫縮之。而先生閉關之義，固象像之扃鑰也。

虞山書院商語序

孔門高第弟子，其在南方者獨言子耳，虞山故有文學書院俎豆之，而毀於江陵相，弔其墟者，輒咨嗟嘆恨，以爲是鳳凰麒麟之棲峙於此，是高山大川之鎮浸於此，而且如是，後之人其何觀焉？

瀛海耿侯來令茲邑，期年政通人和，案牘直供其游刃，而慨然念曰：「治世有大於人才者乎？育才有外於教化者乎？興教茲土，有舍其先賢，而別有示之者乎？」於是重復書院，羣邑之縉紳先生博士弟子講習焉。攀龍從涇陽先生報謁侯，而適遘其會，得聞侯深造自得之學，得見諸先達抑抑之儀，得研諸文學亹亹之論，自幸以爲不世之遇。而涇陽先生於會中有相商之語，侯且鋟之木，而欲攀龍爲引語。

攀龍愚不肖，無所知識，竊見侯之標學道堂曰「願學孔子」，以爲是此學之大準的也，亦此時之大疑義也。夫學者，誰不學孔子？自陽明先生揭挈良知以來，掃蕩廓清之功大矣，然後之襲其學者，既非先生百年一出之人豪，又非先生萬死一生之學力，往往掠其便，以濟其私，人人自謂得孔子真面目，而不知愈失其真精神。攀龍少即疑之，於是熟窺吾夫子，見其賊鄉愿、誅鄙夫、生夷齊、死齊景，斥媚竈、攻冉求，至斤斤一泰山之旅，若芥於目、楔於口、疾痛於身，有不能忍者，何也？於季路再列成人，於子貢三列士品，總之不離本實者爲是，言仁至微密矣，未嘗離日用庸行，即直指立達真體，不過以近譬爲方，至戒巧令、近木訥，仁夷齊、仁三仁，昭昭揭象而示之，又何也？以夫子聖智，發其慧辨，豈別無神奇，乃其自言信而好古，好古敏求，《詩》、《書》、執禮外，例入不語罕言中，又何也？ 厚葬也以爲薄視顔子，爲臣也而以爲欺天，即區區不正之席、不正之割，若水火之當吾前而不敢蹈，又何也？ 此聖人無行不與之教，要非依倣比擬可得，而不可不思其故。 攀龍參求於此，非一日矣，茫然未有見也。 但自見柔情凡念，習氣懈心，交錯而發，以瀉吾之真體，故言未出諸口，而愧已集於心，其何以發涇陽先生之意？ 雖然，吾見先生欽欽以小心爲學，奉孔聖之矩，闡先儒之幽，其言平實微婉，令人於真念頭發處，默識本心，默識莫之爲而爲之天；至其言外之旨，則穆然有深憂於世。《詩》曰：「知我者謂我心憂，不知我者謂我何求。」嗚呼！ 耿侯有真精神於世道者也。 其必有以知之矣。 異日者吾且就而求吾所願學。

桐川會續記序 當道改鶴鳴書院

《桐川會續記》者何？ 方明善先生教於桐川，有《桐川會記》，令子廷尉魯嶽公善繼述之，有《續紀》。《紀》備矣，其承先也篤，其望後也切，脈正而澤長，百世不朽矣。 吾讀公《至善堂記》，更有味乎其言也。 夫非善不名至，非至不名善。 至者，無以加之之謂，所謂極也。 格物者，窮至其極處，即至善也。 斯《紀》也，善其明矣乎。 而公之復徵余言。 余又何言也，無已，請言格致之法，所繇以明善者，可乎？

朱子曰：「當因其所發而遂明之，此四端之説也，孟子之法也。」吾則曰：又當因其所未發而遂明之，此大本之説也，《中庸》

之法也。何以因其未發也？諸賢之登至善堂也，有不雝雝肅肅者乎？此雝雝肅肅之時，有喜乎？怒乎？哀樂乎？抑有思慮乎？無有也。所謂未發也，善之體也，一反觀而明矣。此反觀者何物也？心也，明德也。性寂而静，心能觀之，情發而動，心能節之，此心之所以統乎性情，而明德之所以體用乎至善也，格致之法也。吾不能必登斯堂者皆雝雝肅肅，而能必雝雝肅肅者無乎不善也。吾不能必出斯堂者皆純於善，而能必明善於斯堂者不復入於不善也。則斯堂之功，不既大乎？於所發明善，善最真，于未發明善，善最顯。明善者不加毫末。夫不加毫末者，善也，乃以爲無善可乎？明善先生鳴斯學于桐川，而魯嶽公和之，桐之人相率而和之，四海之内相率而和之。好爵之縻，中心之願，以性善也，稱鶴鳴也固宜。

崇文會語序

崇文者何？崇文公朱子也。吴公伯昌，生文公之鄉，崇文公易也；生於今之時，崇文公不易也。自良知之教興，世之弁髦朱學也久矣。一人倡之，千萬人從之，易也；千萬人違之，一人挽之，豈易易哉？此所謂不惑者也，能反其本者也。

夫學者，學爲孔子而已。孔子之教四，曰文、行、忠、信，惟朱子之學得其宗，傳之萬世無弊。即有泥文窒悟者，其敦行忠信自若也，不謂弊也。姚江天挺豪傑，妙悟良知，一破泥文之蔽，其功甚偉，豈可不謂孔子之學？然而非孔子之教也。今其弊略見矣。始也掃聞見以明心耳，究且任心而廢學，於是乎詩書禮樂輕，而士鮮實悟；始也掃善惡以空念耳，究且任空而廢行，於是乎名節忠義輕，而士鮮實脩。蓋至於以四無教者弊，而後知以四教教者，聖人憂患後世之遠也。

尊聞録序

聖人之學，復其性而已。何以復性也？孟子曰：「盡其心者，知其性也。」學問之道無他，求其放心而已矣，是所繇以復之道也。然而《論語》二十篇不言心，第兩言之，曰「其心三月不違仁」，曰「從心所欲，不踰矩」，何以説也？是則固有違仁踰矩之心乎？噫！聖人之憂患後世至矣。繇漢以來，儒者不言《大學》，言《大學》自二程夫子始，曰是孔氏遺書，而初學入德之門，故言《大學》在程門最詳。而《章句》、《或問》之作，朱子又因其説而推明之，莫或背也。至王陽明先生，始以爲是求理於事事物物之間，析心理爲二矣，率天下而義襲矣。蓋先生自以其得諸心者取證於《大學》，又以後世傳言失真之舛，盡責諸先儒，而不察其實也。

豐城見羅李先生之説《大學》也，曰皆不其然。《大學》犂然鼎立三綱而止歸至善，秩然井分八目而本歸脩身，知止要矣。而止何在？本末始終，教人止法也。而本何在？脩身爲本也。知脩身爲本，斯謂知本，斯謂知之至也。善在此，止在此矣。故自天子以至於庶人，壹是皆以脩身爲本，性學也。匪獨《大學》，先生之説《論語》也猶是，説思、孟、六經猶是，壹是皆以脩身爲本也。

或曰：「聖人教人言而不離乎是，寧若是之拘拘乎？」

曰：「不然。先生之學，主于明宗。自致良知之宗揭，學者遂認知爲性，一切隨知流轉，張皇恍惚，其以恣情任欲，亦附于作用變化之妙，而迷復久矣。不知《大學》教人復性，格致八目，皆其工夫也。」

曰：「孩提之愛敬，乍見之怵惕，平旦之好惡，非性乎？致良知者致此，致之非復之乎？」

曰：「乃若其情，則可謂善矣。請循其本。何以有乍見之怵惕？何以有平旦之好惡？前乎是者，遂淪于無乎？後乎是者，可執而有乎？則孟氏之指可知也。」

嗚呼！吾讀《論語》，而後知聖人憂慮後世之遠也。知《論語》之宗，是故知止脩之宗。先生之説，具存書要，其高第弟子陳君古池，侍先生於清漳，日以所聞於先生者開示來學，記其會語，名曰「尊聞」。甲午冬，攀龍過漳見先生，而古池出以示攀龍，而命爲之序。攀龍不敢辭，而謹書其端曰：

昔者孔子之教，七十子非不習而聞也。子貢迺曰：「夫子之言性與天道，不可得而聞。」何居？可思矣。然則吾曹之尊所聞於先生者，宜何如哉？先生之教，身教也。請反求之身，而毋徒以言。

馮少墟先生集序

少墟先生，予同年馮仲好也。仲好少即志聖人之學，繇庶常吉士爲侍御史，言事罷歸，閉關九年，精思力踐，而於聖人之道，始沛如也。所在講學論道，爲集凡二十二卷。余受而卒業焉，作而歎曰：「此真聖人之學也。」

聖人之學之難明也，蓋似是而非者亂之，其差在針芒間，不可不辨也。今夫人，目則能視，耳則能聽，手則能持，足則能行，視聽持行者，耳目手足也，所以視聽持行者何物也？凡世之不知學者，皆覿面而失之於是也。然而目之視貴其明，耳之聽貴其聰，手之持貴其恭，足之行貴其重，所以聰明恭重者何物也？凡世之知學者，又往往覿面而失之於是也。然而目之明，非我能使之明，目本自明，耳之聰，非我能使之聰，耳本自聰，手足持行之恭重也亦然，其本來者又何物也？世之知正學者，又往往覿面而失之於是也。

耳目手足者，形也；視聽持行者，色也；聰明恭重者，性也；本來如是，復還其如是之謂工夫也。脩而不悟者，狥末而迷本，悟而不徹者，認物以爲則。故善言工夫者，惟恐言本體者之妨其脩，善言本體者，惟恐言工夫者之妨其悟。不知欲脩者，正須求之本體，欲悟者，正須求之工夫。無本體，無工夫；無工夫，無本體也。

仲好之集，至明至備，至正至中，非脩而悟，悟而徹者不能，真聖人之學也。吾特於其集中示人最切者，揭而出之，以見似是而非者亂吾聖人之學，其端蓋異於此也。

西齋日録序

自宋周、程、張、朱五夫子者出，而聖人之道始大明於天下，學者苟有志於道，必繇是入焉。吾嘗謂五經、四書、四子，是天地之定局也。升東嶽而知衆山之峛崺也，況介丘乎？浮滄海而知江河之惡沱也，況枯澤乎？舍五經、四書、四子而求道，猶之乎指介丘枯澤以爲山水也，謂之無目也亦宜。

今之學者，多惑於異端，非異端之能惑人也。〔眉批：是則然矣，亦爲未嘗體之身心，驗之日月。〕彼未嘗入宗廟之中擊金拊石、吹竹彈絲，而漫聽瓦缶硜鍧，以爲足以悦耳。嗚呼！於今之時，有能示人以聖人之正道，其亦可謂大仁也。

夫雲間周萊峯先生，有《西齋日録》，蓋先生手録先儒之言，粘之四壁，積而成書，雖不盡出四子，皆四子真脈也。先生真脩實踐，故其擇言最精。吾最愛韓昌黎言一室之内，有以自娱；先生蕭然西齋，俯仰今古，沈酣道義，味其風致，三公萬鍾不以易此樂矣。學者試讀其書，想見其人，於道不思過半乎？兹刻也，所謂於今之時，示人以聖人之正道者也，大仁者也。

願學齋劄記序

于景素先生既以言事謫官歸，杜門讀書，津津樂也。其言曰：「士君子植節大難，非有禮義維持之，人心甚危，浸淫潰決而不自覺。」故其讀書，第取足以治心砥行而已，自諸經諸儒諸史外，一切綺麗浮靡弗好也，曰：「勿以岐吾意。」久之見夫聖賢之學，中正易簡，而竊怪夫世之言學者一何異也。於是以其得之心，間筆之書，積而成帙，題曰《願學齋劄記》，將刻以諗同志，而徵序於攀龍。

余蓋蹙然有感於先生齋願學之意矣。夫言學者，孰不曰學孔子哉？究其實，乃大謬，彼其心自以爲有上於孔子者在也。吾竊度其槩，彼見孔子言明不言幽也，言生不言死也，言六合之内不言六合之外也，以爲可以紀綱人倫，而不可以超出生死，可以明章禮樂，而不可以冥攝鬼神，可以具足現在，而不可以旁通三世云爾。嗚呼！其於孔子之道，曾未始得門而入焉，又何怪其言之異也？夫子曰：「莫我知也夫。」豈獨當世，千萬世而下，知聖人者有幾？未嘗知之，則不得其門也又何怪？夫子曰：「篤信好學，守死善道。」夫信之篤死而不移者，好學之謂也。未嘗學焉，則無繇而知聖人之道也又何怪？今吾徒蚩蚩之氓，大幸而知學矣，又大幸而知願學孔子矣，而何以學之？服其服，未也；言其言，未也；行其行，近之矣，而未也。然則如之何？曰：觀子輿氏所以學孔子者，没身焉而已矣。是則先生願學之意也，所爲劄以自警警人之意也。

重刊採運條議序

昔歐陽公讀李翺賦曰：「衆囂囂而雜處兮，咸歎老而嗟卑。視予心之不然兮，慮行道之猶非。」蓋三歎斯言，以爲使君子皆易其歎老嗟卑之心，爲翺所憂之心，天下豈有亂亡哉？嗟乎事有曠世而相感，余又不能不歎歐公所言也。夫士卑居邑邑不得志，謂不能一日居得爲之位，爲其所欲爲，是不過慕富貴耳，非寔有爲者也。人有必爲之心，天下未嘗無可爲之事，未嘗爲之，而輒自阻抑者多矣。

夫徐公偃蹇一第，官不過郡佐，僻在川徼。會天子興大工，需蜀材，督有司至逮七縣令。徐公慨然以身殉事，入虎豹之穴、蠻夷不測之境，鳩役而役從，諭夷而夷化，求木而木得，陸也神佐之開山，水也龍佐之時雨，事克以濟。公又爲天下後世之慮，陳六難三易之説，破百年之拘攣，貽無窮之利澤。凡徐公所居，皆世所謂不能一日有爲，而徐公所爲，皆世所謂張皇錯愕以爲必不可爲者也。是果官之拘人，人之不能盡其官耶？

夫事不身歷，則無真知，不真知，則其誠不能動人。一木也，民出萬死以得之，當事者視之，曾不足以當枯稿；執成式，則刻於分寸，核定費，則嚴於錙銖，視民之命，亦曾不足以當枯稿，果斯人之不仁至此哉？下莫以告，而上不知也。宜公言之而上下響應矣。匪獨木，天下之事皆然。嗚呼！上之人以爲易，而下莫敢以難之説進，上之人以爲難，而下莫敢以易之説進，無怪天下之事日入于難也。公之子德夫，既成進士，而公且拂衣歸。夫世有斯人，而莫竟其用，無怪乎天下之事日入于難也。未嘗爲之，而曰事不可爲，未嘗求之，而曰天下無才，人人自顧其私，而泄泄一世之事，此歐公所以憂翺之憂，後之人又憂公之憂於無窮也。

營政紀言序

晉江奕開徐侯，來令平陵。朞年，悉四境之故，考往古之英賢，擘山川之要會，於是政以時舉，自學宫縣治城濠橋道而外，復營夏林閘以利漕，營利濟橋以利涉，營求惠倉以利賑，營伍相國祠以表忠，營貞義女祠以表義，營文昌閣以爲瀨江之鎮。屬歲大旱，徐侯步禱於相國祠，靈雨旋注，民以不死。於是四方之士，益知徐侯所營非苟而已也，皆爲文章以紀其事，彙而爲《營政紀言》。不佞某既受而卒業，喟然歎曰：「有是哉，徐侯乃可稱宰矣。」

夫邑宰，以一邑爲身者也。是故山川土田，肢體也，有不脩飭，是肢體之有痿廢也；忠孝節義，神明也，有不昭宣，是神明之冥頑不靈也；水旱不虞，血氣之壅閼不通也，漠焉不憫恤於心，是聽血氣之壅閼不通也。若徐侯者乃稱宰矣。

夫以一邑爲身者，是能以天下爲身者也。繇兹進而立於廟堂之上宰天下，亦如是矣。侯不憶曩日籲雨於伍大夫乎。大夫之歿，至於今幾二千年矣。侯搏顙而籲者，籲之於土木偶人耳。從二千年後，求其人於土木之偶，然而風雲變於咫尺，雷雨作於俄頃，則是侯與大夫固昭昭然相酬酢，而大夫與上帝固昭昭然相陟降也。繇是觀之，天地固吾之象貌，今古固吾之呼吸。心誠求之，則鞭雷霆，挾日月，吞吐造化，豈難也哉？故能宰天下者，能宰天地者也。

《詩》曰：「蔽芾甘棠，勿剪勿伐。」寧以其物與其迹在？其人在也。猶之金瀨然伍大夫迹在，其人在也。平陵營政，豈直一甘棠也乎？

闡幽録序

我神祖御極四十八年，而譴謫諸臣，自萬曆五年始。于時江陵相不喪父喪，諸臣以綱常大義諍，杖者、戍者、編氓者，纍纍矣。是後以國本、以鑛税，以去奸者、發奸者，以救言者、薦言者、推用言者，相繼譴幾三百人。迨遺詔録用，無禄即世者且半，即存者以酌量裁，以冒濫尼，不能十而二三，何況没者。忠魂炯炯，浩氣揚揚，吾不知鬱而爲苦雨淒風，抑激而爲冬雷夏雪，兩間醇和，剥之萬端，此固其一矣。幸聖天子穆穆，無奏不下，賢宰相休休，無善不庸。南皋先生，爲闡幽疏者再，太宰乃奏勳司案，以廷杖獄死者爲一等，贈官予廕，餘爲一等，止贈官，先以七十五人，請將益搜其未盡者。旋得俞旨布海内，使知爲人臣，抒忠誠于國，屈於一時，伸於萬世，彌久而光，諸爲奸利者，赫奕旦夕耳。

嗚呼！此闡幽所以爲人心慮至深遠，以爲無須汲汲者，其度量相越何如哉！夫鄒先生，固最先譴，召用而復錮，幾四十年者，吴、趙、沈、艾諸君子相繼没，而先生巋然爲魯靈光。天子用爲御史大夫，諸君子卒以先生闡，天豈無意乎！天之未定，疾風迅霆，日月晦冥，天之既定，水緑山青，蜎蠕以寧。昔屈子賦《遠遊》，欲長年以觀既定之天，而忠臣義士，顑頷没世者，常以年歲之不延，悲夫！然猶被三朝寵錫，際一時明良而及兹典，未爲不幸也。

元相，前則南昌劉公名一燝，今則福清葉公名向高。太宰，則涇陽張公名問達。少宰，則定遠盛公名以弘、會稽王公名舜鼎。勳司，則奉化戴公名澳。後之覽者考鏡焉。

無錫縣學筆記序

何以使天下治？曰人才。何以育才？曰庠序之教。何以使庠序之教，天下奉之若蓍蔡，循循焉嚮於道也？曰在是非著而勸懲者深。

古者令民五家爲比，其教始於比長。閭胥聚衆讀法，書其敬敏任恤，而掌其比觵撻罰之事，蓋已昭然導之向矣。至於州長以歲時考其德行道藝而勸之，糾其過惡而戒之，行成而後卿大夫以登於王，蓋勸戒森嚴，故民聽不惑。其必爲善也，如水之寒，而火之熱；必不爲惡也，如騶虞之不殺，竊脂之不穀。豈獨其性然哉，所繇來者豫矣。夫有善惡而後有是非，有是非而後有賞罰，有賞罰而後有勸懲。上之人躬明德以示之，又嚴勸懲以一之，若之何士不務於道，而天下不安治且久也？

今也不然。士幼而誦聖賢之言，十倍於古，乃其父兄所責成，師友之勸勉，止於一第而已；入官之後，俛仰以隨俗，積金拓産，以裕其子孫而已；簿書期會之餘，計俸待遷，歎老嗟卑而已；上之則詩文酒奕以自娱，仙玄釋空以休老而已。天下滔滔，不復知禮義爲何物也。鄉飲酒，以尚齒而崇德也，祠鄉賢，以褒往而勸來也，或非其人，而人不以爲榮；士之以行黜也，卿大夫以墨敗也，恬焉安之，而人不以爲辱；閭巷之間，是其同己，不必出於善，非其殊己，不必出于惡，恕於責小人，而苛於求君子，庶民眥惑，而人不以爲信；至號爲儒者，禮義之心不能勝其嗜慾，恐天下叢而議其後，則皆習爲無善無惡之説以自便，以含糊爲長厚，以退避爲明哲，言行不足訓於天下，於是道德滅裂，而人不以爲貴。幾何不胥而亂也！

然則如之何？曰：救今之弊，則復古之法而止也。德行廢而任詞章，既失其本矣。昔之詞章，猶不敢叛經而亂傳也。今則傳註廢，而士之説經以意矣。説經以意，無不可行意也。意以亂指，指以從邪，浸淫潰決，將六籍之正，皆爲姦言之文，是非益謬背而不知所底矣。復之如何？有高皇帝之卧牌，兩朝之敕諭在。學必以孔、孟、程、朱爲宗，士必以孝弟忠廉爲貴。如此之謂是，不如此之謂非。德行繇是，詞章繇是，比閭之論議，達於朝廷之舉錯繇是。賞罰明而勸懲著，耳目一而志慮專，學如是而止也。嗚呼！所以行之者難言矣。

吾邑思永談公，爲《學宫筆記》，既成以示予。予卒業而歎曰：教典具矣，科目具矣，哲範具矣。富貴如蜉蝣，淑慝如蒼素，毁譽行於一時，是非昭於萬世，其弗可掩也。夫兹《記》行也，上之人考而思焉，以復古之制；下之人考而思焉，以復古之學。往者之不湮，來者之有述，公之錫類也遠矣。

於是不辭而爲之序，且以志其平居之慨。

毘陵人品記序

士無定品，要在不失其人之本色而已。夫子曰：「人之生也直。」此本色也。以其本色也而易，如火之炎上，水之就下也，故無鉅細皆足以成品；以其本色也而難，如火之不熄，水之不污也，故無鉅細之品皆見其可貴。品士者核其人，必脈理真而後無贋品；論人者，必羣品備而後無失人。

毘陵爲泰伯端委之地，山川平衍，習尚得文質之中，繇周而來風氣日開，至宋而益著。天下有事，毘陵人必有則古昔、稱先王，不忍自決其防者。如慶元、端平間，天下岌岌矣，毘陵人硜硜守其所學，逐而去之者，至以道學解散爲慶，而迄於亂亡，毘陵人猶孤城死守不下，及羽人釋子，亦知與城俱亡之爲義。寧獨天性，亦其習見習聞然也。

毛古菴先生，記毗陵人品，顧涇陽先生，志桑梓人物，侍御嚴所吴公，更雅馴其文辭，續入其後死，合爲書十卷，謂某不可無一言。某曰：侍御之功偉哉！夫人心之所趨，必有所定以爲的而期中焉，故以富貴利達爲的者，取諸昏夜乞哀之巧力矣，以聖賢豪傑爲的者，取諸平旦虚明之巧力矣。二者如霄壤不可同日而語，稍錯雜焉，人莫知所趨。侍御之厚於取善，而嚴於别類，其示之的乎。人固有與生俱生，不與死俱死，塞兩間，亘千古，不可得而滅没者，非富貴利達之謂也。世人畢其巧力，昏夜乞哀以求之，而與此曾不相涉。夫以百年易盡之身，營此身不相涉之物，譬之冠冕金玉，被飾土木偶人，至於死之日，了無餘味，而後知其向之所爲罔也，大可哀矣。其有感於斯編而興起者乎，侍御之功偉哉！

東林志序

天地大矣，古今遠矣，聖賢之生，豈以一時一地爲盛衰哉？程氏之學，錮于紹聖間，朱氏之學，錮于慶元間，岌岌乎身之不能保。越百餘年，我太祖高皇帝、成祖文皇帝，大明其道，家誦其書，人通其義，春秋大一統，諸子百家，無得而奸，其間即有邪說，士得執所守而拒之，嗚呼盛矣。此何以故？洙泗之學，洛閩得其宗，學者繇是而入，皆可不畔于道，傳之萬世無敝也。

龜山楊先生，上承洛統，下開閩傳。其棲止於晉陵、梁溪間，浮雲流水之跡耳。而吾郡至今言學不畔洛、閩，不忍曲學以阿世，于是見先生之精神大而遠也。

先生于梁溪棲東林，東林之廢久矣，屢有復者而未竟。顧涇陽先生，始率同志告于當道而一新之，使夫錫之士，進則行其道于天下，退則明其道于此，如行者之有家，耕者之有土也。道合則進，不合則退，綽綽乎有餘裕也。夫世事成毀，何常之有，變易者存乎時，不易者存乎道，道之所在，易乃不易也。有易，故不可無志。涇陽先生屬志于劉伯先，伯先志成以諗于予曰：「請言所以志。」

予曰：道者，人之神也；迹者，神之著也。故東林在，而龜山先生在，龜山先生在，而洛、閩夫子在，洛閩夫子在，而先聖在。神一也，一著而無不著。今夫東林之志彙矣，堂室則志，什器則志，圖書則志。室敝可葺也，器敝可新也，圖書敝可更也，人敝則澌滅矣。何以使人之不敝也？曰：在學。學非他也，人還其人之謂也。如目本明，而還其明，耳本聰而還其聰，心本仁而還其仁，四體本恭而還其恭，君臣父子兄弟朋友本親義序別信，而還其親義序別信。本來如是之謂性，知其如是而還其如是之謂學。不學而人敝，人敝而神離，如呼吸之離于體。夫以千秋之神，滅于一日，哀哉！後之君子覩于志，即有不忍于一脈之滅而不續者。斯脈也，即以一念續矣。

東林會約序

吾錫故未有講學者，有之自宋龜山楊先生始。今東林，其皋比處也，自元以來，蕪廢久矣，復之於邵二泉先生，王文成之記可考也。嘉隆以來，又蕪廢矣，復之於顧涇陽先生。於時中丞則嗣山曹公，直指則起莘馬公，督學則意白楊公，兵使者則龍望鄒公，郡伯則宜諸歐陽公，邑侯平華林公，皆曰都時哉不可失，各捐金搆祠宇，同邑顧侍御驤宇公，則出其所有地以爲祠址，林侯復以其工之羨，買田供盇簪之飱，涇陽先生而下，同志者又各捐金買地，搆爲講堂書舍，以爲講習燕居之所。而先生復爲約，指示一時從遊者。

蓋攀龍讀而嘆曰：至矣，無以加矣！古之君子，其出也以行道，其處也以求志，未有飽食而無所事事者。夫飽食而無所事事，斯不亦樂乎，又何多事而自取桎梏爲耶？噫！正以其不能無事云爾。夫人有生則有形，有形則有欲，有欲則有憂。以欲去憂，其憂愈大，蚩蚩然與憂俱生，與憂俱死矣。學也者，去其欲，以復其性也，必有事以復於無事也。無事則樂，樂則生，生則久，久則天，天則神，而浩然于天地之間。夫人即至愚，未有舍其可樂而就其可憂，然徐而究其寔，卒未有不就其所憂，而舍其所樂者。嗚呼！其亦弗思耳矣。思之如何？約備矣，無以加矣。

謹刻以公同志者，期相與不負斯約云。

同善會序

錢啓新先生倡同善會於毘陵。其會歲以季舉，會者人有所捐，聚而儲之，見有隱于中者，施之。於是無告之人，寒者得衣，飢者得食，病者得藥，死者得槥，同會者人人得爲善。

吾邑陳子志行，聞之欣然曰：「夫學豈託之空言？將見之行事。此其爲行事之實乎！」而問於攀龍曰：「吾知如是之謂爲善也。子爲吾言善所從來。」

余曰：「噫！大哉子之問也。夫善，仁而已。夫仁，人而已。夫人，合天下言之也。合天下言人，猶之乎合四體言身。吾於身，有尺寸之膚刀斧刲割，而木然不知者乎？吾於天下，有一人顛連困苦，見之而木然不動於中者乎？故善者，仁而已矣。仁者，愛人而已矣。」

志行曰：「君子欲萬物各得其所，而不能使萬物各得其所。博施濟衆，堯舜猶病，如力之不及何？」

曰：「務博者求諸人，仁者取諸己。取諸己者，力所及也。吾取諸力之所及，天下人各取諸力之所及，何人何我，何大何小，何窮何達，施不亦博乎？濟不亦衆乎？」

志行曰：「聞善者必福，有不然者，何也？」

曰：「凡吾爲德於人，非期人之報也。又非施於人所不報，而期天之報也。求福爲善，故爲善無福。」

志行曰：「人知善之必福，猶弗爲善，必欲其無爲而爲，執途之人，責以聖賢之道乎？」

曰：「噫！是不知不爲善之不可爾。於吾之身，刀斧刲割而木然者，必死人也。於天下顛連困苦而木然者，其死一也。然則吾之爲善，如渴而飲，飢而食。飲食亦望報邪？」

志行曰：「善者固無福與？」

曰：「道二，仁不仁而已。仁，生道也；不仁，死道也。天下之禍，萬有不同，皆死道也。天下之福，萬有不同，皆生道也。仁則生，善則福，猶形影然。有爲之心非仁，無爲之善即福也。」

志行曰：「善。吾今乃知大身是謂同善。」

重刻感應篇序

天地間感、應二者，如環無端，生人物之萬殊。感應所以爲鬼神，非有鬼神以司感應也。凡世人所受，一飲一啄，莫不前定，皆應也，命之不可易者也。凡世人所作，一善一惡，各以類分，皆感也，命之自我造者也。惟即感爲應，故即人爲天；不然，是有天命，無人事，聖賢脩道之教皆贅矣。或以爲是近於佛氏因果之説而諱言之，不知佛氏因果之説，即吾儒應感之理。聖人以天理如是，一循其自然之理，所以爲義；佛氏以因果如是，懾人以果報之説，所以爲利。其端之殊，在抄忽間耳。今懼涉于佛氏之因果，并不察于感應之實然，豈不謬哉？

然則命之既定者，不可得而易與？曰：何不可易也？數即氣也，氣即理也，理即心也。心之變化無方，而善之與惡殊致。惡以有心爲大，善以無心爲誠。有心之惡，禍斯速矣，無心之善，感斯神矣。是以聖人重無心之感。有其感之，理易而氣易，氣易而數易，皆自心之變化也。此人之所以爲天，而命之胥繇人造也。

端銘厲君，重刻《感應》、《救劫》等篇，使人知感應之實，而誠於爲善，其功大矣。吾特明感應者，皆鬼神所爲，鬼神者，皆人心所爲。天地之道，爲物不二者也。

合刻救劫感應篇序

聖賢言義理，而吉凶在其中矣。鬼神

告吉凶，而義理在其中矣。鬼神别無事，吉凶其善惡以爲事。聖人見善者之必吉，惡者之必凶，如夏之必暑，冬之必寒，而世人不知也，故汲汲然開之引而之於善，以救其焚、拯其溺，故曰吉凶與民同患。而世人不信也，則不若且示以鬼神之言。此吴君伯玉兹編所以刻也。

夫善，人之性也，豈待懼之以劫禍，懼之以感應，而後從事乎？則從不善而入於善之難也。懼而入焉，入而安焉，夫然後知向之爲不善，且自投於水火，而兹編者引而出之也。仁人之利，不既溥乎？

嗟乎人知鬼神之能爲吉凶，而不知感應之爲鬼神。感應者何？義理也。名之曰義理，人以爲迂，名之曰鬼神，人以爲靈。吾故曰且示之以鬼神。

程行録序

吉人爲善，惟日不足，如樹之必枝葉、必花、必實，自然而不容已也。彼豈以善之可以有功獲福而爲之乎？然而人之爲不善者，動於欲而不能自克，語之以禍福，猶有所慕而勉，畏而不敢，語之以理，則以爲迂而無當。夫其以爲迂而無當者，不知理之爲何物也。夫理者，何也？天也。善則祥，不善則殃者也。而天者，何也？心也。善則安，不善則不安者也。天下有爲不善而安焉者，非其爲説以自解，必其習之久而不覺也。君子之爲善，循理也，畏天也，求自慊其心也，自然而不容已也。

洗心湯君之爲《程行録》也，曉然示之以如是爲善，如是爲不善。如是爲善，善雖小，有功；如是爲不善，不善雖小，有罪。姑以禍福告人，引不知者之入於善也。入而安焉，而後知人之不爲善，乃樹之不枝葉、不花、不實者也，伐無日矣。吁！可畏哉。

鄭天台四書題咏序

天何言哉？四時行焉，萬物生焉。此聖人所爲嘿而識之者也。夫曰默識，則不可得之於言，故曰欲無言，而其理昭昭乎盈眸而是矣。

或曰：「此與釋氏教外别傳之意同。程伯子亦曰：『若識得，信是會禪也。』蓋釋氏最微妙處，已經聖人平平拈出矣。天台先生之題咏也，倘亦有西來意乎？」

余曰：「不然。道無之非是也。惟其無之非是，故無物不可舉而示焉，況於聖賢之言乎？夫子之在川上也，而示逝者之如斯矣。子思子之於鳶魚，與必有事焉之意同。必有事焉，與舞雩三三兩兩之意同。皆於不可名言中名言之，令人憬然而思，躍然而會也。此鄭先生《題咏》意也。」

或曰：「昔張横浦之咏《論語》，所以異於《論語》者何在？先生之《題咏》，其異於横浦者何在？先生必知之。」

余曰：「然。」相與問之先生。會先生飲酒，張目視曰：「我醉欲眠君且去。」

重刻倪雲林先生詩集序

今天下學者，好稱説中行。夫道，中焉止矣，中行豈不貴？然徐而覈之，往往敗裂名撿者，多出好爲中行之士，何居？孔子時中之聖，孟氏曰：「吾所願則學孔子也。」至其舉聖人百世師，則曰伯夷、柳下惠，何居？豈非以孔子中和之極，如天地渾然無跡，而高蹈絶跡，皭然塵滓之外者，能令人欣慕愛悦，油然興起而不自覺也夫？

吾少則愛慕古之隱君子，如逸民之倫尚矣。至沮、溺、丈人、於陵仲子，未嘗不賞其獨往之趣，以爲其人縱不得附《中庸》之義，不有聚斂之冉求，龍斷之叔疑乎，何可令諸賢見耶？俯仰千載，而吾鄉有倪雲林先生，間嘗誦其詩，想見其人，如在雲霄之表，願爲執鞭而不可得。會其裔孫錦，將重刻先生詩集，謂余不可無一言篇端。

余謂之曰：夫詩也者，先生之所以傳也；先生者，詩之所以傳也。後之人，誦其詩，不論其世，可乎？先生生元末，當天下大亂。張氏雄據江右，一時才名之士，無不匍匐其門，竊其餘潤。先生知不足與有爲，鴻飛冥冥，不可榮以禄。當是時，先生詩若畫，布滿人間，鄉翁市豎，叩無不得，而獨不可張氏，至麾其造廬之幣。先生以是幾不免，恬然殺身不悔也。《易》不云乎「幽人貞吉」，又曰「其羽可用爲儀」，幽人而可用爲儀也，先生有焉。《詩》不云乎，「生芻一束，其人如玉」，又曰「所謂伊人，在水一方」，其人如玉，可望而不可即也，先生有焉。此先生所以爲先生，而先生之詩所以爲詩也。先生嘗曰：「吾所謂畫，逸筆耳。聊以自娱，不求形似。」吾于先生之詩，亦云：如以其詩而已，則其高者，固不能出唐，以是求之，小之乎觀先生矣。

夫舉世混濁，清士乃見。當胡元之季，天下腥穢已極，先生生其間，如清風澄露滌濯寰宇，以開聖朝清明之治。惜天下既定，先生已老，不及風雲之會，而先生亦惟是得遂其肥遁，是其長往，固與沮、溺、丈人輩殊科。迨于今，故老陳説其遺事，猶能使人欣慕愛樂，自拔其沉酣流俗之氣，則先生之風，所磨礪者遠矣。吾惡夫鄉愿、鄙夫，接迹天下而漫言中行，故於先生，特表而出之，以附於孟氏之義云。

瞿元立先生集序

人言科目未必足以羅豪傑，而豪傑必繇此進，余謂不然。科目未必不足以得豪傑，而豪傑不皆繇此進，則瞿元立先生其徵也。

或曰：「先生何如人也？」攀龍曰：「此所謂豪傑之士也。」曰：「先生之學何學也？」曰：「經世之學也。」曰：「先生好禪學，方且糠粃天地，土苴萬物，豈屑屑于世者哉？」

曰：不然。先生之學，無倚者也，期于皜皜盡無可盡而止，豈其倚于禪？倚于禪非禪矣。世之倚于禪者，遺棄倫物，繆戾是非，舍民義不務，而汲汲于所謂佛事，蓋狥其迹而失乎己，受其敝而禍乎世者也。夫禪之敝，一言蔽之，曰無理。其所謂理，非吾所謂理也。先生之學，格物窮理者也。聖人中庸之道，至于一毛而曰有倫，豈非至極至極者乎？又何道足以尚之？先生以禪爲近似焉而好焉，故其言曰：「吾于釋氏，以輔吾所求于儒，非以叛吾所從于儒也。」此其學可見矣。

往歲壬辰，吾識先生于留京。當是時，先生方浮沉閒局，間嘗抵掌時事，屈指才品，若别黑白，吾于是窺先生之學。及其守黄州、守邵武、守辰州、使鹾司，遂卓卓炳烺宇内，吾又益信向所窺于先生者之不虚。至于詩文，乃其餘緒，然亦見其圓神妙運，本深末茂矣，故曰先生之學，經世之學也。夫學以當于理而止，苟其協諸天理而協，其學可知也。才以當于世而止，苟其施諸一世而宜，其學益可知也。嗟乎！先生身不踰五尺，而胸包六合，年不滿七十，而行足千秋，豈非豪傑士哉？

眉山張公鴻峴，先生所鑒也。果爲名御史，其不爽于是非類此。公刻先生集，而徵序攀龍，故爲之明其學，以見人心無所倚，好禪而不受其敝也。

曹真予先生仰節堂集序

夫學，性而已矣。夫性，善而已矣。何以證性善也？今人欽欽焉目明耳聰，手恭足重，心空空而無適，于斯時也，徹内外非天乎？天非性乎？性非善乎？以其爲人之本色，無纖毫欠缺，無纖毫汙染，而謂之善也。循是而動，不違其則之謂道。故學莫難于見其本色，見本色，斯見性矣。程子以學者須先識仁，而謂不須防撿，不須窮索。夫學豈可廢防撿窮索，欲人識防撿窮索之非本色，辨其非本色者，即知其本色，知其本色，則防撿窮索皆本色也。

吾見曹真予先生于長安中，終日欽欽，目明耳聰，手恭足重，叩其中空空而無適也，可以証性矣。夫性，空言之則無朕也，實証之則有象也。先生非其象乎？故先生居鄉乎鄉，立朝乎朝；告君者，足以定羣囂、明國是；告友者，足以明學術、闡道奥；見于咏歌者，足以暢天機、流性藴，所謂循是而動，不違其則之道也。此之謂性，此之爲善。知先生者，知斯集；知斯集者，知先生。根本枝葉，無二物也。

塾訓韻律序

儒者以玩物爲害道，非玩物足以害道也。吾性無外，故夫天地古今之賾，下至羽鱗走植，器數聲律之微，無所不當格。然而物無窮，知有窮，有外之心，不足以載無外之物，或者急其末、遺其本，于是志喪而道病。雖然，古之人，當其小學時，蓋已六藝備焉，及其長也，既得以應世利用，又得以專志於身心性命之精微，故上之不流于空疎，下之不徒守其糟魄。後世詩賦之科興，而聲偶之學始重，君子謂士無志于聖賢之學者，俗學壞之。嗟乎！非學之累志，則無志者之累學也。夫學，欲其得之心而已。無所得諸其心，則物也者，物也；有所得諸其心，則物也者，知也。物自爲物，故物不關于性，物融爲知，則性不累于物，如此而已矣。

嗣瀾王公，既註其皇大父所得《塾學韻律》，成以示余。余竟讀曰：公之用心，可謂勤矣。以言乎事，則稽考者備，以言乎聲，則諧叶者嚴，以言乎文，則比事屬詞者曲盡。使夫小學之士，習而熟之，足以備物，及其長也，又得以不分其身心性命之功，則公成書之意也夫。

石幢葉氏族譜序

谿高橋西北四十里爲石幢，其地九龍映帶，五瀉盤旋，一勝區也。葉氏世居之，吾同年友參之所自生也。葉氏無名公，從吴江南徙而來，世以十計矣，人以百計矣。參之從兄懋拱公，始與參之譜其宗，而參之友伯升尤公，又爲傳其世德。既成書，以示不佞。不佞讀其宗譜而歎曰：美哉井井而別矣，其支別而後其本重也。既讀其宗傳而歎曰：美哉繩繩而信矣，不誣其所不可知，而後不疑其所可知也。既讀其世德而歎曰：美哉彬彬而訓矣，文無溢美，而後其美可傳也。參之曰：「顧涇陽先生序之矣，子則何以教吾宗人？」

予曰：先生之言親親賢賢也，義無復加焉，余思夫親親賢賢之難也。今夫莫親于父子兄弟也，然而以己親之，猶爲以此暱彼也；莫親于父子兄弟之賢也，然而以己賢之，猶爲以此效彼也。天下之有對者必有間，有間者非其天然自有也。則盍反其本乎？今夫無名公之來石幢也，一人爾。俄而十之，俄而百之，且將千之萬之，至倍蓰無算，而出于一也，其呼吸定息一也，五官百骸一也。今之爲十百千萬者，人人一無名公也。此之謂本。知其一而十百千萬如呼吸定息之相屬也，如五官百骸之相運也。此之謂能親親賢賢。

夫族患其弗盛，既盛患其弗治，弗治則盛乃害矣。是故强者騁，弱者靡，崇者亢，卑者越，羸者淫，詘者濫，而莫知所底。治之者，自治也。自治者，人人而思其本，曰此一具骸肉，自無名公遞分而來，如之何自我而土苴視之，鳥獸畜之也？于是强者戢，弱者奮，崇者教，卑者聽，羸者施，詘者節，親親而賢賢，以不忍土苴禽獸吾無名公也。故曰自治者人人思其本而已。

如之何而能思其本？曰其族之先知者覺之，人人而我其我，則亦人人而人其人。以我對人，二物也，有間者也。先知者覺之，而後知十百千萬，一無名公也。是故譜者，繇本而明其支也；教者，繇支而及其本也。人有少而亡其親者，長而遇于途弗識也，宿于旅弗識也，且相詬焉。有兩識之者謂曰：「嗟乎此即而父子矣。」未有不相持而慟其相失，既而笑其相迷者，此譜之教也。善教者以譜明教，善覺者即譜知本。

呂氏合譜序

呂氏之族最貴盛，自昔多賢者，所稱有虞封姜姓于莒，後省草從呂，爲太公望以來者，遐哉邈矣。其居吴中，則自東萊公好問扈駕而南。有欽咨者，居常熟之沙溪，號沙溪呂氏。有師顔者，元末避兵無錫之奚山，號奚山呂氏。兩地各譜其所從來，子孫各世守之。萬曆間，奚山之老，與沙溪之老，遇逆旅中，相問皆曰呂也，問所從，皆曰某某，于是皆拜曰：「噫嘻族也！」歸而各持其譜券，皆拜曰：「信族也！」奚山之老，乃合兩譜一之曰《呂氏合譜》，而問序于余。

余曰：不亦善乎！當其在逆旅中，一途之人耳，問而知其爲族，樂可知也。況于五服之親，散而之四方，一旦交臂得之，樂當何如乎！於同氣之親，無故而戾氣相加遺，悻悻若仇讐然，一旦革心相交，欒當何如乎！夫天之生物也，一本。人物之生久矣，方以地殊，地以氏别，遂各爲城府，爲町畦，爲戈矛。設遡于百世絶代之上，其爲吾之宗耶？非耶？不可知也。是故譜不可以已也。博而求之，非吾譜者且不可知，況麗於吾之譜，敢弗愛與？約而求之，麗吾譜者，去途之人遠矣，況于吾同服同宫同氣之親，敢弗愛與？是故譜不可已也。雖然，于吾之身亦有譜。吾之所以爲吾，放而之四方久矣，其爲奚山也，沙溪也，不可知矣。學焉而求之，一旦遇于逆旅，相視而笑曰：「噫嘻我也！」欒又當何如哉！夫吾之譜明，則天壤之間，民吾胞，物吾與，無弗愛也，況于譜者乎？

浦氏世系序

浦氏舊無譜，一輯于箭水公，再輯于震宇公。二公皆浦氏之老，其人長者，闕其疑，傳其信，可俟百世矣。譜成徵言于不佞。

不佞見世之人，有事至大，其理至著，顧忽而不察者。今夫人之有生，無不有姓也。執塗之人問之，不知其姓也，則未有不笑且駭，以爲是天下之大愚也。然人之有姓者，無不有性也。執塗之人問之，不知其性也，則未有以爲怪者。豈獨不怪？有怪之者，且笑且駭，以爲大愚也。彼豈以人必有姓，可無性與？人必不可不知姓，可不知性與？果爾，則亦可以不孝不弟，極而至人相食。彼又以天下人未必有知性者，卒未見皆不孝不弟，至極而人相食也，何貴乎其知性？

嗚乎！亦幸天下人無有不知性者耳。果不知性，未有不相率叛父母，逆君上，至人相食也。吾何以驗之？今人有叛父母，逆君上者，即塗之人，無不欲怒而欲殺也。此果非性與？然此何以謂不知性？彼不自知其知性也。所謂天聰之聰，天明之明，日用而不知也。然則何以使自知其知？曰：人即至愚，未有不知姓者，然知其稱謂而已，實未有知姓者。果知姓，必思其姓之所自來。見夫具兹譜者，皆其祖之所分與我一氣也。而愛敬之真，油然生矣。此所謂知姓也。此油然而生者，即性也。然知姓者，知性者也。知性者，知姓者也。譜也者，啓其知者也。甚矣，譜之不可已也！

周氏族譜序

天之生人衆矣，衆而不爲善則亂，亂則相殘，不至相殄滅不已，故必立君以治之，立官、師以長之，又于其族生賢者以紀綱之，勸其善，戒其不善，以相保相禪而不已。故夫國之有史，家之有譜，所以總人羣，昭往昔，示來兹，爲紀綱勸戒者也。

丹陽有周氏舊矣。有仲純、季純者，起闤闠之中，脩詩書之業，又進而探身心之奥，來東林從余游。一日仲純出所爲族譜示余，而徵余言弁之。

余曰：甚哉！譜之爲用大也，令人油然起忠孝之心焉。何言乎令人油然起忠孝之心也？夫譜，世遞而支分，即一氏乎，林林衆矣。非親生之，何以有此林林？非君治之，何以保此林林？故君子舉念而不敢忘其親，念吾之一視一聽一言一動者，皆親身也；舉念而不敢忘其君，念吾之一飲一啄一卧一起者，皆君恩也。經曰：「夫孝始于事親，中于事君。」事君非必仕宦也。人人有君親之倫，則人人有君親之事，所以立身也。故曰令人油然起忠孝之心焉。夫人有忠孝之心，則有太和之氣，其能敦倫而睦族必矣。仲純兄弟，非天所生其族之賢，以紀綱勸戒其族者乎？則立身以示範，乃所以紀綱勸戒也。所以大其譜之用上者也。

高子遺書卷之九上終

高子遺書卷之九下

序

華無技荷蓧言序

華無技家有廣庭，庭中雙桂對峙，屹如兩山，枝下虬拂地，樹中各可布，席坐數十客，葉密護之如幄，花發時，聳色奪目，濃香沁骨，乍見而駭，不謂天壤間有此奇，蓋世無其儷矣。不佞非以事奪，無年不作賞花人。一日酒中，無技出《荷蓧言》示不佞。旨哉無技家太湖濱，青山白水，浸灌久矣，味深矣，宜其能言丈人意中事，言之不足，而三言之，四言之，味愈雋也。第無技即有高韻，一丘一壑，不佞嘗以自與，而不與無技。無技與不佞生同歲，其受氣十倍不佞，當用于世，未可以丘壑與？又其人有肝膽能當天下事，未忍以丘壑與？然無技閲世多，知世味如此爾。無涯之樂現前，有盡之年迫後，坐雙桂間，香一爐，茗一杯，酒一樽，書一卷，出門而雲煙帆鳥變態于七十二峯，皆吾几席上物，世味豈更有旨于是者，宜其有荷蓧之心哉。

六生社草序

夫士平居誦説經義耳，琢磨文詞耳，鮮有志于道者。豪傑之士不然，憬然而思曰：「夫人也，豈面目四體已乎？豈飢食渴飲已乎？必有所以爲人者。」噫嘻！即吾所誦説者是矣。求之于心，踐之于身，而後出爲文詞，如農夫之言稼，塲師之言植，宜其言之旨而膾炙天下也。今吾讀六子文而有異矣。非其有所得，何以言之旨足膾炙如是也？是必有異于人者焉。

夫天之生人也，億兆其衆，而能爲文章者，百不一二。是一二人者，異時之三事九列、四岳羣牧也，億兆人之所寄命也。得其道，則爲忠爲賢爲治，不得其道，則爲邪爲佞爲亂。是則天下治亂之樞，係之文章之士，〔眉批：今天下能工舉業之人，便關氣運。〕而文章之士，邪正之樞，係之思不思而已。六子者，能爲文章者也，世之所寄也。所以憬然而思者，當何如哉？

劉伯先南征會業序

伯先甫弱冠耳，其爲諸生。不踰年間，一試直指使者，再試督學使者，輒冠諸生，而遂舉鄉書，何其鋭乎！則繇此而進可知也。然伯先無以此易視天下之事乎哉。不佞覩于古聖賢，當其大任未受之時，所以困抑萬狀，至近世公卿，蓋多不然，以爲古今人不相侔也。然竟其始終而衡之，其行事亦鮮當可人意者，於是知子輿氏之言不誣矣。

夫人平居習爲章句排偶之學耳，一旦得志，私欲迷之于中，小人乘之于外，何所不至哉。夫貧賤之心歉，富貴之氣盈。心歉者，善言易入，〔眉批：大賢以下皆犯此。〕氣盈者，惟佞諛可投。二者之間，相去遠矣。在

《易・大過》之九三，以過剛而自用，其繇曰：「棟撓凶。」《益》之六二，以虛中而取人，其繇曰：「或益之十朋之龜。」夫子曰：「棟撓之凶，不可以有輔也。」或益之自外來也。夫天下惟外來之益，其益無方，而至于使人不可以有輔，凶可知矣。

今伯先行出而用于世。夫天下事變無窮，義理至密，苟非精察之于己，博取之于人，未有能善其後者。夫一第不足以難伯先，顧伯先毋以其易者易天下之事也。伯先于余，爲師之子，有通家之誼焉，故輒敢盡其愚。

劉羽戢知新稿序

劉伯先以弱冠舉辛卯，其次君羽戢，復以弱冠舉乙卯，世人視其父子取科名猶掇之也。余謂不然，人知其得之易，不知其得之難。伯先以言事罷官家居，自讀書課子外無他營也。羽戢兄弟皆總角有奇韻，自讀書課義外無他嗜也。教者必以其道，學者必以其道。用力專，取資富，超于言象之外，循循矩度之內。今其爲文具在，豈偶然之故哉？

往伯先文行天下，余爲語弁之，祈以大者遠者。伯先成進士，服官言事，偉然爲天下奇男子。羽戢文復行天下，復徵余言。余惟羽戢好讀書，無他事者也，其體用備矣。古之人大過人者，無他，好先王之道，無世俗之欲而已。是故一介取與，視若泰山，萬鍾千駟，等之鴻毛。惟其中有深嗜者，故物莫能奪也。羽戢既以好讀書，無他嗜，成舉子業矣。所以成德者豈外于是？言者業也，行者德也。不善言道者，其文不工，工于文者，皆善言道者也。能行其言之謂德。夫伯先則既行其言矣，不三十年，父子炳蔚宇内，此謂天地至文。羽戢勉之。

去浮集序

夫言，浮物也，又欲去其浮，則誰當存者？説者曰：「聖人之道在六經，裔爲諸子，畔爲二氏。學者不探本而循裔，甚且取畔道不經之談，欲以和合聖道，猶之冶砂而融之于金，知其不合矣，亦去其非金者乎？」曰：是猶浮言之也。

有兩人于此，嗣其祖父之業。一人焉去之四方，荆棘之與棲，異類之與處，而忘其所有；一人焉扃而衛之，亟號於人曰：「吾守先世所有，甘窮餓以死，而不忍發也。」則其人智愚何如哉？聖人之道，欲其存諸心，見諸行。文也者，其所存所行者也。韓愈曰：「吾始者，非三代、兩漢之書不敢觀，非聖人之志不敢存，行之乎仁義之途，游之乎詩書之源，徐而得之也。」嗚呼！彼其爲文如此，聖人之道，未嘗求之，未嘗得之，則六經猶浮也，是扃而不發者也，何獨取諸畔道不經者之爲浮哉？

且吾見世之能名文章者，苟其有所得于心，則有所根柢乎其言，而光必曄焉，雖得之乎諸子百家猶然大。其得之于諸子百家猶然，而況于得六經之道者乎？若曰制舉義以博一第耳，胡道之云，則非知言者也。文乎哉，浮而已矣。

余友張伯可，刻《去浮集》，已屬張以登爲弁語，而伯可欲并存予之説如此。

拂雲齋書經社草序

夫經莫尊于《易》，然卦畫于羲皇，而辭興于中古，《詩》起于商，《禮》、《樂》備于周，《春秋》成于魯史。六藝弗古于《書》也。《書》有四始焉。〔眉批：古今言《書》者未之及。〕言精一，而立德者祖之；言放勳，而立功者祖之；言曆象山川，而立法者祖之；言典謨，而立言者祖之。四始備，而天下之道舉之矣。學者習而不察也。是故學要于知天，聖要于憲天，政要于奉天。言天者莫善于《書》。通于天，而《書》之義悉舉之矣，舉《書》而六藝一以貫之矣。學者習而不察也。

吾邑秦元厚氏，開蓉湖之墅，築拂雲之堂，摘翠九龍，味腴二水，集邑之俊髦，談秇于中，歷有歲時，成《四書義》若干首。吾友薛以身既序而傳之，其書義則以屬之不佞。不佞謂南方之學，得其精華，自古志之，大江以南，莫盛于吳，吳莫盛于蘇、常，蘇、常之專經而書者，莫盛于吾錫。故錫之先輩，爲道德、爲勳猷、爲氣節、爲文章出于《書》者常多，在今日則諸君子其卓矣。夫《書》，四始所具也，三要所本也。舉而措之天下裕如，反之身而裕如。吾且于諸君子觀《書》，異日者功成而賦歸來乎，棲巖隱谷，研精一之旨，其有味于九龍之白雲也夫。

送祁侯入覲序

己酉冬，長洲令山陰祁侯入覲，其門人王生瑞琦，欲不佞爲語贈行。不佞某曰：夫祁侯，所謂豪傑之士，而學聖人之學者也。其文章，政事緒餘耳。余不敢以祁侯之緒餘請，敢誦所聞。

吾聞善學者仕，而性地愈明，善仕者學，而物理愈徹。何則？天地之道，爲物不二者也，二之者妄也。今夫天地之爲物，則吾喜怒哀樂未發之謂而已矣。視聽言動一如其本色之謂允執厥中。聖人之道，何其至易至簡，而人自難之，何也？則以萬起萬滅之感觸之外，萬起萬滅之私鬬之中也。夫士出而仕宦，仕宦而爲邑宰，邑宰而爲通都赤縣，其萬起萬滅者無極，而有不失其本來者鮮矣。夫酬應之煩，簿書之冗，雖足以疲吾之形神，不足以奪吾之心志，足以奪吾之心志者，一官之得失而已。〔眉批：□□百病□淺語盡之。〕于此一徹，則爲物格而知至，于是好惡自正，是非自明，賞罰自當，而于執中幾矣。今侯入朝上計，正起滅之冲，而格致之地也。倘于其本色者，不令一念插入，豈不浩浩乎爲天之徒，其還而治吴民，〔眉批：終於規勉。〕又何萬起萬滅者足攖其寧哉？不佞誦其所聞而未能者如此。

侯曰：「然然，否否。吾之所爲萬起萬滅者異于是。吾方懼夫政之不時，民之不和，而夙夜以思，豈其計于一官？」

不佞則謂王生曰：「識之，侯之所爲萬起萬滅者。斯爲物不二者矣。」

送遲菴譚先生序

蓋不佞觀于人情之隱，知甚矣人之自晦其心也。今有人于此，執而責之曰：「而非直士也。」則未有不赧然作于色，怫然怒于言，以鳴其不然者也。又執一人而責之曰：「而何不務任直，惟險邪之是親？」亦未有不怍色怒言，嗚其不然者也。是未嘗不知此之爲是，彼之爲非。然而天下直躬者常十一，直士之見棄又常十九，何也？膏粱之能養，鴆之能殺也，夫人知之，卒未有舍膏粱而饔飱鴆者，從其明矣。至于是非之實獨不然。甚矣人之自晦其心也。曷爲而晦也？曰勝于情也。夫人之情，皆好譽而惡毁，然又皆好順而惡逆。名之曰直則喜，而逆之以直則又怒，名之曰邪則怒，而順之以邪則又喜。〔眉批：脱好諛之情者，能燭好諛之情。〕是非之真，終不可晦者，乘於好名之心，而從違之實，未有不乖者，陷于順逆之情也。何怪天下直士常十一，直士之棄常十九，則又何怪遲菴譚公之以王官去也。

譚公之師于錫諸生也，見其非矩弗蹈也，見其非義弗取也。守其官求稱其事，執其職務核其實。諸生之言曰：「吾師乎！使余日有程，月有課，猶將宵膏以輔吾力之不逮。」其父兄之言曰：「吾師乎！使余子弟之晝有營，夕有養，今而始執業之有常。」其胥隸之言曰：「吁！吾手若緤，吾足若馬，自公來而吾無所用罟擭以漁獵人之短長。」縉紳先生之言曰：「都！厥訓孔嚴，厥度用臧，自公來而紅紫夭麗不見于士人之冠裳。」然一考而公竟以王官去矣，則邑之人皆相顧怪愕，莫知其所以然。

高攀龍曰：嗟乎！庠序之教，其不可振也夫。以余所觀譚公，其操行方，其取予審，其當職也核，所謂直躬者非乎？然而下莫揚之，上莫知之，世之于公竟何如哉！雖然，今之君子，患内信輕而外信重矣。夫伸不伸者，道也，幸不幸者，遇也。人見絀之得，孰知得之不必皆絀，人見伸之失，孰知失之不必皆伸。與其遇而絀，無寧伸而不遇，與其絀而不遇，無寧不遇而伸。不務曠觀嘿識，委運于大化，信道于自成，而欲斲方爲圓，揉直爲曲，寘力于萬有或然之幸，此庸衆所以本末失之，若夫譚公所得不既多哉。夫直士之棄于世也久矣，亦何有于譚公？

送陳二尹序

天子所與嘉惠元元，自宰相而下，獨有守、令，令更衆，得人更難。令所與相左右以嘉惠元元，有丞、簿、尉，而丞、簿人益衆，得人益難。今所用丞、簿、尉，凡貢、監、吏途三，而吏途益衆，人之出于其間，得一官不勝其艱苦，而上之人待之甚輕。待之既輕，其自待不得不輕，自待輕，故上之人待之益輕。未嘗有詩書禮義漸涵之力以養其心，而機詐權變又盡汨喪其良，安處於行險儌倖之窟宅，而以爲固然，矻矻焉朝夕之所望，與其父母妻子所以望之者，不過多得金錢。至去其官也，不以墨，即以老疾。即去，其橐中裝，已可耀示妻兒，了無所悔憾，而民之視其去也，如豺狼蛇蝎之驅出其里，亟須臾以爲快。吾于其中，求得其人有志自立，不肯忘恥冒利者，不啻麟鳳矣。而今乃得之繼洲陳公。

陳公之丞吾邑也，職水利。故事水利丞督邑中陂塘，則塘長歲醵錢爲丞壽，公一切謝去不顧，則他可知也。此非吾所謂不肯冒利忘恥，有志自立者耶？亡何公顧以王官去。去之日，邑中小人之言曰：「惜哉陳公，廉而失其官也。」其君子之言曰：「美哉陳公，去猶榮也。」夫天下人情不相遠，則公之歸于鄉，將爲君子焉，必將曰：「善乎公猶以廉歸也。」將爲小人焉，必將曰：「惜乎公以空囊歸矣。」

夫士無貴賤，自一命以上，皆足以自立，患在識趣卑而志不立。人願爲君子之所惜乎？抑爲小人之所羨耶？小人之所謂失者是乎？抑君子之所謂得者非耶？以此較彼，孰取孰舍？使陳公冒利忘恥，能得其所欲而無悔憾，于其去，其民視之如豺狼蛇蝎然，又孰與今日？繇此觀之，天下未嘗無人，上之人奈何輕待士？陳公即不遇爲君子所與，其得已多，士奈何輕自待？

雖然，公之去也，不以墨，不以老疾，以徵輸吳帛，無厚幣饜中貴人，中貴人怒，上言常郡幣惡，天子切責當道，當道歸罪公，卒以罷去。嗚呼！天下之財，歸之墨吏，墨吏之財，歸之中貴人。〔眉批：因一丞，推窮盡原。〕即吾錫以中貴人故奪其廉丞，天下又安可多得良守令？天子與之嘉惠元元哉！

靖江令朱華陽父母考績序

蓋不佞知靖江朱侯之政久矣。其民愛而吏畏，善者有恃，而不善者有柙，賦不督而辦，刑不弛而清，經界正，水利脩，廢墜舉，嚚爭靜，民之疾病者有養，文教蔚起，干澤者知恥，三年而政成。

余友都尉呂君，方治兵江上，一日謂余曰：「子知侯之治民，未知侯之治兵也。閱以時，餉以時，賞賚以時，未嘗弁髦武人。咨諏詢度，人得自盡焉。」余曰：「然。先民有言：軍政與民事交重。而俗吏不知，侯知其大矣。」呂君曰：「侯治兹邑三年報績最，余將以一觴觴侯，而藉子手一言。」

余曰：微子言：「吾固將有言也。」吾見世之惜侯者曰：「侯之才，往者王司寇弇州先生，寔心儀焉。宜冠冕海内，黼黻天子，而顧以一令試。即令，不通都鉅邑，顧以江上彈丸之地試。斯豈非牛刀而鷄用，烏獲而舉匹雛哉？」嗟乎！是知人之人，而不知天之天也。子不見塲師之種樹乎？髡其枝葉而植其幹，則樹茂矣。不見良醫之治藥乎？泡炙其偏氣而存中和，則藥聖矣。故天之于人，小任則小折之，大任則大折之，任其自生植者，非天所任也。吾見世之巍科膴仕者，志意靡于宴安，情欲逞于順適，吏于通都鉅邑者，精神疲于奔走，機變熟于承迎，往往若入于陷穽罟擭中而不能自出。今侯以一令試，令而以彈丸之地試，儉其才，使不得旁溢焉，束其氣，使不得突發焉，優而游之，煆煉于人情事變之中，厭而飫之，妙解于簿書期會之外，所謂植其幹而存其中和，繇兹暢茂扶疎，投之所向，無弗效矣。侯精《易》，吾以《易》證。夫蠖屈則伸，龍蟄則神。侯之發軔，不以巍科膴仕，所以屈之也，不以通都鉅邑，所以蟄之也。昔者張子房擊秦皇帝博浪沙中，天下震動，其氣固足以吞吐四海，滅裂天地，而圯上老人以一履狎侮之。今兹江上彈丸，夫亦侯之一履也與哉？

吕君曰：「善乎子言天人之際也。謹以爲侯觴。」

陳志行八十序

天下有不可一日無其人者，〔眉批：陳公真佳吏，以申、韓之迹，行豈弟之心。〕故其人不可不壽。今夫天之覆物也，地之載物也，日月之照臨物也。萬物一日不得之，則無萬物矣。天下有高明博厚之人，其覆載照臨物也，與天地日月同，人自小之耳。世有斯人而久長於世，人必相與欣欣手額曰：「幸甚哉！斯人之有斯年也。」何者？謂世之不可一日無斯人也，豈與夫焉能爲有無者，可同日道哉？吾同年陳公志行，則其人也。

人之生也，周歲則祝之，周甲則壽之，其後每十年一稱壽。壽必有壽言佐觴，其事起於宋以後。或以壽言非古而欲廢之，非也；以壽言俗尚而狥之，亦非也。必其人生平足述，始述於始壽之年，必其人衆善日積，始述於加壽之年，謂可爲世訓也。今年志行壽八十，友人詣某所，求所以壽志行者。

某曰：是宜壽，是所謂善與年積，可爲世訓者也。夫志行令確山，令中牟，郎司寇，守湖州，所至彪炳喧赫，著於政事，孚於人心，頌於人口者，世所共見聞也。譬之於木，其枝葉花實也。請言其本。昔者孟子喜樂正子爲政，不以强，不以智慮，不以聞識，而謂其人好善優於天下也。志行乃所謂好善人矣，故所至與善人相親，善言入於耳而决於行，如舍矢然脱手而赴鵠矣，此所以爲志行也，猶之木中之春爲枝葉花實者也。故居官而能福其民，居鄉而能福其鄉。世有善者不彰，惡者不癉，廢墜者不舉，寃抑者不伸，窮困者不恤，志行聞斯行之，不遺餘力；世有邪説亂正，如删正罪知之屬，志行爲正删正，罪罪知，辭而闢之，不遺餘力；世有不仁之事，如溺子女屠耕牛之屬，志行斤斤勸戒之，不遺餘力。故曰世不可一日無斯人也。往者志行駸大用於朝，念其母春秋高，拂衣歸，終太夫人養。會世局日變，志行遂不出，日孳孳爲善。而志行又善養生家言，以間則晏坐吐納，雅自康濟，故八十而神明不衰，世所共幸斯人之有年也。夫志行壽矣，子能世其家矣，一門壽算，稱盛事矣。天之與善人者信矣，皆不足爲志行道也。惟是生人高明博厚之體，與天地日月爲一物者，是真體也，亘萬古不毁者也。而欲蔽之、俗溺之、見縛之，人人自失其長生者，區區以一形爲戀，百年爲壽已耳。志行好善，日孳孳爲覆物載物之事，其用日弘。用日益弘，則體日益著，年日益進，則用日益熟。將吾之官骸神志，悉鎔爲高明博厚之用，而復其三才不二之體，是之謂無涯，是之謂壽，不以百千萬億算數也。非志行，其孰能與於斯！

於是觴而祝之曰：海有時竭，石有時泐。惟此仁心，與天無極。子能保之，是曰人極。

段幻然六十序

於今之世，求天下奇才者，吾必曰段幻然公。何以言之？曰：公之才，有本者也。〔眉批：先生嘗語今天下才士二人：李司徒脩吾大，段給諫尖，皆足以制東奴，而世不信。〕其寂也，渟泓無朕，時出也，變化無方，控御六合，鞭笞四夷，無所施而不可。蓋公自見其一斑矣。

公令常熟，常熟幸安無事，公以廉平治之，無所見奇。無何以憂去，服闋，令輝縣。是時河臣方治決河，令各郡縣供埽以萬計，所費金不貲。民方饑不堪，當事督之急，公漫不應。久之至檄令對簿，公挾一二蒼頭，囊百金，去決河所治埽，不旬日具，入見曰：「如令具埽。」當事者怪曰：「何神也。」

公爲言埽編柳束土耳。幸被檄，來辦河上，省道里費十九。又督供椿木。公曰：「木非地產，陸輸費百倍。木以市便，輸以水便。」自此至某所達河，鑿所不達者，較各郡縣輸木，費不及十三。當事者大喜曰：「以此借筯天下可矣。」

縣歲祲，逋賦山積，至某年大熟未穫，公以征科不及格，當降級。輝民恐失公，貸米商金輸官，約以償米。時石減金一銖，公聞，召父老謂曰：「父老苦惡歲久矣。幸有年，奈何以賦故，石損銖金？」逐米商境外。令民至冬勿易，金盡輸米。蓋輝米，旁郡縣所仰給也，公白當路，令旁郡縣仰給輝米者，以金及脚直來，輝代爲輸省。傍郡縣得輕齎，輝得厚直，民以大懽。

輝盜藪，公廉得其大首，不誅，令舉所部盜。所部盜至，亦不誅，令遞舉所部，盡得輝盜，藉之官分攝各鄉盜，輝無敢爲盜者。他縣有貴客出其途，盜掠之，當路捕盜急。公召問諸盜，一人曰：「必某某也。」公曰：「何以知之？」盜出小册袖中，指曰：「某近某地，某日某夜不歸，必爲盜也。」立捕得盜，歸貴客橐。

某縣有訟，數年無能判者，直指使以公神明，檄公鞫，勒七日報。其案盈櫝，公曰：「七日不能竟案，奈何竟獄？」第取初牘繹之，曰易耳。令吏數十輩，分伏郵舍中，人給紙筆，筆囚語。公訊獄未服，令人稱使者至，當迓，公攜囚至郵亭。再訊未服，復稱使者至，公出迓，兩造公梏，置庭草中，不相望見。高户闃如也，其被罪者，人人號寃，未被罪者相語曰：「固知事久必敗，今果然矣。」舍中吏人人筆囚語，公歸啓之，因立服。蓋民有鬭者，暗中椎殺兄，誣鬪者殺其兄也。果七日報獄。公間出其奇如此。

及入諫垣，公一切持要，以人才爲先，耨其稂莠，不肖者惴惴白簡之將及己，共起中公，大臣調羣情，不念國家治亂，而公不容于世。

公于書無所不讀，尤好釋氏。人謂公豪傑，奈何好釋氏？余曰：「不然。若以釋氏別有道，即非道也。道者，人人本色，人自迷之，釋氏曲醒之，即吾聖人亦然，公第謂釋氏奇耳。」公蓋入不二之門，具不測之用，吾故曰公之才有本者也，豈世之馳騁浮氣漫嘗事者耶？

昔者徐文貞當國，松坡畢公在言路，舉朝嚴畢公甚，于文貞議，且出畢公于外。文貞曰：「諸公畏之耶？」皆踧踖曰：「豈謂畏之，黄門切直，慮其府禍耳。」文貞曰：「不然。吾亦畏之，顧念人孰無私，私必害公，有若人在，不敢自縱，可寡過也。」聞者歎服。嗟乎！安得文貞與之言幻然公哉！宜乎以公之奇才，當國家之急，而不收其纖芥之用也。

今年公六十，吾邑孝廉蔣君介如，公所識拔士，以一觴觴公，徵侑言于某。某何以壽公，第謂公曰：人之精神，至寶也。用之則輝煌宇宙，不用則退藏于密。在宇宙則壽天下，藏于密則自壽。公其自壽以壽天下。

大司徒脩翁李先生七十序

或問大司徒李脩翁先生于某者，曰：「先生以科塲事抗疏救魏侍御，而直聲震朝宁，以鑛稅事誅諸稅璫稅棍，而頌聲遍海宇。天下之人，莫不曰：『使先生入而秉計，度支不虞不給乎。』又莫不曰：『使先生入而秉樞，庶爬垢剔蠹，事有備而戎無生心乎。』又莫不曰：『使先生入而秉憲，是曰是，非曰非，國是其有定乎。』又莫不曰：『使先生入而秉銓，直者舉，枉者錯，俊傑庶幾在位乎。』又莫不曰：『使先生入而相天子，一宮府，劑閣部，順治威嚴，可計日而臻乎。』今縱不能盡如天下人所望，何至攻之不遺餘力，誣之以絶無之事，使國家無故自壞其長城，天下曾不得一被其膏澤？今上赫然詔廷臣，謂奈何遺我壽耇，其亟用以毘朕。衆口復噏訿不休者，則何以故？」

攀龍曰：先生受毁之最深也，正以天下人望之最切也。彼其疑先生者，以爲若人用，必不利於我。夫人之趨其利，何所不至，避其所不利，何所不至，則其攻先生而誣之，亦何所不至。吾以爲皆天也，非人所能爲也。往者土木之難，于忠肅起而平之，忠肅以譖辟；宸濠之難，〔眉批：壽言及此，李司徒蓋非俗人。〕王文成起而平之，文成以讒廢；鑛稅之難，東南半壁，天下幾糜爛于豺虎之吻，而先生矻然鎮之，貽萬姓以衽席之安，天下德其大功，故望其大用，反以來多口，蓋自昔已然，又何怪焉？夫使之平虜難、平藩難、平璫難者，天命也，不使之輔成聖主一代之治者，亦天命也。天之生至人也甚難，其用之也又甚嗇。豈獨嗇其用，又從而困折之，至於無所容者，何也？天之意若曰：「斯人也，其有功於世如此，區區富貴，何足酬之，而人猶莫之酬也，甚矣富貴之不足恃也。」又若曰：「斯人也，其有功於世如此，宜念其功者，人尸而祝之，乃視之蔑如也，甚矣功名之不足恃也。」又若曰：

「斯人也，其有功於世如此，非有人焉掩其功，奪其富貴，安得有一日之閒乎？ 甚矣閒身之不易得也。」於是乎休之無何有之鄉，廣漠之野，使其憬然念從本以來，有富貴乎，有功名乎，回視往日焦勞豎立，如浮雲之過太虚，可啞然一笑，然後其意念空，精神固，一旦當天下大事，無論富貴功名，即委身棄之無難焉。〔眉批：先生自道，因以教人，然能領者難矣。〕如四時然，至冬乃益固之。夫然後知天之所以厚君子者，張弛異宜，不可得而測也。

今年先生壽七十，以家居而神益閒，氣益壯，天之所厚先生者已見，特未測其所以用先生者何若。吾則以一觴祝先生曰：寧先生恬志於未始有物之先，壽益進於無疆，無寧使世有大艱，天乃以艱大投先生也與。

繆仲淳六十序

余年二十五而友於丁子長孺，一日長孺謂予曰：「今海内有奇士繆仲淳者，子知之乎？」余曰：「未也。」曰：「其人孝於親，信於朋友，塵芥視利，丘山視義，苟義所在，即水火鶩赴之。」余嘆曰：「世有斯人乎！」越三年，忽遇于内弟王興甫所，歡相持曰：「此爲仲淳矣。」當是時，興甫得異疾，勺水不下嗌，諸醫望而走，一息未絶耳。仲淳爲去其胸膈中滯如鐵石如拳者二，興甫立起，肅衣冠陳酒餚拜仲淳。余驚曰：「聞君高義，不聞君良于醫如是。」仲淳笑曰：「吾少也病而習之，頗得古人微處，語世人，世人不解也。」是日與仲淳酒間談説古今事，絶不及醫，仲淳無所不妙解，而後益信長孺言，知仲淳果天下奇士也。

又三年，余以使事至家，得仲兒，日抱弄之。兒忽得異疾殆矣。一日夜半，余夫婦淚蘇蘇相語曰：「是兒非仲淳不活。」顧安所旦夕得仲淳。坐而旦，門者報長孺至，余妄念曰：「得無仲淳偕來乎？」倒屣出見長孺，果偕仲淳來，果一藥而活。是後余婦余長兒余婿余孫，遞遘危疾，皆以仲淳活。於是余邑中，不能知仲淳，能知仲淳醫，每仲淳過余，客武相接也。余不厭晉接，仲淳不厭聒人，以方寸紙授方，〔眉批：不知活人之樂，安能不厭？〕治之無弗活，而一時同志家所活無不如余家者。

今天子明聖，輔政皆出東南士，以爲千古奇會。率獻其所學於廷，冀吾君於堯舜，吾相於皋夔，皆以迂不入，後先落職歸。而東南士與西北異士歸田間，甘泉香稻，皆有以自樂，可以誦詩讀書，養心繕性，無富貴之慕，然不能無疾病之苦，兒女之憂。得仲淳，并免於二者。余常手額祝曰：天生仲淳，爲吾輩也！

客曰：「仲淳一布衣遊諸公間，寧無仄目乎？」余曰：「不然。仲淳仁者，所至活人耳。〔眉批：若果能爾，則仲淳益高。〕然吾見其聞人之善，如聽聲樂，聞人之過，如聽詛詈，聞貴人之名，如寒之就水而暑之就火。夫超然于權勢是非之外，人能舍之，而人疾痛，號天號父母，無可奈何，號仲淳則立脱之矣，是天不能不庇之也。然吾嘗語仲淳以中庸之理，仲淳心洞然，如鼓應桴，谷應響。夫仲淳奇士，胡以洞此？嗟乎此仲淳所以爲奇也。」

仲淳又精形家，凡山川隱見向背，察之微茫渺忽無失。又能詩，能大字，熟于古今治亂邪正消長之機，熟于兩兵相臨勝敗之算。吾嘗謂仲淳立廟堂爲一官之長，未能或之先，即佐邊陲，隱然長城也。顧不與一第，天必有所用之。誠得深山大谷，二三同心，聚書萬卷，蠹魚其中，相樂以老，仲淳必有千秋之業。而又不可得，天之所以用之者，豈僅如吾前所云者而止耶？

仲淳今年六十，吾邑中凡爲仲淳所活者，皆持觴觴仲淳，而謂余曰：「惟子知仲淳，當有以佐觴。」余曰：天地之恒，毁人者自毁，成人者自成，壽人者自壽。仲淳壽人多矣，欲無壽得乎？然仲淳洞大道之要，道無壽無不壽。今吾冥心而會者，千秋一息也，開目而視者，千秋一息也。玆觴也，一息乎？千秋乎？觴仲淳，則千秋矣。〔眉批：兼文人之致。〕

雙山王先生八十序

昔者聖人惡鄉原之亂中行，而名曰德之賊，至於過門不欲其入室。攀龍少讀《論語》、《孟子》，竊疑聖人大仁，未嘗絶物，何獨絶鄉原如是之甚。而後縱觀千古，見士大夫巧於取富貴利達，潛消天下正氣，而陰釀亂萌，使人恬然囿其中而不自覺，未有不繇鄉原；又觀世之君子，敦尚名節，稍有益於風教，卒未有出于聖人所取狂狷二品，而污世流俗所最不能相容者，卒未有出於狂狷二品，於是乃知聖人鏡理亂之源，定取舍之極如此。然狂狷亦有似是亂真，聖人又别白言之，〔眉批：前哲所未發。〕曰古之狂也肆，今之狂也蕩，古之矜也廉，今之矜也忿戾。蓋蕩則踰閑裂防，與狷相反，忿戾則是己非人，與狂相嫉。中行之敝也，似中行之鄉原，托中行之説以譏狂狷；狂狷之敝也，似狂狷之小人，托狂狷之説而交相譏。似狂者不容真狷，似狷者不容真狂，於是分朋立黨，爲天下禍滋甚。凡天下之亂，每創於似君子，而成於真小人。似君子者，中行狂狷之似，真小人者，中行狂狷之反也。

吾於今之世，汲汲焉思見真狂狷，久乃得之雙山王先生。先生少爲諸生，聲隆隆黌序中，有司且將貢於天子，而先生有所不平於時事，慨然曰：「如此尚可仕乎？」遂棄去，屏居不出，并戒諸子，不得復習時藝，應科舉。〔眉批：勇矣！然今何所爲？〕於是先生四十餘年，不妄出户，不妄見客，不妄飲人一茗，受人一錢，迪蹈仁義，敦行孝友，門庭之内，禮讓相先，有不率教，苦身責己，必改而後已。四方之士，見先生者，如遊黄虞，如揖巢許。先生即潛脩衾影，無所表見，而一炙其朴容莊服，誠心質行，令人氣銷意折，有韓、彭遇之失其勛，班、馬遇之失其文，賁、獲遇之失其勇，儀、秦遇之失其辯，不知其所以然而然者。攀龍蓋嘗再請於先生，始得一接顔色。登其堂，領其言論，窺見先生大抵獨往獨來於宇宙之中，不屑不潔於君親之外，其嘐然自得，狂也實則行常浮言，有所不爲，狷也實則才足有爲，是乃所爲古之狂，古之矜也哉。

今年先生壽八十，攀龍復將求見先生，而一時同志錢一本、顧憲成等，俱詣攀龍曰：「爲我輩觴王先生。」往時張禹、孔光、馮道、胡廣之徒，以其媚世之術，竊取卿相，營營一生，無異鷄彘，孰與王先生蕭然自足于窮巷中，而吐氣足以塞兩間，流風足以濯百世耶？願先生長壽以示世人，見聖人所取狂狷之士，即不用於世，猶足以砥柱一世乃如此。

二思毛翁七十序

晉陵有二思毛翁，少爲世家子，能持身謹度。奉其二尊人至孝，失其父而自志曰怙思，失其母而更曰二思；事兩兄，撫兩弟，情好無間；與人交不爲脂韋，亦絶無城府；自奉甚儉，敝衣糲飯，而客至必盛爲具，投轄交歡，繾綣備至。性好讀書，居恒杜門據案，尤好《左氏春秋》、《紫陽綱目》及《蔡氏書傳》。客有論及者，語亹亹不休矣。少爲名諸生廩學宮，已爲名博士訓太平。其居官如其爲諸生，談説經史外，無一切媕阿纖曲、調時諧俗之態。以是得王官歸，而翁益自喜下帷讀書。有三子，皆諸生有聲。

今年辛丑，翁壽七十，以仲秋二十五日，爲懸弧之辰。其女夫馬君惟任，進翁百歲觴，而惟任與余交最深，欲以余言爲侑。余謂造化之於翁良厚矣，去其戴冠束帶，而與之散髮舒嘯，林皋偃仰；〔眉批：世人信不及。〕去其車塵馬足，而與之虛堂安几，親朋晏談，子姓旋遶；去其簿書期會，而與之左圖右史，低昂百氏，揮霍千秋。古人云一室之內，有以自娱，豈易易哉。或謂以翁之才而不竟其用，爲翁惜。夫以翁之熟于古今成敗理亂之數，以之訓其子孫，及于閭里塾黨，寧非翁之用？而必以身試爲？身安於素履，心逸於無營，神全於機杜，世之取於翁者薄，而翁之得諸天者厚矣。而吾又有進焉。翁篤嗜史，吾即以史計。自有宇宙以來，入《尚書》者，千四百十有二年，入《春秋》者，二百四十有二，入《綱目》者，千三百五十有三。凡此二千餘年間，如飄風流電，〔眉批：每讀先生壽言，所謂「心如太虛，何幻質之足戀」，蓋見之久矣。〕曾不足以當翁一席抵掌。至所爲與天地爲昭，揭日月而行者，何物耶？吾知翁必曠然有會，則繇兹以至於終古，一息耳。彼夫耄期之年，又何足爲翁祝哉？

薛守溪六十序

萬曆丁未，河南薛守溪君壽六十。培正吴伯子，其東床之選也。伯子與余有通家誼，請余一言爲君觴，且言君世業農，敦儉朴，有古人風。

余曰：君業農，吾即以農言壽，可乎？今夫五穀，天生之地成之者也。然而耕耨之不以道，灌溉之不以時，則弗實，再種之而不甲拆。夫人亦然，天生之，地養之，而立人之道曰仁與義。是故仁則氣和，戾氣不得而干之，義則氣正，邪氣不得而伐之。是所謂耕耨而灌溉之道也，壽道也。豈惟壽於其身，積之久，將壽於其子孫。古之人取髦士必於農，謂夫農致力勤苦，不見異物而遷，其大朴有未斲伐者，況夫又有善德培壅之，子孫必以詩書興，猶之夫穀受氣既充，再種之而甲拆繁碩也。子以是觴君，君必欣然有取夫余言。

龔舜麓六十序

天子萬曆三十六年，歲曰戊申，龔子舜麓，年週甲子，謂高子曰：「何以觴我？」

高子曰：吾聞人得天地之性以生，有善而無惡，故人之七情，好善而惡惡。此性包六合而無外，歷萬古而不摇，其壽不可算數計也。人人有之，而局于形，亂于氣，誘于物，迷于欲，人人自失之，而區區以一呼吸之附于形骸者爲壽，豈不謬與？吾見子之好善惡惡，往往不背于正人君子。設有學問以養之，無飢寒以亂之，令此性直而不閼，融而不偏，雖以子之藐躬，將浩然塞乎天地之間，而得無算數之壽矣。吾試與子持一觴酒，仰視大空，見白雲時去時來，俯視人世，見萬類時榮時瘁，此一呼吸之軀，亦如斯而已，何足道哉！何足道哉！凡情脱落，則聖境現前，無疆萬壽，在此一觴中也。敬以爲獻。

諸延之先生七十序

余兄事延之三十年餘矣。延之年且七十，人生六十始稱壽，壽必頌其生平懿娥以爲祝。君子曰：「是非古也，俗之靡也，風之諛也。」余曰：「亦顧其人何如，果有道之士乎？」是有教焉，事可傳也，子弟可述也，世可式也，若延之其人也。

夫人少必有所業，壯必有所樹，老必有所養。譬之於稼，蓺不以時，雖有地力弗滋也；耨不以方，雖有天時弗培也；獲不以候，雖有人工弗實也。人少則業詩書，或以嗜好亂之則惰。延之于書，無所不誦，雖至精熟，必覆讀數百過，故其書終身不忘，爲文章，令心手相習，如原泉然浩浩乎出之無滯而後已。孰不業詩書，有如烏之赴樹，蜂之赴花，酣嗜而無二念若延之者否？人壯則樹名節，或以富貴奪之則隳。延之甫成進士，糾御史房寰之詆海忠介公者；司教中州，正師儒之體於直指使者；官儀曹，糾東征之失算者；居里中，糾匪人之濫鄉飲賓者，他事不可勝舉。孰不一第，有能見義，如猛獸之必噬，見不義，如鷙鳥之必擊，若延之者否？人老則頤天和，或不勝其欲自狥焉，而不恤其後。延之體魁肥，飲啗絶人念。豐于形者嗇于神，蚤歲即斷慾，飲酒必節，禁肉食，多茹淡，故至老聰明不衰，神氣加王。居恒手不釋卷，晚而好《易》，孳孳編纂，几案蒙塵，庭草蕪没，處之泊如。孰不七尺，有能奉保生之矩，如岱、華之不移，遠傷生之物，如砒鴆之不御，若延之者否？夫少而不自勵，則無業，壯而不自立，則無品，老而不自嗇，則無年。三者生人所共急，而延之其法程也。故曰有教焉，事可傳也，世可式也，子弟可述也。

自吾事延之以來，見其巨細期會，刻晷不移，信莫過延之者；爲人緩急，竭蹶從事，厚莫過延之者；朋友箴規，領納無忤，虚莫過延之者；世局轉徙，雲雨飜覆，讒搆百端，屹然中砥，貞莫過延之者，是皆教也。古者五帝之養老也，憲而不乞言。憲者，法也，法之而已。延之其人也歟！延之其人也歟！

先生嘗有書責延之晚節不終，蓋在七十之後也。生平自好，一事敗之。讀壽言，使人樂爲善，讀責書，使人履薄臨深。

清翁俞先生八十序

客有坐而談清菴俞先生者，喟然嘆曰：「士不必能，能不必遇。先生博學能文章，爲學士領袖，而數奇於一第，僅得歲薦，兩爲諸生師，遂邑邑抱經世之志於山林泉石之間以老，今八十年矣。夫舉一俞先生，而天下之爲俞先生者可知也。造物者與其才，不庸其身，何居？」

高攀龍曰：不然。夫客亦小之乎觀俞先生。昔者聖門高弟，如子路、冉求之徒，皆欲以所長用於世。至狂點不然，春風沂水之趣，飄然于事物之表，夫子有慨於中，吾與之歎，其致思遠矣夫。夫子蓋嘗使開也仕，至其平日所稱許，則無以加於顏、曾、閔子。是三子者，視諸侯大夫之門，若將浼焉，然而聖人不聞一言以挽其獨往之志，豈其視三子在漆雕氏之後乎？其後由之纓、求之斂，爲瑕於千古，而三子者，不以其闕經世之用，爲虧於聖人之學，然則自聖人而下，天之厚三子至矣。夫龍逄、比干，厲皎皎之忠，子胥、屈原，鬱憤憤之志。其流至於東漢諸賢，欲以市井草莽之議，成一代之事實，究也身與國兩無裨焉。於是馮道、胡廣之流，〔眉批：鄉原，乖氣節之後。〕峩冠大紳，高位厚禄，藉口於委蛇用世之説，掃節義而盡滅之，故隱淪之士，寧蹈東海，一丘一壑，誦詩讀書，猶得以追游先王之餘化，以盡其天年，而其法言法行，不失爲後世之師範。夫自聖人而下，自非大賢之才，而汲汲於經世之功名者，皆代大匠斲也。今先生即不一第，而其質行經學，已被服於高、虞二邑之士，不可謂未嘗試之。及其退而老于梁溪之上，角巾布衣，圖書琴瑟，口不絶吟於唐室諸賢之韻語，手不停披於百家自勒之名言，出以林泉爲家，入與聖賢爲友，今壽且八十，聰明倍勝，飲噉逾加，與先生齒，鷩謂先生之少於我也不啻倍，而少壯者，又鷩謂先生之强於我也不啻倍，蓋其風霜瘴癘山川之險，既未嘗外損其形，而人情物態機械之險，又未嘗内損其神，故先生之所得於天者保之獨全，天之所以厚先生者不至矣哉。嗟乎！仕宦之足以奪人志敗人守也久矣。故君子以處爲常，「眉批：以有用爲志，不以必用爲志，有用即體也。」而遇合無心焉。夫其處也，無可以爲處，則顔、曾、閔子之不爲荷蕢丈人也者幾希。今先生之處也善矣，又何必於用？吾又何必以不用爲先生憾？

於是客起而謝曰：「願以聞之先生，當欣然爲子加一觴。」遂以爲壽。

俞毅夫先生七十序

萬曆辛亥，雲間俞毅夫先生年七十。其弟仲濟公，余之心交也，徵言爲先生觴。

余曰：凡爲觴者，必有以樂之。吾於先生惡乎樂之？頌先生之往者乎？往者既往，先生視如飄風行雲焉，不屑也。祈先生之來者乎？來者未來，先生視如儻來寄跡焉，不屑也。爲詩歌文辭、仙靈奇瑞之説乎？詩歌文辭，莫有工於先生者，仙靈奇瑞，先生知爲文辭之絢藻而非實，不屑也。吾惡乎樂諸？吾揭先生者相與樂之可乎？夫人心何以不樂耶？物入焉而膠則不樂，神出焉而騖則不樂。物無入也，以其膠焉而謂之入，神無出也，以其騖焉而謂之出。知其無入，不必爲扞也，知其無出，不必爲留也。蕩蕩焉，平平焉，正直焉，目如其目，耳如其耳，心如其心，四體如其四體，是之謂内寧；君臣焉如其君臣，父子焉如其父子，夫婦兄弟朋友焉如其夫婦兄弟朋友，是之謂外寧。如是焉之謂天之道，去其不如是、還其如是之謂人之道。天之道無所加於人之毫末也，人之道無所損於天之毫末也。未嘗生，不必求佛氏之無生，未嘗不生，不必求老氏之長生。知其未嘗有所於加、有所於損之毫末也，而贅毫末焉，毫末之累如丘山，惡得而樂諸？

先生瞿然起曰：「異哉道乃如是乎！聖如是，凡如是，古如是，今如是，天如是，人如是，幽如是，明如是，吾求吾之所謂不樂者而不可得也。」趣觴觴吾，此之謂萬年之觴。

静菴華翁七十序

動静者，時也，聖人以動静不失其時爲良，不偏言静也。濂溪周子獨言定之以中正仁義，而主静立人極，此所謂静，以不易者言。〔眉批：主静即在定上見。〕是故於君爲仁，於臣爲忠，於父爲慈，於子爲孝，於夫爲義，於婦爲順，於兄爲友，於弟爲敬，於友爲信，不易也。是故在貌爲恭，在言爲從，在視爲明，在聽爲聰，在思爲睿，不易也。是故人此爲仁，宜此爲義，履此爲禮，知此爲智，實此爲信，不易也。聖人任萬物之縱横變化，不可揣量，其一於是而不易，如五嶽之各居其方，四瀆之必赴於海，莫能撓之，是之謂中，是之謂正，是之謂静。故曰易有太極。若夫脱落世事，超然物表，深山茂林，隻居無耦，境静而已；〔眉批：念静與氣静又如何？〕澄湛虚明，心冥太始，無善無惡，騰騰兀兀，念静而已。静於境者，不可與於物宜，而當天下之動；静於念者，不可與於典禮，而善天下之動，去主静立極之道遠矣。

静菴華翁，以静名其菴，是有志於静者也。其爲人長者，言色有度，喜怒無溢，於人無貴賤老幼，敬之如一，於事無巨細始終，敬之如一，藹然穆然，即之者心醉意銷，是能静者也。余辱於翁之子潤菴君游，以是知翁。今年翁壽七十，鄭君商野，徵余言爲翁壽。余謂壽之道莫若静。聖人曰：「仁者壽。」以仁者静也。然仁知猶偏言，故壽猶數言之。若得所謂不易者，與天地無始，與天地無終，名象所不能求，算數所不能及。故至静之静，静不可得而言，至壽之壽，壽不可得而言。知至静之静而後能静，知至壽之壽而後能壽。謹以是爲翁壽。

浦震宇先生七十序

萬曆乙卯，浦震宇先生壽七十，其高第弟子某等若干人爲觴觴先生，而徵言于某以爲侑。

某曰：子知壽乎？夫壽者，假百年以爲萬古者也。是故七尺者，百年之物也，一靈者，萬古之物也。〔眉批：「此身不向今生度，更向何生度此身？」馬自然語，先生取其意。〕一靈者何？天地所以生生也。無萬古之物，則無百年之物，無百年之物，亦無萬古之物。是故君子慎所以修之，不使乖戾之氣，戕其生生之物，夫然後一靈者壽，而七尺者亦壽。乖戾者，生生之反也。人率憑其戾氣，戕其生機，非獨學習失也，蓋亦氣質使然。故質美則性易徹，質濁則性難開，學習以修治其質而已。質美者，則不習而默符于道，如震宇先生是已。先生熙熙怡怡，與世委蛇，慥慥肫肫，與物皆春。與先生遊者，不絲竹而樂，不酒醴而醉，不談經論學而歸之仁義澤如也。蓋其氣質粹美，生生之機，流露盈溢，即先生不自知其所以然，是能不失其萬古者以得其百年者，不失其百年者以得其萬古者。故曰假百年以爲萬古。吾歌以爲先生觴可乎？

歌曰：乾坤浩蕩兮，春風融融。室家其宜兮，一畝之宫。一觴兮心如太空，再觴兮氣如長虹，三觴兮渾如鴻濛。先生醉且樂兮無窮。

薛少泉翁七十序❶

薛翁所居，負羣山，面太湖。其村多桃李，每春時爛如錦幄。翁嗜讀書，家貧教授，從之者輒異于常兒，人望而知其爲薛翁弟子。莅諸生甚莊，及其與人，春風襲襲，鄉里人皆樂與爲羣。其季子用章，文而有行，從余遊。

天子戊午，翁年七十矣。諸善季子者，爲翁觴而問言于余。余往者知翁嘗疾甚幾殆，其伯子禱請身代至虔，翁忽夢神示奇兆，竟奪孝子而壽慈父。吾嘗謂天地間惟生機相摩相盪，爲不可致思，故鳥之伏卵，木之接枝，或同氣而運于各質，或異質而聯其一氣，所謂摩盪之神，聖哲所不得而知也。夫孝子一念精虔，立祛翁久嬰之苦，續其方新之氣，若吹噓而輸灌者然，抑何異也！然則用章所以壽翁者易矣。

夫子曰「妻子好合，如鼓瑟琴；兄弟既翕，和樂且湛」、「父母其順矣乎」，此人人所能也。故衡門泌水，至適也，稻粱菜鮭，至味也，好合和樂于妻子之間，至真也。今舍其人人所能，而求不必得之事，甘珍未備，謂不足以養親，聲色未侈，謂不足以娱親，章服未備，謂不足以榮親，親以是期其子，

❶「少泉」，原漫漶不清，據四庫本補。

子以是歉于親，若有物繫于中，即有山水之致，景物之和，家庭之聚樂，弗樂也。是謂棄真取僞。彼其僞者，又安有摩盪之神，吹嘘灌輸于一氣之中，召吉祥善事哉？用章之壽翁，壽以真者而已。爲之歌而觴翁曰：山寂寂兮湖水洋洋，林密密兮茅屋深藏，有士兮秉德孔良。衡門兮晝閉，琴書兮連床。傾筐兮紫芝，方熟兮黄粱。一飽兮鼓腹，緩步兮虚堂。鳥啼兮花放，月來兮酒香。子孫兮趨庭，笑語兮義方。一榻兮偃仰，心豫兮體康。山長兮水遠，人壽兮無疆。

馮敬山翁暨錢孺人伉儷七十序

人之靈于萬物者，必有所貴，得其貴者，匹夫而可建天地，一事而可俟千古，故曰不朽。不朽之謂壽，言形壽者溺其旨矣。今夫人必有置其身者，五倫，身所置也。不置于彼則置于此，欲一日離之不可得。人之異于萬物者，以合五者而成身，其貴于萬物者，以合五者而成道。道之所在，如鑛之成金，不可復滅，故曰不朽。此壽之説也。

吾邑有馮子文九，從吾遊久矣，蓋志古人之道者也。其尊人曰敬山翁，曰錢孺人，皆有過人之行。翁既委禽于孺人，孺人目忽瞽，兩家議罷姻事，翁曰：「既已爲吾婦而不娶，誰爲非其婦而娶耶？」亟止罷姻議。無何孺人得良醫目復明，人以爲德感。于後翁室有簉，孺人視之一體，簉生子，孺人視之一體。翁落拓不事産，又不吝，兄弟間推讓，交知間施予，家以壁立，孺人一切拮据苴補而鏬窒之。子三人，教之以義。環堵之室，藜羹糗飯，慼容不入於眉，慨息不出於口，人人充然意得也。

今年翁與孺人偕壽七十，翁敕其子曰：「慎毋以吾年聞里中，令里中長者車塵吾蓆門也。」文九等謹受命，而私于不佞曰：「時見賓無能以世俗歡，歡兩尊人，而世俗歡亦非兩尊人所歡。藉手先生一言，子婦執濁醪敬共而稱之膝間可乎？」

不佞曰：然子之尊人，有過人之行，所謂匹夫而建天地，一事而俟千古者也。子不見天地之化乎？天地之化，以貞而固，故貞則復元。凡冬蓄之旨，不易腐敗，以其貞也。其在人一念秉持，不逐凡情者是矣。故瞽可娶也，二女可同也。夫婦正而父子兄弟之儀不忒矣，道之所貴也。吾歌以風世矣。

乃歌曰：衡門兮静而杳，盆卉爲囿兮盎水爲沼。朝暾上而融融兮，夕月來而曒曒，有人兮于于。兄弟翕，妻子合，一室之内，有以自娱，彼富貴而笑，毋乃爲此拘拘。

文九等觴而陳之翁與孺人。翁乃軒髯而笑曰：「有是哉！吾父父子子，兄兄弟弟，夫夫婦婦，而油油于此也，一日而稱千秋也可。」

應峯王翁七十序

應峯翁年始耆，諸知交謀所以壽翁者，問於攀龍。攀龍曰：翁夙講長生之道，請言長生。夫長生者，天地之道也。天地之道，變易者，其不易者也；不易者，其變易者也。古之至人，以變易成其不易，以不易貞其變易，故與天地同其無疆，非呼吸吐納之謂也。夫人自少壯而老，身體膚髮，日遷日謝，變易矣，而心不易也。夫人之心思營爲，萬起萬滅，變易矣，而性不易也。何謂性？於五德曰仁義禮智信，於五事曰恭從明聰睿，於五常曰親義序別信，千古而上，千古而下不易也。吾以萬起萬滅者，注之於是而不二焉，是爲以變易成其不易；久之而熟，道義成性，向之萬起萬滅者，轉而爲萬變萬化之妙，是爲以不易貞其變易。夫人之夢也，其遊魂能視能聽，能言能動，無質無體，與有質有體者不異焉。然遊魂爲變，變而不可知者，以其昧而不靈，至成性而遊魂始靈。故大人通晝夜而知，與天地合德，日月合明，天地日月變易，而吾不易也。故長生者非形軀，亦非仙家所凝氣之精英，是皆屬於變易，而非不易也。應峯翁篤於人倫，勤於問學，年七十而修不替，是將道義成性者也，是真能長生也。客曰：「善，謹以爲翁壽。」

鳴陽伯兄六十序

萬曆戊午，伯兄鳴陽，年周甲子。余及諸弟五人，兄之子五人，諸弟之猶子十有五人，兄之孫四人，猶子之子十有二人，少長咸集，蓋高氏之族萃是矣。進而颺言曰：「兄，家之冢也，宗之尊也。吾儕豈惟是一觴一祝，修世俗之具哉？要以𧮬和志孅，陳戒示則，爲吾宗無疆之休。其各言吾兄所以壽。」于是諸弟皆欣然起曰：「請對其質。先君子勤生儉食，承先裕後，吾子孫世世法則也。惟兄守之。是其神守而不佚矣，壽之道也，家之則也。」余曰：「然，未也。」

曰：「吾聞積針縷者成帷幕，合升斗者盈倉箱，言乎百得之得于一約也。惟兄約于口未嘗侈其奉，約于體未嘗侈其服，約于婚嫁未嘗侈其用，約于燕遊未嘗侈其具。是其神約而不鶩矣，壽之道也，家之則也。」余曰：「然，未也。」

曰：「吾聞蟻穴之細，可潰河防，蠹啄之微，可仆柱梁，言乎百失之失于不慎也。惟兄慎于出入，其户闃如也，慎于臧獲，其人欽如也，慎于交與，户屨泊如也，慎于放利，什一戔如也。是其神慎，而不漏矣，壽之道也，家之則也。」余曰：「然，未也。」

曰：「吾聞危封王不如安眠床，憂食羊不如樂飲湯，言乎自適者之不存於富貴也。惟兄一丸之庭，不虛四時之卉也，一葉之艇，不虛四時之興也，一味之旨，不虛盍簪之樂也，一夕之飲，不虛嘯歌之致也。是其神適，而不牿矣。壽之道也，家之則也。」

余曰：然。蓋有其本。以吾見兄仁心爲質，慮以下人，渾乎元氣之醇，穆乎太古之璞，鞭笞幾廢于家，聲色不徵于邑，所謂耕之耨之，治其方寸之田者乎，是將壽其身，壽其子孫，以壽吾宗于無窮也。夫天下之生久矣，即吾祖宗遞傳至先君子一人耳，未百年已四十有二人，繇此而之，豈可量也？士之貧者十而八九，即素封之家，迨其子孫萬析而千，千析而百，百析而十，岌岌乎不支矣。子孫復以驕心侈念乘之，寧知所稅乎？故兄之則，户可守也，守兄之則，人可自樂也。喬木之門，百世不易姓可矣。是曰無疆之壽。諸弟皆曰：「甚哉兄之善言壽也，不可無以示來者。」

乃係之詩曰：九龍之山，下有二泉。其出一掬，其流涓涓。放于五湖，浸日粘天。人亦有言，百福之淵。匪繇于他，繇于寸田。惟此寸田，禾黍芊芊。是藨是蓘，必逢其年。太和之世，晝作夜眠。衡門之中，一琴一編。人亦易足，何爲物牽？生之以勤，用之不慾。守而不失，可以得全。有如不信，視彼原泉。涓涓之流，終古永傳。

於是胥詣兄歌而進百年之觴。

鳳池馬公七十序 代撰

民生於三，自古志之矣。今世號爲人師者，少而授句讀，已則爲偶句爾，已則口訓經義，握管雌黄其所爲課秇爾，豈其遂與君我生我者等耶？孔氏之門，無論三千人，即七十子，不彬彬道藝哉？迺夫子曰「回也，視予猶父也」，蓋儼然子之矣，自回以外無聞焉，則其義何居？夫師弟子之間，果其如父子相視也，則遂與君親等，誰曰不然？然而先王設爲五品之教，朋友之交列焉，而不及師，其義又何居？噫！聖人若已懸見萬世之後，其所號爲師，如世俗所稱者比比，而其相視爲父子者，〔眉批：感慨極矣。〕百千不一二焉。故繇前則等之爲三，繇後又不列之於五也。而孰知百千不一二者，獨得之於鳳池公方。

余三兒之幼失其母也，長者、仲者方髫，少者在抱，蓋煢煢焉莫之依，而後先受業於公。公爲字句之，駢偶之，以迄於伊唔爲博士家言，靡匪公口吻授也；飲啖時之，寒燠時之，勞逸時之，迄於纖悉端委，靡匪公之深念而周體也。〔眉批：非師而父，乃師而母也，故奇。〕六朞而入塾，俄而成童，俄而弱冠，而成室，靡旦夕不與公周旋也。余蓋時戚焉，念三孺子爲無母也者，孰顧孰復之，則尋自慰曰：「馬師在，無恙也。」即三孺子一切所需，則皆曰：以告馬師無恙也。屈指蓋於今四十餘年，師之所以視弟，弟之所以視師，如一日也。

而公壽且七十。不佞無似，謬與公齒齊，三兒益喜不勝，緘來白下告曰：「三子視馬師猶父也，而壽亦與吾父等，非吾父，莫能壽馬師。」余愴然寄語曰：而翁之有斯年，亦馬師力也。當而失恃時，余外掣於宦，内掣於而等，非馬師使余無而等憂且立稿，則余何以壽馬師？抑余有悟於生之理矣。大塊之間，一氣氤氳而摩盪萬分之爲人身，氣長存則長生，而無所以滑之耗之摇之則長存，故惟淳龐敦重之士能之。馬師非其人也耶？而之少也，非馬師莫安，馬師之壽也，非而等莫安。其務所以安馬師者，庶無愧先王民生於三之義哉。

馬母林孺人六十序

蓋孺人有子曰惟任，與不佞等托肺腑交。萬曆辛卯，孺人壽始周其甲，於是王生等若干人，謀所以壽孺人。不佞颺於衆曰：「今夫世俗所以爲人壽者，必期其年，非所爲耋耄、期頤與彭聃齊箅乎？」則皆曰然。「爲人子壽其父母者，必期其子，非所謂組圭軒冕帔珈錦綺乎？」則皆曰然。「爲人子而壽其親，爲人親而壽於其子者，必鳴其事之盛，非所謂鞲臂曲膝饋漿酳爵乎？」則皆曰然。

曰：夫然，則其事之不可必者，懸之造化，不因吾言而得，不因吾不言而失。事之可必者，又不出家庭子職之常，而可以無言。請言其至者。余聞惟任生十有四年，而失其先大夫竹崖公也。當是時，孺人以庶母臨其諸嫡子，而惟任以幼弟事其諸長兄，使孺人諸所不平於中，輒以亢心憤氣行之，未有不以剛敗者也。孺人所舉二子，其少者方呱呱在抱，使儒人戀戀形影之情，以呴濡爲愛，勤瘁爲不忍，使二子幼無所教，長無所習，不如今日諸君子所以稱説惟任兄弟者，是又以柔敗也。而孺人皆不然。孺人所謂融剛柔之德而時出之者乎。今惟任學既成，將用於世，余亦遂以其説進。今夫高明之士，可與入道，然往往狠愎自用，狎侮不恭，薄經常而崇異端之説，駕意氣而縱。血氣之私，是皆以剛敗者也。而沉潛之士，則又隨物變化，與俗轉移，是非鬬之於內，物交引之於外，依違兩可，牽役萬端，尺寸不能自決，是皆以柔敗者也。惟任反其道，以柔心遜志，精探仁義道德之奥，以剛腸强力，戰勝紛華靡麗之交，卓然朗然，淵然澄然，使天下聞且見者，皆曰是馬大夫之孤也。是嚴父所不能得諸其子，而孺人得於大夫背棄之後者也。則孺人之聲施不朽，而爲壽不既無疆哉？若夫世榮者，惟任所能自致，而彭聃之筭，固天所以報孺人，不藉言矣。

衆曰：「至矣言乎！爲孺人壽莫善，爲惟任壽孺人莫善。」於是乎書之。

顧母華孺人六十序

人生受氣有厚薄，得數有修短，罔不在厥初。愚者不察其原，謂欲去可留，既去復有輪轉，於是佛氏乘而入之，天下半入於中，而生民之財用，十五耗之於此，惑弗可解也已。友人顧嗣得之母華孺人，亦雅好佛，於是孺人生六十年矣，精神安彊不衰，説者或歸佛力焉。高攀龍聞而解之曰：「豈其然，豈其然。夫孺人非溺於佛者也。佛亦烏乎能壽？」客曰：「何哉？」

曰：人受天地之中以生，於是有君臣父子兄弟夫婦朋友之倫，得全爲存，失全爲亡，佛一切棄絶之，是其形色存而天性亡矣。至其徒之最愚者，并其形亦戕之，或自焚以爲化，或飼虎以爲慈，或投崖以爲捨身，種種俚鄙以陷愚俗，是率天下爲殤子者，佛也。佛烏乎壽？今夫孺人之歸曾泉君，及奉君之二尊人也，鄉閭之人皆能言之，克稱婦矣；其教嗣得諸昆季也，彬彬乎可徵見，克稱母矣。凡人倫之大，孺人無愧焉，而佛能之乎？夫佛，絶人倫遺世事者也。孺人即髪種種乎，家内外一切持之井井，時其贏絀，劑其寬嚴，有謂曾泉君嗃嗃治之不足，孺人不聲色而帖然，佛能之乎？吾故曰孺人非溺于佛者也。

曰：「何以稱孺人好佛也？」曰：孺人好善非好佛。〔眉批：真好善，不好佛；若好佛，非好善。〕世俗見佛以慈悲爲教，率稱善者曰佛，孺人勤行善，故遂蒙好佛之名而弗察也。然則孺人之善，得之於性，而非得之於佛。善者天之所壽，則孺人之壽，得之於天，而何佛之云？誠以是説也從容陳之，孺人將逌然得其本心，而又安知有所謂佛哉？

于時嗣得若諸友皆當于心曰：「善，子之言孺人也。請以爲壽。」

秦母顧孺人七十序

余與伯兄雲翔，交于秦文成兄弟間，則嘗聞其尊人少山公，治家纖嗇勤苦，歷艱難而不挫其業，每亟稱之，以爲吾邑當三吴孔道，居聲譽之區，其民習見侈靡，往往佹成佹毁無雲礽之積，秦又望族，始未嘗不完璞純素而後漸雕斲也。是宜表其纖嗇勤苦者訓即矯之小過不害。少山公有五子，其非出于元妃，而出于顧孺人者，曰文成、文裕。文成爲名諸生，文裕以貲郎再遷佐江右籓臬。兩君學專其業，仕能其官，是爲子克家而滋大少山公緒矣。今年孺人壽七十，凡爲兩君之友，皆謀所以壽孺人，而謂余宜一言。

余曰：壽以觀養也，不養無爲貴壽也。養有二，其上曰志養，君子之所貴也。然天下盡尹彦明之母也而可，其不然者，伐檀河干之嘆，士人不免焉，況婦人乎？次曰禄養，世俗之所貴也。然有母尸饔，無論不堪其爲子至夙夜無寐，母之思又不啻什百于其子也。故盧江之檄，子有其母矣，君子猶以爲末；綿上之歌，母有其子矣，君子猶以爲怨。今文成君尚在潛陽，雲蒸霞變，交睫不可知，然而孺人得有其子，怡然五畝之宫，文裕君又將徼天子之寵於其母，兩君如左右手，有出者可與安河清之樂，有居者可與分將母之憂。孺人何以得是？曰在《鵲巢》之詩。夫《鵲巢》，言夫人之德也。鵲則有巢而鳩居之，國君有家而夫人則居之。其居之也，德足以宜之也。少山公之貽其子也，以纖嗇勤苦，孺人宜少山公，故能居少山公。兩君之承其考也，亦以纖嗇勤苦，孺人宜兩君，故能居兩君。觀少山翁而孺人可知，觀兩君而孺人可知。婦德不見外，吾見之于其所居。

於是酌彼大斗，使文成進之孺人。

慮得集序

《慮得集》者，華貞固先生所以訓其子孫者也。先生遜其智，居其愚，若曰是千慮之一得云爾。吾繹其旨，淵乎淵乎！

昔者聖人曰：「人無遠慮，必有近憂。」是故飲酒而旨之，惕然曰：「後世必有亡於酒者。」見色而悦之，惕然曰：「後世必有亡於色者。」謂其可欲也。凡人之所欲，未有不足以殺其身而亡其家國。聖人慮之於遠，故得之於近。慮危而得安，慮亂而得治，慮亡而得存，推此類也。一舉口而慮，無興戎矣，一舉足而慮，無冥行矣，一舉念而慮，無非幾矣。夫人之卒然而動皆欲也，惕然而慮皆理也。欲動而慮止，則得失之分，而安危存亡治亂之幾也。是故先生之訓其子孫者，總而示之曰禮義，提其要曰慮。慮以明諸心，禮義以守諸躬，自鄉黨自好而上，至爲賢爲聖率繇之。

先生當皇明始興，復歸於錫，迄今二百五十年，子孫繩繩不替，甲於他族。水之放海者發源必遠，木之干霄者植根必深，讀兹集者，觀其淳龐敦樸之意，可以知其源與根矣。得此而弗失，雖與天地無終極而存可也。其八世孫繼祥，重刻兹集，廣布族人，是能慮者也，是能得而弗失者也。

默石翁劄記序

歲己酉，潛江朱翁默石來東林，越七年乙卯再至，其於學益孜孜焉。曰：「吾老矣，吾求所爲吾之歸宿者，印之四方，庶不謬乎？」

予聞而竦然曰：嗟！世之人懵懵而生，懵懵而死已爾，孰有知其歸宿者？《易》有之曰：「原始反終。」夫其所爲始者，是其終也，夫其所爲終者，是其始也。原則知始，我之始生，有何物乎？反則知終，一念反觀，何物爲我乎？故原始反終者，大明終始之要也。夫然後知人心之日增日益者，皆逐流而忘其原，日馳日騖者，皆一往而不知反，如旅人畢世栖栖而莫知底止也。悲夫！

翁曰：「吾比者怳然見是焉。吾繇此而之，庶不謬于所歸乎？」于是出其所爲筆記若干首示予曰：「吾又多乎哉。今而往吾默如石矣。」予曰：翁知嘿乎？言亦嘿也。使夫世之懵懵者，繇翁之言，知翁之默，而人得所歸也，又豈多乎哉？

嵩臺集後序

嵩臺王公，佐令吾錫既二載，庚寅一攝行令事，於是訟者無不燭之情，盜者無不暴之隱。〔眉批：安得此丞爲！令天下皆此丞，天下治矣。〕公又以其間練兵壯，餼者無不稱之事，置義塚，死者無不藏之骨。冰心湛於方掬之間，苞苴却於百里之外，一時臺使者以下不曰公丞也，而如其所以視令，其民不曰公丞也，而如其所以嚴令。一日公出其所爲律判若干條示余。

余既竟讀，作而起曰：嗟乎！是律之意也。夫律未嘗一日不在矣，然而上欲民之出於律也，而下所以入之者愈不勝其多，上欲民之入於律也，而下所以出之者愈不勝其巧，何居？知律而不知所以律也。今公之於民，必有快然而無所怍之心，故民之於公，必有肅然而不敢犯之心。此肅然而不敢犯之心，豈得之尺箠間哉？所從來微矣。以余觀於公，氣盛而鎮，才辨而捷。倘令公睨而自雄曰：「一丞何當我哉！」則未有不弛然自廢者。又不然而曰：「即文無害乎，世孰能知之？」亦未有不弛然自廢者。吾不知人之視公何如矣。故曰：士之才苟出於誠，大用之則大效，小用之則小效。夫律也，律己而律人者也。成人有兄死而不爲衰者，聞子皐將爲宰而遂衰之。成人曰：「兄則死，而子皐爲之衰。」嗚呼！此所以爲律者也。王公得其深哉！

事物别名序

吾邑有復初盧子，嗜讀書，喜爲編彙，彙必成書，爲韻家字家書，手自楷録，搜抉訂讐於毫毛同異之間。一日梓其所集《事物别名》示不佞，不佞謂之曰：子之於書，可謂勤矣，亦嘗遊於物之初乎？夫天，吾安知其爲天？地，吾安知其爲地？人與禽獸草木，吾安知其人與禽獸草木？其初何名之有？名，賓也。天下之生久矣，文煩而名日增，賓紛而主益亂，子又從而别名之，是猶以手指日，而又指其指以爲日也，不既多乎？雖然，天地之道一，而一不得不兩不四不八，八不得不引伸而萬，不萬則一者息。吾不能使物之不萬，而又烏乎惡其名？吾聞之，江出於岷山，其始出也，其源可以濫觴。子知夫名之名，吾欲使子觀無名之主。昔者聖人之作《易》也，繫乾曰元亨利貞。元亨利貞，天之名也，夫子翼之曰仁義禮智，是又其别名也。不寧獨《易》，六藝皆是物，聖人別名之，使人思也。子知夫無名者，而名者皆別矣，獨是編爲別名乎哉？

盧子憮然曰：「吾過矣，吾過矣。善，吾子之發吾覆也。請書之，以示別名之微意。」

高子遺書卷之九下終

高子遺書卷之十

碑

泰伯廟碑

吾邑之鴻山，古所稱皇山。皇山有泰伯墓，《南徐記》及《聖賢冢墓記》同，其爲泰伯墓，審矣。蓋梅里平墟爲泰伯端委之地，皇山爲歸藏之地，兩地並重。今梅里廟貌肅穆，而皇山草莽榛蕪，邑之人往來於此者，不知其爲山，其爲墓，指點疑似，樵蘇畜牧，且狎遊而穢踐焉，於大聖人墓宜然乎？萬曆之季，紳衿始謀立碑而表之，旁爲屋以居道者，禁樵牧而憩往來之伏謁。既立石，欲余記其事於碑陰。

余惟茲土，古所稱荊蠻，聲教不通於上國，泰伯至止，而東南之文明始闢。今且擅宇内之英華，而上國莫及焉。則是至德之聖，讓天下而逃，不之於名山大川，不之於長林浚谷，而之於荊。其之於荊也，不之於三江五湖，不之於幽巖絶壁，而之於吾錫之泱莽平墟，豈其無故耶？況乎臨於平墟，墓於茲山，相去不數里而遥，若其有擇於茲者，又豈其無故耶？錫之士可思矣。之於荊，而東南之文明甲天下，之於錫，而錫之文明，不當甲東南乎？錫之士可思矣。夫文明者，非文詞繢藻之工已也。記堯者曰文明，記舜者曰文明，則文明可思也。堯之文明曰親九族，舜之文明曰徽五典，至德之聖，以天下讓者，在父子兄弟之間，則文明可思也。嗟乎！古之聖人，以父子兄弟之間讓天下而不顧，世之人，乃不免簞食豆羹争於父子兄弟之間而不恥，若是者，尚可稱錫之士，而過梅里之墟，皇山之野乎？人人思而恥之，而父父子子兄兄弟弟，錫之文明甲天下矣。

傳

薛文清公傳

本朝薛文清公，名瑄，字德温，山西河津人。幼有異質，因觀《性理大全》，嘆曰：「此孔、孟正脈也！」其書不下數百萬言，悉手録之，至忘寢食。學務力行，嘗曰：「聖賢千言萬語，皆説人身心上事，誠能因其言反求之身心，擺脱私累，則身心皆天理矣。」登永樂辛丑進士。宣德初爲御史，時楊文貞公在閣，求一識面不可得。正統初，提學山東，首明理學以淑人，士人稱爲薛夫子。時王振用事，問三楊吾鄉誰可爲大臣者，皆薦先生。召爲大理右少卿。三楊欲先生一見振，先生正色曰：「安有受官公朝，而拜恩私門耶？」振聞，憾先生。會有獄夫病死，其妾欲嫁私人王山。山，振姪也。正妻不許妾嫁，妾遂誣妻毒殺夫。下御史獄，坐妻死。先生辨其寃，（眉批：是大理職。職所在，道所在。）都御史王文怒，譖於振，振嗾言官劾先生故出人罪，論死，先生怡然曰：「辨寃獲咎，死何愧焉！」獄中日手《周易》，誦讀不輟。將刑，神色自若。會王振一老僕哭于厨下，振怪問之，曰：「聞今日薛夫子將刑耳。」振問何以知之，曰：「鄉人也。」備述其賢，振爲之動。忽有詔赦之，通政李錫嘆曰：「真鐵漢也。」居家六年，閉户不出，造詣益深。

用侍郎江淵薦，起大理寺丞。時蘇淞饑民貸粟富民不得，遂火其屋，竄匿海中。朝廷遣王文往案，文坐以謀叛，連五百餘家，先生抗章力辯獲免。文謂人曰：「此老崛强猶昔。」❶陞南京大理卿。太監金英奉使南京，諸公卿共餞江上，先生獨不往。英北歸，言於人曰：「南京好官，惟薛卿耳。」

天順改元，擢禮部侍郎兼翰林院學士，入内閣。一日召入便殿，上服小帽短衣，先生不入，上遽易服，入見，所陳皆正心誠意。語左右曰：「此正薛夫子也。」會欲遣使徵獅西番，先生持不可，不得。又見石亨等竊弄朝柄，嘆曰：「君子見幾而作，豈俟終日乎！」遂引疾歸。至直沽道，遇風雨，舟不前，餱糧俱匱，日中猶未食，從者皆慍，先生歡然吟咏。

居家八年卒，卒之日作詩曰：「土床羊褥紙屏風，睡覺東窗日已紅。七十六年無一事，此心惟覺性天通。」

羅文莊公傳

本朝羅文莊公，名欽順，字允升，江西泰和人。弘治癸丑進士及第。自幼不識禪學，在京師，遇一老僧，訪求心要，遂爲之搆思，徹夜不寐。一日攬衣將起，恍然有悟，流汗通體，證之禪書，如合符節，自以爲至奇至妙，天下之理無以加於此矣。後取五

❶「崛」，四庫本、康熙本、光緒本作「倔」。

經四書、濂洛關閩諸書，讀而玩之，漸復有疑。久之乃喟然嘆曰：「昔兩程子、張子、朱子，早歲皆嘗學禪，皆究其底蘊，及於吾道有得，始大悟其非。吾今乃知前所見者，此心虛靈之妙，而非性也。」遂研磨體認於道心人心，理氣性命，神化陰陽，皆極其旨奧。

正德戊辰，以忤逆瑾，落職爲民。瑾誅還職，歷官吏部左侍郎。嘉靖元年，以父年踰八十，乞歸養。尋以父憂，服闋起禮部尚書，改吏部尚書，力辭不就。先生追悔年幾四十，始志於道，雖粗見大意，自謂可不負此生，而官守拘牽，加以善病，工夫不專。及是力辭冢宰之命，杜門謝客，足跡不涉城市，潛心二十餘年，乃曰：「道在是矣。」著有《困知記》。嘗曰：「自昔有志於道學者，罔不尊信程、朱，近時以道學名者，則泰然自處於程、朱之上。然究其所得，乃程、朱早年學焉而竟棄之者也。夫勤一生以求道，乃拾先賢所棄以自珍，又從而議其後，不亦可嘆耶！」

先生精思實踐，篤志不遷，毅然以衛道爲己任。聖賢諸書，未嘗一日去手，於禪學尤極探討，發其所以不同之故。自唐以來，排斥佛氏，未有若是之明且悉者。家居惟以著書明道爲事，本分之外，一無所預。〔眉批：有孚乃爲學。〕家人子弟守其家法，欽欽一步不敢肆。每訓諸子曰：「勢位非一家物，須要看得破。」仲子謁選，未嘗通書故舊。瀕行，酌巵酒訓之曰：「前程有分定，惟安義命便是。」比授官有期，欲圖南方，以便音問，乞先生一達相知。先生曰：「數字本不惜，但惜乎信命欠確耳。」竟不之與。林希元曰：「先生自發身詞林，以至八座，其行己居官，如精金美玉，無得致疵。辭吏部一節，真是鳳翔千仞，故學者服其行而信其言焉。」

陶菴先生傳

陶菴先生者，歸子季思也，蘇之崑山人，名子慕，字季思。其父故太僕震川先生，諱有光。歸子兒時即有至趣，嘗掛酒衣帶間，見一卉一石佳者，輒引酒自賞，自餘童孺所弄，一切睨視無所屑。及長，苦心爲文詞，有境必詣其奥，有致必極其微，醲味沉情而出之以輕聲遠度，飄飄乎如袚濯於醴泉甘露，而蕩以清風被以鮮霞者。

辛卯舉南畿。乙未從京邸，交于嘉善吴子志遠，過錫山，交於高子攀龍，三人相得歡甚。時高子築室於蠡湖之上，曰水居；吴子築室於祥蕩之上，曰荻秋；歸子既三對公車不第，又兩喪婦，得羸疾，築室於崑之西村，曰陶菴。三子者遞相過從，几席湖山，衣被風月，飲食圖史，見者以三人相對一室，終日默然自怡，而不知其所事也。然歸子病相尋不已，遂屏跡陶菴。陶菴者，縛茅爲屋，插槿爲牆，屋後樹梅，庭藝菊杞，室中琴一張，書數百卷，一爐，一藥囊，一瓶粟，他無長物。歸子鼓琴讀書，晏坐默識，窮天地之無垠，察品物之有自，陶然不知身之病也。時復行唫溪畔，覽物從容，作小詩自娱，客至煮蔬沽醑而已，其《陶菴儀》載集中。

歸子自居陶菴，不與衣冠之會，不詣府縣，不受當路問餽，不爲宗黨争訟伸白，不爲子姪應試干請。雖甚貧，養其子之孤者，❶養其弟婦之寡者。雖甚病，於人倫事未嘗偷惰。少孤，事諸兄友愛特至，平居無疾言遽色，農夫牧豎，相與依依如儕伍，周念童僕如子弟。

其病愈久，其學愈進，讀劄記足見其行己之緊矣。客有至陶菴者，登其堂，未見其人，不知塵念之從何去也；見其人，未聞其語，不知和氣之從何來也。飲食焉，笑語焉，退而慨然以歎，油然以思。人人覺其形穢，不知心腹腎腸之胥易矣。此所以爲陶菴也。

或問高子曰：「歸子何以願學陶也？」高子曰：嗟乎！使歸子而得志，所謂斷斷休休者其人與？而以病廢，所自饜足者，東籬南山之味而已，此誠天下高士也。而使歸子以高士名，則世不幸也。

崑山令王公時熙，嘗造歸子，屏騶從載酒殽而往，歸子欣然納之，清言彌日，時以爲白衣之致。及卒，學者稱爲陶菴先生，而以傳屬高子。高子謂吳子曰：「惟子則能傳歸子矣。」吳子曰：「子第傳之。凡人之美人懼溢，歸子不懼溢，天下之美備是矣。」高子曰：「予懼予之得其郛郭而遺其神理也。」吳子曰：「不然。歸子如冰壺，内外瑩徹，其郛郭者，其神理也。」高子曰：「善夫吳子之傳歸子也。」

歸子有一子名奉世，歸子遺言敕奉世曰：「人能親近賢者，雖有下才，不至墮落。吾無以貽汝，貽以此言。」歸子得年四十有四，其卒以丙午十二月二十日。

❶「子」，四庫本作「姪」。

韓氏七世祖傳

余窮居東林，有韓參夫者，儼然就余論學焉。問其人，曰「燕人」。問其名，曰「位」。問其來，挈家而來也。問其何以來，曰：「以學。燕人無論學者，吾慕南方所在講壇學會，飲食衣被於學也，心樂而慕焉。」曰：「吾生也有涯，吾學也無涯，以有涯窮無涯，吾其晚矣，敢憚勞乎？敢以年歲計乎？願家于南，學于南，庶有幾于道也。」余心異之。假館于東林之旁舍居焉。參夫與其内子行古之道，内外肅睦，祭祀齋虔，晝則杜門讀書，以間則彈琴歌詩，從容乎樂也。蓋參夫以德行冠其鄉人，吾鄉湯質齋侍御，督燕學政，特以德行補弟子員，異數也。其學一以考亭爲宗。嘗曰：「儒者之學，在讀書循理。孔門博約，惟朱子學得其宗，可萬世無弊。」余益心異之，奉爲畏友。

居年餘，授經白下而去。去之日，謁余而請曰：「吾韓族微，居真定藁城之野，先世之可得而知者，自七世祖始。諱俊，娶盧氏。六世祖諱世權，娶路氏，繼娶張氏，家世農桑，其行事亦不可得而知。生子名宗儒。此則韓氏之譜矣，無可譜者，以子之一言譜，自兹而往，位能譜之，令吾子孫傳之永永也。」

余曰：是其爲韓氏有名之祖也，子亦知無名之祖乎？夫自七世等而上之，究至於無窮，必有所從始者，所從始者，則氣化所生也。繇氣化所生者而上，則天地也。是之謂乾父坤母，不可得而姓，不可得而名者也。雖然，無其名也，不可謂無其傳，所傳者，吾今日一呼吸之息是也。此一呼吸之息，從天地始交來，億萬世無異也。此一息在，億萬世無名之祖在，言乎遠則不禦，言乎邇則静而正。循是可以知命，可以知性，可以知學。子之所謂以有涯學無涯者，其在斯乎？豈謂譜子之七世，以譜子之萬世可矣。

儕鶴趙先生小傳

先生磊落英邁，卓然物表，了無蓋藏，渾無涯際。臨事直心自遂，矢志報國。嘗見其於銓曹，孜孜矻矻，繫念海内賢人君子，推轂遷除，蓋無虛日，機要所關，身不得爲，必倡率同志爲之，激以名節，無不感奮。以功郎司癸巳内計，所訪必擇其人，所聞必考其自。〔眉批：訪問之細。〕先生有姻親爲公論不容，客謂先生何以處之，先生頻顣曰：「此官在長安暫耳，此身在鄉井常也，異日作何面目相向？」客曰：「君愛其親，誰不愛其親者？」先生即謝曰：〔眉批：受言之勇。〕「然。此國事也。」於是先生黜其姻。而冢宰一人在吏部者黜，首揆一弟在太常者黜，當路私人，無一得免。國論大快，謂二百年計典絶調，而政府恚甚，尋謀逐先生。先生歸，築一室郊坰，擁書閉户，非其人不與見也。性善飲酒，爲小詞多寓憂世之懷。酒酣令人歌而和之，慷慨徘徊，不能自已。

先生敏慧天植，見人望形而別其臧否，聞言而悉其底裏，積數十年後，〔眉批：觀人之捷。〕無不驗者。題覆章奏，破小人陰私，洞徹其肺腑，故當世疾之如仇。今年六十，健壯如少年，而先生則素閑養生之道，能以呼吸使其氣轆轆周身如環。嘗曰：「服食之法，草不如木，木不如禽，禽不如獸，獸不如人，人不如己。」人者乳之類，己，謂攝養也。

薛孝子傳

孝子名教民，字以孝，其父少泉君。孝子八歲而失母榮氏，幼奉少泉君，及繼母楊，已夔夔異凡兒。年十八棄舉子業而農，即盡瘁耕耨。已又喪其婦朱，即盡瘁井臼，子婦之職，孝子身兼之。其父母既藉孝子養，其季弟俊民又藉孝子讀，自少泉君所得里塾束脯外，家内外纖悉出孝子十指力矣。而孝子居恒念少泉君且老，嘗指天問俊民曰：「此茫茫者有主否？」俊民曰：「有帝則。」又曰：「吾儕匹夫叩之應否？」俊民曰：「誠則動矣。」即沾沾喜曰：「有是哉！天固可叩也。」〔眉批：因不讀書，一聞即篤信。〕於是絶葷酒，每朔望必叩天，烏烏然有以禱，而不聞其語，四五年以爲常。歲庚戌，少泉君病瘧而殆，孝子曰：「吾有一子足嗣世，兩弟足養親，吾身可代父死。」於是率朝夕虔禱，而後乃知其前所禱，禱親也。而少泉君病益殆，孝子仰天呼曰：「天乎，帝而不靈乎！」而禱益虔。居數日而少泉君果有起色。一夕夢神人玄冠緇衣，語少泉君曰：「父生於子，子死於父。」少泉君不解所謂，俊民輩聞而奇之。少泉君病益愈。健啖，而家如洗，無以供。孝子則蚤夜爲貿易，戴星而出，披霜而行，苦雨寒風，未嘗少息。每日不再食，即一錢必節嗇以餉少泉君。無何力竭而病而嘔血死矣。孝子死而少泉君霍然起，日號哭而弗病也。

高攀龍曰：匹夫積誠心數年，造化始憑而旋焉，豈一朝夕之故哉？不知天者，謂物有成數，非人所能爲，則是圓頂方踵者，曾不異犬豕牛羊之屬。然知感應之説而易言之，非也。心不易盡，斯天不易移，人盡即天，豈以此叩彼，有應不應哉？嗟乎！孝子可謂善用其身矣。世之人有其身，率罔然自豢而死，悲夫！

汪節孝傳 有贊

汪節孝者，浙之烏程里人匡霞妻也。年十六歸匡，十七霞死，節孝所志，在一死矣。顧有寡姑在，未忍，相與守夫之薄田朝夕也。無何，匡族之惡少奪其田鬻之，節孝之父訟之官，官追給焉，然惡少所鬻價盡，計無復之。節孝乃謂姑曰：「與其保田也寧保身，避惡人以保身也。」佯受斷而不責券。於是家壁立，父憐而歸之，并歸姑。節孝盡瘁十指以佐養也，凡十九年。而姑疾，節孝刲股和藥，姑竟不起。節孝葬之。〔眉批：此節此孝，直是知道。〕喪之三年，服除。服除之夕，懸夫像設祭，哭盡哀，遂不食死。嗚呼！節孝所志，在一死而已矣。必如是，乃善其死。

贊曰：或偷而生，或殉而死。以死視生，死則可矣。於死之中，又求其是。如是而死，死則盡矣。以智自保，以孝自毀。畢三年喪，恬然而止。協於人心，安於天理。三十九年，百千萬祀。

堵方伯傳贊

吾少於文社中，諸名士畢集，各言志。有志一第無餘願者，有志一第必自樹立者，有志宦成歸築精舍名園爲娱樂者。最下曰：「人生駒隙，名成則聲色叢中一暢云爾。」後多如其言。而易足者不第，最下者未第，敗矣。人少則器局已定，〔眉批：此爲不學言，變化氣質則不可量。〕如所含之蕊，則所吐之花，所實之果皆具。

吾於許静餘先生坐中，窺太冲堵公，竟公之身則坐中所窺也。人始未嘗不兢兢自好，涉世久，年高官尊，則多喪其守。公不然，所以可貴。人貴知學，〔眉批：堵公蓋中人任質者。〕知學則能變化。如公者，蓋天成之。然公七年南曹，公餘獨坐，流覽今古，目不停披，手不停抄，其學豈可量哉？

文學華二菴傳贊

聖人惡鄉原，解者曰：「原，謹厚也。」夫人謹於言行，厚於倫物，雖甚成德，無以加焉。然則處鄉之道莫若原，何居以鄉原稱？是不然。鄉原者，務悦人而僞爲謹，務悦人而僞爲厚。鄉人，鄙人也，羣而稱之曰原，實非原也。〔眉批：鄉人誤認爲原耳。惡似，即惡其似原。〕聖人惡其似是而亂真，及贊《易》，以慎之至者當大過初六，以厚之至者當謙九三，蓋謹厚並稱云。若二菴公者，乃所謂真謹真厚，是聖人之所謂德，而惡鄉原亂之者也。

封京衛武學教授雲陽施公傳贊

高子曰：人謂雲陽公際父子間甚難，不知其父子際公更難。名家子一不類，上類其父，下類其子，非渺小也。人又謂家世累善，故發其子孫於科目，不知其家世累善，故不生不善人，生不善人，則科目者，乃不善人籍而敗其家世，禍酷于不生科目也。

吾于公而益信施之世善。

科目而爲善，福將益滋，人須識科目所以可貴處。

卞氏二隱君傳贊

高子曰：豈不以時乎？當國初，醇濃之氣在宇宙間，巖壑之士，皆務脩姱節，樂恬退，吾于卞氏三世而得隱君子二，諸覿記所不及，可勝道哉。嗟乎！有不可晦之心，則有不可朽之人，如夢草著介石於當年，三韭麾妖冶於暮夜，彼豈其欲人知而然？使其欲人知而然，人弗知矣，何者？飾於此，敗於彼，不出於誠心所樂也。故好名者，名不歸焉。二隱君以詩翰重，二隱君詩翰以品重。人徒慕富貴，富貴人有幾及二隱君者耶？

武林遊記

庚寅八月，余以事遊嘉、湖間，而武林在杖屨中矣。幼時聞長者談其湖山之勝，至此遂擬遊焉。以朔日行，同行者楊君益卿、俞君汝定也。先是約同年華德元，與偕謁座師沈晴峯。德元行後，維舟蘇之閶門俟之，德元至，聯舟行。五日抵平湖。是時天久旱，農困已極，晚而小雨，秋颸颯然。六日謁晴峯公，公言其郡守黄仰齋，令人嚮往。〔眉批：當時已不容，今安得有此郡守？〕黄公爲守者二，而謫者二矣。今復守嘉，自奉惟蔬腐，日早起坐堂皇，門無守者，即窮鄉下邑婦女豎稚，皆得自達，胥隸無敢呵沮。監司兩院檄至，即纖悉事，不可意，輒封之還。監司使者嚴憚公，不啻如其屬，士大夫登公堂，亦凜凜無敢爲居間者。余爲跂仰久之。

七日已擬回棹，而適聞平湖去海僅數里而遥。蓋余未嘗觀海，德元亦然，遂偕往，且欲觀畫潮。舟抵乍浦，不暇呼舁人，疾趨而前。過乍浦堡，至海濱可三里，未見海數百武，已聞濤聲，若風撼萬樹。須臾蒼茫接天，紺赤無際，歷歷遠山，在天水縹渺之間，疑爲浮雲，徐觀之皆山也。潮至亦無他奇，但漸盈坎而來，初海塘去海可半里，潮至則直逼塘，觀益曠，洪濤撼足矣。徘徊良久，心目曠然。晚復抵平湖，别德元。余竟至嘉興，在煙雨樓。樓前臨湖，下復有石臺，顔曰釣鰲磯，觀湖更曠。湖中足菱芡，右環居民星列，左環緑樹參差，亦見小致。

九日次崇德，天復雨，杞人之憂稍解。十日次塘棲，雨更甚，作詩志喜。

十一抵杭。飯畢冒雨至昭慶寺止焉，得一僧號惠谷者，吾邑人也，頗慧。余急欲顔色西湖。日將晡，雨小止，急索屐至湖濱，徐步蘇堤。堤爲中貴孫隆新葺，舊堤所植惟桃柳，孫復雜植諸卉甚整。堤界於内外湖中，兩湖之勝，俱掇之矣。是時雨絲陰濛，水煙籠樹，遠山層叠，濃淡相間。内湖荷香襲人，遊人歌吹，與點點漁舟，錯落左右，瞻眺恍然自失。

旦日買舟遊外湖，自寺前解維，放於中流，表裏青山，參差緑樹，朱碧樓臺，掩映秋水，所到可入圖畫。午漏抵浄慈，殿宇殊弘敞。雨復作絲，卒卒而返。至龍王廟，即三賢祠也。唐白香山、宋蘇學士、林處士主在焉。堂顔曰「會景」，又曰「漾碧軒」，前築露臺，三面遶山，臺下植荷，水烟山翠，在楹欄之間。已至湖心亭，四面可憑眺。少憩，至望湖亭。繇亭而前，即中貴所築新堤矣，乃舍舟徐步堤上，瞑而抵寺。

旦日遊内湖，解維即至大佛寺。已至放鶴亭，林處士墓也。低回墓側，思不得如處士長主湖山，誦詩讀書，俯仰出入於烟雲水月之間，一爲悵望。左上爲四賢祠，前三賢復益唐李鄴侯泌也。蓋杭地近海，民久苦江水鹵惡，至泌始開六井，鑿陰竇，引湖水灌溉，民得其利。然湖泉葑蔓易壅，六井湮塞隨之，後李能修其業者白，後白能修其業者蘇，杭人尸祝三公，有以矣。夫三公文章政事無論也，而處士以清風高節，鴈行俎豆，士迺猥云窮達哉！已至武穆祠墓，肅衣冠拜謁。至瞻遺像，遶墓三匝，南枝蕭蕭，秋風颯然，便欲泣下。汝定持巨石擊檜賊頭，聲砰然，稍爲吐懣。歸舟，復泊漾碧軒，臨臺小坐，遊人縱横，歌聲笑語，頓失秋山蕭瑟。已而明月滿湖矣，復次望湖亭，平波印月，遠樹籠煙，野色蒼茫，漁燈隱没，心境一佳。汝定、益卿，清興遄飛，鼓余仍勿舟而命趾堤間，花影交錯，至景物尤佳處，輒趺坐玩視，命酒三四行而歸。

旦日爲十四矣，湖境已涉，遂屈指南北山。早起詣玉泉，泉池可畝許，隱隱見泉從石隙中迸出，因詠樂天詩：「湛湛玉泉色，悠悠浮雲身。閒心對定水，清浄兩無塵。」心賞之。元時舊畜五色文魚，爲遊人奇觀，客秋一夕爲盜所盡。旁泉遠近千畝，轉灌悉仰給泉云。已至傅家庄，小有泉竹之致。已至集慶。飯畢，取道三竺，❶孤峯插天，竹

❶「三」，四庫本作「天」。

木參雲。過嶺至呼猿洞，晉僧慧理，嘗蓄白猿，六朝僧智一，亦畜猿於山，每臨澗長嘯，則諸猿皆集，故以名洞。洞止一石虢，益卿曰：「積陰之中，懼有毒焉。」余不敢入。蒼頭以火炮投入，其聲通山後，乃知洞深不測也。已至靈隱，殿燬而新創。唐人蓋多詩詠，宋之問有云「樓觀滄海日，門對浙江潮」，今寺前據山，不識所謂。山麓有亭，即泠泉也。泉從石中泠泠而去，奇石纍纍，皆如刻珪削玉，森立其前。緩步至飛來峯，飛來又名靈鷲，晉咸和西僧慧理來，登斯山嘆曰：「此中天竺國靈鷲山之小嶺，不知何以飛來？」故峯有二名。峯高不踰數十尋，而怪石壁削，若駭豹蹲獅，衡從偃仰，益玩益奇。異木突生巨石中，根出石隙，遂合爲一。其下三洞，委蛇相屬，巖扃窈窕，屈曲通明，懸泉淅淅，乳溜垂垂，或圓澤似蓋，或絢綵如霞，不可名狀。盤旋稍憊，就洞中小憩，此時前後應接，不能默識。躍起復遶之二匝，上下藤蔓，入左出右，柔身入石穴，❶燃燭究洞底，有徑必窮，迺自快然。猶不忍恝爾泠泉，復徘徊澗底，臨流枕石，偃仰少選，率爾成詩寄志。起來明月已在峯巔，松蘿弄影矣。歸寺坐月文昌殿前，念明日南山諸勝，欲稍畜精力，遂各就枕。

早起至龍井泉，泉味澄洌，中有藍魚盈尺，出没旁穴。寺僧言其寺有十景，因導余一一識之。辟塵爐乃宋時一石爐，瑩潤如玉，惟一足微損。神運石，高可六尺許，奇怪兀突，有木香穿繞竇中，正統間中貴李德，因旱令力士淘龍井中得之，上刻神運字，傍多款識，然漶漫不可讀矣。一片雲

❶「柔」，四庫本作「猱」。

石，高丈許，玲瓏若鏤刻，在鳳凰嶺。又上則獅子峯，一石儼然肖之。餘所稱浣花池、插劍泉、浴麟池、仙人洞、過谿亭，皆湮没無足稱。僧復延至其精舍，曲折幽藏，圖畫滿壁，依山開窗，巧石縱橫。汲泉烹龍井茶飲之。已至煙霞洞，石脂凝五色如霞。可三四十步，擴然開朗，❶後漸窄深，入不可測。聞杭人以雄黄塗身，持火入，取白泥作餅粉，進數里，未竟其底也。洞右百武，有石峯下垂，曰象鼻石，克肖。已至水樂洞，水從洞中流出，清響如樂。取道南高峯，益卿、汝定疲矣，余獨鼓舁人往絶頂，極峯石竹木之勝，東可瞰湖山，南頫大江，第爲葱蒨所翳，不能遐覽。時桂叢盛放，飄香滿山。歸途袂拂峭石，肩摩青篁，反曳徐下，復苦易過。已至八仙臺，乃何氏宗祠，無他致。已至石屋洞，洞開廣度三丈，如軒榭，所恨四周皆刻佛像，天巧削盡。前飛來、烟霞亦然，傳皆元時胡僧所爲。洞底邃窄不測，中貴孫隆復立石門限之。是日十五，杭人競將泛月，而陰濛作雨，余亦促歸。從六橋迤邐而西，得飽長堤兩湖之致。道經陸宣公祠，入謁。祠前臨湖甚敞麗。抵昭慶，暮使童子覘湖堤遊人作何狀，歸報寂寞甚，迺就寢。中夜雨甚。

晨復雨，余曰：「度不能久旅吴山之勝，可奈何？」皆冒雨行。入杭城，雨迺漸霽，貫城中闤闠之盛，自金陵而下無其比。已登吴山。曰吴山者，春秋時，爲吴南界，以別於越，故云。從高下瞰，萬户鱗櫛，市聲雜沓，耳目俱勝。更上謁子胥祠。所謂十廟者，惟城隍廟眺江稍佳耳。竟至瑞石

❶「擴」，四庫本作「豁」。

山，秀石玲瓏，愈上愈奇，堪與飛來峯石相抗，而獨無佛像削損。上有紫陽菴，丁野鶴遺蜕在焉。更上爲槖駝峯、雪風洞，洞不甚深余與益卿、汝定、僧惠谷坐於峯下，四周峭石聳立，當空一石，突兀上覆。時復雨，天光漏處，淋漓滴瀝，而巨石所覆，恰庇一几。四人更尋徑至絶頂，近俯闤闠，遠眺湖山，大江蒼茫，俱落眉睫，曠然大快。余謂遊之益人多矣。山岳之峻絶，江湖之浩漫，皆令人有萬仞壁立，百折不回之思；而烟雲變態，洞府幽奇，又令人飄然神往，一洗塵世之想；至於登高俯下，千里極目，天地户牖，萬象晦明，當此之時，其境有不可得而言者矣。故余自觀海之後，復一快於兹山云。復出清波門，至萬松嶺，松已濯濯矣。至萬松書院，弘治中參政周公木，燬報恩寺而建大成殿，中設先師像，及四配十哲。余恭謁畢，殿後爲明道堂，堂後爲周、程、張、朱五先生主，❶旁出則草莽中楚楚秀石卓立，舊有軒亭，已皆荆棘矣。更轉徑則臨湖山，地境絶佳，志稱有浣雲池，不得其處。白樂天詩：「白雲本無心，舒卷長自潔。影落一鑑空，可浣不可涅。鳶飛魚躍間，上下俱澄徹。此意難與言，覽之自怡悦。」旨哉其言矣！以余所見，在處佛殿鼎新，木聲丁丁不絶，至此獨草棘凄涼，一望蕪穢何也？一爲慨嘆！復自六橋堤還，山光水色，取之無盡。抵寺大雨踵至。

明日雨不可出，又明日爲十八僧邀觀潮。復自六橋堤往，冒雨出，復稍稍霽，取道至虎跑泉，一潭澄泓。寺僧言舉咒誦經，可使其泉貫珠而起，余心私謂動静乃泉之

❶「主」，四庫本作「祠」。

常耳，與益卿傍欄觀之，泉忽躍然珠起。覩壁間坡公有詩刻碑，余甚取其「因病得閒殊不惡，心安是藥更無方」之句，和詩有「鳥啼深樹僧方定，花落閒門日正長」，亦見風致。已至真珠泉，澄碧可愛。已至江頭，風静波平，雨晴山澹，景物殊佳。觀六和塔，徐步江濱俟潮。江濱人云，今年潮不波，索然而返。余觀志，浙江潮不波，❶甚非國家所宜，復動杞人之愚矣。自一橋舍舁泛舟而歸。❷

十九日浩然歸念，蒼頭束裝。余欲搜書肆中，以葉舟泛湖至湧金門，貫城步歸，湖山烟光縈帶，兼以雨色淒淒，歸舟返顧，猶不勝情。越二十五日抵蘇門，旦日至虎丘，少步而歸。

> 志正氣豪，文彩飈發，後來闇淡静深之基，築於此矣。蓋正初未見此記，以爲《三時》之嚴潔，是精進時，《水居》之淡曠，是得手時，《可樓》之隨寓無心，是結果時，未知其三十以前，英豪忼慨，錦心繡腸，有如此者。緬想陽明先生，文章氣節，事功道德，無所不備，爲本朝第一人，❸愚謂陽明第一才人，非第一學人也。高子不及者，事功爾。然陽明嘗答人云：「吾請盡捐所長，亦不失爲全人。」此可參兩君子之學矣。君子多乎哉！

三時記

余以癸巳冬仲謫尉潮之揭陽，越明年

❶「浙」上，四庫本、康熙本有「知」字。
❷「一」，四庫本作「六」。
❸「爲」上，四庫本有「可」字。

七月二十六日，始克成行。時叔時先生以削籍歸，信息至矣，予欲俟一晤而往。且先之海虞，吊趙定宇夫人之喪，便道問於季時。是日至小范家，飲酒半，季時至，知叔之歸尚遠也。明日凌晨而發，季時方舟行，小范不及來。午別季時，舟中遥拜。以書別老親，言所以不歸竟行之故，留書致叔時，有「吾曹一時退處，共得閒身，造物之意，夫豈偶然，不知何修可以報稱」之語。是日莫抵海虞，不值少宰。予於少宰，戊子僅識其人於南雍，是年夏以書來，故吊而報之。翼晨遊虞山，望大海。小范走人來，録屈子《卜居》於扇以贈行。予笈中亦攜得《楚詞》，取而讀之，竊怪世人僅知屈子以詞，而儒者又謂其過怨，失中和之則，不知其所自得，固有天下之至樂者存。「耿吾既得此中正」、「溘埃風余上征」，蓋真見其中正之道，上與天通，而乘鸞跨鳳，何天之衢，不復知世中更有何事矣。故其詞曰：「民生各有所樂兮，余獨好修以爲常。雖體解吾猶未變兮，豈予心之可懲」、「定心廣志，予何畏懼兮，知死不可讓，願勿愛兮」，蓋爽然於死生之際矣。千古心事，晦翁爲一筆寫出，而世人反誚其爲騷人作註脚，豈知聖賢意義耶？累日讀之，方寸如洗，小范之啓我多矣。

二十九日至吴門，會管東溟公，爲黍食之，議論英偉，一時如遊奇山怪水之間，應接不暇。復曰：「吾人有一念毁譽着心，還是小人路裏人。」令人更發深省。别後候王少湖先生。先生益衰矣，教曰：「凡人待文王而興者，便是凡民，須是一家非之、一國非之、天下非之而不顧，不要懦弱了。」余猶記去年先生一見謂予曰：「居鄉勿爲鄉原，居官勿爲鄙夫。」實當終身誦之。別回舟中，則日葵、四弟、五弟皆至。韋所亦至，邀余四人飲，飲於虎丘致爽閣。蠡陽至，酒酣而別。蠡陽約余歸舟一過其家。翌晨五弟先別歸，日葵、四弟，則西湖之興躍如也。

八月二日至嘉善，吊璞齋父母之喪。璞齋病已黯然，不欲勞之，小語而別。三日至檇李，拜吴海洲，吊朱虞尌封公之喪，虞尌留晚話。四日海洲約飲於煙雨樓竟日。

六日至武林，寓大佛寺，湖山在軒几間，昏旦弄色媚人。舍舘定，與日葵、四弟，往訪舊寓僧寄滄，遇吴子往、陸古樵。古樵名粹明，廣東新會人，萬里孤身，東遊訪學三年矣。子往見而奇之，朝夕與俱。其人清苦澹默，終日静坐，或至閉户經月。與之錢則辭，與之衣，寒則衣之，暖而返之，井然不苟也。問其所從師，曰：「潮陽蕭自麓。」問其學，曰：「主静。」謂予曰：「只要立大本，一日有一日之力，一月有一月之力，務要静有定力，令我制事，毋使事制我。」余深喜其言。又嘗謂子往曰：「静後覺真氣從丹田隱隱而生。」予又懼其悮認主静之旨也。

子往有小舟如葉，攜入湖中。午後，余五人共載而泛，張布帆，信風所之，甚見氣象。遊静寺而歸，賦詩志之。八日，蚤起獨步山薄中，或登高而眺，或臨水而坐，悠然於無人之境，別有一種意況。午歸小憩，再與日葵、四弟步六堤，帶月而回。至斷橋，月佳甚，命酒而飲，各有詩句。酡顔抵寺，則子往、古樵來，言如此良夜，不當泛舟耶？五人別坐一舟，蕩小舟取酒，童子踏而欹，水注入，盡濕子往所攜，興沮而回。余謂一日中所得於山水者多矣，進而不已，宜其咎也。

九日，與日葵、四弟出遊，至高麗寺遇雨。雨止，往法相寺。飯後觀錫杖泉，叢桂盛發，亞覆泉上，醲芳清響，極一時之勝，相與樂之，遂止寺中。明日遊石屋、水樂洞。至滿家莊觀桂，則桂已後時，遂往五雲。此武林諸山最深處，所謂九溪十八澗者，兩山之間，泉凡九漈，澗凡十八曲。五雲於諸山最高，諸山至此而盡，山外則大江矣。從絶頂眺望，大海莽然，江流縈繞，千山蹲踞，收入一覽，更無遺恨。飯於山菴，取道天竺。上下崗巔，舁人指點，頗得兩浙之概。復遊飛來、靈隱而歸。

十一日，丁長孺至，日葵、四弟别去，執手不免悽惻，一笑而意解。十二日，王洪陽公以書來，因托寄朱鑑塘中丞、逯確齋兄書。午後，長孺約遊湖，小坐蘇堤，月色不佳，興亦不至。朱梧峯聊爲鼓琴，夜色淒淒，懶緩而散。十三日，洪陽來，余以野服偶寓湖濱，不能入城交際，遂謝不見。方散步歸，則錢繼修、傅太恒，持舟來拉往晚泛。太恒復云開樽昭慶，以待夜談。舟抵寺前，維於池岸，岸狹水齊，予既短視，暝色蒼茫，遂步入水中，太恒急命僕援之，不至狼狽，一時解衣驚迫之情，更深見其交誼也。更衣入寺，長孺亦至，呼酒大浮，酒酣耳熱。日間偶聞一士人炎涼之狀，深愧其復負時名，偶爾談及，抵掌盡發，繼修、太恒，俛而聽之。余遽省其非，别歸就寢，思一時言行俱失，三復《小宛》之六章，不能成寐。明日，范熙陽公枉駕，亦謝之。余欲湖上過中秋，且觀潮而去，及長孺來，隱踪遂露，軒蓋時臨，不可居矣，遂行。長孺送至江口，小酌六和。連日意態頗倦，此夕明月臨江，不能飲酒，亦覺幽蘊内攻，不暢諸外也。長孺復遠步送余登舟，慨然作别。

十五日五鼓渡江。連日陰雨不開，空度佳節。蓬窗隱坐，深自克省，知前功之不切，手勢一轉。十六日早，雨中登釣臺，拜嚴先生祠。兩峯插雲，與人俱高，清江駛流，俯仰低徊，忍不能舍。自此而上，山水之勝，目中未見，千峯翠色欲浮，一道碧流縈抱，真堪漁樵肥遯也。二十日至常山，陸行。二十四日過分水嶺。畢日所經，兩山夾路，飛泉遶足，竹木喬秀，亦極其勝。二十五日至武夷。

二十六日遊九曲。二曲拜蔡九峯先生，五曲拜朱夫子，即武夷精舍也。六曲而上，羽士言山勢已散，無足觀。余見挽舟上水甚艱，遂返。大抵此山峯巒奇絶，中間飛泉劈瀉，遶於諸峯之中。遊者必以舟，舟中拄頰仰觀，隨水所曲，峯形亦變，往返所見，體勢亦殊，頃刻萬狀，不可名言。其最勝者，則文公書院之間，後枕隱屏，前臨晚對，❶茂林屏翳，深藏不測。登高視之，則諸峯羅列，俱落眥際。隱屏一石，拔地萬仞，其絶頂載土，竹木蒼翠，四隤則反削而入。稍下，有三峯附之如筍，名接筍峯，皆壁立，無階可升，有木梯千級，附石而上。既至半嶺，鑿仄道，僅可置半足，横拖鐵鎖，攀而行，圓轉百武，始有石磴可循，上皆道流居之。余冒險直至絶頂，然戒心亦凜凜矣。再至天遊峯，其峯在三曲之内，陸行至其巔，則出七曲之後。上有菴宇可憩，一望則隱屏當前，三峯如架，其餘諸峯皆摩其首，此亦一絶勝處。至九峯書院，則四挹、大

❶「晚對」，四庫本作「佳樹」。

王、鐵板、玉女、妝鏡、兜鍪諸峯，攢矗可愛。其餘幽勝，未暇細探也。留詩四絶，寄長孺而去。

二十九日至延平，會趙控江，托寄李見羅先生書，并許敬菴中丞書。見羅以去秋書來論止修之學，至是始答之。見羅書云：「果明宗，果知本，真有心意知物，各止其所，而格至誠正，總付之無所事事的光景矣。」又曰：「格至誠正，不過就其中缺漏處，照管提撕，使之常止。常止則身常修，心常正，意常誠，知常致，而物自格矣。」余則以《大學》格致，即《中庸》明善，所以使學者辨志定業，絶利一源，分剖爲己爲人之介，精研義利是非之極，透頂徹底，窮穴擣巢，要使此心光明洞達，直截痛快，無毫髮含糊疑似於隱微之地，以爲自欺之主，夫然後爲善而更無不爲之意，拒之於前，不爲惡而更無欲爲之意，引之於後，意誠心正身修，善之所以純粹而精，止之所以敦厚而固也；不然，非不欲止欲修，而氣稟物欲，拘蔽萬端，恐有不能實用其力者矣。且脩身爲本，聖訓昭然千古，誰不知之，只緣知誘物化，不能反躬，非欲能累人，知之不至也。何以旦晝必無穿窬之念，夜必無穿窬之夢？知之切至也。故學者辨義利是非之極，必皆如無穿窬之心，斯爲知至。此工夫喫緊沉着，豈可平鋪放在，説得都無氣力？且條目次第，雖非今日致，明日誠，然着箇先後字，亦有意義，不宜如此儱侗。此不過先儒舊説，見羅先生則自謂孔、曾的傳，恐決不入也。

九月六日至安沙，自延平取道沙縣。萬山之中，商旅罕繇，恍非人世。安沙而上則山益高峻，皆危巖絶壁，斬然兩開，中瀉碧流，石磴高處，上下相去丈許，急湍飛騰瀑注，如白龍蜿蜒而下，如此者凡九，故名九龍。其間稍亞於龍者爲灘，灘凡十八。余所買清流之舟，僅容兩人，主僕分載。自延平至清流皆逆流，舟子終日傴僂負舟水中，至九龍則盡一時所集之舟，合數百指之力，兩岸翼以百丈倒挈其舟，❶猿掛而上，每上一龍，輒至移時，蓋以諸舟合力而輪升也。余每至龍，先往山麓，坐大石而觀之，葱蒨蔭人，四山如圍，異鳥百態弄韻，而牽舟之人，與水聲浤浤許許，相切和應，❷自喜以爲絶致。夜則隨意所止，山高水險，亦不虞盜。峯頭月吐，村酒小醺，焚香吟咏，倦而就枕。中夜夢回，水聲愈苦，清徹骨髓。數日心境，得山水之助，殊不小也。余於壬辰之春，服闋赴京，計當得部，欲告南以便攜家，卜得一籤云：「一生心事向誰論，十八灘頭説與君。」不解所謂。至京，而舊例忽改，迺得行人，此語益覺無似。揭陽之命下，途中偶撿程圖，見谿江右至潮，當經十八灘，瞿然而驚。又詢知從閩道徑，余戲謂神無如我何，業已指閩省而漳而潮矣。至崇安，主人云路出三山迂，取清流便，且從省而東，更無水道，勞費非計，欣然從之，不虞其有所謂九龍十八灘也。人生分定如此，世情可一笑而破矣。

重九至清流，山城也。登高展眺，野店飲酒，作詩志喜。縣令聞之，勸入官舍，辭以即次已安。明日陸行。十一日午至汀州，有記學者，在《困知録》中。傍晚散步康莊，道傍見一坊，顔曰「鄞江第一山」。入

❶「丈」下，四庫本有「繩」字。
❷「切」，四庫本作「爲」。

坊，得一碧雲宫爲霹靂觀，觀後一山，山下立石楚楚，或呀然而爲谷，或隱然而爲洞，所在翼然有亭。最勝處爲碧雲洞，亦自幽澹可人。復買兩舟，順流而下。然舟愈小而陋，一竹席僅可禦雨，前後風洞入，爲置草席簾蔽之，偃仰其中，意更舒美。十五日，過大姑，險絶處不可屈指。前所經九龍諸灘，以上水，雖艱而穩。此皆順流，且身在舟中，灘流湍急，從高而墮，其下復亂石縱横如牙。舟别無舵，舟人僅以兩槳幹旋之，每下一灘，舟輒刺入白浪，浪裏而復出，穿於石罅中，幾希乎公孫大娘之劍。假令張旭、右軍觀之，書法當更進耳。余初亦不免動色，已遂視之如夷。以此知險須用習，習坎之義大矣。午後至峯頭，又當從陸。雨不止，家人束裝，勞憊可念。啓塗雨霽，從山陸行十里，復當從水。易一舟稍廠，平水隨流，晝夜不泊。

十七日遂抵潮。會唐曙臺，知朱任宇已於前月抵任，時亦在府，遂至開元寺拜之，假館寺中。十八日謁道府。晚赴曙臺酌，余意甚暢，曙臺神情不王，談論不盡展也。二十日，飲林仰晉。夜半至揭陽，縣中别無公署，假於李氏之祠，有池，有茂樹，有花竹，幽雅不陋。廿一日謝恩，拜聖廟，晚赴任宇公宴。廿五日，蕭自麓公來，以余寄陸古樵書故，遂枉訪。公舊在羅念菴先生之門，以主敬爲學，所見甚正。談論終日，歡相得也。翌日復來，小坐而别。自是官舍中讀書静坐之餘，日有儒童以所爲文來，稍正其文體；爲新説所惑，敢背傳註者，亦反正之。每旬一會，從文字中察其品，畧得數人。

十一月，二府致菴莊公以《王文成年

譜》來，欲予敘而刊之。余觀文成之學，蓋有所從得。其初從鐵柱宫道士得養生之説，又聞地藏洞異人言「周濂溪、程明道是儒家兩個好秀才」，及婁一齋與言格物之學，求之不得其説，乃因一草一木之言，格及官舍之竹而致病，旋即棄去。則其格致之旨未嘗求之，而於先儒之言，亦未嘗得其言之意也。後歸陽明洞，習静導引，自謂有前知之異，其心已静而明。及謫龍場，萬里孤遊，深山夷境，静專澄默，功倍尋常，故胸中益灑灑，而一旦恍然有悟，是其舊學之益精，非於致知之有悟也。特以文成不甘自處於二氏，必欲篡位於儒宗，故據其所得，拍合致知，又粧上格物，極費工力。所以左籠右罩，顛倒重復，定眼一覷，破綻百出也。後人不得文成之金針，而欲强繡其鴛鴦，其亦悮矣。余於序中亦未敢無狀便説破，姑記於此。

初九日，自麓以書來曰：「工夫不密，内有游思，則主不一；外有惰行，則儀不飭。非敬也。必須内外協持，積養深厚，使此心無少間雜，斯謂能一，斯謂真敬。先儒曰：『此心有些罅隙便走。』又曰：『學貴含蓄深固，最忌洩漏。』某嘗自思惟，只用功不密，洩露太早。敬爲執事誦之，毋若某之徒老而自悔也。」語語破的，謹爲書紳。且自麓所最服者，魏莊渠先生，又可見其學之正矣。余數年來，亦殊悠悠，自出至此，已三轉手勢，以此知學者瞥見些光景，而遂以爲有悟者，皆妄也。

十七日，往潮陽訪自麓。風日如春，征行甚美。午後至自麓家，劉鴻陽大參往訪，其人甚爽愷。晚宿自麓別舘。十八日，赴縣公酌。十九日，覓騎往海門觀海。至蓮花峯，平地突起一石，剖作數片，皆自相依傍，削直數仞，旁一片斜插，勢如欲偃，遠望之，如蓮花尚蕊而一瓣先放者然，故名蓮花峯，文丞相於此佇望帝舟。峯間兩石相拱，如門生於其中，❶前臨大海。是日，風静浪平，雖未覩洪濤猛勢，而天清日麗，兩儀一色，閒心澹澹，渾合無間。命酒沃之，爲成小詩。歸則自麓與鴻陽攜酒西園，相約以菜止五簋，盡袪繁儀。時潮俗頗侈，蕭氏諸郎皆謂不可，自麓見信，獨守約言。自是連日在自麓家，相對静坐。自麓出念菴諸書觀之，其學大要以收攝保聚爲主，而及其至也，蓋見夫離寂之感非真感，離感之寂非真寂，已合寂感而一之。至其取予之嚴，立朝之範，又正陽明門人對病之藥也。

廿一日，鴻陽邀遊東山，遂早往，拜張、許雙忠祠，文丞相祠，韓昌黎祠。其地有張、許祠者，宋朝二公，〔眉批：張巡、許遠也，乃云宋朝二公。〕鴻陽述其事甚奇，第以怪，不可道。文山公曾謁其祠，輒與二公杯棬酬酢，其事更怪。至以所乘馬與神賭拳，文山負，其馬立槁，至今馬塚尚在，天地間感應之理，要亦無足怪也。自麓隨至，共飲祠下，鴻陽攜具亦如約。酒半，至泉簾亭，臨流更酌。既而登山眺望，正當落日，遠水烟生，千山皆紫，大海隱躍在指點之外。暝色東來，遂相與緩步而歸。廿四日，遊西巖。巖不爲佳，第上絶頂，東山如屏繞其左，南山隱隱列其右，大海蒼茫於前，更佳於東山之望矣。歸至自麓別圃，林池更幽，梅花薔薇，俱已盛放，一爲心賞。將別，自麓請教曰：「公當潛養數年，不可發露。先輩皆背地用一陣

❶「生」，四庫本作「立」。

堅苦工夫，故得成就耳。」余深然之。廿五日歸，凡在潮陽八日。

廿七日，曙臺之友蔡大秋來。此兄瀟灑不俗，與雜論圖書卦象，頗亦了了。十二月初八日，按君王梧岡以書來。先是，余具文乞休於兩臺，至是以傳符假余，以書差歸。余在縣凡三月，揭陽之民，力耕自給，民頗饒，亦罕梗化。止有兇人名陳所蘊者，工於刀筆，以起滅爲事，潛結惡少年，布滿各縣，凡有睚眦之怨，即令其黨捏一事訟之官，此縣人必至他縣告，可勝則織成其罪，度不可勝，則沉其案，原告皆詭名，官府不可問，而所蘊常立於無事之地，莫可誰何。〔眉批：流寓一時，亦爲除惡。尚無是心，即非真學。〕以是細民至縉紳，莫不畏之，語及，必左右顧屬垣之耳，而後敢發，常若所蘊之日介於其側者。予聞而奇之，至詢其人，本一士夫林氏家人子，迺淫其主女，後女出嫁，又婉轉用計，占以爲妾。予始憤然，以爲如是則紀綱滅矣。告於任宇，密擒之。十二日，明其證佐，所蘊服其辜，痛治之，僅不使至死，辭成而上之。

十五日啓行，任宇送至三十里而別。十六日至府，江鎮海參府枉顧。參府名應龍，一見謂予曰：「前聞至蓮花峯觀海，恨不及負前茅。公亦見鄙人海濱結搆乎？」余曰：「何居？」曰：「以祠文丞相，丞相之履及斯地也。❶且舊有張魯菴先生者，隱居不仕，結茅蓮花峯下，琴書自老。鄙人以丞相大節，震耀宇內，如先生，豈宜泯泯？欲以先生配祀丞相，爲大海生色耳。」予心喜，以武弁那得有此見解，稍稍與語，此中井

❶「丞」上，康熙本有「以」字。

然，殊不可得也。是日赴莊二府酌。十七日遊金山，拜周元公祠，謝、陳二上舍攜盒小酌。山不甚高，有大石茂樹，可蔭可坐。山巔爲宋安撫馬發合門死節之所，建祠其地。稍下則元公祠，亭宇修潔，四望亦佳。晚赴沈三府酌。十八日江鎮海邀遊湖山。蕩舟西湖，狂風觸人，頗妨瞻顧。湖南傍山，山麓新刱梵宇，後有清泉立石，石上皆勝國時題名，蓋舊爲學宫，故登科者皆題名石上。攜盒酌於活人洞，參將殊不俗，把酒淋漓，高談軒豁，衆山如賓，列石如侍者，清流縈迴於前，俯仰俱勝。落日蒼然而别，赴徐道尊酌。

十九日啓行，舊父母李公名思悦者枉顧。公之涖九龍，余猶未出人間，於是公髪亦種種矣，猶識大父静成公，問知余祖，歎曰：「有氣概人也。」别去，遂至韓山，謁昌黎暨陸丞相祠。丞相祠頹，貌在雨打日暴中矣，一爲長歎。揭陽生儒送者皆集，謝見溪名良政者，余聞於曙臺，以潮人惟此友向學，余至郡訪之而不遇，至是亦來，因相與論説以勉諸生。時諸生已得數人興起，余在官舍，編集《朱子要語》，亦已成次第，遂以梧岡及任宇所饋二十金，鳩工刊之，庶幾其有得門而入者耳。移時别去，行三十里，見溪與諸生再集小酌。而别行三十里，諸生復集。余曰：「日暮矣，不可前，諸君且休。諸君努力，自當相遇中原。」與諸君矢：「繼自今脱鄙人毁廉蔑撿，無以見諸君，諸君不克砥礪，厭厭世俗，亦無以相見。」則皆曰：「誠如此盟。」是日至黄崗。

廿一日將至漳浦，見道旁立石，大書曰：「宋鄭虎臣誅賈似道於此。」甚快之。

廿二日至漳州，入署則李見老來，便留

予過歲。余亦即過其寓，隨榻焉。見老謂予心性之辨，已自了然，所爭條目耳，因爲申諭，明不可易，且云：「此來必令洞然無疑，方始去得。」予所執者，本自無疑，見老學已成家，長者亦不敢與深辨，故連日但巽心聽教，受益甚多。見老出見客，坐中有詆宋儒者，不免又起辨論。其人曰：「至善是性體，如何認作極功？都没用了。」余曰：「公自認作極功，朱子未嘗如此説。門人問曰：『至善是各造其極，然後爲至否？』朱子曰：『至善是自然的道理，如此説不得。』又曰：『至善是些子恰好處，天理人心之極致也。』公且看人心若純乎大理，而無一毫人欲之私，此何等境界，還算不得性體否？」曰：「一草一木皆要格，如何？」余曰：「公看上下文否？」「不知也。」余曰：「如此，何以駁先儒？聖賢之言，隨人抑揚。人欲專求性情，故推而廣之曰：『性情固切，草木皆有理，不可不察。』人欲泛觀物理，則又曰：『致知當知至善所在，若徒欲泛觀物理，恐如大軍之遊騎，出太遠而無所歸也。』一進一退，道理森然，何嘗教人去格草木？」曰：「今日格一物，明日格一物，如何？」曰：「自是問者疑一物格而萬物皆通，故云：『雖顏子亦未至此，惟今日而格，明日又格，積習多，然後有貫通處耳。』此於道理何疑，豈曾限定公一日只格得一物耶？」

時適有泉友張子慎名維機者，來受業見羅，書其所見爲質問，雖尚有騎牆之見，而中間有云：「宋之諸儒，求其彷彿孔、顏者，惟程明道；而集諸儒大成者，獨有朱晦菴。大率程之學粹，朱之學博。程之學以誠爲主，以涵養爲功，以無將迎無内外爲定性，其元氣之會，如瑞日祥雲，渾然天成；朱之學，主敬以立本，窮理以致知，反躬以踐實，其表章之勤，如迴瀾揚波，浩然東注。故嘗謂道宗於宣父，顔、曾、思紹其傳，至孟子而始著；道章於孟子，濂溪、張、邵繼其絶，至程、朱而始著，乃一再傳。而不能不錮於見、局於域、墮於蹊、而流於支，則後儒之咎也。吾黨未覩一斑，奈何輕評先輩？今人士有不誦習朱説者乎？青衿而遵之，係籍而變之，猶曰見有異同也；甚至病以楊墨，斥以夷狄，則豈免逢蒙之罪？王新建卓識宏才，疇得議之，乃其徒何紛紛也！有憚於修詞而逃者矣，敗於名撿而逃者矣，擅於聲利而逃者矣，不知孔門四科，果爾錯雜耶？大都晉六朝之談，崇莊老而明擠之聖人之下，今學者之談，斥佛氏而陰奉之聖人之上。宋後儒之支離，不過割裂於訓解，今學者之支離，反至割裂於心體。當今之時，夷而敢於猾夏，怪而敢於干常，毋亦闢竅風聲，密與運會，而吾黨崇奉西天之教，潛爲之徵召歟？」此其言雖聖人復起，恐無以易也。余不勝快心，拜而納交。

廿三日蚤赴吴參將酌，午赴同年温用廷、黄雲寰、蔣恬菴酌，晚赴吴翼雲酌，一日併了人事，得與見老静對兩日，亦極其樂。見老苦欲余過歲，余不免歸心，見老笑予世情，余亦不覺自笑耳。二十六日，與見老及子慎諸兄執手郊外。明日至同安謁朱子祠。二十八日至泉州，王對南出訪，拜何匪莪不遇，劉景范留予清源過歲，余以郡中人事雜沓，不樂也，去之。二十九日至楓林驛，四壁大樹扶疎，烏雀遶鳴，寥寂之中，自有深致。明日郵丞致酒，寒燈獨酌，屈指庭闈，尚隔三千，憮然就枕。元旦驛中拜牌畢，趣駕遊九鯉湖。蓋迂道九十里矣，日昃而至焉。湖在高山之巔，山高十餘里，上有良田茂林，别成世界。山巔復行十餘里，始抵湖。蓋山泉從福而來，已四五百里，至此山，忽結爲一石，石坎星布，其最大者可數畝，深二十餘丈，泉奔入坎中，晝夜如雷。相傳舊有九鯉魚，何仙丹成，鯉皆化龍，仙乘而去，故名。泉從此湖而溢。又里許，山忽兩翼劈開，斬然絶壁，立地萬仞，泉從中飛瀑而下，如珠簾，故名珠簾泉。其下不可至，從山之右翼，臨不測而觀之，竦魂駭目，亦天下之一奇也。又從右翼攀援藤葛，猱身側逼而行，里許，則左翼有玉柱峯。一石圓立如柱，水四道下注，其珠簾泉至此石，復下削百丈，水直衝注，聲震兩壁，其觀愈勝。遊人以道險罕至，繇此而進，則鳥道亦窮矣。初二日盡日盤旋於此，蕭蕭身世，雲水孤清。有仙祠臨鯉湖，沛人晝夜偃卧其中，以祈仙夢，争割鷄血以塗神口，尤可怪也。祠左另有官署，清幽可居。

初三日早發。初五日至省，寓城外荷花亭。亭俯清湖，左面羣山，特野曠，更無寢室，非冬日所宜。明日早去芋源登舟，以書聞於許敬菴先生、徐匡嶽憲副，敬菴以《敬和堂集》來，匡嶽以《來益堂集》來。敬菴先生之學，以無欲爲主，自是迥别世儒，不必以《大學》論離合也。當時濂溪無欲之學，《大學》未經表章，反覺潔浄。今日人人自爲《大學》，執此病彼，氣象局促耳。匡嶽以余竟去，疑余過絶之，且云即欲拂衣，乞先謂景陽、我素、二泉，劒石之間有徐生之跡矣。

初八日，陳蘭臺少參以書追至，雅有志嚮，爲不可及。初九至延平，趙控江留小坐。初十早拜李先生祠。十二早往考亭拜朱夫子。其地清邃可愛。書院前臨翠屏山，山下滄洲泉，澄泓一鑑，清氣洗人，後倚玉枕山，皆喬松茂林。朱氏五人出迎，十三代孫也。有名弘演者，志甚向學，眷然難別，恨不信宿，以窮山水之幽，慰諸君之雅。晚止武夷山房。十三日，以前遊未盡，再窮其蘊，直至九曲之終，山勢既散，豁然桑麻，真朱子所謂「莫言此地無佳景，自是遊人不上來」也。往返三十六峯之間，胸中圖畫了然，意興始愜。舟回，復步上大王峯，暖日酣人，攀援過力，頗爲困乏。晚至崇安官舍拜趙清獻公。公舊令崇安，故官舍亦設其主。十四至車盤，風雨如晦。自炎方而來，此日始識寒景。被褐淒其，鄆丞致酒，小酌而醺，賦詩自戲。十五日至廣信，宿城外寺中。大街燈火頗鬧，月色不明。覓佳醪不得，捺興而卧。解衣，則馮二府擕盒送酒來，不能再整孤懷也。十七至常山從水。十八至衢州，二府陳敬九、同年李景顥來，向余津津爛柯之勝，入山僅二十里，竟吝一日之程。十九、二十大風雪，舟不能前，失一名勝，仍留滯兩日，當是柯山仙靈作祟耳。廿一日行，兩岸殘雪妝點野色甚佳。廿三日，睡起問釣臺，則去之三十里矣，回首慨然。

廿四蚤至杭州，寓玄妙觀。范熙陽來，相對半日，絶非世情。别去，買書肆中。時以范平麓之死，致逮彭直指魯軒，王洪陽亦革任。每逢父老，輒詢其事，無不扼腕嘆息，謂二十年來，未見此撫按，民之不幸，一至於此。至言范死之故，則直指絶無搏擊之實，中丞更博大裕民，時論之豔甚矣。廿五宿舟中。明日大雪，思湖上之勝，神興飛舞，而蒼頭倦遊，卒爲所尼。廿七至唐棲，吊卓月坡之喪，稚成兄弟留小坐。會胡玄敬，休仲之尊人也，一市賈耳，三十喪偶，遂絶欲不娶，二十年來，稍稍知讀書，求身心之要，奇士也。休仲亦沉潛向裏，與卓稚成、吴子往，三人爲同志之友，蓋俱有拔俗之韻焉。談夜分而别。廿八復雪，三日不霽，東風逆舟，日行數里。初一至嘉興，風雪益甚，遂易小舟而前。至新安訪華蠡陽，踐别時之約也，秀谷在焉。遠客初歸，故人握手，問得庭闈無恙，便呼酒自慶，一時風味，殊不可狀。酒酣下榻，覺而辨色矣。急起登舟，至家時二月四日也。秋往春歸，凡歷三時云。

水居記

漆湖之干有洲焉，可二十步，三分贏一以爲廣。其外，池周之；其外，堤周之；其外，湖周之；又其外，山周之，所謂軍將、漆塘諸山也。主人即洲作居，以水爲垣，豁然四達。主人偃息其中，以水爲娱，泊然自得。或凭軒而眺，或隱几而瞑，或曳杖而遊。目之所赴，意之所遇，魂魄之所安，無非水也。居久之，於是主人閲日月升沉，雲霞起滅，草木榮瘁，禽魚去來，與四時百物，相代謝於一水之間，而忘乎其爲我也。居又久之，於是主人且宅天宇之寥廓，餐元和之膏潤，乘浩氣而翩⿰扁遷上下於無窮之門，而忘乎其爲水也。或曰：「子之樂，微矣獨矣。」主人謝不敏曰：「夫造化者，固逸余於是夫。」吾請問之，及命之泰筮，得節之兑，其卦曰水澤，其辭曰安節亨。主人莞爾而笑，乃歌曰：「可以樂飢泌之洋洋兮，所謂伊人在水中央兮。」

可樓記

水居一室耳，高其左偏爲樓，樓可方丈，窗疏四闢，其南則湖山，北則田舍，東則九陸，西則九龍峙焉。樓成，高子登而望之，曰：「可矣。吾於山有穆然之思焉，於水有悠然之旨焉。可以被風之爽，可以負日之暄，可以賓月之來而餞其往，優哉游哉，可以卒歲矣。」於是名之曰「可樓」，謂吾意之所可也。曩吾少時，慨然欲遊五嶽名山，思得丘壑之最奇如桃花源者，托而棲焉。北抵燕趙，南至閩粤，中踰齊魯殷周之墟，目觀所及，無足可吾意者，今迺可斯樓耶？噫，是余之惑矣！

凡人之大患，生於有所不足。意所不足，生於有所不可。無所不可焉，斯無所不足矣，斯無所不樂矣。今人極力以營其口腹，而所得止於一飽；極力營其居處，而所安止几席之地；極力營苑囿，遊觀止於歲時十一之托足耳，將焉用之？且天下之佳山水多矣，吾不能日涉也，取其足以寄吾之意而止，凡爲山水者一致也，則吾之於兹樓也可矣。雖然，有所可，則有所不可，是猶與物爲耦也。吾將谿兹忘乎可，忘乎不可，則可樓者贅矣。

鄒忠公惠山祠堂記

忠公居晉陵，故祀晉陵，惠山何以有公

祠也？公之弟進士至遠公，高風亮節，與公同氣同心，始居我錫。至遠公十六世孫學憲愚公，築名園惠山，極泉石之勝，慨然念曰：「士當明時，歸老於家，擅有丘壑，此人世最適。吾何以得此？吾祖忠公遺休也。敢忘所自乎？」乃搆祠泉上。未落成而公卒，公之子始祀忠公，奉至遠公與愚公配，於是惠山有忠公祠。

鄒宗之賢者期楨等，謁予記其事。余惟記其祠者，必表其人。公立朝直節，竄逐坎壈，守志堅貞，彪炳史册，固無晦而不彰，微而不闡，有俟於表。余獨欲窺公當年所以蒙難貞志，坦然於屯亨夷險而不二者，是遵何道也。公之言曰：「聖人之道，備於六經。六經千門萬户，從何而入？大畧在《中庸》一篇。其要只在謹獨。」公之所謂謹獨，蓋超然有悟於傾耳莫聞、拭目莫覩之真，非如他人得其郛廓之近似者而已。吾於是而知公之所以爲公也。

夫子曰：「獲罪於天，無所禱也。」他日又曰：「丘之禱久矣。」又曰：「知我者，其天乎！」聖人所息息相保，心心相符者，惟天也。〔眉批：堯舜以來相傳之意。〕天不變，則道不變，世之常變，固不得而變之。今人日見太虚浩浩，而執其妄心以爲心，乃指其見者曰虚空，若與我不相屬者，然不知虚空者，即天之貫於人，妄心者，即人之隔於天。學者用力久而妄心脱落，虚體全彰，我與天一物矣。妄心者，一刻萬變；天者，萬古如斯，無生死之變，況於區區亨屯夷險乎？古之忠臣孝子，吾不知其於聖人之道如何，要之忠孝則無妄，無妄則天通。人試自反，果不獲罪於天，其心浩然無涯，非天而何？寧可舍是而謂蒼蒼者之非此物耶？然則公之履險如夷，虔終如始，至於今，英爽洋洋於上下左右者，非此物也耶？公之慎獨，蓋慎諸此。此公之所以爲公而能千古者也。

吾邑有公祠，九泉若增而輝，❶二水若增而旨。❷公之祠與兹山，終天地而不朽，愚公之味於兹山者深矣，爲德於兹山之人久矣，其與至遠公同配享公而永永不朽也，宜哉！

汧陽縣三賢祠記

汧陽三賢者，曰燕公伋，從夫子於遵周問禮之時者也；❸曰郭公欽，肥遁於王莽篡漢之世者也；曰段公秀實，死節於朱泚之亂者也。舊皆祀于學宮，邑侯夏公始創三賢祠特祠之，請記於馮仲好先生。仲好一日謂余曰：「若是者，世之相去也，品之各別也。假令三賢者生同時，聚同堂，其志同乎？同，而後可同祠也。」余曰：「同。」曰：「有説乎？」

余曰：天地大矣，惟人與之同者，其才同也，故曰三才。才者何也？生也。生者何也？心也。故人之得其本心者同於天地，失其本心者同於禽獸。雖有賢哲，語之同於天地必駭，雖有凡愚，語之同於禽獸也必憤。是烏知不同天地，則同禽獸，其間不能以髪也。夫子論成人，非謂合知廉勇藝之四子，又文之禮樂，而後爲成人也。謂即知廉勇藝之四子，各文之禮樂，皆可爲成人

❶「泉」，四庫本作「龍」。
❷「水」，四庫本作「泉」。
❸「遵」，四庫本作「適」。

也。且推之利無苟得，難無苟免，不忘久要者，則不必有四子獨到之才，苟不失其本心者，皆成其人也。夫以陳亢終身依聖人，不識聖人，夫子問禮之時，名未著於天下，而燕公首得聖人宗之，視亢等憒憒何如乎？楊雄號稱大儒，不免死於莽大夫，視郭公冥鴻威鳳，翺翔雲漢何如乎？李懷光千里赴難，破賊解圍，不甘奸臣之讒，甘爲亂賊而不顧，視段司農一笏何如乎？此本心之辨也。三賢者不同品，同於不失其本心。心同則才同，才同則與天地不朽同。故成人者，其塗甚博，其要甚約。既成其人矣，又惡乎不同？仲好曰：「善。即以記三賢可矣。」

夏侯名之時，成都人。

王侯祠兩廡記

天下有事，匹夫能執干戈，捍寇賊，即不幸而死，其一念自足千古。何者？此一念，正氣也，惟正氣不可磨滅。天地之常運，日月之常明，山岳之峙，江河之流，皆氣也。聖賢能精之一之，與此渾合無間。即匹夫匹婦，一念秉正而死，其氣未嘗不與之合。然其心非精一之心，故其氣非充塞之氣。〔眉批：視子產論伯有又進幾階。〕譬則盎缶之水必歸於器，有所歸則聚，無所歸則散，聚則伸，散則屈，伸則神，屈則鬼，鬼則爲厲，神則爲祥，其小大之分然也。

往者嘉靖甲寅、乙卯間，吾邑有倭寇，邑之義士何五路等三十六人，奮然持白挺出擊之，敗死城西之壕，巫覡往往有言其爲厲者，邑人即其死所祠之，簫鼓繽紛，遂爲淫祀。余既與邑之紳衿，建松磁王侯祠於惠山之麓。王侯者，寇未至而築城，城甫完而寇至，使我邑萬姓不糜爛於寇者也。吾同年陳公筠塘曰：「當寇之熾也，百雉而外，白骨矣。義士輩雖敗而死，寇虞其有繼至者，獸駭而去，城以獲全，是則侯之城，體也；諸義士，用也。猶之手足，捍衛其軀者也，烏得而無祀？」（眉批：非陳公之獨任，師兩廡不成。）乃自捐貲，爲兩廡列祀焉，有司春秋犧牲惟謹。自是而淫祠之祀大衰，不知其所以然也。

余謂公之此舉有四善焉：表義、息邪、彰往、示來，大錫福於邑也。夫一筵之醲醇，一夕之妖冶，一朝之寒暑風露，皆足以殺人，與諸義士西壕之死等。而諸義士之死，不死也。即不信，視西壕之簫鼓，鬼神之情狀，大可見矣。死者有所歸，生者有所勸，天下一旦有事，執干戈爲吾民衛者，必相繼而起。故曰公一舉而集四善，大錫福於邑也。

常熟縣重建儀門記

常熟縣儀門，建於嘉靖癸未，歷八十五年，木石蠹壞，貫弗可仍。瀛海耿侯，涖事之三年，召父老謂曰：「吾聞古人所舍，雖一日必葺其牆屋，去之日如始至焉。況吾吏茲土，眉睫間事，迺視爲傳舍耶？其撤新之。」於是鳩工以丁未某月某日，訖工以某月某日。門成，邑之人懽曰：「侯之不自暇逸，視官事如家事如此；不怠宦成，視終事如始事如此。」文學邵某、王某、薛某、浦某等，則走錫山謁攀龍，請記成績。

攀龍曰：侯於虞山，濬水利，建書院，教養備舉，是百世績也。一門也，而足爲侯績乎哉？雖然，弗可以弗記。昔者夫子作《春秋》，蓋土工必書焉。夫民力，聖人所甚重，不可不思也。自天子下至一邑之宰，稼穡焉而食民之力，布帛焉而衣民之力，宫室焉而寢處民之力，一舉目靡非民力也。是以君子一舉目而不敢忘民，思其艱也。斯門也，可無思乎？吾出門而如見賓乎？闢門而四聰達乎？無邪曲如門乎？門之内，憑吾威福以毒吾民者，能旁燭乎？門之外，萬目視我，萬手指我，吾幽獨無怍乎？喜怒無縱乎？民隱盡悉，民瘼盡軫乎？自有此邑以至于今，令之出入斯門者，不知凡幾，其賢者民德之，去而思之，歌詠而俎豆之，其不賢者怨詈而疾仇之，其或不任受德，亦不任受怨者，適去適來，如草木朝鮮夕萎，無當於有無之數也。是以君子無不思也。無不思則無不敬也。故曰弗可以弗記，以繫思也。

於是作記，其詞曰：維歲在丁，維月之午。維我耿侯，爲民之祜。爰作斯門，百福所府。門之揚揚，邕和召祥，五穀用穰。門之黝黝，神氣所守，我民壽耇。門之秩秩，民以寧謐。髦士斯出，孔壬斯黜。獄訟是窒，仁讓是帥。以及萬祀，受茲多祉。

侯名橋，字庭懷，河間人。

興讓堂記

聖人之教，莫先於禮，亦莫重於禮。禮，體物不遺，仁義智皆禮也。孔門善學者莫如顏子。顏子之學，復禮約禮而已。然夫子曰：「不以禮讓，如禮何？」言禮必以讓者，何也？辭讓之心，爲禮之端。禮無形，讓乃禮也，餘則其文也。

燕超華公，司教寶邑，以禮爲教。然公之冰心蘗節，範身如處子，坦衷直腸，忘機一赤子也。故多士翕然興焉。公時時與多士求修身繕性之方，治世理人之要，而講習無所。潘君炟如煜如，乃以其所有地，讓爲講堂。林君時芳、劉君心學，相與經營成之。堂成請名於公，公名曰興讓，令高子記其事。

高子曰：天下之亂，亂於相争；其治也，治於相讓。上不争而下乃讓，士風興而民俗乃興。讓也者，舍我而從禮者也。我所欲言而非禮則讓，我所欲進而非禮則讓，我所欲得而非禮則讓，我所吝而非禮則讓。❶何以知其非禮也？吾性之莫爲而爲者也。讓則安，不讓則不安。人思即其所安，豈有争乎？無争之極，則無欲，無欲之極，則無我，至無我而學之能事畢矣。故曰克己復禮。聖人之教莫先於禮，亦莫重於禮，讓乃禮也，民興於讓而天下治矣。惟當仁則不讓。〔眉批：人人有仁，本無可讓。〕

兹舉也，邑侯向公，實與公同心，故公得成多士之美焉，是千秋之業也。公名允謀，無錫人。向公名孔門，宜都人。

承賢橋記

錫城中有箭河九，通者一而已。無論形家言，凡河，渠疏，則靈氣鬯，如人身血脈然，然而湮塞所從來久，民居踞之不可問。惟在冉涇里者，計丈百有三十，而通者且百

❶「吝」上，康熙本有「以」字。

有十。是爲文莊公邵二泉先生故里，先生亟欲疏之，尼於里人不果，特爲陰渠石甃之以通於所謂弦河者，蓋先生之寄趣遠，欲二泉震澤之脈，沿洄旋匝於吾前以爲快也。先生既没，垂百年，太學尤君時純，居先生里中，慨然念曰：「是先賢之志也夫，吾不可以不承。」乃捐其樓居二十有一楹，鑿爲河。河成而橋之，請名於予。予曰：「是惟二泉先生之志，謂之『承賢』可矣。」太學君曰：「橋之至於河也，其地爲河者若干，爲陸者若干，具有籍。子其志之，庶可永也。」

予曰：噫！事其有可知者乎？夫以二泉先生之賢也，又貴重也，曾不能以尋丈之地得之里人，而其志遂尼，何也？語曰：其父析薪，其子弗克負荷。即以父兄之命，其子弟有弗克承焉。今先生之没垂百年，當年一念，渺乎若逝水之無踪，而君忽承之，又何也？皆事之不可知者也。〔眉批：東坡曾言不可知在氣運。先生言不可知，而可知在人心。〕則繇此而之陵谷之變，又焉可知乎？雖然，其可知者固在也。夫以先生之賢也，而君承之，誰其甘爲不賢者而復湮之？果其甘爲不賢者，是人之最賤也，世之所共惡也，或擊之矣。是可知也。

是役也，邑侯同生許公寔主之，故莫或有尼太學君之義，而卒告成事。侯名令典，海寧人。

龍江沈先生泰交始末記

今上在東朝時，先生以贊善侍講讀。壬申四月十日，講讀畢，上出檀扇二，命先生與編修張帙各書詩句。張書唐人《早朝詩》，先生書魏卞蘭《太子頌》。既呈，有旨命解說大義。先生倉卒敷陳，大發《頌》中親賢遠奸，窮經致用之要。上改容拱聽，命書講章以進。

明年登極後，先生每在講筵，上見先生舉止與他講官不同，退輒與侍璫言某事某事沈講官行的是。先生輪講日，亦輒與侍璫言沈講官講的好。先生以外艱歸，又接内艱，上時問沈講官何久不見，内侍以居艱告，久之又問，内侍云服未闋，上曰：「令先補沈講官官，待其服闋即來。」先生服闋，于講筵見上，上甚喜曰：〔眉批：江陵猶賢于後人。〕「沈講官還是舊日模樣。」

江陵秉政久，以先生志誠無他齮齕。及江陵病，舉朝官爲禱祀，先生獨不與。會江陵故，先生得不被禍。及先生晉宗伯，有□□縣産麒麟，旋斃，上聞，欲觀之，政府曰：「此禮部事。」欲先生行文至彼省。先生曰：「此端不可開。果爾，天下言祥瑞者紛紛矣。」執奏不可。上曰：「此小事，沈尚書看得大了。」還要取看。先生仍執奏云：「麒麟已斃，腐穢不祥之物，臣不敢進至尊。」〔眉批：志誠人進諫極有術，鄴侯不能過也。〕上乃止。

先生掌禮，每事與吴縣相枘鑿相左，吴縣又忌先生得上眷，急欲去之，乘先生請告，遂票旨放歸。上見即曰：「沈尚書是好官，何處得這人來替他？」温旨留用，吴縣益忌。給事陳與郊承其意，疏詆先生，先生求去益力。上曰：「沈尚書不曉我意，苦苦要去。」時有老宮人名銀杏者，聞上言，令其姪一小内監密告先生。先生正色曰：「此宮禁語，若奈何輕洩？」内監恚而去。司禮張誠亦知之，令先生同鄉廖太監以告先生。先生曰：「此等語張公：公不宜語若，若不宜語我。」廖監恚曰：「佳信報公，公乃爲此語耶！」先生曰：「翰林官入内閣，乃其本分事，須要以正進。譬如人家女子，其嫁夫乃本分事，忽有人語之曰，某人悦汝，要聘汝，其女子喜而延接之者，必淫女子也；即嘿而不言者，其心喜之矣；必罵而斥之者爲正。何以異於是？」廖夫，先生又對中書高務實述之曰：「昨以此語廖，廖必不語司禮，幸爲我直致之。」張誠聞之恚甚，而先生亦竟歸。

後推閣臣，吏部首列先生名，上見，即欣然首點，四明無能遏也。然四明爲吴縣、太倉的傳衣鉢，素忌先生，又素知上眷先生，大懼，即貽書淮中丞李修吾曰：「歸德公來，必奪吾位，將何以備之？」此明知先生難進易退，欲中丞傳此語於先生，先生必趦趄不前也。中丞乃力言先生忠實無他腸，勸其同心輔政，於是四明大憾中丞。先生與山陰同召，而山陰乃四明腹心，隨事媒孽先生。

先生初入閣，即以沿途所見鑛稅之害爲上陳之。越數日，山陰語先生曰：「鑛稅疏吾兩人宜再上。」先生曰：「告君有體有幾，數日有兩疏，無乃非體非幾乎？」山陰曰：「敝邑人口語不好，便以伴食相加。先生不上，某當上。」先生不得已，乃復上疏。上頗不悦曰：「我正向他，他却不向我。」四明、山陰聞之，大喜中計。久之先生乃謂四明、山陰曰：「鑛稅疏此時宜上矣。」四明曰：「雖上，恐亦不看。」先生曰：「第具疏，進當以時。」一日大雨如注，先生謂兩臣曰：「今日乃是上疏之時。」兩臣曰何謂，先生曰：「今日大雨，吾輩宜素服躬到文華殿上之，上必動心。」兩臣不得已，同先生往。

内臣驚問故，先生曰：「有要事，第對上言，三閣臣皆素服冒雨在文華殿進疏。」上見疏，果曰：「必有急事。」啓閲，知爲鑛稅，亦頗頷之不怒也。

長至日，四明被論注籍，先生與山陰詣宮門外叩首，上賜飯小閣中，命陳矩陪席。先生見小内史往來竊聽，無何又見持紙筆竊記者，知是上意，心念曰：「此時語勝奏疏多矣。」〔眉批：知幾。〕乃謂陳矩曰：「某一路來，見鑛稅害百姓，所不忍見，再三疏請，皇上未見允行。」陳矩蹙額曰：「誠然。」先生曰：「若説害百姓，還是第二義。」矩曰：「百姓受害，何謂第二義？」先生曰：「皇上受虧多了。」〔眉批：善言。〕矩曰：「何謂也？」先生曰：「如今人家，也要風水興旺。今國家把名山大川都鑿破，靈氣發洩盡了，將來聖躬豈不受虧？」矩曰：「此利害真不小。」時山陰一語不發。飯畢，各謝恩而出，陳矩復命，上曰：「兩閣老有何語？」陳矩備述先生言。上曰：「這話説得是，關係我身上的。你去與沈先生説，有甚培補法子，替我補一補。」先生對曰：「名山大川靈氣發洩，如何補得？但急停了鑛，安静久了，靈氣自復，便是培補的法子。」矩以復，上點頭。四明聞之，恐先生獨收其功，急令李九我代草一疏上之，上怒又止，久之始有停鑛分稅之旨。

上有乳母號翼聖夫人者，其夫爲都督同知，二品官也。一日母三疏，要令其姪承襲，上傳旨内閣准他。先生曰：「都督同知，非世襲官。且姪不祔姑，亦無姪襲之理。」票旨兵部查例，兵部覆無此例。上謂夫人曰：「這個人情，他每内閣不肯，我也難做。」遂止。又有真人張國祥，自言皇孫誕生，有祝禱功，乞三代誥命，且乞世襲詹事府主簿，上亦傳旨内閣准他。先生具揭言：「皇孫誕生，自是祖宗與皇上深仁厚澤結于天心，故天降休美，一道流何功之有？皇上若念其祝禱微勤，止可金帛酬賞，國家名器，豈宜濫與？」上曰：「也罷。」止賞二十兩，幾表裏。

雲南税監楊榮，爲諸武弁所殺，上震怒，立命緹騎逮諸武臣。先生即具揭，首言祖宗取雲南艱難，及其地方反側難定；次開楊榮罪惡諸款；次言榮今被殺，雖非國家法紀，亦見聖德入人之深，其地不忍謀叛，但殺首惡，以一兩人正法，即定矣，若不速下處分，漫遣官逮，是速其反也。上見揭怒解，即罷遣逮。

沈四明以妖書謀危先生者百方，幸上見素定，屹不爲動。先生在閣，以一木屏書：「天啓聖聰，撥亂反治。一望謹天戒，二望恤民窮，三望開言路，四望發章奏，五望補部院大僚，六望補中外庶官，七望起用廢棄，八望照例考選，九望釋放寃獄，十望撤回税監。」每晨列屏，焚香祝天。四明即買内監讃先生咒詛。上一日忽遣人取先生屏，覽之曰：「這如何叫做咒詛？」讃者曰：「牌上寫的，不是他口裏咒的。」已又令讃先生穿大紅蟒衣潛往邊上看牆。上令陳矩訪問，矩明其誣而止。

嗟乎！以皇上天聰天明，使無申、王、沈、朱諸奸亂之，早用先生，當何如哉！夫天未欲平治天下也。

並封記事

王錫爵以壬辰冬至京。癸巳正月，忽

傳有中宫持御札至閣下。錫爵獨袖歸私邸，張位、趙志皋隨内相同至王邸，禮垣都諫張貞觀亦至。錫爵已擬二旨，其一云依明德皇后抱妃子爲子故事，欲元子拜中宫爲母；其二則三王並封也。貞觀持二旨示給事史孟麟。未幾，封王之旨竟下。次日，刑科給事王如堅，光禄寺丞王學曾、涂杰、朱維京，上疏争之。又一日，禮部主事顧允成、張納陛，工部主事岳元聲，上疏争之。而六科掌印者李汝華、張貞觀、許弘綱、史孟麟等，同至朝房見錫爵。錫爵曰：「並封事，部院大卿多以爲是，諸公又何言？」孟麟曰：「外廷俱諒老先生調停至意，第祖宗二百年來，東宫不待嫡，元子不封王，創有此旨，殊駭人耳。」錫爵曰：「東宫不待嫡，某亦知之，但皇上必欲如此。元子不封王，穆廟之封裕王，何也？」曰：「世廟立太子，而穆廟同日封裕王，非以元子封王也。封王非徽號之比。今日所封之王，即他日所之之國，普天之下，莫非王子之國，以何國封王子乎？」錫爵久之曰：「當如祖宗舊名。」孟麟曰：「又有可慮者。元子冠婚在邇，封王，則當出居十王府。冠婚皆以王禮行，元子在外，幼子居宫中，老先生擔當得否？」錫爵語塞而罷。

次日如堅、杰、維京、學曾，俱邊衛充軍。於是顧憲成、❶史孟麟、張輔之、于孔兼，以同鄉見錫爵。錫爵顧孔兼曰：「封王儀注已進未？」于曰：「未敢。」史曰：「國朝止有立太子儀注，及封王儀注。今以太子封王，于郎中何敢進儀注？」錫爵曰：「皇上處置王給事等四人太重了。」史曰：「國

❶「憲」，四庫本作「允」。

家養士，正爲今日。凡廷杖、充軍、謫官，自是建言者分内。老先生只要把事體端正，諸公得罪甘心也。」錫爵曰：「吾已具揭救。」已而四人止爲民，顧允成等三人俱罰俸。而並封之事，舉朝皆以爲不可，文武臣工，各有疏爭，大九卿且議輪番伏闕，錫爵不得已而反汗焉。

是舉也，文臣中無疏者，祭酒曾朝節也。

毘陵歐陽守紀畧

歐陽東鳳，號宜諸，湖廣潛江人。以萬曆辛丑守常州。故事新守到任，五縣飾供帳，所值千金，公至，盡撤還之，自製布帷瓦器，泊如也。日費錢不滿百文，積公用千金。復龍城書院故址爲先賢祠，祠一郡鄉賢。❶自延陵季子以下六十九人，考其行事，人著爲傳，頒布士庶，使知仰止。每以春秋集五邑紳衿於祠中，講學問政，凡農桑、水利、人才、賦役，無不咨究。而於激濁揚清，抑强扶弱，尤惓惓焉。每受訟詞數百紙，非係風俗利害者不行。其不行者，必破所以，如見肺腑。皆以崇朝發出，民無伺候之苦，亦不敢易詞再訟，亦不敢至當道越訴，訟以大簡。地方大窩大猾，悉擒錮囹圄。積年大盜，滅贓追罪。官府莫能詰，皆延訪得實，以他事致法，夙害悉祛。嘗以聽訟時，下縣解官銀至，吏秤座右，公據案批牘自若。秤畢，即曰第幾包銀何得獨重銖許，驗之果然，立抶吏，人以爲神。朝廷忽下罷税之旨，邸報以已刻到府，公不白當

❶「祠」，四庫本作「祀」。

路，即以巳刻撤所部關税。當路來詰何以不俟明文，公對曰：「大哉王言，何明文如之？救民水火，寧緩須臾耶？」後旨不果行，而常郡之税，獨得浹月之惠。

公喜讀書，退食手不釋卷；夜多不寐；文移往來，日至夕發，不滯信宿；接縉紳士人藹藹而正氣凜然，人無敢干以私。

先生原記二賢守，其一爲王鍾嵩，事詳行狀中，此不復載。

家　譜

譜　序

高攀龍曰：吾作譜而滋懼也。夫譜，以譜其可知者已爾。繇可知者推而上之何如也？祖也。繇不可知之祖推而上之何如也？天也。然則吾之一呼吸而在，吾之親在也；吾親之一呼吸而在，吾之祖在也；吾祖之一呼吸而在，不可知之祖在也；不可知之祖一呼吸而在，天地始交之呼吸在也。嗚呼嚴哉！

吾之身，即親也，即祖也，即天也。吾之兄弟，吾之宗，吾之族，皆親也，皆祖也，皆天也。是故君子之孝，没身焉而已。無不孝也，則無不敬也。出於敬，入於刑矣。嗚呼嚴哉！

夫天與吾一呼吸也，其感其應，一呼吸也。以爲不信，則祥之魚何以出於冰？宗之竹何以笋於冬？江之流何以湧於詩之舍？諸如此者，動於此，應於彼，如舍矢之及於鵠焉。善者如是，何怪不善者之必以誅而不聽耶？今世人所求者富貴爾。夫富貴，善人之資，不善人之刑也。其出道也彌甚，其入刑也彌酷。蓋昭昭於耳目之前，人鶩俄頃之欲而弗顧也。悲夫！是故君子一舉念而弗敢忘親，一舉口而弗敢忘親，一舉足而弗敢忘親，懼其僇吾身以僇吾親也。是故修諸心者謂之五德，修諸躬者謂之五事，修諸世者謂之五常，修此三者之謂敬，之謂不忘其親也。是故貴而可，賤而可，富而可，貧而可，壽而可，夭而可，險而可，夷而可。其順福也，其不順非刑也，君子弗畏也。《詩》曰：「胡不相畏？不畏於天。」夫豈其影響恍惚焉，而直爲此兢兢乎！

高攀龍曰：嗚呼！訂頑其至矣哉！蓋爲天下萬世而譜其祖也。

譜傳

高攀龍曰：譜其弗可已矣。夫譜，以追往示來也。人必有所自始，家必有所自興，起家之主，必有異人者焉。其子孫始未嘗不兢兢，而後稍陵夷也，禍敗所繇來矣。夫圖其終，其始未有不慎也；思其始，其終未有不善也。是故祖考思子孫可守，無不慎之始，子孫思祖考艱難，無不善之終。安危所係，豈不大哉？往余聞吾祖黄巖公事至纖悉也，今已有若存若忘者焉，況繇此而之乎？吾甚懼前者之弗著，來者之無聞，其於開承奚賴？譜其弗可已也。爰述家傳，稍次其行事，使後世得覽觀焉。

高氏可知之祖，自孟永公始。〔眉批：一始始生。〕聞之吾祖曰：「高世居青城鄉，世農。其事無傳。自孟永公始居邑東南隅。贅福州守張公遜軒，而字號亦不可考矣。」嗟乎！士生治世，耕田鑿井，相忘帝力，身没之日，與化而徂。夫亦身經兵戈之苦，貴隱賤通，不習文字使然。遐哉邈矣，一代之興，幾於厥初生民之始也夫。

曰耕樂公，諱如圭，孟永子也。好學能詩，善清言。生六男子，曰羽，曰翼，曰綱，曰習，曰翰，曰倫。羽、翰皆蚤卒。倫出贅朱海家。生卒缺，葬龍山。

曰省軒公，諱翼，字鵬舉，以字行，耕樂公第二子也。聞之吾祖曰：「其行己也敬而信，以篤誼重於時，縉紳先生推稱之。」娶鄒氏，生二女，長女字華馴爲贅壻，次女嫁陸繼初。二室錢氏，生子曰適。後娶鮑氏，生子曰遜。公以宣德丁未年生，以成化乙巳年卒。月日缺，葬龍山。蓋攀龍於敝簏中，得先世析箸書，而重傷之也，曰：嗟乎！昔之人艱難如此哉！耕樂公既没，鄒孺人秉家。成化五年四月，析諸子，人受田十畝，一牀一卓，一橱一爐，一釜一磨，兄弟三人，屋五楹而已。至省軒公，遂有田三百畝。斯非善承善開者乎？夫星星者培之，其火傳焉，涓涓者疏之，其流衍焉，惟善之積亦然。是故君子思艱，則善心生也，豈獨稼穡之難哉？

曰雪樓公，諱適，字伯達，省軒公長子也。生九歲而省軒公疾革，鮑孺人所生子曰遜者，尚襁褓，於是省軒公謂其贅壻華馴曰：「而念此兩孤，一切户外事，而勉之矣。」居久之，華壻多耗蠹，家人不堪。鮑孺人乃析産三，令壻與二子受産埒，而别建繇田授壻，令應繇。然壻益善蠹，將挈所授繇田歸，不爲高氏繇也。於是胥訟之官，卒還所授繇田二十五畝去。當是時，雪樓公且壯，撫膺痛曰：「吾以蚤失怙，故失學，儒子可教矣。」❶蓋指黄巖公也。即開塾延師，勤身治饔飧，若饒有力者以奉其師，黄巖公卒以此成學，聲在諸生中藉甚。授經於縉紳先生家，縉紳先生聞雪樓公長者多大節，願得交歡，雪樓公曰：「吾布衣安能局促軒冕間？」避匿不見。公性恬曠，不屑細事，亦不識世間人有何等機詐事。喜飲酒，充然自樂，每黄巖公自館舍歸省，公必陳饋酺酒，倚門待之。父子相對飲輒醉，醉輒相攜持，或時俱仆地，相扶大笑起。雪樓公一日晨起，若有人當前戒曰：「又上青山去，青山千萬重。」公怪曰：「是何異邪？」無何病竟卒。卒之年，黄巖公舉於鄉十年矣。黄巖公擇葬地，久不得可者，得可者乃名青山也。事固前定，豈人力也哉？公生於成化丙申九月初十日，卒於嘉靖庚子十二月廿四日，年六十五。生男子三人，女子二人。

嗚呼！我高氏之起於儒也，〔眉批：二始始仕。〕自黄巖公始矣。黄巖公，雪樓公長子也。諱材，字國文，號静成。七歲能作偶句。時有誣雪樓公者，公願偕至縣庭，令占句試之，如響應，令大奇賞，與果餌筆紙，爲扶誣雪樓公者。十歲能文。以嘉靖辛卯舉鄉試。其人剛果英邁，重名節，多智畧。〔眉批：節則貴智，無節則寧不智。〕邑中有顯者奴，笞一孝廉、一文學於途，諸孝廉、文學譁甚，求直於太守。孝廉中有最辯口，得顯者金，中撓之。公曰：「去敗羣者事乃濟。」乃計歸之，而後力申大義，諸奴皆伏辜。既令黄巖，有尚書黄綰有才名，家累巨萬，侵細

❶「儒」，四庫本作「孺」，是。

民；又爲良知家言，令至即稱門生，惟所頤指，紀綱之僕至令庭，令爲設便坐訟獄，以意左右。公初謁尚書，尚書謬引上坐，公即上坐。公亦謂尚書何以教令，尚書曰：「今學者大患好名，如漢之黨人，唐之清流是矣。宋之名士，盡於史、嵩之一毒，悲哉！」公曰：「固也。即非清流，究竟死，死等耳，以清流死，不勝耶？」尚書默然。一日其僕大帽華衣，直入令庭言事。公曰：「若何爲者！」褫其衣笞之，民大喜，皆起暴尚書諸不法事，得數百牘，公柬之送尚書自爲理，盡反侵奪民田地。尚書大窘，令其子橐珍寶飾美姬至錫，冀餌其家壞之，計卒不行。〔眉批：事各有本。〕語具《太學公傳》。而公治巖。訟責主訟者，凡獲姦滑數人，隷之官，詞事一不讐，輒問誰爲此以欺令也，訟遂大簡；盜責主捕者，盜發，過期不獲，囚諸捕，以次出捕，捕盜盡，乃出之，盜屏息；役責主田者，以若干役隷若干田，計田承役，役乃均。一年而庭可羅雀，所攜惟二倉頭，〔眉批：以身爲本。〕圖書蕭然，以間引名士啜茗咏詩而已。有顯者奪民地，民訟之。公驗，果民地也，第以二詩批牘曰：「一片青山一片金，百年人有萬年心。鴻溝未必常爲限，倏忽浮雲變古今。」「踏遍青山山轉峩，問山不語奈山何？若無山下纍纍塚，料得爭山人更多。」顯者慚而還民地。一姦胥世掌軍籍，爲贋册誣民，而匿其應解歲衣食之所從來，久不可詰。公一日忽入胥家破壁，得真册，所出入千家，公立杖殺胥，盡釋誣者，即曰：「清勾無補軍伍，起解大擾良民。」并焚其册。又有無名册，霍御史核之急，里胥相連斃杖下。公進曰：「奸弊誠有之，今死杖下者，非爲奸者。」御史怒曰：「如令言，何以清勾爲？」公曰：「固也，非所論於台。〔眉批：識時勢。〕昔方國珍聚烏合之衆據兹土，高皇帝惡之，盡籍爲軍，旋散亡。此册在永樂時已不可問，徒殘民無益。」御史愈怒曰：「如是盡令爲政也。」頃之，部使者魏公至，御史告之故，魏公曰：「令言是也。」御史乃喜，一聽公，六邑得無擾。於是六邑民皆號公真鐵漢，事不決争，願一得當公。而倭且突至，巖無城，寇至，公猶坐堂皇，矢及案。公曰：「去無之，死此矣。」崔丞呼曰：「以公得民深，出可拯民死。」掖公後壁出。公乃募壯義數格殺賊，公亦數數幾死。持數日而吾衆集，賊懼遁去。公曰：「吾死矣而幸生，乃今身吾有矣。」遂歸。自公懸車至捐舘，凡二十有四年。攀龍猶得十餘年見公不問生産，不治宫室，不近聲色，〔眉批：至難。〕不内寢，不外遊，不接賓客，不事博奕，不畜玩好，不服華好衣服，門不納僧道師巫俳優。所居書齋三楹，寢室三楹。庭中時植百卉，四壁瓶罍纍纍者，二泉也。喜食蓮芰芋栗，喜吟杜詩，喜談古人節義事，喜文中子言。敝廬足庇風雨，薄田足具饘粥，讀書談道，足以自樂。時誦之，輒摩腹長笑。訓攀龍輩曰：「謹以養神，勤以養志。神完則志鋭，志鋭則學成。」後攀龍遊海上鴈蕩諸山，過巖，肅拜公祠。祠宇甚治，香火嚴。祠前居民争指余曰：「此高一合孫也。」余不解其語，問父老，則曰：「噫！我公聽斷敏，民以訟至，持一合米事竟矣。往有周太守者，案無留牘，民裹米半升結一訟，人呼周半升。而公加敏，故號高一合。」又曰：「倭熾時，有擒賊數人，公訊之，曰：『鯗商也。胥奪吾金，又誣吾盜。』公鞫，出其橐千金，即取鏹鯗之，氣鯗也，問橐中裝幾何，皆符。公曰：『賊劫人金，寧知數乎？』立釋之，還其槖。」又曰：「倭去，公有罰鍰千八百金。吏白曰：『方多事，此足自衛。』公曰：『吾不受人錢，誰當受吾錢者？』悉輸之府。」又曰：「按察司都吏權最重，守令媚事之。巖有都吏休沐歸，爲人居間，公怒曰：『汝吾民也，何敢爾！』笞之十。後公以倭事問勘，〔眉批：吏賢於今之官。〕適當吏，吏乃謂其儕曰：『此一文不取縣令，勿有所冀。』」又曰：「台之倭，自撤海船始。海船者，募閩人習倭者備倭，人給異等餼。倭平久，舟兵卒以間輸倭貨至，大姓得直，且稱貸復往以爲常，而亦有遂緣爲姦劫商舶者，監司遽撤之。諸大姓受輸貨，見船撤，遂罟其直不與，黄尚書家爲多。諸兵無所歸，又銜諸大姓，又素習倭，遂搆倭入寇，我兵格殺倭，往往有生擒舟兵者，舟兵大言曰：『黄尚書令吾等來殺高令公爾。』諸監司皆喜，謂公曰：『尚書齮齕公久，此足報矣。』公曰：『豈有是哉？彼自恨没其直爾。』尚書聞之，大慚服。」〔眉批：至難至難！〕父老言細事，不能悉志，志其大者。嗚呼！人豈其以聲音笑貌强得者邪？公生弘治戊午九月十一日，卒于萬曆乙亥四月七日，年七十八。祀黄巖名宦，葬惠山黄家灣。生男子一人，女子三人。

曰處士公名校，字國明，號静逸，雪樓公次子也。生後于黄巖公十八年。浦孺人命黄巖公曰：「而弟也，當視之子。」命公曰：「而兄也，當視之父。」各受命惟謹。及孺人卒，而公稍稍愛宴遊，黄巖公心患之而弗言。公所居一堂一齋，齋以舍客，黄巖公第蚤起，攜一書一茶椀，坐齋中，諸酒人與公往來者，屨至户，黄巖公輒作咯咯之聲，酒人從壁隙窺之，吐舌去。信宿再至，如之，三至，如之。諸酒人大驚，不復來。公亦大窘，不復出。浹月，公乃憬然悟曰：「吾知兄爲我矣。」乃皆謝絶諸酒人，纖嗇治生産，水鹽瑣悉，❶一切躬親之，以其贏與里中交質爲什一息。黄巖公喜曰：「是其心有寄矣。」於後公時時誦曰：「非吾兄，幾墮落。當時只以口舌訓戒我，無益也。」於是一稟法度，非義弗蹈。女翁楊虹橋者垂没，以千金托公，公曰：「我猶空中鳥，翺翔飲啄自如，千金入吾家，吾入籠中矣。」〔眉批：趣識甚高。〕以告黄巖公，公曰甚善。馮賈者以一盒子囊金珥來質，其下格函珠，賈不知也，質金竟去。家人曰：「天與也！」公第笑，謹藏之。明年，賈取質，公迎謂曰：「君家有失乎？」賈曰：「然。去年失珠，幾遘禍。謂竊珠者婢，婢投溺，幸不死。」〔眉批：藏之善矣。惜不遂詰而語之，可免婢苦。慮之不情，不學之■也。〕公曰：「珠今日見君矣。」賈驚曰：「珠那得在此？」公令啓盒得珠。賈願以半酬，公曰：「吾欲得珠而取半邪？」賈泣拜祝曰：「願公獲福，如珠纍纍。」公年四十有七，無子。黄巖公子，太學公一人爾。太學公且舉二子，黄巖公謂公曰：「其少者可抱也。」公曰幸甚，所抱即攀龍。攀龍曰：嗚呼！先君子愛其子，異乎人之愛其子也。即不欲人言所抱子，恐其子以爲所抱子也，無論他人不敢泄一語，即大父不忍以此重傷其意。大父屬纊，謂先君子曰：「弟無憂，弟有子，足娱老也。」先君子歸，呼攀龍摩其首曰：「兒真娱我老矣。」大父名諸孫曰：希某，希某。名希良者，攀龍也。先君

❶「水」，四庫本作「米」。

子恐其長而覺之，易今名。及攀龍成進士，先君子棄養，客以爲言，攀龍曰：「天乎！吾罪當死。吾不敢言之於存，忍易之於没乎！」太學公曰：「孺子言是。吾以字行，可矣。」〔眉批：得宜。〕故諱今諱也。公以嘉靖三十四年十月，與黄巖公析産而居，一堂一齋一寢勝國時物也。負郭田五十畝，蚤作夜息，程入量出。食無二簋，衣必三澣，粒米束薪，不妄狼戾。每歲春秋佳日，一至泉上，餘日未嘗出户。平生未嘗競人一語，未嘗負人一錢，卒之日積千餘金。攀龍不能務什一，盡以買田。今吾子孫一飲一食，公勤生儉用之貽也。嗚呼！艱哉！公生於正德丙子四月十五日，卒於萬曆己丑六月十三日，年七十有四。葬於惠山黄家灣。

太學公初諱夢龍，字德徵，後以字行，號繼成，黄巖公子也。以嘉靖丁亥五月二十一日生。丙午補諸生。庚戌，黄巖公令巖，公生二十四年矣，即已佐大母浦孺人秉家。一日巖有黄尚書子來謁，筐篚仞於庭，公心念曰：「聞尚書魚肉巖民，豈其與吾父相暱，而以好來邪？必不然，拒勿見。」尚書之子，庭立三日而去。居無何，有大俠挾美姝舍鄰舍，私於蒼頭曰：「吾不重萬金得吴姬，行路難，相窘者數矣。聞公子賢，以一廛舍我，願持千金爲壽。」蒼頭艶之，以告公，公叱曰：「必盗也，趣執之。」其人大驚遁去。後蒼頭抵巖，見尚書子於途，所爲大俠者，其僕也，乃大驚。尚書爲令押之急，無以中令，以公少年易中，再計再不售。黄巖公每歎曰：「人須自立，亦賴有賢子弟，不者兩敗矣。」癸丑，黄巖公遘倭變，謝巖政歸。甲寅，浦孺人捐世。當浦孺人時，黄巖公固不問生産，及孺人没，黄巖公謂公曰：

「兒乃饒爲家，可寬我矣。」公自是一意治生。甲子入太學，旋棄歸，凡奉黄巖公徜徉圖書花石間者二十年。而公所謂治生，第取交質什一，然必躬親，必誠信，遠近樂就之，家以是起。暮年稍廣負郭田，租入必先輸賦，曰：「草莽中惟此爲君臣之義。」脱國家一旦下赦令，而家無可赦之逋，乃良民也。」

高攀龍曰：嗚呼！吾高氏自太學公，而堂始三楹矣，産始千算矣，子始七矣。〔眉批：二始始富盛。〕公嘗以一裙示攀龍，補紉二十年如僧衲，而服之無斁。所居一室，窗紙第綴破裂，未嘗易新。諸節嗇多此數。❶而視非己之有，閉目摇指曰：「餉我禍矣。」攀龍成進士，手書教曰：「事毋争進，讓人一步。一步滋味也，蓋凜凜自持者没其身焉。」公卒於萬曆丙申六月初一日，葬惠山黄家灣。配陸氏，生女子二人。二室邵氏，生男子五人，女子二人。馮氏，生男子一人，女子一人。吕氏，生男子一人。

内傳

潘氏，耕樂公，中書公迪女，葬龍山。生卒缺。

鄒氏，省軒公，葬明陽觀。

鮑氏，省軒公繼室，祔葬龍山。

錢氏，省軒公二室。生正統丁卯二月初二日，卒正德庚辰五月廿三日，年七十三。葬明陽觀。

浦氏，諱潔。父曰聽泉處士，諱源。母趙媪，宋宗室女。高祖仁，世爲城南右族。

❶「數」，四庫本作「類」。

勝國末，念天下將亂，隱石塘山。仁生昂，昂生完，完生處士，能詩。以成化戊戌十一月十一日孺人生，歸雪樓公。雪樓公幼孤，家囓於强宗贅壻且盡，公又豁落不屑細小，以孺人拮据而起。雪樓公嘗與里中少年爲會，諸少年輒提酒肉，令雪樓公爲具，孺人恚曰：「天青日白，各有生計，婦不任此。」諸少年提酒肉去矣。家人數十指，男課樹牧，女課績織，無尸食者。黄巖公四上公車，最後雪樓公卒於家，或議緩訃，孺人正色曰：「父死而子乃冒進取邪！亟返之彭城。」及黄巖公之官，奉孺人行，孺人曰：「令禄幾何，而給衆口？令吾隳家，若隳官也。」及倭難突作，人謂孺人若前知者，天啓之也。卒於嘉靖甲寅十二月二十日，年七十有七。其明年九月六日，葬惠山黄家灣，合雪樓公兆。

邵氏，黄巖公，葬明陽觀。

李氏，黄巖公，世居下田橋，世有資。父曰桂軒公，諱官。黄巖公既娶邵孺人，生二女，孺人繼之。當是時浦太孺人持家嗃嗃，孺人柔身屏氣事之，無忤也。與黄巖公相莊如賓。公外寢，間一見孺人，問眠食無恙，去矣。孺人性坦率，飲食衎衎。時呼諸孫果餌啖之，自娱樂也。生弘治甲子七月三日，卒隆慶壬申六月十五日，年六十有九。合黄巖公葬惠山黄家灣。

朱氏，處士公，居唐干。父愼齋公，諱士冕。母錢氏。孺人年十九而歸處士公，無何而公遘疾，生育道絶，孺人蕭然一室，垂五十年若弗知也。浦太孺人秉家，則嚴事太孺人曰：「取無忤足矣。」已處士公秉家，則嚴事處士公曰：「取無忤足矣。」計日而績，計月而織，盛暑隆寒不輟。攀龍生彌月，而孺人抱之，於是孺人四十有六矣。蓋攀龍有識，而後知孺人之異也。往先君子奇愛攀龍，即不忍泄本生一字，而孺人以間見太學公，輒謝淚蘇蘇然，攀龍固不辨作何語也。及攀龍有室，孺人則曰：「孺子且長，母闕於所生。」常以身翼蔽，令歲時得見所生父母。孺人即自用一錢，必徘徊曰且止。及攀龍讀書，需書直，欣然曰：「錢政以易書爾。」攀龍既舉於鄉，孺人家有訟，舅氏謂攀龍必直我於令，以告孺人，孺人曰：「毋，而處子也，奈何以面孔向人？」攀龍曰：「固舅氏也。」孺人笑曰：「而以舅氏必直乎？直奚須而直？」嗚呼！此何等心目耶！孺人生以正德丁丑七月二十七日，卒以萬曆甲申十月初一日，年六十有八。葬黃家灣，與處士公合兆。

陸氏，太學公，陳胡公之裔。入國朝有永寧者舉賢能，永寧生民表，民表生席，席生禎，禎生綸，曰營川公，貢於鄉，母曰邵。營川公與黃巖公相歡，俱娠，則約曰：「男女偶者必爲婚。」果偶而委禽，是爲陸孺人。孺人既有兩女而弗子，於是邵令人歸。孺人辟寢一室，曰飲則飲，曰食則食，恬然也。撫諸子及婦欣欣相諧沒其身，此可以觀德矣。生嘉靖丁亥六月初六日，卒萬曆丙申三月廿六日，葬青山。

邵氏，太學公二室。〔眉批：先生本生母。〕令人婉孌委蛇，每太學公有所發怒，令人劑之微言，公遽歡。生五子二女，劬何如也！乃不有其子一日之享，天乎何及矣！生嘉靖癸卯五月廿六日，卒萬曆乙酉八月二日，年四十三。葬青山。

或曰：「子言凡垂世以益世也。高子自譜其家，兼及內傳，于世何與？」龍正應曰：「高氏自黄巖公以前，樸遬農家，不習文采，殆有不傳之隱懿乎？黄巖公以後，則高節大畧，自淑淑人之概，大抵表見，而業亦漸隆。其起家蓋與德相爲準量，又世得内助，有隕自天，所從來遠矣。人之欲傳其先也，往往求文章家，而後世信文章家之傳人祖先也，豈若信仁人之自傳其先也哉？讀高氏譜，知長勤長約長正之門，必挺大良，則動天下爲祖父者之心何限。又見高氏之先，多躬耕女紅耳，而一嘉言、一懿行，莫不托其後賢，以炳於丹青，垂於無疆，則天下爲子若孫者之心，又從而動矣，奚而非益世也？」

家訓二十一條

吾人立身天地間，只思量作得一箇人是第一義，餘事都没要緊。作人的道理，不必多言，只看《小學》便是。依此作去，豈有差失？從古聰明睿知，聖賢豪傑，只于此見得透，下手蚤，所以其人千古萬古，不可磨滅。聞此言不信，便是凡愚。所宜猛省。

作好人，眼前覺得不便宜，總算來是大便宜。作不好人，眼前覺得便宜，總算來是大不便宜。千古以來，成敗昭然，如何迷人。尚不覺悟，真是可哀。吾爲子孫發此真切誠懇之語，不可草草看過。

吾儒學問，主于經世，故聖賢教人，莫先窮理。道理不明，有不知不覺墮于小人之歸者，可畏可畏！窮理雖多方，要在讀書親賢。《小學》、《近思録》、四書、五經、周程張朱語録、《性理》、《綱目》，所當讀之書也。知人之要，在其中矣。

取人要知聖人取狂狷之意。狂狷皆與世俗不相入，然可以入道。若憎惡此等人，便不是好消息。所與皆庸俗人，己未有不入于庸俗者，出而用世，便與小人相暱，與君子爲讐，最是大利害處，不可輕看。吾見天下人坐此病甚多，以此知聖人是萬世法眼。

不可專取人之才，當以忠信爲本。自古君子爲小人所惑，皆是取其才。小人未有無才者。

以孝弟爲本，以忠義爲主，以廉潔爲先，以誠實爲要。

臨事讓人一步，自有餘地。臨財放寬一分，自有餘味。

善須是積，今日積，明日積，積小便大。一念之差，一言之差，一事之差，有因而喪身亡家者，豈可不畏也？

愛人者人恒愛之，敬人者人恒敬之，我惡人，人亦惡我，我慢人，人亦慢我。此感應自然之理。切不可結怨于人。結怨于人，譬如服毒，其毒日久必發，但有小大遲速不同耳。人家祖宗，受人欺侮，其子孫傳説不忘，乘時遘會，終須報之，彼我同然。出爾反爾，豈可不戒也？

言語最要謹慎，交遊最要審擇。多説一句，不如少説一句，多識一人，不如少識一人。若是賢友，愈多愈好，只恐人才難得，知人實難耳。語云：「要作好人，須尋好友。引酵若酸，那得甜酒？」又云：「人生喪家亡身，言語占了八分。」皆格言也。

見過所以求福，反己所以免禍。常見

己過，常向吉中行矣。自認爲是，人不好再開口矣。非是爲横逆之來姑且自認不是，其實人非聖人，豈能盡善？人來加我，多是自取，但肯反求，道理自見。如此則吾心愈細密，臨事愈精詳。一番經歷，一番進益，省了幾多氣力，長了幾多識見。小人所以爲小人者，只見别人不是而已。

人家有體面崖岸之説，大害事。家人惹事，直者置之，曲者治之而已。往往爲體面，立崖岸，曲護其短，力直其事，此乃自傷體面，自毁崖岸也。長小人之志，生不測之變，多繇于此。

世間惟財色二者，最迷惑人，最敗壞人。故自妻妾而外，皆爲非己之色。淫人妻女，妻女淫人，夭壽折福，殃留子孫，皆有明驗顯報。少年當竭力保守，視身如白玉，一失脚即成粉碎，視此事如鴆毒，一入口即立死。須臾堅忍，終身受用，一念之差，萬劫莫贖。可畏哉！可畏哉！古人甚禍非幸之得，❶故貨悖而入，亦悖而出。吾見世人非分得財，非得財也，得禍也。積財愈多，積禍愈大，往往生出異常不肖子孫，作出無限醜事，資人笑話，層見疊出於耳目之前而不悟，悲夫！吾試静心思之，浄眼觀之。凡宫室飲食，衣服器用，受用得有數。朴素些有何不好？簡淡些有何不好？人心但從欲如流，往而不返耳。轉念之間，每日當省。不省者甚多，日減一日，豈不瀟灑快活？但力持勤儉兩字，終身不取一毫非分之得，泰然自得，衾影無怍，不勝于穢濁之富百千萬倍耶？

人生爵位，自是分定，非可營求，只看

❶「幸」，四庫本作「分」。

得義命二字透，落得作箇君子，不然，空污穢清浄世界，空玷辱清白家門。不如窮簷蔀屋，田夫牧子，老死而人不聞者，反免得出一番大醜也。

士大夫居間得財之醜，不減於室女踰牆從人之羞，流俗滔滔，恬不爲怪者，只是不曾立志要作人。若要作人，自知男女失節，總是一般。

人身頂天立地，爲綱常名教之寄，甚貴重也。不自知其貴重，少年比之匪人，爲賭博宿娼之事，清夜睨而自視，成何面目？若以爲無傷而不羞，便是人家下流子弟。甘心下流，又復何言？

捉人打人，最是惡事，最是險事。未必便至於死，但一捉一打，或其人不幸遘病死，或因別事死，便不能脱然無累。保身保家，戒此爲要。極不堪者，自有官法，自有公論，何苦自蹈危險耶？況自家人而外，鄉黨中與我平等，豈可以貴賤貧富强弱之故，妄凌辱人乎？家人違犯，必令人扑責，決不可拳打脚踢。暴怒之下有失，戒之戒之。

古語云：「世間第一好事，莫如救難憐貧。」人若不遭天禍，舍施能費幾文？故濟人不在大費己財，但以方便存心。殘羹剩飯，亦可救人之飢，敝衣敗絮，亦可救人之寒。酒筵省得一二品，餽贈省得一二器，少置衣服一二套，省去長物一二件，切切爲貧人算計，存些贏餘，以濟人急難。去無用，可成大用，積小惠，可成大德。此爲善中一大功課也。

少殺生命，最可養心，最可惜福。一般皮肉，一般痛苦，物但不能言耳。不知其刀俎之間，何等苦惱。我却以日用口腹，人事應酬，畧不爲彼思量，豈復有仁心乎？供客勿多餚品，兼用素菜。切切爲生命算計，稍可省者便省之。省殺一命，於吾心有無限安處。積此仁心慈念，自有無限妙處。此又爲善中一大功課也。

有一種俗人，如傭書、作中、作媒、唱曲之類，其所知者勢利，所談者聲色，所就者酒食而已。與之綢繆，一妨人讀書之功，一消人高明之意，一浸淫漸漬，引入于不善而不自知。所謂便辟側媚也，爲損不小，急宜警覺。

人失學不讀書者，但守太祖高皇帝聖諭六言：「孝順父母，尊敬長上，和睦鄉里，教訓子孫，各安生理，毋作非爲。」時時在心上轉一過，口中念一過，勝於誦經，自然生長善根，消沉罪過。在鄉里中作箇善人，子孫必有興者。各尋一生理，專專守而勿變，自各有遇。於毋作非爲內，尤要痛戒嫖、賭、告狀。此三者，不讀書人尤易犯，破家喪身尤速也。

或曰：「高子學脩入微，至作家訓，皆淺近語，何故？」龍正應曰：此文公著《小學》之心也。人少而能守《小學》之事，然後其長也，可以知《大學》之道。蓋有繩趨尺步，而不能窮神知化者矣。若早軼於繩尺，則垢穢滿身，何從而遊廣大精微之奧乎？非惝怳而無依，必口耳而不實。斯訓也，拔少壯於下流，亦坊老大於作僞，不曰遠以深乎？先生又慮世久族多，未必皆爲士類，鄙詞諺語，時或引用，士人觀此，亦足助警省，農工商賈聽此，亦足保身家。微僅爲可見子孫計，直爲無窮不可見之子孫計，又爲天下凡有子孫者通計也。不曰遠以深乎？

附雜訓五條

戒貪享用

受些窮光景，每事節省儘過得。凡臨事，着一苟字便壞，自身享用，着一苟字便安。吾一生得此力。

勖赴講會京師寄回

到東林最可入頭。大衆會集時，滿堂肅然，此時默坐澄心，看有妄想也無，聽歌詩時，看有妄想也無。妄想一寂，即是真心。真味成妄，妄醒成真，一反覆間耳。得此意到東林實做工夫，方不做了人事。久之其味無窮，受用無盡。

勖早做静功京師寄回

吾在此，全靠平日静功。少年不學，老無受用，汝輩念之！静功非三四十年静不來。何者？精神一向外馳，不爲汝收拾矣。事多苦，拂意苦，有疾病苦，到老死苦，益不可言。静而見道，此等苦皆無之。汝輩急做工夫，受些口訣，不然，此事無傳矣。天下惟此事，父不能傳之子，以身不經歷者，言不相入，即終日言之，如不聞也。

爲長孫永厚書扇

朱夫子曰：「爲善最樂，讀書便佳。」只

此二句，知其味，便是天下大福人。少年欲知爲善，又必繇讀書。朱子又曰：「關了門閉了户，把截四路頭，正讀書時也。」何謂四路頭？人心紛擾，要長要短，皆是路頭，須自一切斷絶。養心莫善於寡欲，件件看破，都没要緊，件件寡去，寡之又寡，以至於無，則此心空明靈妙，人品自高，文章自妙。此爲善讀書之法。❶

爲仲孫永清書讀書樂因題其後

昔人有言：「閉户擁書，不羡南面王樂。」其樂讀書如此。若尋行數墨而已，何以見其樂哉？

高子遺書卷之十終

❶「法」，四庫本作「本」。

高子遺書卷之十一

墓誌銘

光州學正薛公以身墓誌銘

嗚呼！余何忍銘以身耶！以身與余同舉進士，同出高邑趙儕鶴先生門，兩人相見相笑，以爲相遇晚，自是無日不相過從，交相勵勉。以身古心古貌，所據皆古人準則，其識甚敏，而本真應物，又令人樂而親之。是年余以憂歸，以身以言事歸，兩家相距不五十里，旬日不見輒相念，而以身造余爲多，一蒼頭挾一被一笈至余家，不以以身爲客，蔬食菜羹，研經訂史，未嘗不窮日落月。有過相規，凡以身言，余有疑其偏者，已竟服其義。蓋余受以身規，恒十之九，以身受余規，恒十之一。有事相辯，凡余言，以身至拂然去，已復歡然來。蓋以身爲余容者，恒十之一，余爲以身容者，恒十之九。如是二十四年如一日也。嗚呼已矣，以身不可作矣！余忍爲之銘耶！以身病，余過之，自論學憂時外無雜言。將瞑，命其孤以墓石屬余。嗚呼！余又何忍不爲以身銘耶！

以身大父學憲公諱應旂，世稱方山先生。生景尼公，諱近魯，性至孝，居方山先生憂而卒，遺命斂用衰絰。配劉太孺人，生子三，以身其仲也，諱敷教，號玄臺，字以身。娠時有青雀入懷之祥，生而絶潁，少不好弄，五歲即善屬對。十五補諸生，海忠介公撫南都，見而亟賞曰：「生寧獨文人，必忠義士。」當是時，以身慨然以天下自任，每從方山先生閱邸報有不平，目眦欲裂，先生從旁睨之，心獨喜。會顧叔時、季時兩先生問業，先生呼以身謂曰：「此東南珍物，若與締兄弟交。」已復手一編示曰：「洙泗以下，姚江而上，盡是矣。」於是以身復以道自任。〔眉批：天下與道是一是二？〕

戊子舉京兆，明年成進士。會南御史王公藩臣上疏，不白憲長，都御史吴悟齋、耿楚侗，交參之。以身曰：「是欲爲執政箝天下也。」上疏争之。畧曰：「臣無言責，性惡權奸。頃見左都御史吴時來，欲申飭南臺憲規，其言專爲定向而發。竊以爲遠臣箝口，近臣煽威，摘祖宗之片詞，營狐兔之私窟，必欲創一警百，讐爲腹心，吁亦狡矣。掌院者，陛下之掌院，言官者，亦陛下之言官。事可風聞，聽斯無壅，就使藩臣論列果非，定向不宜阻遏，節節關白，動成掣肘，嗣今設有彈劾長官者，誰與通之？隱機先露，則危其身，讜議復停，則負其志。事當密而不密，禍且移之國家。時來安得視僚友爲重，而視陛下爲輕耶！如海瑞，先朝憲直也，房寰醜詆，尚自包容。定向何人，敢妨言路！爲時來者，不惟不能參駁，反爾朋連，無論愧古名臣，即回想抗論嚴嵩一疏，有靦面已。大抵少年厲志，多思豎立，垂老頽顔，輒喪生平，見人覆轍，怒髮裂眦，戀己浮榮，脇肩攘臂，何則？道心難固，勢利易迷，習尚使然也。即二三輔臣，陽托飲醇，陰圖登壟，邇又故峻諸司，共繩庶采，九列之體貌尊，而九重之聰明塞矣。嗚呼！害可勝道哉！伏乞亟下明詔，嚴黨邪之禁，更易兩都臺長，以清首憲。」疏奏，當路大恚，座師潁陽許公至，以貢舉非人自劾，以身奉旨歸。

明年庚寅，蔣孺人卒。辛卯，授經玉隆觀。壬辰秋，起鳳翔府教授，尋遷國子監助教。癸巳入都，有並封三王子詔，以身具疏力諍，復貽婁江公書有曰：「中宮有出而始重，則仁聖之心不安，後宮有出而終輕，則慈聖之體亦屈。並封事寢，大計難作。」時考功郎爲儕鶴趙先生，盡黜當路私人。内閣張洪陽位，與婁江公合謀，借劉黄門道隆論拾遺事奪其官，士論大譁。以身與于公孔兼、陳公泰來、賈公巖、顧公允成、張公納陛，各具疏謂南星考察京朝官，先黜其姻親都給事王三餘，又黜本部尚書孫鑨甥、本部司官呂胤昌，而後舉執政所陰庇之臺省，表裏爲奸邪者盡黜之，命下之日，舉朝震肅，咸謂二百年未見，而一旦奪南星官，謝諸黜者，何以令天下？於是閣臣益怒，盡奪六君子官，而以身得光州學正。

以身與光州士砥德勵業，不啻父兄於子弟。諸生有以口語得罪府椽，椽誣生殺人罪，郡守以椽故，成其獄。以身廉得情，白之守，守不可，以身持之堅，竟得白。光人負沉寃者，胥之以身，以身多全活之。光人謂以身寧獨師保我，實父母我也。

庚子，歸省劉太孺人，遂不復之光州。癸卯，太孺人卒，以身執喪，不飲酒食肉，服闋，遂不食肉。甲辰，顧涇陽先生修復東林書院，萃同志講學，以身喜曰：「此吾歸宿地矣。」自是恒居東林，所與知交，必勸之講學。曰：「天生英雋，决不欲其斤斤結裹自家，閨閫撿柙，衹賢落魄爾。」曰：「脚跟站定，眼界放開，静躁濃淡間，正人鬼分胎處。」曰：「道德功名，文章氣節，自介然無欲始。」又曰：「學苟不窺性靈，任是皎皎不汙，終歸一節。但世風靡矣，不憂著節太奇，而憂混同一色，托大道無名以濟其私，則《中庸》之説誣之也。」平生所持如此。故筮仕以來，未嘗受人一餽，垢衣糲食，以没其身。嘗有詩曰：「百年吾取與，留作後人箴。」又曰：「古人持晚節，休作等閒看。」余猶憶始交以身時，餽之食，則稍嘗而謝曰：「不可以此滑吾手。」及病，余餽藥餌，復稍嘗而謝曰：「行就木矣，不敢忘當年矢志。」以身於忠孝廉節，之死不二，其天性也。性復至慈，蠕動之物，不忍傷害，於人油油然，雖至俗客不憎惡，獨惡傷害人者，尤惡傷害善人者，耳目所及盜賊兇人，必使不得虐民後已。嘗見一人毁葉參之，以身從稠人中憤然起，余力挽之不得，自後其人所在，以身必避匿，終身不與見。至解人之戹，揚人之善，常若不及，拈筆成詩文，率本於情，止於禮義。嘗作《真正銘》曰：「學尚乎真，真則可久。學尚乎正，正則可守。真而不正，所見皆苟。正而不真，終非己有。君親忠孝，兄弟恭友。褆身以廉，處衆以厚。良朋切劘，要於白首。鄉里謗怨，莫之出口。毋謂冥冥，内省滋疚。毋謂瑣瑣，細行匪偶。讀書學道，係所稟受。精神有餘，窮玄極趣。智識寡昧，秉拙省咎。殊途同歸，勞逸難狃。世我用兮，不薄五斗。世不我用，徜徉五柳。無貴無賤，無榮無朽。殞節逢時，今生諒否。必真必正，夙所自剖。寄語同心，各慎厥後。」以身年五十九而卒，自同好至鄉閭婦豎，無不思而痛之。嗚呼！此可觀以身之真正矣。所著詩文諸集藏於家。

銘曰：飄乎自樂耶！幾春服舞雩之

點。凜乎自持耶！則蓬門委巷之思。渾乎同羣耶！幾油油與偕之惠。孑乎獨往耶！則望望去之之夷。大固不敢謂其即點也思也惠也夷也，夫安得謂其非狂也狷也清也和也？猗與斯人！蕩滌污世，砥柱流俗，是之謂忠信廉潔，爲聖人所思，世人所師。

職方劉静之先生墓誌銘

孔子曰：「三軍可奪帥也，匹夫不可奪志也。」故曰：「隱居以求其志。」曾晳、季路、顔淵之徒侍側，曰「盍各言爾志」、「如或知爾」。以此往矣，孟氏亦曰士之事在「尚志」。故士平居辨途慎術，擇乎中庸，蓋兢兢毫氂千里云。及乎得善固執，之死矢靡他焉。即功業文章，不少槩見于天下，天下信之，如星辰之灾祥，蓍龜之凶吉，以其身卜世之安危，豈非篤仁義誠之不可掩者哉！萬曆壬子五月七日，劉静之卒于家。静之官未列大夫，年不及强仕，海内士咨嗟痛悼，以爲國家失其柱石，人倫失其冠冕，如可贖者，人百其身矣。此何以故？嗟乎！此所謂誠不可掩者也。

静之名永澄，别號練江，静之其字也。世爲揚之寶應人。大父德齋公曰憲，父春宇公曰繼善，司訓鎮江。母曰王氏。静之生有至性，八歲誦文信國《正氣歌》、《衣帶贊》，即立信國位，朝夕謁拜，人以此見其志矣。十四補諸生，十九舉賢書。同年中召静之飲酒，有娼佐觴，静之即謝不往。二十而娶，家貧不能具新衣，王孺人力經營之，静之曰：「休矣！吾意中自新，不必衣也。」戊戌下第，築土室自鍵，并晝夜讀，又善病，室中書籤藥裹外，無一長物。辛丑成進士，選讀中秘書，爲有力者所奪，人爲不平。静之無幾微見顔色，以善病告，授順天教授，慨然曰：「師失其道久矣。」進諸生相期勉以聖人之學，嚴程課，飭行簡，❶伸寃抑，懲汙濁，審勤惰，寒者衣之，飢者食之，羔雉之贄，不及于門，北方學者，稱淮南夫子。而静之益考求國家典章，名臣言行，六曹之職，九邊之要，兵農錢穀之數，矻矻如居士室時。

已遷國子學正，權要爲子弟居閒，一切格不行。會雷震郊壇，有詔令禮部具修省事。静之曰：「灾異求直言，自漢、唐、宋，及我祖宗，未有改也。往萬安、劉吉時，惡人言灾異，鄒汝愚一疏，炳烈千古。今者一切報罷，塞諤諤之門，務容容之福，傳之史册，尚謂朝廷有人乎？」當事者爲静之座師，亟言之不省。亡何楚宗獄、妖書獄，及京察事繼起，静之具疏陳得失，而司訓公適至京，不果上。静之作《甲乙雜志》、《邸中雜記》，又爲歸德相國所器重，咨對出處之道，時人愈側目。

滿三載不遷，静之曰：「昔陽城爲國子師，斥諸生三年不省親者，京兆李諤久不歸省，李皋謂無親之子，不可與事君，吾歸矣。」遂歸，杜門讀書三年，而司訓公、王孺人，俱未艾健飯。會皇太后覃恩，人謂静之奈何不以一命貢兩尊人，静之乃至京候命，而王孺人訃矣，静之力行喪禮，墨面柴骨，三年苫塊外寢。壬子春，補職方主事，未赴卒。

静之質甚弱，獨目炯炯然，英采逼人。

❶「簡」，四庫本作「檢」。

善談論，其于古今治亂，人才短長，如指之掌。嘗曰：「某當某時有某事，惜放過。」彼寧知千載而下，有劉静之者，指其空缺處，然吾輩在今日，寧知千載而下，無劉静之者，指其空缺處乎！　而静之内行純備，孝事其父母，及大父母，訓迪子弟，出于至誠。每謂子弟不類，非盡子弟過，父兄鑪錘不具，火力不足，不能使入鎔鑄中也。常書薛西原語于座右，云雖小事，不可爲人囑托，自損廉心，故竿牘不及郡邑大夫。至伸人寃抑，援人疾苦，不啻若身受毒螫者，以呼吸間去之爲快。静之即尸居蠖伏乎，其神常周六合以内，于世道民生所關，下至夷虜情僞，江海盜賊，咨諏詢度，無不得其要領。世固不乏修身潔行士也，然往往飭治象貌，不爲世訾詬而已，至神理血脈，與斯人之徒通洽無二者，視静之何如哉！　静之官不過七品，其志以爲天下事莫非吾事。若何而聖賢吾君，若何而聖賢吾相，若何而聖賢吾百司庶職，斯道一日行于天下，即死可不恨。生不過三十年，其志以爲千古事莫非吾事。生前吾者，若何揚揭之，生當吾者，若何左右之，生後吾者，若何矜式之，斯道一日不明于天下，即死有餘責。其所謂道，何道也？　正人心、息邪説、距詖行，使天下曉然知君君臣臣、父父子子，天理民彝，自不容已，匪是者，即入無父無君之途，下弑父弑君之種。衰世此道不明，務黨人之媮樂，誤皇輿之敗績，蓋千古一轍也。故静之註《離騷》，于此三致意焉。推此志也，百世以俟聖人可矣。

静之得年三十有七，配韓孺人。弟永沁，子心學、山陰劉起東。按國論私謚曰「貞脩先生」，長洲文文起，摭遺事爲貞脩狀。攀龍知静之深矣，得文起爲誌其大者。人言静之成進士，三年郡學，三年國學，三年洗沐，三年宅憂，世曾不能用其萬分之一。余謂静之所爲静之，不以用不用也。

銘曰：自昔聖賢，與時衰盛。盛時所駕，衰世所屏。浩蕩乾坤，不容何病。川泳巖遊，理情繕性。明吾之是，不與世競。吁嗟静之，天之所命。憫此道微，以是亂正。俾示正見，爲千秋鏡。世所取正，是謂爲政。有如不信，上視孔、孟。

孝廉陳賁聞墓誌銘

昔屈子作《遠遊》，其言皆黄老最上乘語，後世道家旁流末緒，無近其髣髴者。夫屈子欲長年，何以自沉？屈子，古今姱脩人也。欲得年以畢其志，而不勝濁世之憤，以爲俟河之清，不若沉河而死耳。嗟乎！姱脩之士，志古今之大業，豈不以年哉！武塘陳賁聞可痛也。

賁聞異才，其嗜書異於人，嗜書而妙悟異於人，嗜書而嗜騷賦異於人。爲人敦倫好善，恬懷雅度，❶所居左右，圖書數千卷，掃室焚香，穆然有深沉之思。幼受經於吴子往，子往丰神凝遠，賁聞自幸得師，與其弟幾亭潛心制義。賁聞舉戊午浙闈第一人，幾亭亦舉。辛酉初，賁聞罷南宮試，歸益發所藏書讀之，於騷賦益工。自謂：「儒者繼統前聖，開示來兹，必本于六經，階于濂洛關閩，翼以諸史百家，然而心不擷其精華，身不由其矩度，徒以追時好、取世資，使廉恥喪、風俗圮，是經史爲盜器也。此無

❶「懷雅度」至「雖已名」，底本原脱，據康熙本補。

他，欲蔽之。」賁聞之學，務在洗滌嗜慾，辨晰取與，期不疚於衾影，而悲今思古之懷，率發之於騷。謂：「夫賦者，追踵風雅之六義，振起漢魏之五言，叶幽人之鬱思，貞志士之極念，太和乖而變風作，宇宙中所以宣洩其不平之情，而歸之禮義者必由焉，而鬬浮靡者失之遠矣。」賁聞諸賦，自擬古外皆有慨於中，有裨於世，而詞家之徒以文詞已者，賁聞弗貴也。賁聞年三十有八，遽得疾而殆。疾且殆，爲文自祭，文具集中，當世傳誦之。嗟乎！使賁聞而得年，必入聖賢之奧，必見豪傑之業，其賦雖已名家，必篇什富而成一代之奇。故曰姱修之士，志古今之大業，必以年也。惜哉！

天下之士，文勝者，多浮動躁擾，而虧其質；質勝者，多沉潛木訥，而虧于文。賁聞何闇然也！而文采流露爾爾，天之賦賁聞厚矣，獨不賦之年，竟其所詣，何耶！夫子曰：「君子疾没世而名不稱。」四十五十而無聞，不足畏矣。世之才人，無聞不稱者，豈少哉？賁聞年未四十，赫然以文采稱，以質行稱。嗣業靈均，不同靈均之坎壈壒死。賁聞没，而事有爲靈均所深悲者，雖不得賁聞之賦，一吐其胸中之奇，而賁聞得以從容長逝，無靈均往日回風之痛，其亦幸矣。〔眉批：感吾兄，亦先生自感。千秋萬年，誰不霑襟！〕又長年者之不若而屈子不屑修王喬不死之道者也。悲夫！

賁聞諱山毓。父穎亭公于王，官福建按察使，所至有惠政及民。配宜人盛氏，生二子，賁聞其伯也。

銘曰：世之人誰不讀書？世之人誰能讀書？子獨閉户擁書，悲愉疴癢，一切忘之於書。戒所戒於書，勉所勉於書，不知天壤之間，更有何樂可代吾書。天下之書，安得更遇子之於書！吾悲子之逝也，而且悲子之書。

文學秦彦熙墓誌銘

夫人子弟，樂與善人居，必善人也。吾嘗以此驗人，百不失一。近世名家子，吾得一人焉，曰秦彦熙，其所延于家，北面嚴事者，爲吾師澄泉茹先生，吾同年葉參之，吾友歸季思、吴子往。四君子凜凜法度，他子弟窺影匿避，彦熙獨山岳崇之，芝蘭親之，非見善不及者哉。季思、子往至余水居，彦熙亦時時來静坐。

一日問心，余曰：「子以何者爲心？」曰：「方寸是也。」余曰：「未也，特其位耳。」曰：「思慮者是也。」曰：「未也，特其用耳。」曰：「舍是，尚有心乎？」余曰：「子以眼前虚空者何物？」曰：「虚空則無物矣。」曰：「何者爲天？」曰：「穹然上覆。」余曰：「皆非也。無之而非天，無之而非心。人心湛然無欲，一腔六合，一物也。」彦熙躍躍喜曰：「久矣哉！欲封之矣。」一日問脩，余曰：「人心之迷，常在至近。如子之族，大族也。飢者寒者，日當吾前，而漠然視之，是其心槁而不生，又何言脩？」彦熙又躍躍喜曰：「念之素矣。嘗欲祠吾宗雙孝子，以南畝三百周近宗之困者，而未逮也。」凡彦熙之可與語，類如此。

其人，孝悌人也。事所後母談孺人、所生母吴孺人，交盡其力。吴孺人嗜芡，孺人亡，終身不忍食。與兄震玉公、弟華玉公，自飲食至産殖，必共必均。事必身先之，誠心闇脩於家庭，至和溢發於眉宇。秦氏世敦孝友，彥熙真不愧其先矣。自奉甚朴，食不求珍，衣不重綺。每冬寒歲饑，粥餒者，絮凍者，篿殍者以爲常。吾嘗謂彥熙之可使爲善，❶如取火之不可於方諸，取水之不可於陽燧；可使就善人，如耳入師曠之音，口入易牙之味；不可使就不善人，如刺之不容于目，如臭之不容于鼻，蓋其性然也。

萬曆丁未十一月廿二日，余居水居，彥熙令人逆余歸，至則一息如縷，令諸子拜床下，張目視余，端坐舉手而瞑。嗚呼！若彥熙者，全歸矣，又何憾焉？彥熙字也，名爾載，別號水菴。彥熙沒，記其大，及所嘗與語者如此。

銘曰：已乎彥熙！使其達耶，登賢選良，翼吉人乎翔翔。❷即其窮耶，載詠載觴，偕幽人乎徜徉。孝悌可植家人之坊，慈惠足貽宗人之康，天獨不令其年之長。已乎彥熙！湖山蒼蒼，湖水洋洋。大蓋爲宇，大塊爲床。三十三年，旅寓者暫，億萬斯年，永完者常。

文學景耀唐公墓誌銘

吾嘗讀旌陽許仙書，見其所云中黃者，人身膈膜也，隔下體穢濁之氣，不得上薰心府。天地亦然，凡不忠不孝，下民怨怒之氣，上至中黃，其氣復下，爲水旱疾疫，各以類應。惟忠孝之氣，直上清虛，如矢中的。于是始知古忠臣孝子，與造化呼吸應感者，殆以是也。然孝悌之家，其子孫往往有孝

❶ 此句下，康熙本、四庫本、光緒本有「如水之赴於壑，火之赴於薪，不可使爲不善」。

❷ 「翔翔」，康熙本、四庫本、光緒本作「翱翔」。

弟者，與其前人若合符節。相觀而善與？抑一氣使然與？噫！是何神也。

吾見唐于震家，蓋三世孝弟矣。公之父曰耀坡翁，母曰黄孺人。耀坡翁與黄孺人，事其二尊人惠坡翁、陳孺人也，一取諸脯脩女紅，二尊人怡怡于甘鮮輕煖中，若不知寒儒儉婦之辦于脯脩女紅者。有疾輒夜不交睫，旬不解帶，一時士君子稱事親之能自致者，必曰耀坡翁夫婦。耀坡翁欲青衿以慰二尊人，而數甚奇，雖至白首，有勸其棄舉子業者，必怒斥之曰：「一諸生何益吾毛髮事？吾奉吾親教，没身而已。」于震爲人言，未嘗不泣數行下也。

至于震青其衿矣，復數奇，以大病後應學使者試而黜。將天之不與善人與？非也。于震之可貴者，不在此。于震之事其二尊人也，一如耀坡翁之事其尊人也。耀坡翁歿，于震三年不嘗酒肉。黄孺人病，于震偕其弟儆吾君，露卧床下，蚊斑如綉，旦暮搏顙籲天，祈減算益親，凡四閲月，兩膝腫裂。外父王敬存翁之不得養于其子，于震曰：「於我乎養。」敬存翁病脾，于震與其婦及其子，抱持浣洗，經歲不替。斂于室，喪于堂，迄于窀穸，若翁之無家者。于震即甚貧，有稱貸，必以朞償之。嘗戒其子曰：「財，從才從貝。人之有才者，壞于貝十九。」是士人立脚處也。生平好善疾惡，未嘗毁一善人，譽一不善人。見有毁善譽惡者，拂袖而起，不忍聞也。其篤至如此。嗚呼！世之愈下也。士不以行舉，顧未嘗不以行貴。吾見重于震之品者，若麟鳳然，重于震之言者，若鼎吕然，哀于震之亡者，若骨肉然。三事九列之不能得諸人者，于震得之。故曰于震之可貴者，不于一諸生也。

于震病經年，于震之子顯祖，所以事于震者，一如于震所以事其尊人，至嘗糞、至割股、至割肱。即儆吾君所以事于震，一如顯祖所以事其父也。天之與于震者至矣！

昔宋徽宗時，唐公叔孝，諱作求，舉進士有聲，從弟孚有才識，遍交元祐諸君子，唐氏始以儒名家。國初有諱逢明者，贅濮氏，故唐氏多稱濮。惠坡翁諱昌，耀坡翁諱光裕，至于震之子四世矣。即未顯，皆文學孝友重于鄉里，不墮叔孝公家聲，浸蒸醞釀，必有大發其祥者，未可量也。于震諱起龍，別號景耀，生嘉靖辛酉八月廿七日，卒萬曆己未八月初九日，年五十有九。娶陳氏，静所公女，卒。再娶王氏，鄉飲介儆存公女，生子顯祖。娶王氏，行素公女，生女一，適薛守溪公子廷相，以是年九月初五日甲申葬大池祖塋之昭。于震與余子世儒、世學，好友也；世寧師也，余所莊事也。屬纊而眷眷於余之一誌不已，余不文，持墓文之戒久，而有甚不得已者，則以于震垂死眷眷之一念已。

銘曰：好惡不拂人之性，是非足以經國之政。吁嗟于震，使其孝友爲政，不得施于有政，聖人固曰是亦爲政。

文學清宇高公墓誌銘

嗚呼！兄可謂了了而生，了了而死矣。維歲庚戌，兄下帷張岵望公，自廣信宦邸歸，謂攀龍曰：「聞之禄命家，吾殆將死。我諸子姪室未畢，諸子母家逋未畢，吾將售產，一切畢之，蕭蕭一身俟焉，不以不了念縈吾靈府。」余爲解曰：「豈有是哉？」無何而兄果盡售產矣，果畢室諸子姪，畢償諸子母家矣。無何而兄果病矣。時辛亥三月事也。余曰：「異哉！若是乎天之一定，無庸人力耶？」請于吾友繆仲淳藥之，病立起。越夏而秋，體豐神王，飲啗加等。兄乃選日之良，整衣冠出，酬其常所起居，而先詣攀龍曰：「微繆公，不能活我，微子，不能得繆公。自今日月，享子之日月也。」攀龍不勝喜，爲浮太白，手額祝無算數曰：「兄今一身，蕭蕭樂矣，當數數相過從，毋令若病困時，床枕上羡人一趨一步，如天上遊仙也。」兄曰然。不數日乃復病痢，余視兄，則曰：「命也夫，吾無不了念，亦不望活。」遺言纖悉皆具，帖然而瞑。嗚呼！此所謂了了而死非耶？自吾有知識以來，見兄油油與人偕，無忤物也；里巷姻婭慶唁，無缺失也；與人期會，不愆時日也；稱貸人，不愆錙銖也；言人善津津然，不善未嘗出諸口也；與其弟衣同寒暑，食同朝夕，用同有無，事同勞逸，若兩手相攜，兩足相踐也；撫其子姪，幼無二養，長無二教，婚嫁無二等，若兩目一視、兩耳一聽也。此又不謂了了而生耶？

嗟乎！士之貧困，常十而九，然往往不自强力，計無復之，則仰哺他人，而分不明也，信不立也，一往而不可復，如之斷港絶潢然。兄少而忽忽，長而昭晰，疎而令人仗之如親，貧而令人仗之如富，以此家蹶而復立，非分明信立能然乎？肩其家衆食數百指，猶子成立，皆先其子，婚嫁百需，歲月絡繹，盡瘁持之，迄無替念，豈不難哉！攀龍之曾大父雪樓公，則既與兄祖左樵公相肺腑，以同姓稱族，自兹五世矣。吉凶之事，山水之間，花月之候，雖乾餱未嘗不相速也，至於兄益親。嗚呼！吾何以銘兄哉！

銘曰：維人之倫，父子兄弟。譬之草木，此寔其柢。云胡世人，不思其真。親者反疎，疎者反親。孰如吾兄，秉德堅貞。白首庭除，藹若孩嬰。其人則亡，其行則芳。百爾君子，視以爲方。有聳其岑，有菀其林。一抔斯土，千秋斯心。

董恭人墓誌銘

湖州守陳公爲天下名二千石，一時談吏治者，輒曰視陳湖州若何，陳湖州則余同年陳志行也。其配曰董恭人。當志行爲諸生，貧特甚，居荒村中，時時午不舉火。慷慨磊落，有所不平，引酒自醉，醉而歌烏烏，顧影自樂，睨視世人不屑也。人亦無識志行者。己巳五日，無錢買酒，出户見村人蒲觴箬黍，紛相問也，無問志行者。志行發憤曰：「佳晨遂無一觴，妻孥樂乎？」入見董恭人，無愠色，志行喜曰：「此真吾妻矣。」即日掃半簷屋，紉片布，張而障風日，發笈中所藏書，晝夜讀。恭人喜曰：「此真吾夫矣。」日煮野菜羹進，曰：「他日無忘此滋味也。」越五年爲癸酉，而志行舉於鄉，又久之不舉南宫。當是時，杜太恭人老，志行授里中以爲養，每經時歸問家人，事無纖細不具也。志行又久不舉子，恭人爲進淑女，得子三。三子者，眠食恭人也，寒燠恭人也，溲便恭人也。其仲痘殤，恭人大慟，其長者、季者痘繁濱殆，恭人曰：「天乎！陳氏千秋，在此一日矣。」痘愈而恭人大喜。己丑，志行始成進士，令朗陵，恭人從，令中牟，恭人從，以太恭人在邸，非恭人弗安也。甲午，志行覲，恭人以太恭人南。舟輕，恭人曰：「此地多荳，可載也。」及泗州湖，風急檣顛，得荳不覆。已志行晉比部，官長安六年，恭人不從，以太恭人在家，非恭人弗安也。

已志行出守湖州，恭人奉太恭人之湖州。丙午太恭人念歸，恭人復奉太恭人歸梁溪。丁未得疾卒。又四年，志行以憲副備兵九江，念太恭人且百歲，乞終養。又二年而太恭人卒。志行治太恭人葬，亦治恭人葬，手狀恭人謁余，曰：「非子不能誌吾婦矣。嗟乎！吾少日，子所聞也，吾父病噎久，庸醫誤投藥而遽困，吾時在城不聞。一夕月明甚，吾婦見鼠蹲几而啼，心動，曰：『大人得無有變乎？』吾亦心索索而震，急偕婦歸，吾父已屬纊。時秋暑劇，吾奔營喪具，一切含殮俱婦佐，太恭人得不憾於大事。太恭人一跬步不離婦也。板輿出入，非婦，吾能食入口，寢交睫乎？使余稱爲人子者，吾婦也。吾婦既以勞瘁，得一胎而墮，遂不復胎。世間婦人，視他人舉子，不忮幸矣，得如吾婦提抱愛護乎？得如吾婦愛而知教乎？使余得稱爲人父者，吾婦也。太恭人有子五人皆窶，吾爲諸弟畢室，期不失太恭人意。吾婦承之，不失予意，劑諸妯娌，不失諸弟意。愛猶子如子。仲弟一兒當暑而痘，蛆出瘡中如蝟，婦不避穢，護之而生。使予得稱爲人兄者，吾婦也。予少好游酒人，醉而好務奇相矜詡。嘗着新履走石橋欄上，又循塔簷砌間，見者股戰，而予笑傲自若。吾婦聞之，泣謂余曰：『君奈何以七尺博人笑耶！』又嘗夜醉獨行，閶闔閉，視河干舟，可躍而逾也。驚其舟子夢中起，忽墜水，予不能水，念其人死，即不能獨生，没水拯之，卒俱其人出水，吾婦又泣相戒也。一日雪夜裸而逐盜，吾婦又泣相戒也。予乃悟，始知尊生，而後益從養生家自衛矣。使予保此七尺，而爲人子爲人父爲人兄者，吾婦也。予更有深痛。吾外父懷萱翁，外母郭孺人，生一子無禄即世，有一孫，吾婦爲娶婦有家矣，又無禄即世，而董氏遂不祀。予令朗陵，郭孺人養於吾婦，婦念從予則舍郭孺人，從郭孺人則舍太恭人，以太恭人故，卒舍郭孺人。予守湖，太恭人思梁谿，恭人念從太恭人則舍予，從予則舍太恭人，以太恭人故，卒舍予。嗚呼！恭人生十八年歸予，左右太恭人者餘五十年，女而不有其母，婦而不有其夫，予獨以吾婦有其母，有其子，有其家也。吾婦之於陳氏何如哉？子其志之，垂示陳氏之後人。」

高攀龍曰：恭人孝於父母，順於舅姑，宜於家人，豈不難哉！〔眉批：遇賢妻者，賢士之幸。〕吾所難恭人者不止此。今夫豪傑之士，當窮困無聊時，不難浩浩遊人世間，彼俯己自視，固知其不終是也，顧獨難於入宫見其妻。室人之謫，詩人咏之，所從來久遠矣，豈獨買臣、季子婦乎？志行荒村五日，何異陶令重九籬邊？彼其夫耕婦餉，此乃夫讀婦炊，曾怡然不以爲意，令其君子意韻自遠，卒成令名，宜志行之不挫不撓，爽然於富貴之際也，恭人之助豈眇小哉？是宜銘。

銘曰：夫之貧，御其屯。夫之遇，不竟其豫。將其母，五十年不恒有其耦。孚其子，百千世植其福祉。吁嗟乎陳氏雲仍之詵詵，其母或忘于斯人。

李貞母墓誌銘

婦之貞，其性然也。〔眉批：此繼母之慈而貞者。〕猶之乎水之寒，火之熱，非人爲使之也。然稟受萬有不齊，故其貞静，非得之天者，必待教習撿柙，待教習撿柙，去天成者倍蓰矣。李母何以稱貞母也？其貞成之於天者也，非教習撿柙而貞。何以知其成之於天也？貞母者，故陝西學憲雨亭公之繼配，蘇之長洲人，姓陳，父曰二水公，諱燽，母曰楊孺人。母生三四齡，與其姊妹嬉，有家人童子亦三四齡者，即之，母輒驚而啼，逐之去乃安。二水公曰：「此非凡女也。」及歸學憲公，從公之楚臬，大江怪風夜作，舟飄六百里，得一渚，衆争奔渚，母幾墮江中，一役夫將掖之，母叱去始登。及學憲公捐舘舍，母稱未亡人者二十餘年，有勸令一識九龍二泉，母曰：「此非婦人事，更非未亡人事。」卒不許。夫其少而不苟即一乳豎，顛沛而不苟即一援溺者，夫亡不苟出閫外跬步，豈教習撿柙而然？吾故曰李母之貞，天貞也。

母二十一而婦於李，猶及奉其姑太宜人盡孝養。太宜人卒時，學憲公方督浙餉，奉湯藥、視含殮，一切如學憲公在側，不貽學憲公憾。學憲前配毛宜人卒時，其二子長曰延枝方六歲，次曰茂枝在襁褓，母懷抱之如執玉執盈，時其飢渴如己飢渴也，摩其疴癢如己疴癢也。母卒而延枝哭曰：「天乎！吾生六年，至十有八，而依依吾母膝下也。見吾讀書則喜，見吾健飲食則喜，見吾能持家則喜。吾大母病，母晨必焚香拜天。吾父病，母夜不交睫，食不盡搕，及卒，慟不欲生。母自有子，家鉅細必吾詢，曰而長也，婦人夫死從子，禮也。見吾受侮，曰討人便宜，人誰汝寬，受人虧，汝可自安。嗚呼！丈夫哉吾母也。」茂枝哭曰：「已矣世不可得吾母矣！吾繈褓失母，而母爲吾母，吾弱冠失父，母爲吾父。母愛吾與仍枝等，母教我與仍枝等，母望我一第與仍枝等，至撫吾兄弟猶子與仍枝等，待吾母之親戚與己父母之親戚等。丈夫難之，世安得幾如吾母者耶？」仍枝哭曰：「天乎！仍枝，吾母所自乳也，豈獨有三年愛乎？十七年始免吾母之懷也。吾痛母之亡，又痛母儀之亡也。吾母見文字弗屑也，曰不如謹隨身規矩；見佞佛者弗屑也，曰不如愛惜物力，勿暴殄；見財賄勿屑也，曰不如紡績補綴。母紡績嘗兼人，補綴獨工，使敝衣如新。春陽而機杼，秋風而刀尺，未嘗飽食嬉遊，每曰非婦人事勿爲，非婦人有益事勿爲。母亡而母儀亡矣。」嗚呼！三子之言貞母之爲貞母者何如哉！吾故曰母之貞，天貞也。

銘曰：繼母之難，難於視前母之子，無異於己之子也。母能一之，無人我心。未亡人之難，難于視其夫之亡，無異於夫之不亡也。母能一之，無存亡心。不常者，六十二年之身，不死者，一成不移之心。故謂之貞，與天地同情，不隨物毁成。昭之以銘，豈區區曰後世之名？

婦貞難而慈易，然於前母之子，又貞易而慈難。天貞也，天慈也，安得天下之繼母皆李母？

墓　表

劉貞母墓表

嗚呼！此吾友劉節卿之母也。余與節卿受經澄泉茹先生，交節卿最密，知節卿深。❶節卿十四歲而孤，奉其母至孝。母嘗病痢殆矣，目中若見有神物，以語節卿，節卿遽搏顙號神，願身代母，母見神拱而揖節卿，病竟愈。於是節卿每至神祠，輒祈減年益母以爲恒。其至性誠，願得小有樹立，博親一歡顏，即一日如百年，立稿無恨。而不幸家貧，糊口教授，旦夕不躡庭闈問安否。所娶婦奇惡，聞孝順字吐，不欲入耳。節卿每對余言及此，飲其淚矣。數數欲逐其婦，余曰甚善。而節卿孱力，又不勝尼之者，未果。母卒二十年，而節卿哀慕一日也。卒出其婦，以報余曰：「了此不了念矣。」則又手一狀謂余曰：「奈何以吾子而不有一言録吾母？吾不及掩諸幽，以樹吾墓矣。」

余讀之，愴然發二十年慨也。曰：悲哉！宜節卿之一日不能去諸懷也。夫節卿之尊人冉泉公，家故給饘粥也。有仇中之役，家立挫，冉泉念其兩大人且老，裕而遽窘，邑邑中病卒。越五年庚辰，節卿大父南橋公，大母周孺人，邑邑中病相續卒。當是時，貞母之哭其夫，哭其翁，哭其姑，聲不絶也，豈一日有生人趣哉？既滿喪，而節

❶「卿」下，康熙本、四庫本、光緒本有「最」字。

卿之婦，且入室矣。迄其卒，十年間僅得節卿一補諸生，拊心自慰耳。悲哉！宜節卿之一日不能去諸懷也。

貞母姓傅氏，父曰愛萱公，母曰張孺人，年十七而歸冉泉公。孝事父母，歲一省愛萱公，一迎張孺人，别即涕淫淫如嫁時。順事舅姑，周孺人嗃嗃也，又喜夜飲酒，或至丙漏，母必屏息侍之，周孺人寢乃寢，或時被呵，母顔益和。周孺人亦嘆曰：「賢婦賢婦！」周孺人病痢，孺人不解衣而扶持，浣滌穢褻，未嘗任人。事冉泉公婉而莊，笑不至噱，暑不露體。冉泉公没，而旦夕依几筵哭上食，終身縞素，見其容聞其聲者輒酸鼻也。教節卿兄弟慈而能嚴，每稱讀書作人，隆師擇友，家人有嘻笑於前者，必令節卿笞之，曰：「未亡人前而笑，何也？」其貞一如此，故曰貞母也。

高攀龍曰：天道豈可以意測哉？惟聖人知之。今夫感應者，桴鼓也。婦而善承嚴姑，姑而正得逆婦，何謬戾不倫至此！説者曰：「此所以成之也。非嚴姑，不徵其順矣；非逆婦，不彰其慈矣。」是則然，要之未盡其理。死生者，晝夜也。人見生而不見死，必謂善惡俱一死而盡，則凶人畢世恣睢，與善者恬然俱逝，〔眉批：誰具知之，知亦難言。〕若是其幸與？夫既曰没寧，有不寧者矣，惟聖人知之。故曰惠迪吉，從逆凶。嗟乎！貞母之爲吉也，豈顧問哉？

魏繼川先生墓表

萬曆壬辰春，繼川先生魏公卒於家。

越三十年，其子大中，以工科給事中，遇覃恩，贈公如其官。

錫山高攀龍表其墓曰：嗚呼！是古之隱君子篤行善者也。宜其迓休食福，後人蔚起，爲時聞人與？公名邦直，字君賢，別號繼川，世居嘉興，後析爲嘉善人。曾祖諱顯，祖隱齋翁諱繼宗，父南川翁諱祥，配楊，生二子，公行二。生而從祖母抱爲子，五歲復歸楊。又一歲楊孺人卒，俗議火葬，公慟仆地曰：「奈何不一抔吾母！」南川公涕而厝不火。公既娶今贈孺人薛，歲饑家日挫。繼母周亦舉一子，析箸矣。周復舉子，其同母兄曰：「是箸將焉出？」南川公趣溺之，公亟往抱持，有笞其背者弗顧。薛孺人且生女，並乳之。會前所抱公爲子者無嗣，貲頗饒，公曰：「吾可乳吾弟，不可子吾弟，以代吾所當嗣者可矣。」季得讀書成諸生。公續其命於呼吸，又推讓嗣産，可不謂難乎？公析兄弟箸，惟叔弟所與，叔稱不便，又惟所易，叔困子母，公爲貿産償。叔病疫，戚黨戒不近，公獨周旋。叔起，公弗疫，叔曰：「今日乃知二哥。」季病瘵，公締視惟謹，至數年如一日。南川公困徭夙夜興，公大傷曰：「大人日僕僕公府，子乃嬉嬉擁婦子乎？」一切力肩，四壁盡矣。薛孺人娠大中，至無一廛，無肯寓産婦者，僦於外家，甫入而大中生。公曰：「嗟乎有子矣！何以糊其口？」於是乃訓蒙士，所訓皆村牧子。公教以小學儀，不急其循也；教以讀，不盡其力也。弱而憊者，時休之；居遠而風雨，午膳之；跣而濯河干者，必躬視之。脡脯聽其至者，不責其不至者。人大喜曰：「此嚴師而慈父也。」争願得就魏先生。而公以遠其尊人，覲饋源源，大寒暑重趼不替。事其兄如事父也，事其舅如事母也，事其鄉人之十年長者如事兄也。

公又推之人人，與父言慈，與子言孝，與弟言悌，與農言勤，與賈言信，與婦言貞。有兄弟數年鬩牆者，其弟來，公責以大義，弟大感動。其兄聞之，謝曰：「非公不能直我。」公曰：「吾第爲若弟言，不直在若，不在弟也。若不兄，與若弟不弟，何以異？」兄亦泣自咎。旦日兄弟各詣公謝，懽如初。公居人骨肉間多類此。鄉之訟者，不願之官府質，多質於公。有憾公者面詬公，衆怒欲擊之，公急止曰：「徐徐使彼自醒，毋重其迷。」居無何果踵門謝。公好藝蔬，蔬美。有盜蔬者，公窺之爲迤東第二鄰某甲，且委蔬去。公悉刈蔬，以半分餉東西隣各二家，因以及盜者。比舍有垂圮屋，市錫者居之，大雪夜半聲如崩，公曰：「市錫者殆矣。」披衣往發其覆，解衣衣之，得不死。公不輕貸人一錢，不輕餐人一飯，不輕殺一牲，不輕膳一肉。遇貧而濱死者，傾罍授之。每日半而炊，冬半而絮以爲常，而怡然自安，眉宇無窶人色。置身於一家一鄉中，春風藹如。無論人安公，公亦安人。與公居者，依依不忍去，去而若割矣。公何以得此？曰好行善而不慕利於人，不吝利於己也。故曰是古之隱君子篤於善者。

夫人有念念不舍於善，而天不應之善者乎？當大中産僦屋時，公名在天壤不朽矣，不待今日也。《易》曰「有隕自天」，「志不舍命也」。不舍善，則不舍命，必有非常之人自天而隕者。

行　狀

南京光禄寺少卿涇陽顧先生行狀

先生諱憲成，字叔時，别號涇陽。先生生而沉毅，迥異常兒。十歲讀韓文《諱辯》，請於師曰：「然則親名當諱乎？」曰：「然。」自是每遇南野公諱，宛轉避之，有不可得避者，輒鬱不樂。師問而知之，謂南野公曰：「此子之志卓矣，未通方也。如尊名何能諱乎？昔韓咸安王語其子曰：『吾名忠，汝勿諱忠，諱忠是忘忠也，忘忠是忘我也。』自是不諱忠。此古人事，君得無意乎？」〔眉批：塾師甚高。〕南野公喜而呼先生謂曰：「吾名學，汝勿諱學，諱學是忘學也，忘學是忘我也。孺子志之！」先生謹受教。

年十五六，家貧不能延師，就讀鄰塾。歸必篝燈自課，多至達旦。書其壁曰：「讀得孔書纔是樂，縱居顏巷不爲貧。」一日從師説或問禘之説，先生曰：「惜也，或人欠却一問。」師曰何也，曰：「假令或人再問：子不知禘之説，何以知知其説者之於天下如視諸斯也？夫子必有説矣。」師喜曰：「作如是觀，可讀《論語》矣。」又一日説養心莫善於寡欲，先生曰：「竊以爲寡欲莫善於養心。」師曰何也，曰：「心是耳目四肢之主，主人明，不受役於色矣，主人聰，不受役於聲矣。若但向聲色驅除，是主與奴競，孔子所謂仁則吾不知也。」師喜曰：「作如是觀，可讀《孟子》矣。」

年二十一，爲隆慶庚午，補邑諸生第

一。萬曆丙子，舉鄉試第一。其冬，南野公即世，先生居憂。當是時，先生名滿天下，其於文章，斟酌今古，獨闢乾坤，學者宗之，如山於嶽，如川於海，而先生退然謂此非吾人安身立命處。心所冥契，則五經四書，濂洛關閩，務於微析窮探，真知力踐，自餘皆所不屑矣。庚辰服闋，應春官試，名在二十。廷對舉二甲二名，主事户部，與南樂魏崑溟允中、漳浦劉紉華庭蘭，以道義相琢磨，時稱三解元。江陵相憚其丰采，一日謂申相國曰：「貴門生有三元會，公知之耶？日評騭時事，居然華袞斧鉞一世矣。」相國曰不知，江陵因舉三元者，三解元某某也。而三先生者，果以時事日非，相約貽書申公，諷其匡救。先生書既具，及觀魏、劉兩先生書，嘆曰：「至矣，余言贅矣。」遂止。江陵病，舉朝若狂，爲禱於神，先生獨不可。同官危之，代爲署名，先生馳騎手抹去之。壬午，江陵死，先生調吏部，日孜孜人才，與同僚爲會，以所見聞相證，遐方下吏，巖穴潛德，務於闡人所不知。尋以錢太安人年且過甲告歸，讀《易》、《春秋》者三年。丙戌，除封司主事。丁亥，大計京朝官。

先是，南北都御史久未得人。一日，特旨辛自脩改都察院左都御史，海瑞陞南京都察院右都御史，中外相慶聖明英斷。兩人真都御史矣，當路不悦也。於是御史房寰，有疏醜詆海公。先生弟季時，適以丙戌廷對，觀吏部政，遂偕同年彭旦陽遵古、諸景陽壽賢糾之，雖各得削籍，正氣爲一吐。及是，辛公司計所是非，皆與時俗忤，當路益惡之。而工部尚書何起鳴在拾遺中，人有謂何若能去辛，大當執政意，即與辛偕歸，公他日不失舊物。何大喜，遂訐辛。給事陳與郊，承風旨並論辛、何，抑揚其語，實齮齕辛，而辛、何果並罷去。先生上言畧曰：「起鳴之爲君子，爲小人；其訐自脩也，果有據，果無據；而御史高維崧等之合糾起鳴也，爲公爲私，此皆章章較著者也。皇上爲起鳴，罷自脩謝之矣，而又降及維崧等四御史，何歟？皇上以爲用人出自朝廷，是也。今起鳴訐自脩，則罷自脩，訐維崧等，則降維崧等，可謂出自朝廷歟？自脩之賢與否，臣姑無論，職司考察，反被中傷，大計重典，一朝而壞，亦姑無論，惟是以維崧等之疏，出自承望，則臣以爲謬矣。邇年以來，猜忌繁興，讒誹殷積，幸而昨者本部奉旨考察，不問恩怨，一秉至公，命下之日，中外翕然稱服，以爲我皇上之明，一二三執政之有容如此，亦見人心之公，昭昭不泯，而挽回有幾矣，何意復覩是紛紛乎？在起鳴既疑以宿釁蒙垢，在自脩又疑以忤時招尤，在起鳴既見以有援而巧爲排，在自脩又見以受屈而急於辯：皆過矣，顧獨坐維崧等承望耶？即爾，彼給事中陳與郊等，深詆自脩，又何爲者？爲今之計，臣以爲莫若各務自反而已。起鳴當思何以爲衆論鄙，自脩當思何以爲儕友猜，維崧等當思何以言出而召侮，與郊等當思何以言出而啓疑。至於執政大臣，尤應倍加簡省，風厲百僚，若無若虚，孜孜汲汲，積而久之，精神透徹，誠意孿如。本無偏好，誰能求同？本無偏惡，誰能求異？雖褊心鋭氣皎皎而負爲高者，亦慚悔而恍然自失矣。先是，御史甘士价進和衷之説，其指甚美，第不務拔本塞源，而徒欲調停於聲色之間，其究非强上以狗下，則强下以狗上，此臣之所以不容已於言也。臣又見今之時，非科道而建言者，必詬之曰出位，曰好名，又曰是爲進取之捷徑耳，不然則又曰是多行不韙，計畫無之，聊借以蓋醜而脱計網也。斯四者亦誠有之，而不可不求其故也。明興二百餘年，西漢之經術，東漢之節義，唐之詩詞，宋之理學，並彬彬稱隆，而獨言官之氣稍不振。天下多故，危言讜論，往往出於他曹，即如我皇上涖祚，故相張居正用事，數年之内，言官有相率譖頌耳、保留耳、祈禱耳，吴、趙、鄒、沈、王、艾之儔，何寥寥也！又如近日維崧等合糾起鳴，本屬公議，及皇上詰責所以，輒惶恐推避，莫適爲首，謝罪不暇，竟無能自見始末，開廣聖心。誠令維崧等披露情愫，曉暢事實，章晰誼理，剴篤言辭，皇上一覽而悟，未可知也。臣甚惜之。繇此觀之，使言官不爲利誘，不爲威惕，無事，不瑣屑以取厭，有事，不依回以取容，牽裾折檻，時不乏人，他亦無繇而奮其説矣。然則使人之得以出位而言者，臺省之爲也。夫人情，無不喜順而惡逆，況居尊顯者乎？其喜能令人榮，其惡能令人辱。有一人焉，端言正色，侃侃不顧，安得而不名高？名高矣，而當之者苦於不堪，厭恨之，廢棄之，摧折之，則天下皆咈然不平於其心，一旦時移事改，是非論定，夫安得而不加殊擢也？是故抑者，予其揚者也；屈者，藉其伸者也；退者，佐其進者也。假令其言是，恬然而受之，其言非，廓然而容之，録其長，不疵其短，褒其直，不嗔其狂，用其言，何必計其人，不用其言，何必疾其人，審如是，人人而能言也。何名可賈，何利可徼，而亦何醜可蓋？非徒然也？而我反因之獲容直之名，收用言之利矣。然則使人之得以賈名，得以徼利，又得以蓋醜者，廟堂之爲也。至於建言之人，大都負氣自喜，不耐矜束，❶遇事發憤，往往過當。聽者方内懷不服，退而詢其行事，又不足以滿其意，則曰爾以古人畜我，何不以古人自畜。而承望意指者，又因而媒孽之，尋垢索瘢，無所不至，於是遂置其言不復採，而并賤其人。假令士能潔躬脩行，入不愧妻子，出不愧朋輩，則其人重，其言亦重，夫安得而無聽？然則使人之得以舉而納諸羣詬之中者，建言者之爲也。故臣以爲亦莫若務自反而已。自反，則上何暇以言爲罪，下何暇以言爲高，惟各盡其在我而已矣。先是，科臣楊廷相，欲痛懲矯激之非，臣愚以爲，將來之患，正恐不在矯激。如曰曩居正用事宜尚異，今非其時也，宜尚同，則唐虞之際，猶然朝有吁咈，野有誹謗，而孔子亦云『邦有道，危言危行』。不以唐虞有道，望斯世斯民，而僅僅較短長於居正柄國之日，此臣之所痛也。」

疏奏，有旨切責，謫湖廣桂陽州判官。時王京兆麟每語人曰：❷「顧勳部折衷辛、何甚當。自反之説，拔本塞源，吾輩當各寫一通置座右。」陳司寇兩亭公謂王婁江曰：❸「顧勳部立論最公，何以不免？」婁江艴然曰：「渠執書生之見，狥道路之言，焉知廟堂苦心？」司寇曰：「書生之見當守，道路之言當採，勳部苦心亦不可不察也。」

先生之桂陽，其士人皆進而問業。先生以桂陽爲柳子厚、蘇子瞻兩公謫居，莊定山先生亦謫於此，大有惠德於民，題所居曰愧軒，志愧前哲。又以柳氏文而已，蘇未離

❶「矜」，康熙本、四庫本、光緒本作「鈐」。
❷「每」，原漫漶不清，底本缺，據四庫本補。
❸「兩」，康熙本、四庫本、光緒本作「雨」。

乎文，莊庶幾離乎文矣，深愧文字外無以益桂陽多士。其先行後文類此。戊子，司理處州府，先生念太安人，不欲行，太安人不可。會季時授南康郡博，季時曰：「叔出季處乎。」即日乞休。而先生至官，專務教化。有兄弟訟數年不決者，呼謂之曰：「汝兩手兩足相争否？兄弟，手足也，而相争，非怪事乎？而恬不以爲怪，何也？既相争，自相治可矣。」各授之杖，謂其兄曰：「爲吾扑若弟。」謂其弟曰：「爲我扑若兄。」兩人相顧愕然。先生故促之，兩人叩首請曰：「曩者官爲析曲直，故不服，今我服矣，不知曲直也，願得自新。」先生喜，令兄弟相揖謝，兩人大哭而去。時蔡御史按浙，不敢以吏事見先生，假之差歸。己丑，居太安人憂。辛卯，復司理泉州。壬辰，計羣吏，先生舉公廉寡慾，爲天下司理第一。尋擢主事考功，銓司出而再入者，自先生始。

是年詔三皇子並封，先生倡四司上言，畧曰：「伏見皇上思祖訓立嫡之條，欲暫將三皇子一併封王，以待將來有嫡立嫡，無嫡立長，於此知皇上有惕然不敢自專者，而必以上合聖祖之心爲安也。又見皇上諭輔臣王錫爵等：『朕爲天下主，無端受誣。』於此知皇上有慊然不敢自適者，而必以下合天下之心爲安也。惟是待之一言，皇上之所據以爲得，正天下之所共據以爲失，此吉凶之原，安危之幾，不可不蚤辨而慎防也。夫太子，天下本。立本，所以不忘天下也；豫定，所以固本也。是故有嫡立嫡，無嫡立長是也，待嫡非也。就現在論嫡之有無，是也；待將來論嫡之有無，非也。夫待之爲言也，濡滯而不決，懸設而難期，撓不刊之典，潰不易之防，隳不攜之信，叢不解之惑，開不救之釁，貽不測之憂，甚不可也。皇上之稱祖訓惓惓矣，顧其所載立嫡、待嫡二條，意各有主，質以建儲之事，判然不類。皇上第以其合於己意，援而附之，爲遵祖訓乎？爲悖祖訓乎？其不可一也。我朝建儲家法：東宮不待嫡，元子不並封。廷臣言之甚詳。皇上以其不合於己，槩置弗省，豈皇上創得之見，有加於列聖之上乎？其不可二也。有天下者稱天子，天子之元子稱太子，太子之元子稱太孫。天子繫乎天也，君與天一體也。太子繫乎父也，太孫繫乎祖也，父子祖孫一體也。主鬯承祧，於是乎在，不可得而爵也。❶今欲並封三王，元子之封何所繫乎？無所繫，則難乎其爲名，有所繫，則難乎其爲實，其不可三也。皇上亦曰權宜云耳。夫權者，不得已而設之也。元子升儲，諸子分藩，於理爲順，於情爲安，於分爲稱，於訓爲經，有何疑顧？有何牽制？有何不得已而然乎？耦尊鈞大，偪所繇也，豈細故哉？而姑任之，其不可四也。皇上以聖祖爲法，聖子神孫以皇上爲法。皇上尚不難創其所無，後世詎難襲其所有。自是而往，幸有嫡可也，不然是無東宮也，無乃悮萬世之大計乎？又幸而如皇上之英明可也，不然是凡皇子皆東宮也，無乃釀萬世之大患乎？其不可五也。皇后者，與皇上共承宗祧，期於宗祧得人而已。宗祧得人而皇后之職盡矣，豈必有嫡而後爲快？夫皇上，以父道臨天下者也。皇后，以母道臨天下者也。一體也。皇上之元子，即皇后之元子，雖恭妃不得而私之；皇上之諸子，即皇后之諸子，雖皇貴妃

❶「爵」，康熙本、四庫本、光緒本作「紊」。

不得而私之，統於尊也。今庶民之家，妾之有子，亦以其妻爲嫡母，豈必自己出，而後爲子？又豈必如輔臣王錫爵之請，須拜而後稱子哉？皇上何不斷以大義，而爲此區區？其不可六也。況始者奉旨少待，二三年而已，俄改於二十年，俄又改於二十一年，然猶可以歲月爲期也。今曰以待嫡嗣，則未可以歲月爲期也。德音方布而忽更，聖意屢遷而彌緩，非因預瀆，非因衆激，何以謝天下？其不可七也。夫爲天下之主者，未有不以天下爲心。自並封之命下，一日之間，叩閽而上封事者不可勝數，至于里巷小民，亦悵然若失，愕然若驚，聚族而議也。是孰使之然哉？人心之公也。而皇上猶責元輔王錫爵擔當。錫爵夙夜趨召而來，正欲爲皇上定此大事，排羣議而順上旨，豈所謂擔當？惟是矢志積誠，必欲納皇上於無過之地，乃真擔當耳。不然，皇上尚不能如天下何，而況錫爵哉？其不可八也。皇上神明天縱，信非溺寵狎昵之比而不諒者，見影而疑形，聞響而疑聲。皇上方以爲無端受誣，天下且以爲無端反汗。無端受誣，豈惟皇上有所不堪，臣等亦爲皇上不堪；無端反汗，豈惟臣等不能爲皇上解，皇上亦不能爲臣等解。皇上盛德大業，比隆三五，而乃來此意外之紛紛，不亦惜乎！其不可九也。凡此皆待之一言爲之也。伏願皇上反觀長慮，以成憲爲必不可違，以輿情爲必不可拂，以初命爲必不可爽，以新諭爲必不可行，皇元子早正儲位，皇第三子、皇第五子，併錫王爵，父父子子君君臣臣兄兄弟弟，宗廟之福，社稷之慶，萬世無疆之休，悉萃於此矣。」

又自爲書貽婁江公曰：「昨請教册立

之事，實百其難。明旨一定，何以轉移？人情洶洶，何以鎮定？上欲不愆於明旨，下欲不駭於人情，故曰難也。究竟則請期一着，尚自可圖，然而非閣下莫能任。蓋自萬曆十四年以來，廷臣之以建儲請者，不啻數十疏，而皇上之旨亦幾變矣。然曰待二、三年，則二、三年而已也；曰待過十齡，則是至十齡而已也；曰二十一年，則是二十一年而已矣。期未至而請之，皇上得執激擾以爲辭，期既至而請之，皇上亦何辭以謝天下？此遷延之法，可得而窮者也。今者以待皇后生嫡子爲辭，從今以往，復何所據以請乎？此假借之法，不可得而窮者也。閣下試端意而思之。皇上之旨，所以屢遷者，何也？建儲，盛典也。九廟式靈，兩宮欣願，百官萬姓之所瞻企，而言及者輒獲罪，若有大不滿其意者何也？亦可推矣。

三王並封，耦尊齊大，亦可觀矣。閣下不念之耶？昔者秦皇漢武，寧不蓋世之雄？一念小偏，便墮入婦人女子之手，雖二君孰意及此乎？若曰有嫡立嫡，無嫡立長，兩語炳若日星，誰能奸諸？則長幼有序之説，明旨不啻再見，何至今日乃更益立嫡之條，重之以祖訓，藉之以中宮？彌縫轉易，挽回轉難，歲復一歲，有何底止？竊以爲宜聽九卿科道，仍尊屢旨，合辭以請，而閣下從中調停，懇示定期，即甚遲，不得。越一年，庶幾聖心確有所主，不開窺伺之端，人心專有所屬，不萌二三之釁，議論方囂而復定，國本幾搖而獲安，真閣下事矣。脱或一請不得，當至於再、至於三，又至於十百，至於去就可也，至於死生可也。若乃皇上懸不必然之説，以蓋其立長之成命，閣下又操必不然之見，以成其立嫡之托辭，交相爲負，非所望於今日君臣也。」

癸巳內計，功郎趙儕鶴先生秉至公從事，執政弟弗顧也，執政所庇弗顧也，太宰甥弗顧也，已之姻弗顧也。計典出，人謂二百年來未有慊於輿情若此者。而先生與李公元冲，實左右之。政府大恚趙先生，乘劉黄門道隆疏論科道拾遺者不宜留用，遂票旨，切責降調。先生與元冲公上疏曰：「頃者皇上切責吏部專權結黨，趙南星降調外任。臣等與南星，生平以道義相期許，及在同部，又以職業相切磨。惟兹內計之典，始而咨詢，繼而商確，臣等皆與焉。至于議留虞淳熙、楊于庭二臣，臣等亦以爲誼出憐才，嘗從臾之。今南星被罪，臣獨何辭以免？南星一意奉公，不以情庇，不以勢撓，庶幾少挽頹風，以報皇上，而竟不免於罪。況臣等自揣，才識不逮南星遠甚，其迂戇椎魯，又或過焉，若復靦顏在列，將來招釁速戾，有不止於南星者，然則與其去南星，孰若去臣等，與其留臣等，孰若留南星。伏惟皇上擴天地之量，垂日月之明，念南星自謀則拙，謀國則忠，還其原職，以示任事者之勸，無徒快被察諸人之心。倘始終以爲專權結黨，乞將臣等一併罷斥，無令南星獨蒙其責。」不報。

無何先生司選，以扶陽抑陰爲體，以不激不隨爲用。於婁江公，待以至誠，每事必告，冀轉移之。而一切推用賢才，與世牴牾者，公所陽諾，實所陰尼，先生覺其機惡。值公假沐，推孟公一脈、王公德新，不以告。疏上輒下矣，公又陽喜謂先生曰：「主上朕兆殊佳，自此正人亟宜推用。」先生又覺其機惡，曰：「幸有好朕兆，正不須急激聒也。」

無何而會推閣臣之命下矣。先是，先

生在勳司，適鄒南皋先生請去，婁江曰：「昨文書房傳旨云放去。」先生曰：「不然。若放去果是，相國宜成皇上之是，該部宜成相國之是。若放去爲非，相國不宜成皇上之非，該部不宜成相國之非。」公語塞，竟疏得留用。又一日，太宰孫公立峯罷，推代者。時少宰趙公定宇署篆，婁江屬以首推大宗伯羅康洲萬化，先生曰：「不可。內閣者，翰林之結局，冢宰者，各衙門之結局。今天下大勢折而入內閣矣，況可併冢宰據之乎？」選郎劉用齋曰：「嘉靖間不嘗用吕餘姚、嚴常熟乎？」先生曰：「是時威權在世廟，斷自聖心，則可；今日威權在內閣，出自相指，不可。我太祖罷中書省而設六部，惟恐其權之不散；嚴分宜以來，內閣合六部而攬之，惟恐其權之不聚。散則互鈐，權臣不得行其私，國家之利也。聚則獨制，各人不得守其職，權臣之利也。安危大機，於是乎在，如之何背聖祖而從分宜乎？況往者內閣之推，往往用各衙門，不專翰林，即冢宰兼翰林，亦得。今不能以內閣與各衙門共，而更以冢宰與翰林共，其亦頗矣。故論用人大道，止當問其孰可內閣，孰可冢宰，不可問其孰爲某衙門；論救時大機，通冢宰於翰林，其勢易，通內閣於各衙門，其勢難，不可不深計也。」劉聞之愕然。因與先生謁少宰，少宰曰：「業已成議，且近有吴鎮訐絶婚事，奈何？」先生曰：「國家大事，寧避小嫌？自王、楊相繼在部，其於內閣，指使若奴婢，至陸平湖始正統均之體，孫餘姚遵而不變。內閣切齒，相繼免歸，千思萬算，出此一着。吏部、內閣，合爲一家，其禍不可勝言矣。昔高中玄以內閣兼冢宰，一日進閣，一日進部，是以全身爲分身也；今内閣用其同衙門爲冢宰，❶是以分身爲全身也。作用若殊，巧妙則一。竊恐日囿其彀中而不知耳。」趙悟曰：「如公言，利害乃爾。」遂往言於婁江，婁江曰：「誰爲此議？」曰顧稽勳，公無以奪，而冢宰得陳公心谷矣。

婁江嘗一日謂先生曰：「近有怪事，知之乎？」先生曰：「何也？」曰：「内閣所是，外論必以爲非；内閣所非，外論必以爲是。」先生曰：「外間亦有怪事。」公曰：「何也？」曰：「外論所是，内閣必以爲非；外論所非，内閣必以爲是。」相與笑而罷。及是，推閣臣，陳公心谷謂先生且勿言，各疏所知。各疏七人，皆合，而首舉舊輔王對南先生，又皆合。陳大喜，令先生言之婁江，婁江大恚曰：「何不舉康洲？」曰：「外論不與者半。脱言官言之，將自認乎？推閣下認乎？推閣下認，何用吏部？自認，又何成吏部？二者皆所不敢出也。」婁江益恚曰：「前推羅君冢宰，君謂翰林只宜推内閣。今推内閣，又不可，何耶！」先生曰：「前論事，今論人也。」婁江復屬相國趙蘭溪言之。先生曰：「公論所在，司官不敢誤堂官也。」復自貽書於陳，陳曰：「公論所在，本部不敢誤朝廷也。」少宰趙心塘，羅之門人也，又言之陳，陳曰：「此非本部所得專也。」又言之先生，先生曰：「此非本司所得專也。」趙謂陳曰：「明日會推，必推之。」陳笑曰：「堂官口，司官手，二百年故事也。假令老先生舉口，而司官不舉筆，作何收拾？」及會推，王給諫彈羅疏亦至，而婁江必不容先生矣，遂削籍歸。給事逯公確齋

❶「同」，康熙本、四庫本、光緒本作「本」。

上疏極論，謂憲成以直道被斥，恐今而後非如王國光、楊巍也者，則不能一日爲太宰，非如徐一檟、謝廷寀、劉希孟也者，則不能一日爲司官，臧否混淆，舉措倒置，將使黜陟重典，爲權門供愛憎，銓衡重地，爲私門樹桃李，天下不知有是非，人心不知有勸懲，風靡波流，莫究所終矣。確齋亦黜。

先生嘗曰：「天下事，君相同心，方可爲。其次，閣銓同心，亦得一半。今皆無之，止有三十巡撫、十三提學，可選擇而使。若盡得人，士習民生，庶幾小補，方日孜孜焉。」當是時，太宰則宋、陸、孫、陳，四司則王秋澄公教、鄒大澤公觀光、孟雲浦公化鯉、儕鶴先生，以及先生，皆極一世之選，雖人不竟用，而賢賢相續，後先一道。至先生司選，而人心益蒸蒸丕變矣。然中貴人干請不行，柄國者好惡相左，兩者合而爲一，陽施陰設，不盡逐之不已。自先生去而隄防盡決，識者不能不歎息痛恨云。

先生歸，且以積勞成疾，頭岑岑暈眩作楚。乙未春，幾殆。諸子環泣，先生張目曰：「人有來處，應有去處，夫何傷？」已忽蘇，吟詩曰：「茫茫人化任推遷，消息盈虛總自然。若欲箇中生去取，請觀四十六年前。」越丙申、丁酉，始漸愈。病中體究心性愈微，故劄記始於甲午。戊戌，始會吴中諸同志於二泉之上，與管東溟辯無善無惡。管之學，一貫三教而實主佛學。先生謂佛學三藏十二部五千四百八十卷，一言以蔽之，曰無善無惡，七佛偈了然矣，故取要提綱，力剖四字。又以辯四字於告子易，辯四字於佛氏難，以告子之見性麤，佛氏見性微也；辯四字於佛氏易，辯四字於陽明難，在佛氏自立空宗，在吾儒陰壞實教也。其言曰：「自古聖人教人，爲善去惡而已。爲善，爲其固有也；去惡，去其本無也。本體如是，工夫如是，其致一而已矣。陽明豈不教人爲善去惡乎？然既曰無善無惡，而又曰爲善去惡，學者執其上一語，不得不忽下一語也。何者？心之體無善無惡，則凡所謂善與惡，皆非吾之所固有矣。皆非吾之所固有，則皆情識之用事矣。皆情識之用事，則皆不免爲本體之障矣，將擇何者而爲之？未也。心之體無善無惡，則凡所謂善與惡，皆非吾之所得有矣。皆非吾之所得有，則皆感遇之應迹矣。皆感遇之應迹，則皆不足爲本體之障矣，將擇何者而去之？猶未也。心之體無善無惡，吾亦無善無惡已耳。若擇何者而爲之，便未免有善在，若擇何者而去之，便未免有惡在，若有善有惡，便非所謂無善無惡矣。陽明曰：『四無之説，爲上根人立教；四有之説，爲中根以下人立教。』是陽明且以無善無惡，掃却爲善去惡矣。既已掃之，猶欲留之，縱曰爲善去惡之功，自初學至聖人，究竟無盡，彼直見以爲是權教，非實教也。其誰肯聽？既已拈出一箇虚寂，又恐養成一箇虚寂，縱重重教戒，重重囑付，彼直見以爲是爲衆人説，非爲吾輩説也。又誰肯聽？夫何故欣上而厭下，樂易而苦難？人情大抵然也。投之以所欣，而復困之以所厭，畀之以所樂，而復攖之以所苦，必不行矣。故曰惟其執上一語，雖欲不忽下一語而不可得，至於忽下一語，其上一語雖欲不弊而不可得也。羅念翁曰：『終日談本體，不説工夫，纔拈工夫，便以爲外道，使陽明復生，亦當攢眉。』王塘翁曰：『心、意、知、物，皆無善無惡。學者以虚見爲實悟，必憑此語，如服鴆毒，無不殺人。海内有號爲超悟，而竟以破戒負不韙之名，正以中此毒而然也。』且夫四無之説，主本體言也。陽明方曰是接上根人法，而識者至等之于鴆毒。四有之説，主工夫言也。陽明第曰是接中根以下人法，而昧者遂等之於外道。然則陽明再生，目擊兹弊，將有摧心扼腕，不能一日安者，何但攢眉已乎？」先生之説甚詳，見《証性篇》。

於是先生時時謂攀龍曰：「日月逝矣，百工居肆以成事，吾曹可無講習之所乎？」錫故有東林書院，宋龜山楊先生所居。楊先生令蕭山歸來，依鄒忠公志完於毘陵，忠公尋卒，依李忠定公伯紀於梁溪，凡十八年，往來毘陵、梁溪間，棲止東林，闡伊洛之學。後廢爲僧舍，邵文莊公圖脩復之不果。及是先生弔其墟，慨然曰：「其在斯乎！」遂聞於當道，葺楊先生祠，同志者相與搆精舍居焉。甲辰冬，始會吴越士友。先生爲約，一以考亭白鹿洞規爲教，要在躬脩力踐。嘗言：「講學自孔子始。謂之講，便容易落在口耳邊去，故先行後言。慎言敏行之訓，恒惓惓焉。至其自道不居仁聖，却居爲誨，看來説聖説仁，聰明才辯之士，猶可覓些奇特，逞些伎倆，逞些精采，推到不厭不倦處，便一切都使不着。然則孔子所謂工夫，恰是本體。世之所謂本體，高者只一段光景，次者只一副意見，下者只一塲議論而已。」深慮世之學者，樂趨便易，冒認自然，故於不思不勉，當下即是，皆令查其源頭，果是性命上透得來否，勘其關頭，果是境界上打得過否，皆先生喫緊爲人處也。

丁未，婁江相再徵，先生夢爲祖道，執其手曰：「有君如是，何忍負之！」鄭重叮嚀，至於再三，至於涕泣，不覺大聲而呼，室中盡驚，而淚且漬枕矣。先生不忍虚此一段誠意，遂述寐言貽之，弗省也。戊申，詔起南京光禄寺少卿。先生商諸同志，或謂宜行，或謂宜止。先生曰：「仕宦寧退毋進。吾衰矣，當從其退者。」遂乞骸骨。而會太宰孫立亭公，有不察於沈司馬繼山、李司徒脩吾，先生曰：「太宰爲人所誤，乙未之事可嘆已。今或自執所誤，則前誤遂不復贖。公之晚節可惜，天下亦承其弊。吾身在進退之間，此大竅竅，可以完三賢撤一綱。」遂爲書貽公。當是時，司徒已見彈射，白之政府，然與時局忤甚，遂憎兹多口，朝論紛紜，海宇震撓。或謂先生宜有以自明，先生報曰：「讀南北諸君疏，有爲之躍然以喜者矣。何喜也？喜聞善也。有爲之赧然以恥者矣。何恥也？恥溢美也。有爲之悚然以懼者矣。何懼也？懼滋競也。有爲之愀然以憂者矣。何憂也？憂激禍也。然則凡曲直吾者，皆提策我者也。凡提策我者，皆玉成我者也。尚不知何脩可以副德意之萬分一，而何較哉？」東司徒曰：「赤金在烈焰中，借火之力，得真色見於世，亦如我輩借諸賢力，得真身見於世。諸賢誠有功於吾輩，古人所以拜昌言也。」凡先生之爲自反類此。蓋先生謂當江陵時，吴、趙、沈、鄒諸君子出萬死力，爲宇宙扶植綱常。魏中丞見泉公爲侍御時，論科塲積弊，❶侵張蒲州相國落職，李司徒抗疏救之亦落職。自後司徒歷中外，吴浙諸相，無有悦之者，四明銜之獨甚。及鑛税事起，豺狼彌天，司徒屹然扼南北之衝，江淮

❶「塲」，康熙本、四庫本、光緒本作「道」。

千里，民恃以無恐而不思亂，此其人，誠世道所賴，故於朝於野，惓惓爲天下共惜其寶，誠見其大也。

先生每謂吾之觀人，於尼聖得五案焉。進有非刺之狂狷，退無非刺之鄉愿，一也；大受小知，二也；察衆惡，❶三也；皆好不如善者之好，皆惡不如不善者之惡，四也；觀過知仁，五也。若夫朋交情好，非所以論先生矣，而先生豈區區以朋交情好爲門户，角立於天下者耶？嘗見其貽所知書曰：「竊觀近局，誠若冰炭，弟從旁静察，亦只是始於意見之岐，成於意氣之激耳，未始不可轉移聯合也。誠欲爲之轉移聯合，蓋有道焉。局内者置身局外，以虚心居之，乃可以盡己之性；局外者宜設身局内，以公心裁之，乃可以盡人之性。何言乎虚也？各就己分上求，不從人分上求也；各就獨見獨知處争慊，不就共見共知處争勝也。何言乎公也？是曰是，非曰非，不爲模稜也；是而知其非，非而知其是，不爲偏執也。夫如是，將意見不期融而自融矣，何所容其岐？意氣不期平而自平矣，何所容其激？其於國家尚亦有利哉。若乃自責則輕以約，責人則重以周，所愛則惟見瑜，且併其瑕而瑜之，所憎則惟見瑕，且併其瑜而瑕之，在事之人既然，持議之人復然，如水濟水，如火濟火，是化君子而小人，化一家而敵國也。是舉百年有限之光陰，盡用之於相争相競，而不用之於相補相救也。是舉兩下有限之精神，盡爲各人區區之體面用，而不爲君父赫赫之宗社生靈用也。豈不惜哉！」先生之用心如此。

❶ 「察」下，四庫本有「衆好」二字。

先生孝友慈惠，渾然天成。父南野公，豪傑士也。不能餬其口，顧慨然慕范文正公爲人。先生爲諸生，有司餉膏火資，公謂士不受人憐，必謝去之爲快。先生斤斤奉以周旋，高邁夙成者以此。先生兄弟四人，公命伯、仲治生，叔、季治經，治生者佐治經者，故先生與季時，不問生産。仲公有心計，多天幸，箸稍稍起。其末年，兄弟各念南野公之慕范公而賚志長終也，捐産以贍其族之貧區之役。君子謂人有其志，則天遂其事已。

先生於兩兄嚴之如父，於弟資之如友，一動一止，無不自仲肩之，一字一句，無不自季參之，而東林之創經紀者仲也，切磋者季也。先生曰：「吾多助於兄弟如是，幸矣！」夫於宗親，有養之終身者，有及其再世者。於師，生養死殯之，於友髫齔之交，無不白首相歡，即有緣而爲利，幾敗其名者，夷然不問也。於同邑之宦於四方者，必默爲提挈，有一長可見者，必力爲表章，其人不知也。於兄弟之子，愛之如子，教之如父，有前後母者，有嗣嫡者，必使各得其所。曰：「吾以兄弟視諸孤，猶之子也；以吾父母視諸孤，均之孫也。何前何後？何嗣何嫡？」念其伯兄少獨勤苦，思得報而無從。伯之諸子試，有司必爲通名，曰：「試士，公典也。吾念吾兄，而聊通諸子，以備採擇，私情也。」於子則絶不爲干請。嘗戒其長君曰：「凡爲父兄，莫不愛其子弟，莫不願其讀書進取。今府縣考童生，吾始終不欲以汝名聞於主者，非惄也，非棄汝而不屑也。吾自有説。就義理上看，男兒七尺軀，頂天立地，如何向人開口道個求字？孟夫子『齊人』一章，便是此字行狀，讀之汗顔，不可作等閑認也。就命上看，窮通利鈍，墮地已定，如何增損得些子？眼前那個不要做秀才？到底有個數在。若可以勢求，可以賄求，那不會求的便没分，造化亦炎涼矣。就吾分上看，本無尺寸之長，賴祖宗之庇，倖博一第，再仕再不效，有丘山之罪，猶然煖衣飽食，安享太平。在昔大聖大賢，往往厄窮以老，甚而流離顛沛，不能自存。我何人斯，不啻過分矣，更爲汝干進，是無厭也。就汝分上看，但在志向何如。若肯刻苦讀書，到底工夫透徹，科甲亦自不難，何有於一秀才？若尤肯尋向上去，要做個人，即如吴康齋、胡敬齋兩先生，只是布衣，都成大儒，至今説起兩先生，誰不敬慕？連科甲亦無用處，何有於一秀才？汝試繹而思之，識得此意，省多少閒心腸，省多少閒氣力，省多少閒悲喜，便是一生真受用也。」

先生於世，無所嗜好，食取果腹，衣取蔽體，居取坐卧，不知其他。四壁不堊，庭草不除，帷帳不飾，一几一榻，敝硯秃筆，終日儼然冥坐讀書，四方酬答而已。憂時如疾痛，好善如飢渴。無所不坦易，至關綱常者，毅然執之不移；無所不渾厚，至關邪正者，井然辨之必悉。蚤見也，又不以成心逆物；嫉惡也，又不以己甚求備。語言簡重，喜怒希形。常曰極論中和位育之脈，吾輩一嚬一笑，一語一默，在在與天地相對越，與萬物相往來，何容兒戲。未嘗絶郡縣竿牘，而非一方之寃抑，不告；未嘗絶當路交際，而辨貨取之介最嚴。丁儀部長孺，見一選司老胥，屈指最廉正者曰：「吾目中所見，陳尚書心谷、孫尚書立亭、顧選君涇陽、孟選君雲浦而已。」

先生之學，性學也。遠宗孔聖，不參二

氏，近契元公，確遵洛閩。嘗曰：「語本體，只是性善二字；語工夫，只是小心二字。」又曰：「心不踰距，孔之小心也；心不違仁，顔之小心也。」此其學之大旨矣。先生有絶人之資，其於世也，百家衆技，當無所不臻其妙，而獨以全力用之於學，一切伎倆不得而岐之，故其功專；其於學也，百家衆説，當無所不造其微，而獨以全力用之聖學，一切玄妙不得而岐之，故其學純。於凡五經四書，直從神情血脈，字字咀嚼，故密察不差毫髮；於凡聖賢豪傑，直從皮毛骨髓，人人對勘，故權衡不爽錙銖。嘗曰：「周元公之於道至矣。所以爲之推行其道，使得昌於當時者，程伯子也。所以爲之推明其道，使得傳於後世者，朱晦翁也。元公藏諸用，其源深，兩先生顯諸仁，其流遠。」又曰：「二程與横渠、康節，一時鼎興，氣求聲應，此吾道將隆之兆也。微元公，孰爲之開厥始？流傳最久，分裂失真，有禪而儒，有霸而儒，有史而儒，此吾道將涣之兆也。微晦翁，孰爲之持厥終？元公之功，不在孟子下，晦翁之功，不在元公下。」

攀龍亦曰：自孟子以來得文公，千四百年間一大折衷也。自文公以來得先生，又四百年間一大折衷也。先生自甲午以來，見理愈微，見事愈卓，充養愈粹，應物愈密，從善如流，徙義如鶩，殆幾於無我矣。吾推其志，必也友一鄉之善，友一國之善，友天下之善，友萬世之善，其不然者，曰小家相，先生不屑矣；必也堯舜其君，皋夔其相，唐虞斯世，孔孟吾徒，其不然者，曰第二義，先生不屑矣。天假之年，進不可量，天假之位，用不可量。

壬子五月廿又三日，以微疾恬然而逝，

得年六十有三。昔人於明道先生之亡，曰伯淳無福，天下人也無福，吾於先生亦云。所著有藏稿二十二卷，劄記十二卷，《大學通考質言》，《東林會約商語》行於世。尚存劄記三之一，存稿十之三，《還經録》、《證性編》、《桑梓録》，未刻。

甲寅冬，公嗣與淳等，以母朱太安人命，厝先生於賢關橋，而令攀龍次其言行，請誌銘於南皋鄒先生。竊惟天生非常之人，必有以也，不命之平治天下，則命之平治萬世。如涇陽先生者，謂天無以命之乎，不宜使之與於斯道，謂天有以命之乎，不宜使其窮於斯世。意者所命在此，不在彼歟？則無涯之日，自今伊始，何以使之信而可傳耶？今天下可以徵信先生，使傳於後世者，舍南皋先生誰與歸？故敢九頓以懇。

顧季時行狀

季時，諱允成，别號涇凡，即世所知涇陽先生母弟也。季時少敏慧，頗好弄。年十四，從師少弦張公，習舉子業弗善也。以語季時父南野公，公曰：「是兒非落人下者。」師笑曰：「吾亦知之，不激不奮耳。」公然之。令更他師，居半歲，季時忽謂涇陽先生曰：「弟知過矣，請歸稟繩墨。」先生大喜，請於張公復之。衆未信，久之果如所言。先生問季時：「弟何感遽如是？」季時曰：「恐傷兩大人心。」先生曰：「此是爲人根子。」

久之業日進。萬曆己卯舉鄉試，癸未舉會試，丙戌大廷對策，指切時事不少諱。其畧曰：「陛下所以策臣者，無慮數十百言，究其指歸，賞罰二科而已。夫賞者，勸天下之法，然有不倚於賞者，所以勸天下之意也；罰者，懲天下之法，然有不倚於罰者，所以懲天下之意也。今賞罰之法甚具，然而德澤不究，法令不行，此無異故，則聖制言之矣，所以風厲之者非其本，督率之者非其實也。本也，實也，即臣愚所謂意也。竊觀當今之勢，而根極其體要，所以累皇上之意者，大幾有二，明以好示天下，而此二者恒陰移其所好，明以惡示天下，而此二者，恒陰移其所惡。二者何也？曰內寵之將盛也，曰羣小之將逞也。夫人主崇高富有，無一不足以厭其欲，昏其志，而惟色爲甚，聖王之所亟遠也。昨者皇上以鄭妃奉侍勤勞，特册封爲皇貴妃。大小臣工，不勝其私憂過計，因而請册立皇太子，因而請加封王恭妃。皇上不温旨報罷，則峻旨譴逐

矣。夫皇太子，國之本也。忠言嘉謨，國之輔也。兩者天下之公也。鄭貴妃即奉侍勤勞，以視天下，猶爲皇上一己之私也。以私而掩公，以一己而掩天下，亦已偏矣。偏則皇貴妃或得以愛憎弄威福於內，其戚屬或得以愛憎弄威福於外，閹人侍妾，又或將乘其偏而得以愛憎弄威福於內外之間。若然，則賞罰云者，將不爲皇上之好惡用，而爲內寵之好惡用，欲其信且必未可也。人主雖甚神聖，其聰明不足以遍天下，將必有所寄之。寄之得其人則安，不得其人則危，非細故也。邇年以來，皇上明習政務，聽覽若神，蓋辨及左高，察及淵魚，幾於遍矣。竊聞之道路，往往二三羣小伺察而得之，此可謂寄得其人耶？皇上非不知不得其人，而姑寄之者，其亦有不得已也。蓋曰：『朕向以天下事付張居正，而居正罔上行私，一

時公卿臺省，從風而靡，外廷之不足信明甚，故寄耳目於此輩，示天下莫能欺也。』臣以爲不然。善爲治者，以全而收其偏，不聞以偏而益其偏。皇上懲居正之專，散而公之于九卿可也。若聚而寄之於此輩，則居正之專，尚與皇上爲二，此輩之專，且與皇上爲一，救之難爲力也，不更倍乎？且此輩之始用事，適皇上鋭精求治之初，彼方見小信以自結，其所指陳，類依公義，猶若未害，久則陽公而陰私矣，又久則純出于私矣。若然則賞罰云者，將不爲皇上之好惡用而爲羣小之好惡用，欲其信且必未可也。德澤之壅，法令之尼，有繇也。臣愚以爲欲效忠於皇上，當自今日始，欲效忠於今日，當自兩者始。」時讀卷官大理何心泉者，諗於衆曰：「此生作何語耶？真堪鎖榜矣。」大學士婁江王公取閲之，稍易置二百十三名。季時退，自傷以爲不幸，不達皇上，即達，死不恨矣。

適南京右都御史剛峯海公，屢爲房御史所詆，季時憤曰：「臣下皆自處於私，奈何望皇上無私也！」於是與彭公旦陽、諸公景陽，合疏言之，數其欺妄之罪凡七。且曰：「人固有食穢自肥，而幸人之不我攻者矣，未有執己之貪而不畏人攻，反欲攻人之廉，且昌言於君父之前者。夫欲天下人爲寰甚易，爲瑞甚難。寰身享貪饕之利，而反得笑瑞之迂拙，臣等之所痛心也。昔司馬光言小人傾君子，其禦之之術有三：曰好名，曰好勝，曰彰君過而已。今觀寰之詆瑞，千有餘言，槩不出此。曰欺世盜名，非所謂禦之以好名者乎？曰居己獨清，非所謂禦之以好勝者乎？曰貶奪主威，損辱國體，非所謂禦之以彰君過者乎？以寰之詆瑞，吹毛求瘢，宜無不至，而所據者不過如此，適足以明瑞之無他瑕玷，而寰之陰險窺覘，亦無所用其狡也。陛下方重瑞惜瑞，借其人以風天下，而寰乃欲逆銷天下之氣節，抑慷慨之士，令無容足之地，是陛下之所褒，寰之所必斥也，士君子之所師，寰之所必擯也。以此仇正無恥之人，晏然居師表之位，驅天下之士而入于諂詐，臣等有裂冠冕而去耳，不與之並立於朝也。臣等新進小生，發天下之清議，雖寰有奸如山不可動搖，然公論既明，人心自快，寰雖頑鈍無恥，亦何面目一日立于東南諸士之上乎！臣等何仇于寰，何私于瑞，但恐是非之公，鬱而不宣。一瑞尚不足惜，如瑞者相繼而指爲邪，則君子之道日消矣；一寰尚不足畏，如寰者相繼而傾賢能，則小人之道日長矣。剥復否泰之機，於是乎在，不可不爲之深慮也。」疏奏，得削籍歸。

會南太僕繼山沈公、南臺警亭陳公、直指厚齋荆公，先後奏薦，戊子奉旨起江西南康府教授。季時念其母錢太安人老又善病，不忍去左右，遂致仕。無何丁太安人憂，服闋再起保定府教授，累遷禮部儀制司主事。有詔並封三王，於是又與張公文石等，合疏言之。已而考功郎趙公儕鶴司內計，盡公不撓，盡黜當路私人，當路銜而計去之，於是又抗疏言之，謫光州判官。

季時無論立朝，即伏處田野乎，其憂國憂時，無一念不于君父傾注，無一事不思于世路隄防。先是己丑，薛玄臺因南都耿總憲定向以不送揭帖參御史王公藩臣疏，劾其阻塞言路，當路大恚之。座師內閣潁陽許公，輒疏論玄臺，吏科都給事陳海寧，復望風排擊。季時聞之，仰天浩嘆，上書許公曰：「閣下憤進士薛敷教之觸事陳言，至以貢舉非人自劾，且欲皇上敕下九卿科道，各陳紀綱何爲而正，風俗何爲而淳。允以爲無庸謀之九卿科道也。朱子謂紀綱之所以振，以宰執秉持而不敢失，臺諫補察而無所私，天下之人，自將各自矜奮，更相勸勉，而禮義之風，廉恥之俗，已丕變矣。然則紀綱之正，風俗之淳，不在於以勢相脅，在於以道相成，不在於使人不敢言，在於使人無可言耳。近見吏科陳給事中言路一疏，悍然以言路自任，而謂出於臺省，爲蕩蕩平平，不出於臺省，爲傍蹊曲徑，不知言路者，天下之公，非臺省之私也。出於公即蕩蕩平平，出於私即傍蹊曲徑。陳三謨、曾士楚輩，曷嘗不臺不省？不言竟以爲何如也？其云今日爲臺諫者，無事不得言，言路不可謂塞；雖一學究得上書，一市井傭奴得擊鼓而訟，言路不可謂塞；即一二誤攖聖怒，相率營救，舉得畢其忌諱之言，言路不可謂塞。其説美矣，然言者如李君懋檜、劉君志選、高君桂、饒君伸等，何不聞其相率營救也？豈惟不救，或攘臂而助之攻。無他，此皆攖宰執之怒，犯臺諫之忌諱者也。間有一二上攖聖怒，相率營救，乃杜欽、谷永，附外戚而專攻上身之故智，其上書擊鼓之云，又無能爲宰執臺諫重輕者耳。以此而遂謂言路不塞，雖張居正時，此路固未嘗塞也，何謂壬午以前爲諱言，壬午以後爲輕言也？其云近時行險僥倖之徒，託身言路，功名富貴，操左券而收，故躁妄者争趨，頑鈍者争附。以允所覩記，如前五人外，其建言者，不過黄君道瞻、盧君洪春、王君德新，及允兄憲成。以庶官之夥，三四年之遥，僅僅幾人而止，何名争趨，何名争附，何名舉世輕言也？其以建言爲釣名、爲掩過、爲躐位、爲取捷徑。夫是非有真，名亦何易釣，過亦何易掩也？即如彼附曾、王，反罵曾、王，天下終不信其非權門之客；昏夜受遺，白日請禁，天下終不信其非壟斷之夫。至於躐位、捷徑之説，則往時建言諸公，信有一二，要亦晚節不終，務爲容悦，抑一節自喜，袖手旁觀者耳。設守其故吾，矯矯不變，則進退維谷，未見其位之躐、徑之捷也。信若彼言，必使天下盡效彼無違夫子，以順爲正，京堂美職，操右契而收，乃爲不躐位、不捷徑耶？且近時建言者，每每有觸而云，非無事而喟然嘆也。倘臨江父老，罪無可矜，則道瞻不言；倘皇上不廢郊祀，則洪春不言；倘何尚書起鳴，不搆陷辛左都自修，則德新等不言；倘邵給事庶不請申出位之禁，則懋檜等不言；倘戊子順天科場毫無弊竇，則桂等不言；倘耿右都定向不逢迎當事，而以先發後聞參王御史藩臣，則敷教不言，何得詬建言者不啓蟄而雷鳴，不嚮晨而鷄號也？其云今日時異勢殊，既無嚴嵩、張居正之威福，又無鄢、趙、曾、王諸人之阿比，何得有楊繼盛、艾穆、鄒元標之慷慨？夫以堯舜之世，克艱不輟誨，慢游不輒規，❶贊襄不輒勸，損益不輒警，其亦何嘗不慷慨也，豈如彼狃于陳三謨、曾士楚之從容，便以慷慨爲奇，而謂堯舜之世無得有是乎？且彼乞墦丐子，反復趨附，以苟饜足，自其常態，宰執大臣，富貴已極，豈有未饜？何苦爲彼曹所弄，徒以益人之富貴，而損己之名實哉？」又見童儒試於有司，奔競成風，孤寒往往擯於府試，致書邊南亭郡

❶「輒」，康熙本、四庫本、光緒本作「輟」。下二句同。

伯言之。

豐城李見羅先生，坐雲南報功事，被逮麗于大辟，輿論冤之。廣東布衣翟從先，欲詣闕申救，不遠三千里，特過涇上，商於季時。季時喜曰甚善，布衣又欲進澄海唐曙臺所輯《禮經》於朝，季時即復喜曰甚善，並爲代具疏。草。平生所深惡者，鄉愿道學，謂此一種人，占盡世間便宜，直將弑父弑君種子，暗佈人心。一日喟然發嘆，涇陽先生曰：「弟何嘆也？」曰：「吾嘆夫今人之講學者。」先生曰：「何也？」曰：「恁是天崩地陷，他也不管，只管講學，快活過日。」先生曰：「然則所講何事？」曰：「在縉紳只明哲保身一句，在布衣只傳食諸侯一句。」先生爲俛其首。又一日讀《朱子集》有曰：「海内學術之弊，只有兩端：江西頓悟，永康事功。」季時曰：「此弊於今尤甚。」因取集中《無極辨》、《王伯辨》，與凡論及兩端者輯爲一編，名曰《朱子二大辨》，涇陽先生爲序而行之。又摘其論及治道者，輯爲《惟此四字編》，而自爲之序。

居恒呐呐如不能出諸口，及遇可否紛紜，刀斬斧截，大指一依于正，不喜爲通融和會之説。有疑其拘者，語之曰：「若大本大原，見得透，把得住，自然四通八達，誰能拘之？若於此糊塗，便要通融和會，幾何不墮坑落塹，喪失性命。吾輩慎勿草草開此一路，誤天下蒼生。」聞者咸悚。其論人，或反世之所褒譏，每於一言一動間，斷其生平，毫髮不爽。其籌事，或違衆之所成敗，徐而按之，若合符節。錢啓新先生嘗言吾黨不乏有心人，〔眉批：有眼便是大英雄。〕至推有眼者，須首季時也。性孝友，事兩尊人懇惻深至，有以曲當其心。涇陽先生舉丙子，而南野公遂棄養，兄弟間語及輒相對欷歔，且相勗曰：「吾父居恒好稱范文正公之爲人，此是萬物一體胚胎，念庭周師分俸佐讀，命無受，此是鳳凰翔於千仞風格，吾兄弟當無失此意。」其奉錢太安人，依依膝下，無異嬰孺。癸未舉南宫，不即廷對者，以太安人也；不赴南康命者，以太安人也。性甚介，取予纖毫不苟。壬辰謫别駕光州，差歸，中丞景默曾公，檄所司致俸薪，謝不受。越十四年，繼撫中州者，復修景默故事，季時屬涇陽先生固辭之，曰：「吾不可以欺曾公也。」計後先所積可千金。季時殁而州守璩公，又以二百四十金爲賻，兩孤以季時志告於几筵而返焉。性慷慨，好行義。邑大祲，餓莩載道，季時廪粟僅盈百，輒捐其半以賑。其業師尤公、張公殁，並爲經紀其喪，門人孫申卿，以遺孤托，悉力維持，不恤恩怨。性好静，每日兀坐一室；好整，案頭惟攤書一帙，卒業而後易之，諸一切文具，及鐳礪之屬，位置有常；好朴，衣不求華，食不求精，取給而已。左右使令蒼頭一二人，問行里巷，角巾布鞋，遇者不知誰也。丙申九月病，不食者四旬。涇陽先生以問問有痛苦否，曰無之，有欲言乎，曰：「無。此時惟凝神定氣，以待天機。且欲爲此身計，此身非我有，爲子孫計，一人各有一乾坤，吾無與也。」其超然於死生之際如此。久之竟愈。又十一年而卒，得年五十有四。

或有問於涇陽先生曰：「昔明道、象山兩先生，皆得年五十四，季時與之同壽，其到處可得言乎？」先生默然久之，乃曰：「弟庶幾能見大意矣。往者與弟燕坐，予問曰：『近日做何工夫？』弟曰：『上不從玄妙門討入路，下不從方便門討出路，畢竟如何是恰好處？』予曰：『須要認得自家。』弟曰：『弟默默自忖，性頗近狷，情又頗近狂，如之何？』予曰：『試舉看。』弟曰：『居恒妄意欲作天下第一等人，不近狂乎？反而按其實，尚未能跳出硜硜窠巢也，不近狷乎？竊恐兩頭不着也。』予曰：『如此，雖欲不爲中行，不可得矣。』弟曰：『此甚難言。今世所謂中行，大率孔子所謂鄉愿也，弟何敢效？且弟撿點病痛，是一個粗字，去中行彌遠。』予曰：『此却是好消息。惟粗，定不走入鄉愿路矣，乃所以與中行近也。粗是真色，練粗入細，細亦真矣。狂狷原是粗中行，中行只是細狂狷，不出一真。若不論真與否，只論粗細，鄉愿且有細于中行處，非特狂狷不如也。』弟曰：『粗之爲害，亦正不小，猶幸自覺得耳。今但去密密磨洗。』❶予曰：『尚有説在。弟謂性近狷，還是習性；情近狂，還是習情。❷若論真性情，兩者何有？於此參取明白，方認得自家。既認得自家，一切病痛都是村魔野祟，不敢現形於白日之下矣。』弟曰：『此性善之旨也。弟亦曾煞用工夫來，及臨境，這病依舊又發，熟處難忘，可奈何？』予莞爾而笑，弟懷疑而去，越日侵晨，遽過予齋謂曰：『弟今豁然，昨多却一疑。且如人欲適京，水則具舟檝，陸則具車騎，徑向前去，無不到者，其間倘遇艱阻，只須耐心料理。若因此便生懊惱，甚者且以爲舟檝車騎之罪，欲思退轉，別尋方便，誤矣。』余曰：『如是，如是。』弟復曰：『原來孔子拈出中字，正要喚醒狂

❶「洗」字原缺，據四庫本補。
❷「還」字原缺，據四庫本補。

狷。』自是精神歸一，心體漸平，天假之年，夫孰測其所至哉！」夫先生所謂認得自家，其旨甚微，季時自見本色，蕩平正直，爲之即是，更不必添入較量。非其平時賓主之分素明，決見不至此。此可以識季時之大矣。

而攀龍則追惟曩昔季時謂余曰：「世態易陷人，學術易誤人，子其慎諸。」余曰：「學亦有誤乎？」季時曰：「噫！難言也。」余因歷舉諸家，季時曰：「姑舍是。」余曰：「子之意何居？」曰：「繹孔、孟微言，守程、朱家法，庶其少差乎。」余於是始知所向。先生又曰：「予之於弟，相勸相規，忘爾忘汝，其怡怡也。既爲道義中天親，其切切偲偲也。又爲天親中道義，此其相與爲何如耶！」豈惟先生，即余三四同志，親而愛之，敬而畏之，實異姓之天親，同儕之師保也。嗚呼已矣！所著有《小辨齋偶存》。小辨齋者，季時讀書處也。

大程化，次程大，兩顧先生頗近之，叔大而季方也。然叔不自居大而居於真，季不自居方而居於粗，學者心事如此。讀至，有眼者必首季公，更令人起不得大用之恨。

劉本孺行狀

天之爲國家生才也，有一時之事，必有一人當之。蓋不常之事，非常人所任，必生挺特奇拔之士，一舉而振天下之聾聵，夫然後常人之心，不爲憸人所奪。

天下之一亂者可一治，則吾本孺劉公者是也。當萬曆甲辰、乙巳間，四明相當國，忮沈歸德相，又以假王事忮江夏郭宗伯，其徒乃爲妖書中之，引繩批根，思一網異己者。會大計，諸奸多麗考功法，相蠱惑上，謂計典不公，盡復言官之黜者。留察疏不下，人心憤甚，莫敢先發。公乃抗疏畧曰：「朝廷磨礪一世，伸正絀邪，以端揆大臣，無樹私交，無作好惡，無朦上而箝下，彰善癉惡，佐天子持衡焉。不意今日乃有罔上行私如首輔沈一貫者，又有頑鈍無恥如刑科給事中錢夢臯者。夢臯爲人，臣無暇毛舉瘢索，跡其推年例而妄奏求容，掛察典而乘機建議，壟斷如市，士林不齒。迨至兩蒙留用，因蠱惑聖衷，猜疑部院，併考察全疏，亦中格矣。臺省被察，諸臣槩留用矣。國家代守之典章，屑越於一朝，朝野駭聽，僉謂夢臯之黨，陰謀叵測，將異日種種僥倖之門，從此闢也。甚可慮也！夫使夢臯羞惡未滅，亦宜驚彈射而斂迹，胡乃恣起風波，動駕言於楚事，含沙反射，蔓衍何極，僉謂夢臯之黨，機鋒叵測，將異日種種傾危之隙，從此開也。甚可畏也！夫使政府無私人，則奸慝寧壅於上聞，邪謀亦安能下逞？乃一貫實爲戎首，秉政以來，不聞輔佐皇上，救生靈於塗炭者何事，起忠良於擯扼者何人，年來比昵憸人，乖謬尤甚。即如考察一事，皇上豈有愛於夢臯而故暱之，豈有私於臺省諸臣而獨寬之，蓋繇一貫曲庇私人，內則假公以朦上，外則挾威以箝下，既借皇上之權以伸其意，復竊皇上之德以固其交，使守法者抑勒無聊，席奥者高張無忌，將來誰肯爲皇上觸權要、持國是乎！一貫之敢於欺罔如此，所關治亂安危之竅會，良非細故，幸皇上自爲社稷計。」疏奏，神祖玩之不已，意不忤也。下公卿議，四明及其黨經營百端，謂不廷杖，公議不可息。會雷震郊壇竿木，上懼反杖旨。繼公疏者，兵部郎龐公時雍，有旨皆削籍。南臺省陳公嘉訓、孫公居相，相繼極論，四明乃罷去。當是時，公直聲震天下。

公歸十六年，庚申，神祖遺詔徵言事廢棄者，起光禄少卿。辛酉三月至京。是時遼、瀋陷没，舊贊畫劉國縉，以招撫南四衛官民爲名，擁數萬衆入内，投揭督餉侍郎，令發天津登萊船南濟。公上疏曰：「國縉投拜李成梁稱義兒，與如栢、如楨結昆弟，狼狽相倚，爲奴酋腹心，種害遼左。李成梁棄地，私奴酋以朝廷疆土，國縉代爲營賄，倖免誅夷，使奴酋得恣意兼併，鶩焉薦食，無窮禍本，實基於此。李維翰紅旗催戰，玩寇喪師，撫順失守，楊鎬繼之，密與如栢主和戎之策，獨忌劉綎爲當户之蘭，故令杜松出撫順，布置私人，誘入奴伏，松與劉綎，血戰以死，一則寸骨不存，一則合門碎首，如栢爲諸將領袖，冷眼旁觀，令箭之招，適與輳合，是兩名將與數萬官兵，實鎬與如栢殺之。國縉一當贊畫之任，首疏力保鎬與如栢，而反欲坐杜松以違制，此何心哉！楊鎬線索，懸於如栢，如栢線索，懸於奴酋，而國縉乃線索中傀儡，挈之東則東，挈之西則西，惟所命之，總不失義兒本來面目。國縉主用遼人，冒帑金二十餘萬，究竟所稱土兵三萬，曾得其一臂之用否？國縉贊畫行徑，大率如此。已而被參解任，踪跡詭秘，不知東還已後，作何勾當。一任蹂躪屠戮之慘，獨脱然於千鋒萬鏑之中，直待河東盡没腥羶，河西危同累卵，國縉不後不先，突如擁衆以入，衆至數萬，不爲單弱。況東山礦徒，素號驍勍，矢不降夷，國縉既能招撫四衛官民，亦可收礦徒之用，曷不就彼中，糾合團聚，牽制奴酋，以自贖從前之積孽，而乃遽欲問道登萊、天津，竄處内地，意欲何爲？ 況遼、瀋之亡，皆以降夷爲内應，今數萬之衆，保無奸細攙入其中？ 果爲國縉招撫者，或別有指授，亦不可知。 夫一國縉耳，今日若能招撫逃亡，昔日必不扶同賣國，昔既惡其賣國而黜之，今忽信其招撫而收之，呼吸安危，豈容嘗試。 自遼事發難以來，猛士捐軀，叛帥反噬，今日震竦人心之機，全在刑賞，操縱刑賞之權，全在果斷。 有如功罪已分，彰癉莫決，坐令戎行勝氣，漸銷磨於廷議紆緩之中，甚可惜也。 即如楊鎬、李如楨，天下皆知其可殺，而司寇不請蚤正刑章，故爲縮朒，以啓戎心，而開倖竇。 況如楨爪牙羽翼，遍滿長安，爲寇窟穴，今所在大索奸細，而獨置巨奸於肘腋，恬然安之，亦大左計矣。」上曰：「所奏關切機宜，下部議覆。」部畏國縉之黨，不覆也。 而兵垣請擢國縉爲東路巡撫者，則格不行。

公素强無病，京邸忽病不起矣。 公名元珍，字伯先，本孺其別號也。 歲庚子，公爲南職方，有垣長握六篆操諸司權，〔眉批：孰謂郎署無權可行？〕莫敢與抗者，公每事必理折之。 垣長曰：「此郎君不可與争鋒。」輒唯唯聽命。 公益核軍需之假冒，〔眉批：孰謂南曹無事可做？〕黜選鋒之羸弱，裁操賞之冗濫，歲省金錢二萬有奇。 乙巳言事歸，與顧涇陽先生講學東林，自喜得歸宿地。 錢啓新先生行同善會於毘陵，東林益暢其義，邑中好義者百餘人應之，忠孝節義之貧者有助，鰥寡孤獨之賢者有助。 公與陳志行、葉身之、安小范，及余五人主之。 亦有言林中人不應爲蛇足者，〔眉批：庸夫必有蛇足之疑。〕公毅然不惑，至今行而安之。吾輩與斯人之徒，木然不相關，自身痛癢不自知，可以稱人乎？於是知公之所見大也。

公少苦貧，故勤於理生，而恤人之窮，未嘗意倦。性方嚴，尤肅於閨門，而體人之情，未嘗不周。嘗曰：「家衆造惡，皆繇放蕩，必示以不可犯之法。至於臨事，詔之當先，語之當悉，勿以不言之喻，不戒之孚，望蚩蚩氓。」

公十六年林皋，無念不爲國；杜門不與外事，無念不爲民。〔眉批：合此便是真道學。〕章善鋤兇，昭雪冤抑，矻矻然惟力是視。嘗有知交當路，蘇之富民被誣陷大辟者，投暮夜金，公怒叱去之。徐廉其事冤也，密爲雪，不令之知。其不愧獨知如此。公於世浩浩獨往，余每謂公《乙巳疏》，爲閒曹建言法。〔眉批：有人言，即閒曹可以無言。〕夫楚宗騈戮，妖書煽虐，天下岌岌矣。馴至考績大典，羣奸亦從而奸之，小臣不敢言，大臣不敢言，臺省不敢言。公於其時，睨而自視，舍我其誰，是所謂天下一人也。自是諸賢繼起，共拯天下之溺。一言而開物成務，建言者法也，閒曹建言者法也。公之功大矣。天不使之長年弘濟天下何哉！

公弱冠成進士，卒年五十有一。所著有《文訣》、《文衡》、《依庸絜語》、《三畏堂素業》、《湖畔逸農遺稿》，藏於家。公之大節表表，細行卓卓，總其大都，曰剛，曰明，曰忠，曰義。嗚呼，世豈可無斯人哉！有斯人而使天下知天生人才，自足備一時不測之用，〔眉批：先生詞氣和平，獨此文多少慷慨磊落之氣，想見劉公。〕爲人臣而敢於欺其君者，未得遂長驅無礙也。

於是乎銘曰：太湖三萬六千頃，浴日

沐月天地闢。上有羣山儲真精，龍蜒虎蹲護其脈。湖山森聳若執圭，湖波隱見如拱璧。山環水迴自千古，下爲光禄劉公宅。形所托兮來寧兹，神何方兮無不適。有時吐氣成長虹，猶能三褫奸雄魄。

正按：神宗朝攖鱗易，彈權貴難，相機而言有救於世道尤難。然必居鄉之日，行事真爲民，始信其立朝之日，言事真爲國。倘動輒畏譏冷落，斯人即矯矯風節，疇卜其所懷乎。劉公行同善會，决蛇足之疑，則建言可師，直以愛君懇誠，非獨貴其中竅會爾。

山西布政司右布政使中嵩王公行狀

王公諱述古，字信甫，號中嵩，開封禹州人也。生而聳秀，神采英特。年二十五舉于鄉。明年成進士，令富陽，以治行最，調崇德。丁郭安人憂，服闋，再令内丘。尋晉刑部主事，歷郎中。甲辰出守常州。丙午外艱歸，服闋再守保定。晉山西副使，兵備陽和，再晉按察司使，再晉布政司右布政使。奉旨遇巡撫缺推用，偃蹇除目者久之。卒于陽和。

公爲令不屑簿書期會，第持大體。君子之至其邑，倒屣奉教，不啻飢者之得珍羞，貧者之得珠貝，于庸俗不屑也。以是不諧于世。其在比部，妖書事起，公司楚，當胡化獄。妖書者，四明相私人爲相除異己，侂起大獄，挑聖怒爲一網計。相異己，則歸德、江夏也。會胡化報阮明卿怨，誣奏妖書出明卿手。化，江夏鄉榜，諸人謂江夏實爲妖書，懼敗，故令化誣明卿以脱己。相直以囑司寇，司寇直以囑公，欲榜掠化，令化指妖書出郭正域，以及歸德。公正色曰：「若是，則分宜、江陵，再見今日。」司寇曰：「不然，此公論也。」公曰：「誰爲公論？」曰：「公論出臺省。」公曰：「臺省何人？」曰某某，公曰：「天下有公論，未必臺省，臺省有公論，未必諸公。會鞫自見。」及會鞫，御史大夫温純、司禮陳矩，秉公不阿，再鞫胡化，公立具疏送大理。諸人大譁，嗤司寇爲司官所持，司寇亦大譁，嗤公大敗我事，劾公入郭正域名，不可，劾公重胡化罪，不可，劾公禍且不測，公怡然甘之，卒不易原疏一字。疏上，上覽之曰：「盡是誣妄。」發閣依擬，妖書坐皦生光。

大獄解而楚藩勘疏至矣，事又當公司。司寇以華越謀害親王，當論死，江夏主使宗室當如越罪。公從容謂司寇曰：「今日之事，未論義理，先究利害。宗室乃皇帝天潢，假令楚王果真，華越果誣，親王以誣奏自殺，論死何疑？今事有大不然者，欲駢戮數十宗室，楚宗聞之，勢必戕殺撫按，大亂之起，誰則爲之？忘國家之事，忘身家之禍，以佐人之私，知者不爲也。」司寇曰：「然是何等事，直驅我罟擭乎！」事得不行，于後戕殺撫臣，卒如公料。

守常州，恬夷廉靖，守一正以抑百邪，大義所在，當路欲移毛髮不可。試士不入鄉紳一竿牘，不聽縣官一揭請，通國非之不顧。尚衣大璫道經毘陵，公絕不與一介，璫大不堪，言于直指，欲愬之朝，直指令少府劑之，公報少府有曰：「幸語按君，勿以側媚相望。」其勁立類如此。在常三年，一時正色稜稜，如高秋新霽，天宇如洗，善者愈自濯磨，不善者抑心向化焉。

其在陽和，正當代藩勘報，忠順婚封。

代藩之廢長立幼也，四明與晉江主之，蓄機不測，故一時有識之士，争之甚力。得行撫按勘議，汪中丞據各道申報，欲先疏其事，行邊白登，出以示公，公曰：「大誤矣。一誤獲罪千古。」中丞駭曰：「何謂也？」曰：「有嫡立嫡，無嫡立長，祖宗定法，❶古今通義也。親、郡王娶有内助妾媵，不論入府先後，已未加封，所生之子皆爲庶子，如無嫡子，庶長承襲，定例也。鼎莎皆爲庶子，鼎謂非庶長乎？親、郡王妃病故，如已有子，不分嫡出庶出，俱不許選繼妃，定例也。代王有庶子二人，張氏安得進妾爲妃？鼎莎安得改庶爲嫡乎？」中丞曰：「鼎莎襲封庶子，已奉明旨，奈何？」曰：「有秦府例在。嘉靖二十八年，秦府恭和王秉欓，庶第一子惟燿，庶第二子惟熿。正妃楊氏故，内助邵氏違例請封爲妃，惟熿，邵氏所生，遂得襲封王爵，亦已奉旨，奏辨累年。禮部尚書徐階等，會議郡王妃故，但有庶子，止許選娶内助。今惟燿之生在先，邵氏進封非例，惟燿于倫序，實係庶長，惟熿于常法，自難稱嫡，遂得旨改正。前後二事實相脗合。」中丞豁然，自是會勘，摇撼百端，中丞屹不爲動，代議遂定。公滿三年考，中丞疏公績曰：「當會議代藩廢立之事，本官簡查條例，首倡公論。斷斷乎有扶持綱常之志，議封之虜使紛來，而處置之方畧常定，折服犬羊，無敢越志，君子謂公之見卓矣。」中丞之虚中無我，難哉！

撦酋物故，請封事起。邊將以賂五路爲良策，五路挾封議爲奇貨，不决者五年矣。公至鎮，熟察虜情，既得要領，言于當

❶「定」，四庫本作「立」。

事曰：「夷性許一索十，後即爲例，最難開端。若循往例，毫不增減，其心自定。且忠順求婚，兀慎、擺腰等酋求賞，其情更切，欛柄在我，儘可操縱。何故倒持，反授人柄？」賄一日不斷，則封一日不成。求成反壞，求急反緩，職此之繇，當事者亦以爲然。未免時動于積習之口，公持之愈堅。五路擁衆城下，不懾，制府動色相加，不懾，同事者以貽悞邊疆相坐，不懾，毅然以去就争之。壬子，忠順亦故。癸丑，卜酋叩關。會撫夷馮大梁通虜事覺，亡去，浮賞盡革，虜使絶望。六月九日，帖然受封。往封撦酋，撫賞八千餘金，今費二三百金矣。公又請于當事曰：「順義承襲，已經三封，依樣葫蘆倉卒結局。國家不惜金錢玉帛以餌虜，虜亦不難交臂屈膝以順受。我以厚賂愚彼，彼以虛名愚我，兩相愚以偷旦夕之安。且今卜酋名雖受封，孤雛腐鼠，力不足號召諸部。五路狡詭，恃功要挾，素囊鵠鷔，不聽約束，將來戎機，尚在叵測。爲今之計，宜上下勤思講求足兵足食之策，可戰可守之具，不宜今日稱功伐，明日議陞賞，希一時浮榮，而忘後日之實禍也。」然封事紛紜數年，了局一日，不能不加酬賞，公亦得推用巡撫之紀録焉。

會中朝門户相角，公貽書所知，動以漢、宋黨事相警。乙卯鄉試，式士之録，至有以六經亂天下者，❶公乃昌言曰：「自古小人，傾陷善類，誹謗正人，止于誅芟異己，未有及于六經者。誅芟六經，自王安石廢《春秋》始，目之爲腐爛朝報，熒惑神宗，貢舉不以取士，庠序不以設官，經筵不以進

❶「以」，康熙本、四庫本、光緒本作「謂」。

講，國論無所折衷，而宋一代之元氣命脈，斬絶無餘，其究使夷狄亂華，天飜地覆者百餘年。今乃以宋儒倡道學，以道學本六經，遂以六經爲亂天下而有餘，又以六經出孔、孟，遂詆孔、孟爲儒生之學，伸黄老於六經之上，悲夫孔孟六經，乃亦得連坐法乎！蓋自王安石所未敢言，當吾世始。于斯時也，天下岌岌乎殆哉，不至三綱淪九法壞，驅一世而禽獸之不止。凡讀六經孔孟之書者，義當何如也！」公之齟齬於時，偃蹇除目者以此。

高攀龍曰：予與公同舉進士，同出高邑趙儕鶴先生門，一時同遊士，交自勉毋爲不義，爲先生羞。而予與薛以身敷教，同爲常州人，公與歐陽若谷東鳳，同爲常州守，四人相與更深。公之學，素精天文律曆，後乃知其進于道也。一日公寤寐中忽見晦菴先生謂曰：「道生于坤，兩生道也。」公曰：「然。惟一，故通萬物之神；惟兩，故神天下之化。」自是觸象入神，見超物表。嘗曰：「人必通天地，然後知化育；知化育，然後知孝弟；知孝弟，然後知性命；知性命，然後知禮樂；知禮樂，然後知鬼神。」又曰：「人心，一動静也；動静，一天地也。」又曰：「四時行，百物生，默識之義也。『默識』章是聖人做不了事。『何有于我』與『堯舜猶病』意同。」又曰：「五行，先天也；五事，後天也。夫子告顔子爲仁，直以天道傳之，視聽言動之禮，肅乂哲謀聖也，直下承當，而曰請事斯語，由己而復矣，復其見天地之心乎。」又曰：「孟子夜氣，是萬古求仁時候。」觀是，見公之所詣。

公舉六經子史疏于四書之下，名曰《眉考》，別有《易筌》、《律筌》、《曆筌》。蓋仰觀俯察，終日沉酣義理，宜其臨事卓然不惑，豈偶然哉？公于郡邑，見能臣幹辦，于朝廷，見大臣丰采，于封疆，見重臣勳猷，于萬世，見名臣軌範，一言一動，皆足垂世立教。伏惟大君子採而著之，以爲信史。

江西安福縣知縣台卿夏公行狀畧

嗚呼！以余狀台卿，胡稱畧耶？台卿以壬辰釋褐，余以壬辰謁選，僦舍相比，動息聽覩也。以是知台卿最深。其冬，余以使命歸，其明年，台卿受浮梁令歸，而後先喪其二尊人。乙未，下帷吾邑孫慎所氏。丁酉服闋，謁選得新喻令。已復調安福。蓋九年中，晤言不數日，在二邑之間，聞問者一而已。凡余狀台卿，余耳目所及也，又安能盡？

往台卿未第時，受業於顧涇陽先生，先生器之。台卿謂余曰：「吾以經生言求顧先生耳。先生乃時時及孔孟微言，時事肯綮，于經生言不屑也。而余是年經生言顧獨進。」又曰：「吾最拙于覽記，呫嗶終日，不能得數行成誦。而心獨好姚江《傳習録》，玩繹者久之，意到成文，汩汩乎出之不難也。乃知人心萬象自備，不假外索。」以是台卿益自信爲學一反求之心。

辛卯舉于鄉，北上，涇陽語之曰：「子往無失李見羅先生。」蓋是時先生方受誣繫獄，于是台卿即從獄中受脩身爲本之旨，苦思力踐，晝所爲，夕必書之，即夢寐有非是，大自切責得毋負李先生。其墨守精專，黃霸之於夏侯勝不啻也。既乃慨然曰：「受其學，不爲白其寃，可乎？」抗疏曰：「臣惟人主所以不勞而化天下，辨君子小人，俾舉錯刑賞之當而已。今陛下欲禁人臣欺君罔上，而欺君罔上之罪，乃加于正直忠良之臣；欲禁人臣黷貨殘民，而黷貨殘民之臣，乃反得安富尊榮之實，如李材、蘇酇是也。夫李材何如人也？臣嘗反覆觀其所論著，考其鄉評，稽其政事，是實能以聖賢爲師者也，豈其忍于欺君？夫蘇酇何如人也？仕宦所至，金寶盈箱，匪獨其民切齒，道路之人，唾罵不啻矣。自古未有君子而不見疾於小人，今以材若彼，以酇若此，而論材者非他人，酇也。陛下信酇之言，謂材説謊，臣以爲材未嘗説謊也。善戰者貴在平定安輯，而不在殺戮；論功者當論其勦撫合宜，而不當專論其功級。今材以夷攻夷，因勦而撫，未嘗損國家之一卒，用國家之金錢，而卒使遠夷懾伏，近夷歸命，一方底寧，其功豈不勝于數萬之級耶？酇也以傾材之故，遏匿遠夷之貢，削易其通貢之文，誣忠良，誑君父，是説謊未有甚于酇者也。今諸臣之救材者多矣，然有憐材之情，欲動陛下好生之心者，有惜材之能，欲開陛下使過之路者，是皆憫材之寃，無奈聖意之不可解，故委曲其詞以求濟也。臣以爲不然。陛下天聰天明，苟不實知材之寃，酇之誣，而肯爲臣下好言動乎？夫材，陛下之世臣也，功臣也。材之父曰遂，已爲陛下殲倭夷，奏膚功矣。當材弱冠時，已與幃幄效籌畫矣。及材官廣東，羅旁，百年蠢動之蠻也，材殲之，建城邑矣；石城、電白之倭，一旦卒然之變也，材殲之無遺類矣。及材官雲南，收蠻莫，破緬夷，撫孟養守在二千里之外，遂使滇南之籓籬固而門户安矣。是材未嘗無功也，安肯飾詐而自棄其功乎？夫百官，陛下之耳目也，何私一囚繫之人，如撫臣、如科臣、如道臣、如部臣，交章救之不已？遠方之民，陛下之赤子也，何望于一囚繫之臣，如廣東布衣翟繩祖、雲南廩膳閻世祥、舉人朱萬元、貢監姚唐臣等，萬里風霜，叩闕哀鳴之不已？陛下耳目之言不信也，赤子之言不信也，乃獨信一鄴。夫鄴也，浚民既厚，自衛益工，故罪狀已著，止于降調，未嘗追其贓，又未嘗正其罪，天下將謂陛下之待小人如此其厚。夫材也，國人矜式，皇國干城，一遭誣揑，百口不辯，没其功又復致其罪，天下將謂陛下之待君子如此其刻也。昨者朝審之日，朝之賢士大夫，見材囊頭屢挍，纍纍道途，無不欷歔欲泣。臣退而思之，陛下何以信鄴之甚，罪材之深，而忽于天下之公論如此？則皆諸臣之過也。諸臣救材者，皆委曲其言，而未嘗以實告陛下也。臣以爲即使陛下必不赦材，而天下之是非，材之功罪，鄴之欺罔，必不可不明告陛下。謹昧死以聞。」疏入不省，而士論快之。及三王並封之旨出，台卿又自以辦事儀曹，力争不可。疏復不省，而台卿之丰采益著矣。

及選浮梁令，未抵任，二尊人相繼隕喪，悲號嘔血幾不起。既畢力治葬，家四壁立，不能餬其口，以吾邑孫氏，去涇陽先生之居近，下帷教授，諄諄以兩先生知本之學開迪學者。

既滿喪，補新喻令。邑民多訟，台卿廉得訟師數人，籍於官，各給號簿，民有訟者，使據情爲辭，情辭一不當，則笞之。先時民被訟者，吏匿其詞，既訊，復匿其案，以鉤得民財。台卿令告者直書詞于牌，牌發該里，兩造備，立訊，訊畢，即示以判。民不欲終訟者，竟已之，不必至官府。緦功以上之訟，諭以至情，令即庭中講解，各相悦，已令告者毁其詞，毋起後釁。人人意得去，不半朞而訟簡十之七。邑人多盜，有一家父子祖孫，以盜相紹述，有一村數十百家，以盜相糾結。台卿廉得之，即令備一境盜，每盜發，即令捕獲，不得，即令償民所失，功則照格敘之，盜立屏息，于是胥吏無所從得民錢。至有訓蒙吏舍中，爲販賣於市者。當是時，旁近縣人人願得台卿爲令，而安福縉紳多顯者，遂調安福。

台卿自喪其父母，毁病未良，已在新喻，病間作。台卿不自恤病，以堅志疆力治之，政成而復奪之安福。然安福吏民，望台卿眉宇心折矣，台卿亦念可疎節濶目，休養而安全之。民以訟來，亡輕重輒入，入而兩造彌月不至，置不問，束矢之贖，一無誅焉，第惓惓於勸親睦，舉訪民間孝悌力田者，旌别以風之。縣西南多種靛，其始即山谷瘠棄地，自後民歆其利，往往以奴子凌其弱主。台卿至，即爲厲禁，犯者繩以重法。邑中有魁盜，黨連甚衆，行劫吴、楚間，善以邪術自解免，一再捕輒逸莫能得，比得，而在事者又以無左證。欲釋之，幸未果釋，竟莫能決以法。台卿曰：「一盜之不忍，而諸無辜忍乎？」立杖殺之，民至焚香相慶。然台卿即雍雍與民，而廉隅頗峻，人莫敢暱，其民見爲鸞鳳，其豪見爲鷹鸇，於是諸有力而不勝其牿笠者，伏戎於莽矣。而台卿又苦病。辛丑，上計訖事，自念朝露之軀，與世枘鑿，何苦煩賢士大夫調護爲，遂乞教授衢州。就道而病浸劇，竟卒于瓜埠，得年三十有九。卒之日桐棺三寸，委于荒野，遺言誡子弟躬耕自食，希賢聖之學，以仕宦爲戒。噫，可悲矣！

台卿諱九鼎，號璞齋。生平爲人侃侃卓卓，秉禮蹈義。少時家極貧，雅自負荷，不失一嚬笑，驟而試之，妖冶艷麗無所動，驟而驚之，鬼怪險巇無所懾。片語出，狡者輸誠，貴倨者降氣，糾紛者立解。蓋自諸生時，已屹然重於其鄉云。

台卿，我嘉善人也。實無宦囊，今其子最貧。

祭　文

祭顧涇陽先生

吾聞之孔子，以道事君，不可則止，謂之大臣。若先生者，斯爲大臣乎！吾聞之孟子，先立乎其大者，則小者不能奪，謂之大人。若先生者，斯爲大人乎！先生之學，大無不見，其要主於明善，究無善之弊，將以明善者滅善，故如救焚拯溺，汲汲於幾希之辨；先生之精神，大無不遍，其要主於好善，要約同好，緝民彝之一線，見不善人之傷善，以爲是絶國家之脈而裂其咽，故不惜大聲疾呼，如衞父兄而扞其頭面。吾嘗謂先生具千古之眼，高燭萬類，而破大道之鍵，故落第二義者，曾不足當其一莞；具千古之腹，含茹萬有，惟吾斟酌，故一切好醜異同，曾不足礙其寥廓；具千古之骨，其于世俗，蕩巢夷窟，苟非志之所存，三公萬鍾，曾不埒于毛髮。此則先生所以爲大而莫之與越。嗚呼！吾于世而未始見似先生者指可幾屈，況乎吾錫詩書記載，更四千餘歲，而文章理學，名節忠義，實惟先生一人之始鳴。泰伯來而梅里片墟，闢東南之草昧；先生出而涇皋撮土，萃宇宙之文明。猗與先生，豈以七尺爲私，百年爲期？而吾乃區區以生死爲先生悲。顧哲人之萎，士將疇依，使吾儕貿貿焉如孩者無提而不立，如瞽者無相而罔之，有心如摧，有氣如靡，乃吾之所自爲悲。

公祭薛玄臺

自兄之亡也，天下之言曰：「嗟乎，失一古人矣乎！孰有如吾玄臺不雕不鑿，純任赤子良知良能之天者乎！」國之言曰：「嗟乎，失一直臣矣乎！孰有如吾玄臺進不求利，退不求全，國有大奸，奸有大慝，萬死臨之，奮然而前者乎！」鄉之言曰：「嗟乎，失一仁人矣乎！孰有如吾玄臺人屈如己屈，人伸如己伸，爲匹夫匹婦復讐，四境恃以無寃者乎！」嗚呼！兄之存也，世不便於兄之至清而形其濁，至方而礙其圓，皆執其似是之中，而病兄之偏。及兄之亡，失兄之用，而後知世之滔滔，人趨其便，獨缺此不便之一途，而兄乃所以救其偏。〔眉批：公自偏也。時世得其藥則平也。〕況吾三人者，生同鄉，舉同籍，學同道，年同好，❶無或旬時不相見而相念也，無或一事不相質而相規也。自今已矣！孰有如兄砭吾不善使必改，翼吾善使必遷，扶其暮日遠途使不顛也乎！嗚呼！兄之操持，三公不易，亦不苟於一命，萬鍾不顧，亦不苟於一介，惟其垢衣菲食畔援者，曾不得以攻其中堅，此吾之所以服膺而拳拳。使死者復生，生者不愧，兄其鑒予之斯言。

❶「年」，康熙本、四庫本、光緒本作「志」。

祭安我素

嗚呼！公之得於天者，快矣足矣。弱冠登朝，服宦清署。四牡騑騑，幾遍寰宇。自乞南銓，依依孺慕。解組歸來，悠悠杖屨。戢我田廬，築我塲圃。子孫盈前，甘飴分哺。屈指人間，幾如公之所遇？幼於制義，遊戲而裕。長於詩文，指顧而具。渾然天成，從容雅度。墳典浩茫，流窮源泝。性命微言，心怡神悟。屈指人間，幾如公之所賦？孰不欲富，公脱其筴。素封之業，舍之罔顧。孰不欲貴，公恥其騖。臺諫之要，違之弗慕。觸忤貴臣，幾就鼎鋸。廿年錮籍，安之如素。屈指人間，幾如公之所樹？名花佳辰，良朋畢聚。皓月清霄，芳樽滿注。竹木叢蔭，無幽不赴。山水名區，有勝必住。蒲團晏坐，藜杖緩步。偕衆爲樂，與物無忤。公有閒身，備諸閒趣。屈指人間，幾如公之所務？

嗚呼！公於細事，柔若嬰孺。大義所激，矯若脱兔。公於臧否，三緘甚固。民瘼所關，矢口而吐。公於清歡，翺翔軒翥。憂時之憂，展轉寐寤。公於江湖，浩然遠去。心懸魏闕，無微不慮。所得諸天，亨諸身者，亦既快然具足，於志無惡。或以爲年不足待其所遇，位不足展其所樹，作述不足盡其所賦，丘壑不足盡其所務，造物者固將留其餘，以爲後人無疆之祚。

祭長興令石雲岫

嗚呼！長興之變，非始於長興也，甲子元旦之變，非始於甲子元旦也，其所從來者久。發於長興者，官真則盜畏也。官真，必爲國家安地方，除盜賊，盜安得不畏，安得不思除之以便行事？故長興之盜，非劫庫盜也，欲據邑叛也。公逸，則盜恣屠殺焚掠矣，民鳥獸散，盜有城矣。不意公直身當之也。彼以爲得令，無不得志焉，不意劫獄，獄囚無從叛者，皆曰寧死不背石爺。士民且動地起，盜於是思挾令出城，又不意公視死如歸也。殺一簿，持首示之，公恬然曰：「吾爲令乃護盜，吾即活，何顔見長興父老！」於是盜知事不成，殺公矣。

夫以公之明，聞難而不亂，豈不知脱身避盜，可以擒盜？然公避而邑殘矣，盜勢張矣。盜勢張即事不可知，於斯時將出城乎？否乎？出城則棄城，不出城則死，與其死而成盜之事，❶孰若使盜事不成而死，而盜亦遂墮公計中。夫殺貪污吏者，或可倡亂，公則民之天也，胡可殺？殺貪污吏者，或可逋竄，公之死則爲明神者也，胡可免？甚矣盜之愚也！

公三楚豪傑，國家方倚爲棟梁柱石，而天之生公，僅以殉長興之盜，完長興之民，何耶？節莫大於致身，致身惟義所安耳。義無小大也。抑天之意若曰：「兹盜也，擒則星星，縱則燎原，非公，不能殄也。」特委公與？今天下萬姓膏原野，其初起於一人畏死，委而棄之，以成大難，特以公示之式與？夫盜之殺公，不過以公能捕大盜，靖一方，殺公而吏無復有捕大盜者，不知公不死，盜尚活，公死，盜獲，是盜之殺公，自殺也，何益之有？而他盜或自此悔而爲良民與？然則公一人之死，免萬姓之

❶「死」上，康熙本、四庫本、光緒本有「不」字。

死，欲使天下無二心之臣，無二心之民，其志大矣，其功大矣，其死大矣，非國家所倚爲棟梁柱石，天所以生豪傑之意與？哀哉！

石侯，烈丈夫也。先生更多其智計。

祭丁慎所

維公鍾山川之間氣，稟天地之正氣，質剛骨勁，見大識超，故能歷挫抑，甘厄窮，百折而東，不餒其浩然之氣。當其官中翰也，矢口而明當世之弊，時以爲賈長沙之疏，與世遂不相臭味，一斥而歸，沉寂田間者數年。再起儀郎，復矢口而明當世之弊，時以爲汲長孺之戇，與世益相鑿枘，於是鎩其翅，絶其轡，至欲剸以大盜之刃，一決目中之刺。甲子之元晨，賢令之被弑，一邑震惴，若將隕墜。公奮不自計，流言矢集，屹無所避。擒盜寧民，大亂以治。夫侃侃者，廟堂之義也，恂恂者，鄉黨之制也，公以一意行之。危言者，有道之遂也，遜言者，無道之劑也，公以一節出之。鮀之巧言也，朝之令色也，二者兼而得免於今之世，公皆反之，其不容於世，而猶得全歸其身，固天之寵異，鬼神之擁衞。嗚呼！公於世道，可謂鞠躬盡瘁，鄙夫憒之，鄉愿笑之。至其浩浩正氣，所謂生與俱來，死與俱往者，衆之所棄，公之所貴，足以千古不敝，豈與一時爭區區之隆替？

祭陳思崗

嗚呼！吾方與兄訂匡廬之約，相與參

疑證悟，明此一事，兄亦欣然期吾以此事甚大，決不可負，而孰意期我之年，即兄棄我之年乎！方兄訃之至，予方與客會食，投匕而起。予平生涕淚甚不易，獨聞兄訃，聲入淚落，不知其所以然，此見兄與予相信之至專。是時即欲急走兄里，憑棺一慟，而疾病相牽，繼以婚嫁，又繼以顧涇陽先生之變，不敢舍東林而出。兄之孤祥且禫，而余一腔血淚，尚盈盈如未疏之泉。

嗚呼！維昔與兄同官行人，兄與聊城逯確齋及余三人相期千古。兄窮遜敏，於吾兩人一嚬一笑，皆察其所以，惟恐陷於意之偏，弗收學之全。確齋與余，謹守洛、閩之教，而兄則好禪，各舉其所用力者，窮探極究，曾未嘗相執而相慫。及予罪放，兄嘗一至予里，一會北固，見兄之學益明益暢，益定益堅，每退而自喜。孰知夫金焦信宿，遂永訣終天。嗚呼哀哉！

兄之爲人，擬之而不得其似，吾特像其彷彿。如萬山積雪，疾風裂石，而蒼松百尺，屹然獨秀於孤巖之巔；譬如古洞奇崖，天地以來，未通人徑，而幽蘭蒙茸，相錯於白石清泉之間。蓋兩間至正至清至勁之氣鍾之於兄，而兄又融之以至和而不偏。兄官南省，指奸剔蠹，留京塵垢，蕩然一滌。胥隸之鷙，中璫之狠，垂首屏息，又無不心悦誠服，曰：「公特不便某等，要之爲朝廷做官當如是。」此可見人心之靡争於無言。四明相以劉本孺諸公請尚方劍而營窟愈固，非兄與孫拱陽侍御列其贓，則不可去。相瓦裂而豈容兄之玉全？不知兄玉自全，區區一給事，何足爲兄太空之浮煙。

嗚呼！高天在上，厚地在下，來今在

後，往古在前。兄心無疾，❶兄身無邊，吾又何必於兄暫駐之年，較其爲促而爲延。

祭逯確齋

維昔與兄，己丑之春。觀政廷尉，落落未親。迨及壬辰，同官行人。余時見兄，迥爾出塵。就而論學，以决迷津。兄謂予曰，此事久湮。濂洛關閩，聖脈最真。舍此而學，恐非其方。言出兄口，如予肺腸。我志益堅，我氣孔揚。

於時江右，陳子思崗。其人如玉，其學則禪。各從所好，不諍言詮。要以脩繕，禮義無愆。維余三人，燕市連翩。觴榼遞挈，選勝盤旋。充然各得，樂也無邊。

是歲之冬，余有使命。明年癸巳，時事滋競。握手一月，余以罪屏。兄擢給事，急於引善。未嘗有心，以言自見。曾不半年，復以言譴。涇陽去銓，兄落諫職。君子之途，乃始叢棘。天實爲之，讒殄何塈。

吾觀仕者，務自需忍。與時委蛇，鋒藏鍔泯。邪正是非，不形口吻。三事九列，循循而迫。❷維余三人，實反其道。聖主至仁，首領獲保。退而閒居，一編是老。人皆齪齪，吾獨浩浩。所得于己，亦既可寶。

嗚呼思岡，受氣至薄。余則亞之，兄神獨廓。謂兄長年，此道所托。云胡相續，喪吾棣萼。余乃後死，亦有何樂？嗚呼兄乎，南北形滯。中間書問，動淹年歲。兄謂讀《易》，久不知味，近乃豁然，知其所謂。余爲兄喜，此第一義。嗚呼兄乎，生死易

❶「疾」，康熙本、四庫本、光緒本作「疢」。
❷「迫」，四庫本作「進」。

耳。兄既知易，死則可矣。嗚呼哀哉！

祭歸季思

往者予得交於武塘吳子往，已復得交於兄。予生以壬戌，兄後我一歲生，子往後兄二歲生，年相次，志相許。私相評，以爲我三人者，無叶俗之才，亦無用俗之福，柔身弱骨，惟是泉石間合有斯人。

余有水居，踞漆湖山，子往有荻秋，在野塘蘗竹間，皆豁然以野屋受景。兄亦築陶菴於郊坰，茅堂三楹，樹槿自蔽。三人者相過從，味世俗所不味，駸駸乎樂也。然余有婚嫁累，子往有舉業累，兄有病累。私相期以三人者，一旦脱去所苦，表裏蕭蕭，得數十年枕琴卧書，餐山茹水，死可不恨。而三人中，兄獨貧獨鰥，獨得旦夕居陶菴中。吾二人每過兄，未嘗不竊歎以泉石之福，兄獨擅其全，眼中無復有敗人意事矣，是將何病不可愈耶？兄之病去，吾兩人累亦將漸次解除，以兄爲依，終吾暮年之樂。而何意兄之一旦舍吾去耶！去年秋，予過兄，見兄病未良已，以爲深憂。復見兄神情暇豫，心坦坦然，自藥欄花畦外，一無所營，又深以爲得已病之道。近復寄兄書，欲兄幽事都不關情，胸次空豁，不掛一絲，以待天之自定。孰意吾書未至兄，而兄訃先至耶！嗚呼哀哉！兄有絶人之慧，絶人之識，絶人之趣。出諸口者，不漫作無味之語，筆諸書者，不漫作無味之詞，措諸躬者，不漫作無味之事。倘令得用於世，正身率俗，立懦廉頑，足以風動當年，垂光百世。即寂寞陶菴中，眉宇嚬笑，猶足以洗濯一世塵垢。而今已矣，何天之無意於斯世，而忍奪斯人耶！

子往方對公車，或者天復奪而用於世，使予向誰道五湖佳事耶！予於海内知交，各有深契，至於雲霞之味，惟二兄造其微。惟予知二兄之微，故以二兄爲依。子往即用世，所之既倦，歸自足沮溺相耦，於時左右顧而失吾兄，又何心一談一笑耶！嗚呼！以兄之神情無滓，其行於天也，必爲清風朗月，必爲鮮霞明星，吾二人依兄，於是焉依乎。兄靈烱然，亦復依予兩人否耶？嗚呼哀哉！

祭茹澄泉先生

惟師，太朴所造，太和所保。孝於親，依依如在襁褓。信于友，沖沖如味粱稻。早歲黌宫，燁然文藻。暮年幽居，悠然懷抱。屏惡如田父之芟其草，護善如富人之匿其寶。自潔幾于江河之澡，不欺可質日月之皜。坦懷應物，不寒不燠。哲鑒内炳，爲白爲皂。斯人當三季之隆，必在德行之考。即下降七雄之世，亦何負趙魏之老！今使其窮途潦倒，枕經藉史以槁。不得與朝榮之槿，同一日之鮮好。嗚呼！吾將問諸蒼昊。

公祭復吾沈先生

嗚呼！公之丰標，如玉斯瑩。公之文章，如金斯勁。公之宇度，如春斯和。公之襟情，如秋斯浄。凡茲同藉，及門下士，及年家子。思公德容，不違於目。思公德音，不違於耳。去我日遠，遐哉邈矣。公體則蜕，公神無方。或彼或此，或在或亡。悠悠我思，曷知其鄉？九龍之崗，二水之旁。三江浩渺，五湖蒼茫。公或其間，去來徜徉。清風淡淡，白月涼涼。虬松謖謖，碧竹鏘鏘。公或其間，上下翱翔。亦有旨酒，如人世否？亦有良朋，如我儕否？亦或來歸，視兒孫否？疇昔之日，公魁南省。附公尾者，千里思騁。淹忽至今，綆弗竟井。公其念茲，能無耿耿。

嗚呼！天地成毁，如掌反覆。其不毁者，如虚在谷。哀我人斯，一往不復。旋視其元，浩然常足。區區百年，孰延孰促。公味斯言，夜臺明旭。嗚呼哀哉！

公祭葉容溪文

余觀世之仕宦者，歷中外不數年，則能美其宫室，膴其奉養，以明得意。❶其父母亦率憑子自植，稍稍易其寒素，没則子爲文其生平，侈其窀穸，爛然耳目，以爲如是足以榮其親，鄉之人莫不曰：「夫夫人子也。」嗚呼！其亦不思爾矣。

葉翁以子貴有年，而參之之貧如昔。凡所謂親之憑其子者，翁百不得一，而子之侈其親者，參之百不得一。世俗之論，皆以參之窘其身，并以窘其親，使翁曾不得一日享貴人之奉以死。嗚呼！其亦弗思爾矣。

假令翁不能安參之之貧，則參之不能一日安其廉，是則參之能貧以翁，而翁之賢以參之之貧，若與所謂憑子厚殖者比類，而觀俗之所賁，❷道之所恥，翁之顯榮孰加焉！且吾聞翁性淡泊而特嗜酒，脩竹衡

❶「明」，四庫本作「鳴」。
❷「賁」，康熙本、四庫本、光緒本作「貴」。

門，素心朝夕，陶然一觴，無求於世。而參之奉酒錢惟謹，未嘗令乏，則是翁固有至裕者存，焉在其爲窘也？余悲夫世衰俗薄，守身之孝不明，謂富貴足以榮親，而潛德内充之士，不白其堅貞之操，且若慕慆淫而不可得者，故表而出之，靈其有格于斯文。

高子遺書卷之十一終

高子遺書卷之十二

題跋雜書類

題三太宰傳

吾嘗謂君子經世宰物，好惡兩者而已。然善非身有之，弗好也；惡非身無之，弗惡也。視天下之治亂，朝廷之利害，非如得失之切于身，好而弗純，惡而弗決也。故聖人之學，始于格物。格物非一，格好惡之物爲要。好惡之物格，則好惡之知致，好惡之意誠，好惡之心正，而修齊治平舉之矣。今之人往往輕言好惡，以流俗之愛憎，濟其作好作惡之私，明目張膽，自號爲公好公惡。嗚呼！其亦弗思而已矣。聖人曰：「惟仁者能好人，能惡人。」聖人言好惡如此其難，今人言好惡如此其易，其亦弗思而已。《書》曰：「先民時若。」故君子急于格物，多識前言往行也。

今天子御極，四十有一年矣。天下屈指揆宰者，必曰兩揆、三宰。兩揆，謂王山陰、沈歸德；三宰，謂陸平湖，孫、陳兩餘姚也。山陰、歸德、兩餘姚尚矣，其心光明，其行峻潔，無得而訾焉，獨平湖有知不知者。吾謂君子論其大，不苛其細，舉其長，不諱其短。平湖合楊海豐論言事諸君子，五君子所不爲，當其時，平湖不出此，不得宰天下，收一匡之功。吾獨怪執政者以此取平湖，則是平湖之短，乃其所爲長，平湖之長，乃其所爲短，好惡倒置，如之何不失天下望也！夫婁江、新建、蘭溪、四明，其始豈不表表膾炙人口？一旦執揆柄，名實俱喪者何耶？少長于富貴，沉溺于詞章，無天下萬世之遠志，又岐于佛老之學，得其粗而遺其精，假其似而亂其真，不明聖人大學之道，故小人得乘其欲而愚之也。〔眉批：佛老亦欲。〕哀哉！

天下之生久矣，一治一亂相尋，一正一邪相錯，極治之世不能無小人，極亂之世不能無君子。方以類聚，自唐虞之世，九官、四凶分類，至元祐、熙寧極矣，此以彼爲黨，彼亦以此爲黨。黨者類也，欲天下無黨，必無君子小人之類而後可，如之何諱言黨也？夫君子何黨之有？上惡黨，故小人之黨反目之爲黨，一網而君子盡矣。故君國者不患黨，要在明辨其黨。三太宰者，其好惡同，故用事者以爲黨而惡之，繇今觀之，孰是耶非耶？

嗟乎！浙自昭代以來，有三大功臣，有三太宰，然而位不齊其德，用不竟其志。三宰歸而三揆出，猗與盛矣，而天下與彼不與此。斯民也，三代所直道而行，格好惡之物者宜何從？斯傳也，長孺之示人至深切矣。

題貞裕卷

天之生物也，隆冬閉藏不固，則生不茂；山川之氣，其盤旋回伏縮結者不密，則其發靈秀也必小；聖賢之生，其勞苦拂逆，經歷愈備，則其受任愈大。語曰「始於憂勤，終於逸樂」，信哉！

蓋攀龍讀《貞裕卷》而三嘆曰：此可以

知天，可以知人，可以知學。當太恭人稱未亡人，二十有六耳。又十年而安節先生始生，又二十年而先生始成立。前乎十年，則繼嗣撼之，後乎二十年，則外侮撼之。當是時，太恭人所恃一念耳，一念謬則萬事謬矣。嗚呼危哉！孰知夫二十年後旌詔之及也！孰知夫先生舉於鄉，成進士，而太恭人悉及見之也！孰知夫泉臺且綸贈，再以御史贈，以太僕贈也！人見其裕之樂，而不知其貞之難。

夫人心甚危，遷易靡定，幽憂亂之於內，變故亂之於外，一日不可知，況三十年乎？故一念者，天人之衡也。持之而躋于天，謬之而墜于淵，一念定而人定，人定而天定矣。嗚呼危哉！人亦慎此一念也哉！吾故曰可以知學。

天因人定，人因念定，念因學定。學而不定，則是未嘗學也。

題鄒貞女卷

《易》之《漸》曰「女歸吉」，女之至貞者也。故六爻皆取象於鴻。鴻，義鳥也，象女之從一而終，故曰「可用爲儀」，可以正邦而善俗也。聖人之用女貞大矣。吾觀鄒貞女矢志之年，十有二耳，非有告誡勸勉，非有見聞蹈襲，豈非性哉？天地大矣，一女子何啻一微塵，而一念之正，足以充塞兩間，彌亘千古，顧不偉歟？

吾邑稱人文之盛，富貴顯榮，奕於時人耳目者，何可勝數！或嗚得意於恣睢，號達生於靡麗，局局轅駒，靡靡秋草，視貞女何如！其有知自好者，或節毀於名成，心移於挫抑，半塗自廢，九仞土崩，視貞女又何如！《詩》云：「豈不劬勞，其究安宅？」志士仁人，烈妻貞女，棄世俗之所樂而甘心獨往者，夫豈徒然！吾於貞女，蓋爲潛然興嗟，竦然自懼。

其究安宅，果在何處？生時有之，死時有之，心安則神安，通乎生死。

題丹陽丁氏追遠會簿

昔者，滕，小國也，截長補短，五十里而已。孟子勸之行仁政，而曰有王者起必法之，然則王者所行皆滕政也。滕政遂及天下，及萬世矣。

子行，貧士也，而能率其族之人分積銖累，使祭有田，月有會，行之二十餘年無替。夫放海之水，本於涓勺，干霄之木，起於勾萌，繇此而之引而不已，以追遠之餘，可以恤近，以一家之法，可以勸衆，是爲仁人之師，而丁氏之仁溥矣。

夫不忍人之心，人皆有之，不忍人之政，人皆有之。有其心者有其政，無其政者無其心者也。〔眉批：補孟夫子之義。〕故以一族每月分銖之積，而足以成政焉，何必有位者？人心之迷，迷於至近，忽其近者小者，以爲不足爲，於是終身無善可積，而棄其遠且大者，惜哉！

建故邑侯王公祠堂引

往者嘉靖中，少月王公來令吾錫。錫故無城，公涖事甫三日，召父老謀曰：「夫錫，巖邑也。不城，吾與父老不有錫也。請從事焉。」邑之人意難之，公持之堅，於是工始興。邑之人意又易之，公持之急，於是工遂竣，凡三月耳。工甫竣而倭卒至。當是時，非城，則錫不可守，然非公，則錫不可城，非公持之堅，董之有法，則不可以三月城，如是則錫之民鬼矣。故寇之退也，即藉公備禦之多方，義士之効死，而説者以爲猶其次也。

錫之田，自國朝以來，轉展於貧富之交，進退于奸胥之手，至嘉靖間，蓋有田者不盡出賦，而賦税者不必有田，富民之子孫，已無置錐之地，而催科之吏，猶闐門守之。公曰：「若是，則不可爲政。」遂丈量之，於是有田無賦者，不能隱其實，有賦無田者，始得以銷其虚。民得免溝壑，散之四方。嗚呼！迄於今三十餘年，錫民之得安養生全者，公之賜也。公之明德遠矣。

按：《祀典》曰：「有功於民則祀之，能禦大患則祀之。」嗚呼！非公孰克當之！

非公孰克當之！然而公今且死，公之靈，尚未得憑吾錫彈丸之地，錫之民，未得出一黍一具，以奉公之蒸嘗，無論縉紳、先生，下至齊民，無論生當公之世、生後公之世者，萬口一心，僉謂缺然而不容已。不佞攀龍，以此心當然之義，質一邑同然之心，敢倡舉其事，欲於惠山之麓，誅茅畝許，搆堂三間，以妥公之靈，於其旁搆一廂，以妥義士張某等三十餘人死於倭難者，仍乞諸當道歲時奉祭。然非一人之力也，敢與同志者商之。竊見今之時，在處佛殿鼎新，畚鍤雲舉，人翕然從之，千百金可計時辦具。夫人所以樂於奉佛者，豈非惑其生死禍福之説乎？無論其事之必無，藉有之，蓋杳冥不可知者也。吾儕繇祖父以來，生養安全至今者，孰爲之乎？王公也。之死而生之，轉禍而福之，不大彰明較著哉！從事于杳冥不可知者，而忘其彰明較著者，智者必不其然。不佞則度夫同志者之衆，而是工可計時辨具矣。謹告。

烈帝廟助工疏引

烈帝廟工已有次第，第神像未塑，殿磚未布，月臺未甃，廟門未整，以前之木直、瓦直、石直未盡償，木工、瓦工、石工未盡給，約得三百金而竣事，不無藉於衆力。

夫邑之有明神，一邑之怙恃如父母然，父母之神靈未妥，爲之子者寧能恝然？除已助者外，吾里閈中或以銖兩，或以分文，或以釜庾，或以升斗，皆可以自盡其誠，以安神靈，以爲一邑怙恃。吾輩試思水旱兵戈，萬命一絲之時，所以祈佑於鬼神者，何異子之呼號其父母，而平時可不知敬事乎？謹告。

急則號之，暇則忘之，凡民之事人神者皆一也。故因事而呼之，使恒其敬心。或曰：「如遠之之義何？」曰：助工，敬之也，非近之也。有其舉之，莫敢廢也。邑有明神，所從來久遠，不與添設淫祠同也。

保安寺建養老堂疏引

昔者聖王老老、長長、幼幼之化行，舉天下之民自生迄死，皆有恃而無恐。王政熄而二氏興，民之幼而無養、老而無歸者皆入焉。今浮屠氏之徒遍天下，能得其道者，百千萬人不可見一二，而入焉者，資以爲養而已。韓昌黎曰：「人其人，火其書，廬其居，明先王之道以道之，鰥寡孤獨者有養也，則庶乎其可也。」夫曰鰥寡孤獨者有養也，是矣，而未盡也。田不井授，民無恒産，無養者豈惟鰥寡孤獨云爾哉？

無錫有保安寺，在邑之南郭，四方僧徒過於此者，得小憩焉。寺僧某欲建養老堂，以處其老且病者，欲余爲引其疏。余既悲夫養老者歸之浮屠氏，而復憮然曰：以天地言之，皆人也；以老者言之，皆養也。是宜亟與之而亟勸之，且勸四方之賢者亟助而成之。古之聖人曰：「一夫不獲，是余之辜。」吾儕當曰：「一夫而獲，亦予之幸！」可謂仁之方也已。

阿衡見此，當爲垂泣。學顔子之學者，必志伊尹之志，安能樂而無憂？樂而無憂者，自以爲遠伊而近顔，豈知一體之憂失，而樂亦非顔矣。

華藏寺重修佛像引

華藏，爲宋張俊賜葬之地。寺，爲俊建也。俊佐檜賊殺岳武穆王，千古而下，仁人志士，争欲斬屍揚灰，猶恐爲大地之穢。❶今俊墓已在荒烟敗草中，爲野狐牧羝之穴，而寺尚存。寺之存，非爲俊也，爲地勝也。湖山浩渺之致，禪房花竹之幽，選勝者所必之，故寺屢圮而復修。寺之修，非爲俊也，爲地勝也。

寺僧某修寺既竣役，募都人士整三世之像，而欲余爲引語。余謂夫湖山依寺，寺依佛像，信當修，而因爲大衆説佛。佛者覺也，檜乎俊乎，一何迷乎！佛之教空也，檜

❶「大」，康熙本、四庫本、光緒本作「天」。

乎俊乎，千古臭穢，佛能空乎？知不能空千古之臭穢，則當自覺其是非之本心。

金剛經集註小引

無住心者，常住真心也；常住真心者，不生滅心也；不生滅心者，金剛心也。得金剛心之謂應住心，得應住心之謂降伏其心。云何應住心？得無所得也。云何得無所得？住無所住也。此法至難信，至難言。世之信者，信經而非信心；言者，言經而非言佛。雖然，經即佛也，佛即心也。不可無經，則不可無言。

承源華公，暮年幽居，冥心觀寂，手集經註，以導夫讀斯經之不得其門者。既成書而梓之，徵不佞弁語。不佞儒者，夫焉知佛？蓋嘗繇吾聖人之言心者而知之，惟金剛不壞，惟心不壞。世人役役於夢幻泡影露電之物，執之以爲固，曾不知須臾變壞，至人人有常住不壞者，乃覿面而失之。哀哉！觀斯經者，於泡影見無住，不於無住見斷；於金剛見常住，不於常住見常。不捨萬法，實不得一法，其庶幾乎！然斯言也，經而已矣；斯經也，言而已矣。

告龍王文

直隸常州府無錫縣高攀龍謹齋戒焚香告於龍王之神曰：

天下之物萬矣，惟龍則謂之神龍。夫物則不神，神則非物，龍亦物也，而謂之神者，豈非以其能上下天淵之間，使雨澤之時行，輔陰陽之不及與？不然，則吾見其無以異於魚鰍之族，而有無不足爲世輕重也。

邇年霪雨爲災，五穀不登，東南之民，饑而死者，十之一二，疫而死者，又十之一二。今天復不雨，苗將稿矣。更五日不雨，苗當半稿，十日不雨，則苗盡稿。公家之廩，已竭于上，私家之蓄，已罄于下，迄於明年，民當十而死八九矣。去冬，天子仁惠，大約捐東南田租之半，今年復不有秋，天子將復捐其半乎？則所不捐之半，亦無從出也。將盡捐之乎？則國賦無從出也，而亦無救乎民之死亡。夫天下之田，天下之人所待哺也。東南之田，非獨東南之人所待哺，天子、六宫妃嬪之膳，百官之食禄，以至沿邊戍卒之餉，皆待哺於此。東南而復荒，則吾不知其勢之所終也。以爲國運自此而傾乎？則天子明聖，宰相和同，無紛更叢脞之擾，未宜遽絶於天，何民之困一至此也！

古人有言：「居廟堂之上，則憂其君；處江湖之遠，則憂其民。」攀龍進不在廟堂，退不在江湖，而日夜戚戚皇皇，既憂其君，又憂其民，無可與告者，不得已告之龍神。夫神龍也者，能上下天淵之間，使雨澤之時行，輔陰陽之不及者也。神則無不在，匹夫匹婦之精誠，皆足以感觸之。誠有鑒予一念之精誠，三日之内，大沛甘霖，易四野洶洶之情爲欣欣之色，則龍之爲神昭昭矣。謹引領以望。

伊川以河工成，非龍女力，先生以亢旱籲龍神。河工，人所爲也，歸德于龍，則懈勞人之心。靈雨，人所不能爲也，業有以僭致恒暘者，在田之大人。姑以此致無聊之思焉。況也雲漢呼天，飛龍之事，古人視天人神相感之際，有如一氣之通者。

代耆老祭城隍文

本縣城垣圮壞，鳩工修葺，某等爲鄉紳推薦，邑父委用，董督其役，所懼人各有心，難於合并，惟是齋誠自矢於神：

此一舉事，百年永賴，此十六人，一體相成。譬如作室，或梁或棟，運斧運鑿，期於成屋。又如行舟，或江或河，操舵操篙，期於共濟。人之有善，如出於己，己之有善，亦同於人。毋居己於逸，而貽人以勞；毋暴己之長，而形人所短；毋執一己之見，不通衆人之謀；毋信細人之言，輕乖同事之誼。一有私心，聽神鑒神誅，一切公事，祈神扶神祐。各秉真誠，協成大義。謹以牲醴祇告始事。

細民之信神者半，不信神者半，先生故代爲祭告，合人神以重其事。夫國聽于神則亡，民不信神則肆矣。

題世尊像

即一切法，是謂法法，離一切法，是謂無法。見有法者，即非法法，見無法者，即非無法。無法法法，法法無法。我說此法，是謂佛法。問佛何法，佛何曾法？

先生何故說此？因僧求題，即彼法以曉之。觀世音、達摩、純陽，皆此意，惟張仙又說我法。

題觀世音像

觀世音者，反聞聞自性也。自性寂然，何得謂之音？實無所見，何得謂之觀？

菩薩以無作妙力圓通自在，聞無所聞，故謂之觀，觀無所觀，故謂之音。耳目互用，人天交修，靈感靈應，機本自然。衆生動一妄念，大士能見能聞。大士何在？這妄念的便是。

題達摩

天自清，地自寧，耳自聰，目自明，只這個便是，説這個便是又却不是，從古無人道得一字。這個尊者，西來做甚麽？共道一花五葉，决有些秘密。咄！捉出真贓，只是一衣一鉢。

題張仙

《詩》稱「張仲孝友」者，即神也。今且列星於天，司命於世，世人冀昌其後者，必嚴事神。夫神，孝友者也；其所福，必孝友者也。然則孝友者，善其身且以昌其後人，人之嚴事其父兄，當如所以嚴事神，斯乃爲能事神者矣。

題純陽祖師像

有甚仙，有甚凡，三餐飯是九轉丹。但欠一刀兩段，便爾萬劫沉淪。却被多口翁呵呵冷笑，説甚汞鉛龍虎，越添藤葛，覷破來是家常飯無人喫。

題翠峯上人像

認得這箇，便是翠峯，認得翠峯，還不是這箇。黃鳥一聲天地春，春在何處？會得麼，只這箇便是翠峯。

題聶端虛先生像

黄卷中相對者，非聖賢耶？青氈前相對者，非蒙士耶？何聖非蒙？何蒙不可聖？視賢師而成性，瞻視必端，衣冠必正，有上上根人，繇斯以入聖。

四勿爲乾道，即結語之旨。

書玄帝訓言後

心者，人之神明，即天神、地祇、人鬼充塞無間者也。人敢於欺君父，不能掩其一念之自照；敢於傲雷霆，不能消其一念之自歉。其自照自歉者，神明之充塞無間也。人乃以某神主治某山，某神下降某日，欲於是祈福禳禍，亦愚矣。

寓内稱神靈顯赫者，必曰玄帝。玄帝有訓言垂世，陸君印初見而尊之，鐫石公之人，而徵余一語。余惟上帝好生，見人陷不善，是自蹈刀鋸鼎鑊，絶其生理，汲汲欲拯而拔之，千聖萬靈，立言垂訓，其旨一也。夫人不知自心之爲鬼神，而恒畏鬼神，畏鬼神而不敢爲不善，是畏刀鋸鼎鑊而不敢蹈之死而生之也。此刻廣而陸君之德廣矣。

上帝豈有言耶？然其旨歸之勸善，不妨因妄示真。

書繼志會約

聖人之學，求仁而已。蓋余每讀《論語》而疑之。仁，人心也，而何聖人言仁每言事？一日憬然思曰：「嗟乎！離事固無心。」即如夫子告顔子曰非禮勿視聽言動，告子張曰恭、寬、信、敏、惠。試體之日用，非禮而視，不仁矣，非禮而聽，不仁矣，非禮而言、動，不仁矣，不恭，不寬，不信、敏、惠，亦然。知不仁乃知仁。夫吾之心，本恭本寬本信本敏惠，視聽言動本無非禮，一一還他本色，本不加毫末。故識其自然者，不可不勉其當然者，勉其當然者，不可不識其自然者。此謂本體，此謂工夫，聖人下學而上達，即工夫即本體。同志之友，試於此求之，以爲何如？

書悟易篇

太極者，理之極至處也。其在人心湛然無欲，即其體也。先儒云「心即太極」，此語須善會。無欲之心乃真心，真心斯太極矣。心莫難於無欲，故人莫難於立極。若但見其無形無方無際而已，是見也。故曰：有所見便是妄。奉山汪公，能悟《易》者也，其必有以識之。

敬書吾祖盆荷詩手筆後

吾祖静成先生，嘗以盆盎植荷於庭中。嘉靖己未花，賞之以詩，是年得吾伯兄附鳳。越二年壬戌再花，再賞之以詩，復得攀龍。若爲吾兄弟兆者，抑何異耶！夫家之有喜，其氣先應，鳥鵲草木，皆能兆之。今以蓮兆。蓮，花之君子也。發於盆盎，小能大也。常人神局於六尺，君子神充於宇宙，亦若是矣，吾兄弟可不勉歟？蓮，多子者也。子以及子，吾兄弟之子孫可不勉歟？相率而爲君子也，乃所以報吾祖，執天之休

也歟！❶

書唯菴先生誌銘後

先生少弱，稍動作輒疲，必偃仰時自休息，然善裁節一切，不竭其意之所欲，不務其力之所不勝，如是者久之，乃益强無疾，七十八十不衰。然吾聞先生八十猶未絶欲。人曰：「壽，天植也，非關欲。流水不腐，匪貴其積。」嗟乎！是驅人而納諸罟擭陷穽矣。人受氣於天，猶子受産於父，厚薄殆十百千萬倍屣無算。❷故富人一日之需，當貧士終歲之計；貧者效富人，一下筯而凍餒踵至矣。且夫先生少能自裁節，畜於方盛之時，故氣益固，迨老不衰。不揣其本，欲齊其末，殆矣。

先生五十七，自醴陵歸，杜門却掃，棲遲陋巷中，薄田僅給饘粥，晚歲支離婚嫁，至不能守其田廬。先生曰：「貧，人所不堪，吾以儉之一字銷之；横逆，人所不堪，吾以忍之一字銷之；士不得一第，宦不得進一秩，老而喪其室，喪其冢子，人所不堪，吾以命之一字銷之，是吾銷其意之不足也。青山白雲，吾遇之欣然，第以散步微吟銷之；長溪煙水，吾遇之欣然，第以小舠蕩槳銷之；空齋永日，吾遇之欣然，第以焚香趺坐銷之；僧廬梵宇，吾遇之欣然，第以啜茗清言銷之，是吾銷其意之有餘也。銷其不足而無餘憾，銷其有餘亦無不足之歎，吾之所以爲吾自若也。」君子曰：「是皆壽道也，宜其壽。」然則先生養之少壯、養之暮年者

❶「執」，康熙本、四庫本、光緒本作「報」。

❷「屣」，康熙本、四庫本、光緒本作「蓰」。似是。

交至矣，寧獨天植哉！

先生得年九十一而卒。其卒之年，第不能步履，無他疾痛，其卒之旬，第不能飲食，無他疾痛。蓋氣盡而止矣，斯所謂壽而考終命。

先生自爲誌銘甚核。將葬，而原曾乃謁余請銘。余曰：「先生有成命，子不可違。」謹以所聞於先君子者，附其說於後。蓋先生者，先君子所從受經也。

書成佑臺先生自誌後

往攀龍常與許靜餘先生耦行市中，遇佑臺先生，許先生趨而進，執禮甚恭，私於攀龍曰：「是真德行也。」嘗館于某，有魯男子事，人無知者，吾友馬君惟任聞之，亟爲舉鄉飲賓，許侯同生，爲表其門。當是時，先生年八十有五，越明年庚戌而先生卒。攀龍讀其自誌，爲之斂襟歎息者久之。是豈非凜凜冰淵沒身者哉！先生之生，明興百五十七年矣，去孝皇之治未遠，士生其間，慕古遵義，多獨行君子之德。吾觀先生見先民軌則焉，何必貴顯？今士或紆青拖紫，死之日，捫心自疚，無論人口，即其自視，亦何異犬豕豺狼虺蝎然，悲夫！繩墨之於人大矣。故厭貧賤，慕富貴，而畧居身之道者，是貿貿於建瓴易盡之年，而不察死生之説者也。

書淇園春雨卷

春雨既零，新篁抽翠。長林人靜，書堂晝虛。當此景物，作何酬對？飲醇較奕乎？焚香啜茗乎？操觚染翰乎？是謂馳情玩物，俗之所貴，道之不載也。古之至人，川觀則指逝者之如斯，庭草則識自家之意思，此何爲耶？有斐何以興歌？切磨何以比義？於此悠然而思，憬然而會，庶幾點點聲聲，非爲孤負。

書金鏡軒董役卷

鏡軒金君之董役也，手萬金，不私一介，衡萬價，不謬一物，措萬料，不誤一用，程萬工，不虛一晷。江南有大工役，必迎致君，君退然不屑也。迫而後起，一諾之後，百挫不恤。不避嫌怨，不怠夙夜，不憚風雨，不辭寒暑，事必底於成，成必底於固而後已。今年吾邑林侯鼎葺學宮，延君董其事。君奉觀察公命而來，自正月至六月訖工，邑之人無不德君之力，憫君之勞，服君之能，悦君之誠，如吾所謂不私一介、不謬一物、不誤一用、不虛一晷者，益信矣。

余悲夫世之人，土苴信義，芻狗廉恥，而惟利之視，利所在，則蠅營蟻聚，利所妨，則蜮射蠆螫。故事無不窳，衆無不吐，視金君何啻金玉之於糞壤，鸞鴻之於蛆蠹。繇此觀之，人之貴賤，豈以冠裳韋布，要以自貴自賤而已矣。

是役也，吾友馬君惟任實首議迎致君，持之堅，請之力，遂得之林侯，又得之觀察公而始得君。天下之事，非人不成，非能任人者不得，成事之人類如此。

書江生夢卷

世人認欲爲心，故認夢作醒，須實信現前一切如夢，一切舍去之，當見非夢者，見非夢者，而後夢亦非夢矣。人禽之判，只此幾希間，危哉！若徒夢中說夢，祇添藤葛。

書吴起讓八分變體卷

古篆亡，而聖人之字學晦。夫字，心畫也，目擊而心存。如德，從直從心，直心爲德也。而直，從十從目從隱，隱微之地如臨十目爲直也。諸如此類。八分以後，去古愈遠，書者論點畫向背、往復回互之工，法備而義不存矣。

吾邑吴君起讓，獨好八分，書以示予。予不知書者，予則喜君之好古。今人巵匜樽罍之屬，近古則貴之，獨不好古之道耳。有志者不爾，必曰古之人。古之人，如摹法書者然故似之也。今君好書之近古者，引而伸之，非古不好矣，寧直八分千字之問哉？

書相者潘覽德卷

壬戌春孟，吾師儕鶴先生，書來，言覽德術極奇，其人有俠氣可尚也。是時經撫失河西，都下人心皇皇，若奴賊旦夕至。余謂覽德曰：「勿言富貴，且言安危。國家安，吾輩安矣。」覽德曰：「不害也。吾見都人，士無干戈之色，今見公益信。」余令視諸公卿，皆然。豈國家承天之祚，吾輩承皇之祚而然乎？若以人事，覽德言難爲券矣。覽德相人，必本於心，曰氣色，皆心所爲也。心善而吉，心不善而凶，有吉凶反常者，先世善不善之積使然，報盡而止，不可常也。此其術之通乎道者也。夫惠迪吉，從逆凶，此千古大相法，覽德師傳，得其一緒便奇中，信乎天下事無不本諸心者。

書醫者喬心宇卷

人身有附贅與血氣相并，盜血氣爲養，耗血氣爲病，如國之有小人，所謂城狐社鼠，去之不可，容之不可，則身之瘻、腸之痔是也。而痔爲甚，甚且妨人晏坐之樂、登涉之勝。予年三十而有斯疾，五十始覺其害。己未秋，遇心宇喬君，治而去之。不用猛藥，不事驟效，以浹旬之力，使藥氣沁入，而邪氣沁出，滓結痂脱，與血肉若不相黏者然，一何神也！嗟乎！國之小人，亦如是而已。不即戎，不用壯，使膚理内堅，而附贅外落，如木之落其枯且蠧者，而枝幹不知也，斯國手矣。夫國家盛時如人之壯，有疾而不自覺，迨其衰，而害乃見，非國手，惡能勝其任而愉快乎？

予之疾去矣，晏坐一室，遊行五岳，翩躚無礙，其樂何如！於其身之樂，不能不動世之憂。安得有如喬君者，决附贅之耗，調血氣之和，使皇路平夷，往行若馳也哉？君之行也，壽之以觴，而志其私慨如此。

治癰疽者，首禁刀鍼，况瘻痔乎？誅殺，刀鍼也，小人驟除，毒必他發矣。保身，戒快心之言，保邦，戒快心之事。大凡妙理善術，不在快心。

書醫者顧仰蒲卷

顧仰蒲者，瘍醫也。癸未秋，余病疽，幾殆，一庸醫之手，顧君藥之立起。當是時，人未有知君者，及是聲殷然。其爲醫不乘危以要人，不責報於貧人，不責厚報於富人；治方必先歲氣、慎天和，不輕用剽疾大寒熱之藥伐其源本，不輕用鍼砭剔割，要以輕重疾徐，稱於其病而收其效。蓋吾邑之治瘍者，無以上之矣。

往者君貧時，日中而不舉火，出户悵然，迷於康莊，俯而視得遺金焉。君曰：「吾窘如是，安知遺金者不猶吾邪？」低回久之，則遺金者匍匐至矣，訊其實而還之。欣然歸，以告其婦，婦曰：「甚善。若是，君不憂餒也。」吾嘗擊節以爲其婦更難。久之君醫果行，且時出其餘以周人急曰：「吾念吾餒。」

君爲人好善疾惡，得人善娓娓言之，得人不善亦娓娓言之，以是見取於君子，亦見疾於小人。吾嘗謂君休矣，君藥籠中，寧皆菖苓、參术耶？

仰蒲好心事，先生微言藥其病，過參、苓矣。然是病也，昔者子貢猶犯之，當藥以虞舜。

書名公玉宇卷

陳伯符寫照，肖其形，并肖其神。神者，何也？在心爲志，在形爲度，肖其度者，肖其神也。肖形存乎法，肖神存乎悟。非悟，不足以入神，技非入神，不足以得人之神。得形者技而已，得神者進乎技矣。

書關僧净六卷

僧家既參方得訣，須入關自參，塵緣擾擾，得此静功，豈非勝事？然吾見關僧，多是借好題目，裝好模樣而已，實無志參求性命也。有焚誦者，有書寫者，有持咒者，有參話頭者，總排遣過日，三年出關，依然舊時人，閒中日月，良可痛惜。吾謂關中静坐，是第一功夫，静中除妄想，是第一工夫，除得妄想，方是工夫。妄想如何除得？要知人生以來，真心悉變成妄想，除却妄想，别無真心。回光一照，妄想何在？妄不可得，即是真心，急自認而已。日認日真，必有日一聲雷震，萬户洞開，方知如上所言，字字是真，字字是假。何者不認不真？當其認時，還是認者，故曰是假；當其真時，即此認者，故曰是真。此是儒者格物一訣，吾不知其於禪如何。

净六上人，欲余書入關卷，余以語焉。人心無妄想則已耳，若猶未也，當用此訣。

書僧卷

心月上人持不二心飯其徒衆，其徒之道經於此者，獲有底止，無飢渴之虞。夫先王之政，所在委積，行旅如歸。今沙門一衣一鉢，徒手而之四海，四民適百里，宿舂糧矣，又何怪佛氏之徒之衆乎？然以覆載言之，皆人也；不養於彼，而養於此，皆養也；一飯之施，與萬鍾之施，皆善也，爲善而已。若曰作如是果，得如是報，是有意爲善，非善矣，君子無取焉。

書張汝靈扇

只一點靈明，是人禽異處。若得他清清明明，循理而動，便是君子存之；若任他昏昏逐逐，隨物流轉，便是庶民去之。人禽二途，非此即彼，更無中間不人不禽可站立處。人但見不講學問，不識本心，不過是個庶民，不知已是個禽獸。於此瞿然發個猛省，這猛省的是何物？便是君子所存的這些子。

癸丑仲秋，桐川張伯陸先生過東林，闡發心宗，多士心孚。將別，欲余貽一語於其令郎汝靈兄。余謂聖人之道，一心而已；心，一靈而已，人人取諸己而足也。因爲題此請正。

書秦兩行扇

丈夫出世一番，豈容没没，要當猛然而思吾之此生作何究竟。世人有以富貴爲究竟者，有以功業爲究竟者，有以子孫爲究竟者。富貴遇也，功業時也，子孫緣也，非吾所得而主，非吾所得而有。吾所得而有者何在？究其終當原其始，吾之與生俱來者是也。何物也？曰心也。天地間極平常，極奇特，惟此一字，人人知之，人人不知。聖賢千言萬語，終只説此一字。世人所謂心，絶非聖賢所謂心，聖賢所謂心，又不離世人所謂心。知之，一言可盡也，無言可會也，不知之，累千萬言不得也。故要在自求，求之彈指之頃，得之彈指之頃，如開眼見天，何處非天，舉足蹈地，何處非地。一得則萬畢，得與不得，何止聖凡之分，直是生死之路。

書秦開陽扇

學者將凡情聖解，盡情捨去，放他自然

明覺出來，日用間聽其分別是非應去，如此而已。此自然明覺，何物也？ 索之無朕，究之無象，執之無跡，無思也而自來，其來也又無不能思，無爲也而自至，其至也又無不可爲，神矣哉！ 請觀日用常行内，誰號先天太極真？ 以此讀聖賢書，不爲尋行數墨矣。

書友人扇

凡人而可至於聖人者，只在慎獨。獨者何也？ 本然之天明也，人所不知而己所獨知也。是即知其爲是，非即知其爲非，匪繇思而得，匪繇慮而知，即此是天，即此是地，即此是鬼神。無我無人，無今無古，總是這箇。知得這箇可畏，即便是敬，不欺瞞這箇，即便是誠，一一依這本色，即便是明。這裏打對得過，便可建天地，質鬼神，俟聖人於百世。《詩》云：「温温恭人，如集於木。惴惴小心，如臨于谷。」慎之也。

書友扇

人心須常息。息，止息也。息則生矣。復於未發之謂息，但自反照，羣妄了不可得，習之久而自能復也。

書扇

存心，必繇静坐而入；窮理，必繇讀書而入；静坐讀書，必繇朋友講習而入。從事於斯，其益無方，其樂無方，非天下大福人，不得與於斯。是入德要訣，即舉業要訣也。

書周季純扇

學以知性爲事，知性以知天爲事。何者？性無象可即，天舉目即是。現前虚空皆天也，知天則知性。人心無事，上下與天地同流。今人見大賓，無敢不敬，豈有與上帝相對越而不敬者乎？故曰終日乾乾，終日對越在天。小人不知天命而不畏，故閒居爲不善，無所不至，何足怪哉？學不知天，即勉强爲善，非誠也。

書朱仲增扇

君子所在，增重何與？說在《易》之《鼎》。《鼎》之初曰出否，二曰有實。非仁無爲，非禮無行，凡物欲之非吾固有者，一切洗滌之，所以出否也。學以聚之，問以辨之，凡德業之爲吾固有者，及時進修之，所以有實也。於是乎雉膏可食，公餗無覆，爲五之金鉉，上之玉鉉，而增世之重也夫。增者生於減也。減以出否，增以有實，惟其出否，所以有實。至於減無可減，斯增無可增，而金玉其質矣。

書趙維玄扇

人有此身，即有此心，不知有其心，則不知有其身。人有此心，即有此性，不知有其性，則不知有其心。人有此性，即有此覺，不知有其覺，則不知有其性。覺斯敬矣，敬斯信矣。覺者乾道，敬者坤道。何以言之？夫人之覺，不知其所繇來，不知其所繇來者，天也。所以覺者，繇不敬也。繇不敬而覺，覺斯敬矣。覺者心也，敬者身也。今人四體不端，見君子而後肅然端焉，所以不安者，非繇見君子而然，其性然也。見君子而性斯顯耳。故心覺而身敬者，坤承乾也。乾坤合德，則形性渾融，久而熟，凡而聖矣。故君子不以一日使其躬傀焉不克終日，聰明睿智，皆繇此出，學不務此，萬事俱鄙矣。

同志約

往來用單帖，隆重則用折柬。

過從相敘，殽用葷素六簋。菓榼湯點，可有可無。不專席，不殺生。

特設相邀，殽用葷素八簋。五菓一榼，一湯一點。用一生，不殺更佳。

寧損于約之内，毋益于約之外。稱家而行，即一腐一菜不爲簡。益于約外者，客辭不饗。

遠地相訪，晤言既洽，主人不復至客舟答拜。

右雖細事，可省浮費以養廉，可省煩勞以養生，可省物命以養福，可杜奢侈以示後，可敦朴實以維風。凡我同志，願相與堅持之。

同善會講語三條

這個同善會，專一勸人爲善。所以勸人爲善者，且不要論善是決當爲，惡是決不當爲的道理，中間極有大利害，不可不知。我等同縣之人，若是人人肯向善，人人肯依着高皇帝六言，孝順父母、尊敬長上、和睦鄉里、教訓子孫、各安生理、毋作非爲，如此便成了極好的風俗，家家良善，人人良善，這一縣一團和氣，便感召得天地一團和氣，當雨便雨，當晴便晴，時和年豐，家給人足，豈不人人享太平之福。若是人心不好，見識歪邪，見個善人，便叫他是沒用的滯貨，見個惡人，便叫他是有本事的好漢，看這六句言語，是喫不得、着不得、用不得的古話，一味凭着自己的意力，一切非爲，要做便做，一人作歹，十人看樣，便成了極不好的風俗，這一團惡氣，便感召得天地一團惡氣，雨暘不時，五穀不登，人民疾病，疫癘交作，兵火盜賊，出于意外，不知者皆謂氣數當然，不知氣數是人心風俗積漸成的。〔眉批：此句有説不盡的道理。〕此非迂濶之談，昔年福建興化府人，作惡異常，有識的人皆説道：此城必屠。不數年間，倭子來，獨攻破興化府，士民都被屠殺。若不是人心風俗所爲，何以有見識人先説在倭子未來之前？可見一家爲善，便是一家之福，家家爲善，便是一縣之福。〔眉批：達人曉此，便須率人爲善，然必從自善始。〕我等各宜真心實意做個好人。做好人雖喫些虧，到底總算是大便宜；做惡人雖討些便宜，到底總算是大喫虧。急切回頭，不可走差了路，害了自家，又害子孫，又害世界。

第二講

這同善會，今日是第十四次了。會友有百餘人，人人皆出自心自願，可見善是人的本心，爲善是人的本分事，如着衣喫飯，人人喜歡做的。從此歲月日久，凡在同善會中人，看得一縣中老者、貧者、病者、死而無葬者，真如一家之人，痛癢相關，有無相濟，這一段意思，豈不是極好風俗，天地神明所極喜的？凡在會中受施之人，自然思量這個銀錢，是善會中來的，豈可在不善處用，皆當興起善心，爲子弟者愈思孝親敬長，爲父兄者愈思教子訓孫，各思勤儉生理，各戒非爲浪費，這等方是同善之意，所助雖微，所勸甚大，不虛了此會。

我等生在世間，百年有盡，所作善業惡業，浩劫無涯，過了一日，便沒了一日。所以吉人爲善，惟日不足。這個身子，生的時節，一物不曾帶來，惟有這個善，是原帶來的；死的時節，一物不能帶去，惟有這個善，是原帶得去的。各各思量，各各努力。

第三講

這同善會，廣勸世人爲善。凡來聽者，便是有善根的人，所以有善緣到此，便有善言入耳。切不可輕看過了這句好言語，一句善言，提醒了一點善心，便做了一世善人，豈但轉禍爲福，正如起死回生也。不必添説甚麽好話，只看這牌上寫着六句，一生也做不盡，一生也受用不盡。這太祖高皇帝是我朝的開基聖主，到今造成二百五十年太平天下，我等安穩喫碗茶飯，安穩穿件衣服，安穩酣睡一覺，皆是高皇帝的洪恩。高皇帝就是天，這言語便是天的言語，順了天的言語，天心自然歡喜，逆了天的言語，天心自然震怒。我輩豈能當得上天震怒？他的言語，原是我門家常日用最安樂的事。人人有父母，人人隨分孝順他；人人有長上，人人隨分尊敬他；人人有鄉里，大家要和氣些；人人有子孫，大家要教訓他；生理是該做的，人人做自家該做的事，各有過活；非爲是不該做的，若做不該做的事，各有罪名。但看世間盜賊，那有不破的？但看世間嫖賭打行告狀詐人的，那有善終的？到得官府訪拏，囚禁牢獄之時，想着那街上本本分分、肩挑步擔做小生意的人，也都是天堂，何苦只貪暫時快意，造成無窮苦楚？今日聽得這言語，各要立定主意，做個好人，鄉里也尊敬，子孫也流傳，父母尊長都喜歡。就是没有父母兄長的人，人也稱道這是某人的子孫，某人的兄弟。如此學好，父母兄長也增光彩，祖宗也增光彩。這便是孝順尊敬的實事，比那三牲五鼎供養的也還强勝些。做好人有説不盡的風光，説不盡的安穩，都從今日這一點念頭上起。原是好念頭的人，愈要堅固，原是不好念頭的人，就要轉變。苦海無邊，回頭是岸，急急回頭，還嫌遲了。

高子遺書卷之十二終

高子附録篇目

嘉善陳龍正惕龍甫審定

高子附録

詠高先生

嘉善錢士升

吾師子高子，繹聖得宗旨。研幾析無倫，静觀先太始。德輝藹春陽，心境湛秋水。形解何超然，虚空起滅爾。

過高先生水居同吴覲華卞子厚高伯珍兄弟

爲尋仰止訪遺宫，宛在冰壺玉鏡中。幾點青山留面目，數椽茆屋想流風。悠然觀化魚還躍，寂爾齋心月正空。須信斯文猶未墜，三三兩兩一時同。

題高先生遺像

始寧倪元璐

贊曰：道喪之世，忠者死爾。上死死忠，上忠忠死。忠死之忠，匪以死止。死忠之死，不虧國美。魚貫鷄連，鉤黨殺士。士盡死者，公大而禮。爲士鍛榮，同文之狌。爲國洗辱，汨羅之沚。疇並公忠，信國文氏。正反相明，如車合軌。當宋既灰，羝墮其祀。嗚烈取著，所以燕市。當明鼎盛，闇干其紀。避辱取晦，所以止水。燕市國光，止水國體。大人之死，非苟焉已。

書高先生帖後

劉宗周

閲先生遺表，及《别友人書》，見先生到頭學力，顧其言各有攸當，弗得草草看過。

告君曰「願效屈平遺則」，不忘君也；告友人曰「得從李、范遊」，不負友也。蓋以數子之義，自審其所處則然，而非果以數子自況也。至云「心如太虚，本無生死」，先生心與道一，盡其道而生，盡其道而死，是謂無生死，非佛氏所謂無生死也。往歲嘗遺余書曰：「吾輩有一毫逃死之心，固害道；有一毫求死之心，亦害道。」此金針見血語。求先生於死生之際者，當以此爲正。

又先生處化時，端立水中，北向倚池畔，左手捧心，右手垂下帶，口不濡勺水，人多異之。先生平日學力堅定，故臨化時，做得主張，亦吾儒常事，若以佛氏臨終顯幻之法求之，則惑矣。余懼後之學先生者，淺求之東漢人物，又或過求之二氏，孤負先生臨岐苦心，特表而出之。

跋高先生帖

同邑葉茂才

余年友高存之先生，與余共學幾四十年，其大節細行，無慮千百而全歸一節，尤足爲大臣處變之法云。蓋當乙丑、丙寅間，逆璫魏忠賢，與其黨崔呈秀等，矯旨逮繫諸名哲，幾遍天下，大都死於詔獄，即幸遣戍，其屈辱已甚矣。先生聞緹騎四出，逮及吴中諸公，默忖曰：「是役也，行將及我。我忝列風紀首臣，可殺不可辱，辱身即辱國也。」於是逮者至府，遂於開讀前一日，秉燭書垂絶數言，自比屈平，而沈園池以終。

嗚呼！屈平之忠，先生之所優也；先生之學之養，則非屈平所敢望也。平之時，上官大夫非有深憾於平，第放之則已矣，是平可以無死也。而崔、魏諸兇，於先生則必殺之而後快。與俛首就逮，爲獄吏淩逼，貽先皇以殺大臣名，曷若委身清池，國體既全，而身不受桁楊箠楚爲得乎！故以平自比，不知者以爲自賢，識者以爲自道也。而四十年學力，至此始有得力處，先生蓋亦自信之矣。後之欲觀先生者，第觀其全歸時，齋沐焚香，告天告君，併告諸祖考，從容詳審，無異平日，則其所養可知已。顛沛必於是，先生有焉。

資德大夫正治上卿都察院左都御史贈太子少保兵部尚書謚忠憲高先生墓誌銘

朱國禎　大學士

理學至國朝而明，明之極，間亦厄而蝕，如日月然，暫蝕必復，復乃愈顯其明。正統八年癸亥，河東薛先生，厄於王振幾死，卒參密勿，祀廟廷。越一百二十四年丙寅，乃有梁谿高先生。先生諱攀龍，字存之，號景逸。祖孟永公始定居邑之東南隅，一傳耕樂公如圭，再傳省軒公翼，三傳雪樓公適，世稱長者。雪樓生静成公材，是爲先生王父。舉孝廉，令黄巖，有異政，祀名宦鄉賢。生繼成公德徵，配陸夫人，貳邵夫人，實生先生。生有盆蓮之瑞，王父紀以詩，至今跋而藏之。静成有弟静逸公較，娶朱夫人，無子，因以爲嗣。自幼神采奕奕，善讀書，言動如成人。母授菓餌，必拱手接，或命自取，一如所授。習舉業超超章句外，默誦諸儒語録、性理諸書。二十一壬午舉於鄉，居嗣母憂。丙戌、丁亥，顧涇陽先生方講學，聽之甚喜，即曰：「學將爲聖人也。出口則議論，入手在躬行，豈可泛求？」一日看《大學或問》，見朱子説入道之要莫如敬，悚然曰是矣，以整齊嚴肅爲主。久之，見程子謂心要在腔子裏，解曰：「腔子猶言身子耳，渾身是心。大學曰修身爲本，又曰知本，更於何處索本？即身即心，會歸於一。道不遠人，於斯可見。」

己丑成進士，出高邑趙儕鶴先生門，即有知學之評。廷試三甲，當爲令，丁嗣父憂。先後盡哀，持喪甚恪，益修子職，絶人事，讀《禮》讀《易》。服闋謁選，當改京秩，或有申舊例外仍與外者，甚喜曰：「居内悠悠，坐老歲月，不若乘此年力做一出頭，以後便可刃解。」解竟授行人，自盟曰：「吾於道未有所見，但依獨知擔負，庶幾深造。」

適僉事張世則疏詆程、朱，欲改《易傳》註，上所獻書，求頒行天下。不勝憤，上《崇正學闢異説》一疏。報曰：「高攀龍所言，有關世教，尋論大本大機，語極剴切。」高邑方在銓部，共相確證，深味河東粹言，謂約而且精，當字字體貼。孫立亭爲司寇，相見勉以力學，且言律爲用世本，因加意律學。作《日省編》，集《崇正編》，謂讀書意思不進者，尊德性功夫少也。率以半日静坐，即出遊、公會，水邊、石上、僧房，皆其嘿嘿齋心處。五更氣清，尤自提策，忽思「閑邪存誠」句，覺得當下無邪，渾然是誠，又覺得覓誠即邪，存之即是。舊字雲從，因以改焉。奉使金陵，鄒南皋在刑部，各言所志，期以最上工夫。還朝，感時事，上《君相同心惜才遠佞》疏，語侵閣臣，下部院會議，聞之坦然。涇陽謂：「只宜杜門存待罪意，若太坦然，亦覺未至。此意須當自得。」深服其言。既議上，降雜職，尋調極邊，涇陽亦以言事黜，貽書有「吾曹一時退處，共得閒身，何修報稱」之語。

甲午赴揭陽典史。舟中嚴立規程，只於静中着力，當心氣澄寂時，有塞乎天地氣象。所經奇峻山川，險絶灘頂，一一悦心，當境皆爲我助。過汀州，坐旅舍一小樓甚樂，手二程書，至「萬變俱在人，其實無一事」句，猛省曰：「果無事！」從來牽纏，俄然斬絶。抵官，勤職事課藝，集《朱子要語》刊示之。邑令爲同年，佐其不逮，除一兇人。

署事三月，覓差歸。其地有蕭自麓者，故念庵先生門人，臨别語曰：「公當潛養數年，不可發露。先輩嘗背地用一陣苦工夫，故得成就。」再拜謝曰：「敢不服膺。」至漳，謁李見羅先生。李謂既知宗，則心意知物，各止其所，格致誠正，不過就缺漏處照管，真有無所事事的光景。答以《大學》格致，即《中庸》明善，要使學者辨志定業，此心光明洞達，無毫髮含糊疑似，以爲自欺之本，然後爲善去惡，意誠心正身修，善所以純粹而精，止所以敦厚而固也，不然，萬端紛起，如何用力？且修身爲本，人皆知之，然必辨義利是非之極，窮至無穿窬之心，斯爲知止工夫喫緊沉着，豈可平鋪輕説，都無氣力，并條目次第，籠侗做去？李無以難。自謂出門至此，學力已三轉手勢。

乙未歸，再取釋老二家參之，謂釋氏與聖人所争毫釐，其精微處，吾儒具有之，總不出無極二字，病處，吾儒具言之，總不出無理二字。尋連居父母喪，一依文公家禮，讓産諸兄弟不可得，盡供喪葬，餘置義田贍族。戊戌，作水居於湖邊，中有一可樓，言無所不可也。武部吴子往來訪，深契。相與閉關趺坐，坐必七日，作復七規程，取《大易》來復之義。

甲辰，東林書院成。故龜山先生遺址有道南祠，侵於僧院，邵文莊圖修復不果，至是與涇陽共成之。集吴越士大會其中，一依白鹿洞舊規，每會拈出大旨互證。要歸於端居主静，謂大聖賢自有大精神，主静只在尋常日用中，學者神短氣浮，以百當一，以千當十，積久厚聚，拔此俗根，庶見天則。以學爲教，從前静定居多，間以會友應酬，至是無之非静，觸處流行，不煩收攝。嘗自言丙午以後，方實信性善、知本、中庸之旨，此道絶去名言，程子名曰天理，陽明名曰致良知，總不若中庸二字。中者停停當當，庸者平平常常，本體如是，工夫如是，一毫造作走作不得。心矩學矩，從有離合中造，到渾成處，於朱爲貫通，於孟子爲集義所生，於顔子爲不貳不遷，四十年攻苦，確然可自信者。

兩朝鼎成，廢臣以次起用。庚申，召拜光禄寺丞，同日高邑爲太常少卿，福清葉臺山先生再召爲首輔，鄒南皐爲總憲，衆正並登，以會講事屬同年葉閒適而後行。辛酉，進光禄少卿署事，綜理精密，中官初鬧於前，尋即帖服。嘗云：「頭緒雖多，儘做得去。」邊陲儆報狎至，請逐鄭養性、李如楨、李可灼，以消萌除慝。淇澳孫先生上《紅九疏》，劾舊輔方從哲。讀而歎曰：「此一部《春秋》也。」持論不少顧忌。轉太常少卿，作《寅直説》，并陳務學之要，言明理以明心，明心以出治，方從哲、鄭養性，大義不容不討，不然，孝非孝，反以不孝爲大孝，忠非忠，反以不忠爲大忠，黑白倒分，人禽反易，何所不至。傳旨重處。福清争曰：「斯人有重望，處則滿朝必争，吾亦與之同去。」僅罰俸，猶有言朕不孝之語。蓋上本英明，重首輔，容讖言，逆璫魏忠賢雖在傍播惡，猶未得盡肆也。已轉大理少卿，又轉太僕卿。方、鄭之黨，且憤且懼，竊竊只以東林爲言，將注其毒。

會京師建首善書院，蓋鄒南臯、馮少墟兩中丞率同志所闢，福清爲之記，稱一時盛事。給事中朱童蒙騰疏顯詆，大約歸重東林，踵而起者甚衆。兩中丞皆辭位去，先生亦疏辭，謂講學何罪，頓空法紀之臣，禁學何名，發自聖明之世，再移疾有邪氣所干，元氣大伐等語，以身爲喻，冀有感動。福清留之，加護持甚力。明年差歸，給事中王志道疏論兩朝事，淆雜不倫。致書駁之，大要言人臣爲國，當杜漸防微，懲前毖後，不宜爲亂賊脱罪，爲君父種禍。夫皇祖威福在手，妙於調停，是皇祖身上事；皇考仁孝根心，妙於隱忍，是皇考身上事；今上祖考在念，妙於處分，是今上身上事；若夫嚴萬古綱常，守三尺法紀，君讎必報，君賊必討，是臣子身上事。而奈何諱之，加以誣謗，使天下更不敢開口説亂賊一字可乎？見者無不膽落，然皆倚中官爲窟，翻弄無所不至，心憂之，日玩《易》自適。幸鄭養性會鞫逐出都門，頗慰，謂身上事作一小結局。方請告，張太宰誠宇曰：「高公坐此，人皆畏憚。」又自指其心曰：「渠心明説出，人自知畏。」尋奉差舟行，卒業《易》註。到家講東林如故，曰：「宦情秋露，學境春風，是可決擇矣。」福清見勢孤，求補閣臣，挈余爲助，點用四人，聊城朱蓼水、南樂魏道沖與焉。余過梁谿相見，力以大義爲言，猶未行。無何晉刑部侍郎，趣還朝。

皇子生，推贈三代，廕一子。曰：「聖恩渥矣，敢自逸乎！」時高邑已爲太宰，給事中魏廓園，故與東林講席，晉首吏垣，相約一以懲貪爲急，内外凜凜。顧逆璫已用事，南樂結爲族，大拜實有力焉。初對衆猶諱之，璫亦曰：「我家人殊不濟事。」然密已輸款導之爲非。一日講筵後，璫刺刺品評，且曰：「莫用一邊人。」則其源可知，所礙手惟閣臣。未幾璫爲楊副院大洪所糾列二十四大罪，頗内懼，謀於南樂，謂必去福清乃可。因其求歸，陽慰諭，迫以不堪事林汝翥事。乃行，始無所憚。總憲孫藍石病卒，衆議楊副院署事，璫不允，議馮少墟爲代，璫傳旨推在京者。户、兵、刑三尚書，非人望所屬，卿貳中因補少宰，及南太宰，點陪并正推，皆引去。或曰：「内故以此驅除也。」惟先生與饒豫章、李懋明三人。饒年老，李新至資淺，又爲同事者所軋，遂以屬焉。」苦辭曰：「師生分列部院，攻門户者藉口，何以自解？」然衆議已定不可易，遂推上。余見内外所忌惟先生，命未必下。舊例送票而後發，計期三日，至是次日即發，衆皆欣欣，余獨怪，謂非佳意。方福清在事，每言聊城久處，不及時局一語難測，南樂本閣考門生，當票擬，福清運筆如飛，忽日糊塗，又他事多相左，臨發密語余曰：「渠内有所恃，咄咄逼人，不得不避。蒲州更非其敵，必不能久。子當早辨歸計。」又曰：「梁谿，内所甚惡，外尤側目，又太宰門生，子之年友，於道交爲湊泊，於俗情爲眼釘，尤須善處。」余心識然，皆不敢言也。

先生既入臺，首糾極貪御史崔呈秀，奪官勘贓。尋具疏申嚴憲約，責成郡邑，列五十餘款，期於拔才除賊。示畫一之畔，其大端在調和閣部，謂閣當借用外廷，不可以外正直而疑其激，外當責成内閣，不可以内和緩而疑其媚。福清深得此意，余亦忝附同心，謂其跡自此可泯，而議者眷眷，以二人大可疑。有冷語挑剔者，余等皆稱疾不出，至煩鴻臚宣諭暫解。

孟冬廟享，南樂遲至，首垣等峻劾，示必不容。大恚，遂顯附逆璫，商之聊城，合策以獻。凡閣票用墨，内批用硃，内有可否，必發改票，閣臣執正，甚至彊争，内亦無如之何必曲聽，或一二字添改，必註明俟考，皆首臣執筆。想正統初年勒定張太皇太后所云凡事聽先生主張者，世世守之，閣臣惟此一柄，可以着力，即神宗在位久，事多獨斷留中，亦未嘗不依票改批。至是獻策曰：「散其權，某奮死奉命，何事不可爲？」璫甚喜，傳旨云云。呈秀亦投體言曾糾陶朗先，高曲庇，借事報讎。時山西巡撫缺，已擬郭尚友，改推謝應祥，謝曾爲嘉善令，首垣經識拔者。御史陳九疇方外轉，窺指以門牆爲言，詔停應祥另推，選郎首垣奪職，責太宰及先生阿比。余驚曰：「部院待罪或得免。」聊城出不意睁目曰：「誰免誰免？」蓋成筭已定，惟就中人知之。明日，九疇留用，朗先直追贓四十八萬，凡蒲州原擬，改之至盡，蓋皆兩人潛改潛送，屢黜員外郎徐大化，又伏内幕，潤色動千百言。蒲州本以王安事，與南昌劉是菴先生，皆逆璫所銜，劉早去僅得留，至是數見侵堅卧。余肩次受事，權去無能爲。朱童蒙以蘇、松兵備捶死告災者，衆大閧引疾，余照例票允，聊城攫取，改擢京堂。御史李蕃、李恒茂，言他事暗訕前案，余駁之，南樂追還，改褒獎，余即趨出。旬日間，蒲州、太宰，及先生皆逐，余賜歸，歲除出京，一網打盡。呈秀復用爲先鋒。明年乙丑，毀書院，屢起大獄，殺副院首垣等十餘人，太宰行戍，欲并坐先生，吴錦衣力解得止。

至丙寅三月竟逮。報至爲十六日，謁道南祠，有《别聖文》。歸看花後園，呼諸子，舉「原無生死」四字以示，且日急料理，爲出門計，獨身就理，可免他累。作字二紙，扃篋中，復之内寢，與夫人款語，少刻出，取所封紙示兩孫曰：「無先發，明日以此付官旗。」時已三更，命暫退，移時聲寂，諸子推户入見燈火熒然，發所封，乃遺表也。諸子急，從旁扉奔池畔，則赴水死矣，蓋次日丑時也。異香撲鼻，隣人皆聞車馬聲、瓦裂聲，衣履整齊，淤泥不沾身，滴水不入腹，數日成殮，面色如生。遺表云：「臣雖削奪，舊係大臣，大臣受辱則辱國，故北向叩頭，從屈平之遺則。君恩未報，結願來生。臣高攀龍垂絶書，乞使者執此報皇上。」復有《别友人書》云：「僕得從李元禮、范孟博遊矣。一生學問，到此亦得少力。心如太虚，本無生死，何幻質之足戀乎！」聞者無不哀痛。余爲位哭成病，至秋稍愈，往弔，靈風肅然，若或見之。

嗚呼傷哉！夫河東厄於王振，即棗强之悍，尚以臺長被呵叱不敢鞫，卒賴竈下執爨奴哭泣以免。今忠賢之逆，十倍於振，閹臣反逢其惡，其餘草偃，因以報怨逞志，黑浪翻天，鬼風匝地，坐視正人糜爛，并及先生，曾爨奴之不若。人止知南樂，不知聊城，有物有對，一顯一微。小人作緣，終露醜態。不月餘春闈副考，陡被奪去，鞅鞅有違言，守位不終，究竟掛齒讕辭解嘲奪者志無不快，威無不加，然良心間露，公論難容，最後一疏，嗟何及矣。逆璫科之以叛，呈秀咎以爲多，立地譴歸，蒙面以死。而附麗諸人，猶泰然侈得意，自謂遠或十年，近且五七年，可坐享富貴。然不渝歲，聖主龍興，首甏逆璫、呈秀，餘以次湔掃一空。先生得贈太子少保、兵部尚書，賜祭葬，謚忠憲，廕子。子世儒，詣闕謝恩。明旨稱爲孤忠邃學，秉節正終。世儒復以先生兩次請移封，母夫人未沾一命，具疏乞恩，得封夫人。又復邀三世誥贈，自雪樓公以下，咸得恩贈如先生官。噫嚱是亦可以慰矣。生嘉靖壬戌七月十三日，距其殁得年六十有五。配王夫人，子三，女四，孫男七，孫女五，曾孫一，俱詳述中。世儒等以崇禎三年十二月廿八日，葬於九龍南嶂峒之諭塋。

先生既殁且追卹，海内益悲思，謂常人蓋棺始定，真正學問人，至此始見光輝力量。夫學自孔、孟後，程、朱立準，陸象山互有印正，遂覺分塗，後之人習其説者，皆不免流弊。先生謂從朱學，弊爲實證可消，從陸則流爲虚證難補。蓋深見近日聰明人，大言鼓動，致人心陷溺，思以救之，又不欲明指其人，秪煩詞説。故以敬律身，以静窺妙，以《易》義乾坤姤復轉樞紐，遮實補虚，然後學脉始清，邪説自息，功不在距楊墨下。而蒙難從容，符合明夷之旨，静中得道，諸苦咸除，出死入生，當下超脱，稱今古一人，又何疑焉。著作甚多，内《朱子節要》研訂最真，《正蒙集註》解釋最備，《周易孔義》，則一生精力所注，真前聖所未發者。

余素不知學，相從日久，以真之一字見許，期以經世，而今已矣。世儒等以志見託，一時同志凋盡，非余莫可任，子往亦以爲言。然下筆實難，繪天測海，未容草草，而天裂海枯，驚悸垂死之餘，淚有餘，思不屬。荏苒年餘，則錢宮詹神道碑銘已出，乃矍然摘而書之，美不勝書，別有全刻，不可不讀。姑爲之銘，銘曰：

千古學術自有真，諸儒講席多平分。吾道南矣梁谿濱，東林書院天下聞。顧公開壇從如雲，高公領袖同其羣。程、朱訂定掃紛紜，陰霾積久見朝昕。從教蛙鼓喧復殷，獨衍孔脉精且勤。剖判神理窮無垠，藹絲牛毛何足云。興起善類德所薰，立言垂世比典墳。振肅綱紀滌世氛，閔不加察口露齦。於我何有等飛蝨，超然箕尾謝魔軍。入水不溺貌欣欣，花香池影氣氤氳。生死如一見真君，曰忠曰憲表清芬。我增一字則曰文。

資德大夫正治上卿都察院左都御史贈太子少保兵部尚書謚忠憲高公神道碑銘

錢謙益　禮部右侍郎

今上御極更始，首僇逆閹，言者始上故資德大夫、都察院左都御史高公死狀。天子曰：「噫！是吾守正捐生之臣也。」贈公太子少保、兵部尚書，謚曰忠憲。崇禎三年十二月，公之子世儒，始奉天子之寵命，大葬公於南嶂峢之諭塋，俾謙益書其墓隧之碑。

謙益謹按：我皇祖神宗皇帝，久於其位，天下恬熙，小人近倖，孽牙其間，一二君子，奮起下位，以搘拄國是，而朋黨之論始出，所謂一二君子者，高邑趙公、無錫顧公其尤也。公舉進士，實出趙公之門。萬曆癸巳，趙公忤時相被逐，公以行人奉使還，甫三日，即抗疏分別忠佞，極言閹臣不當陰除異己，鋤善類，以空人國。奉旨詰問，偘偘不少絻避，遂降揭陽縣添註典史，而顧公亦以言事罷歸。

無錫故有龜山先生東林書院，公與顧公修復遺址，講學其中。久之東林之名益高，海内清名之士，淹久不用者，其應和益廣，而羣小疾其厲己，争相標目，遂譁然以東林爲質的。天啓初，大起廢籍，公與趙公相次枋用，羣小滋不説。會應山楊公，疏擊逆閹忠賢，而公以考覈回道御史，褫閹之私人呈秀，於是羣小合謀嗾忠賢曰：「東林必殺公。」忠賢怖且恚，亦曰東林殺我，然不知所謂東林者何等也。甲子冬，假會推事，盡逐公等。乙丑，戍趙公，逮楊公等殺之。丙寅，又逮公等七人。公不辱，死於水。

嗚呼！朋黨之禍，至於斯極矣，然其所繇來久矣，公與趙公實與之終始，豈非天哉！公初聞有使收捕，與家人處分燕語，若將治嚴就徵者。夜分闃其室，爐香拂然也，封題宛然也，及諸河，形神離矣，裳衣成削，口鼻未嘗少沾濕也。湛淵潔身，不以苟生辱國，北向叩頭，不以垂絶廢禮，結願來世，不以之死忘君，從容就義，守死善道，嗚呼難哉！

公爲人齋莊閑靜，不苟訾笑，淵停嶽峙如也。東脩立朝，其發念未嘗不歸君父，其持議未嘗不本名節，其斡旋護持未嘗不在世道人才，故以一散曹得譴去，而天下以大人長德歸之。其自田間起家也，熹廟幼冲，婦寺中外磐牙爲窟穴。公慨然以斥遺奸、清國本爲己任，抗章極論，前後三四上，羣小激怒先帝謂訕朕不孝，欲以危法中公，又請禁講學以撼公，公弗爲動也。御史大夫闕，僉言推公，公固辭不可。公居恒謂此衙門，得人可以救世，申憲綱，舉臺規，察守令，確有成畫。受事之日，雙籐倚户外，風采肅然，逾月而報罷。當是時，外庭攻閹急，羣小依閹亦急，公欲外輯外庭，内齊政地，中涣羣小，爲彌縫匡救之計，而亦莫能聽也。嗚呼！公之不能久於位者，天也；其不能殺閹禍者，亦天也。公何與哉！

公生平學問，以誦法程、朱真知實踐爲主。揭陽之行，發憤窮究，所至登臨弔古，雲水孤清，益恍然發悟。家居二十餘年，水邊林下，洗心退藏。尤於静中得力，湛淵之時，内不獲身，外不見水，皆公之静境也。委順而去，與聖賢之曳杖易簀，夫何以異？嗚呼！如公者，斯可謂學，斯可以講矣。

公諱攀龍，字存之，别自號景逸，世爲常州之無錫人。公之祖曰静成公材，任黄巖知縣，父曰繼成公德徵，妣邵氏，實生公。材有弟曰静逸公較，壯而無子，遂以公爲嗣。其後皆以公貴，贈刑部侍郎，妣皆淑人，妻王氏封夫人。子三人，世儒、世學，皆公任子，世寧邑諸生。公之没也，世儒請於朝，得贈三代如公今官，蓋異數也。公生於嘉靖壬戌七月十三日，卒於天啓丙寅三月十七日，享年六十有五。其世次官爵及所著書若干卷，誌於墓、譜於家者皆不具書。

嗚呼！近代朋黨之禍烈矣，其始則宣政之碑也，其中則淳、慶之禁也，最後則延熹、建寧之獄也。彼方立黨籍，公則爲温爲蜀，其如公何；彼方禁僞學，公則爲雒爲閩，其如公何；彼方逞黄門若盧，公則爲膺爲滂，其又如公何！精金之煅百煉，良玉之火三日，羅箝吉網，蔓衍三朝，愈變而愈毒，適以完節畀公。彼小人者，冰山既傾，腐骨猶臭，徒爲海内所咀嚼唾駡，傳之無窮，令其轉而自計，當亦知其不可也。雖然，公之忠君愛國，死而彌篤，靈修美人之思，有餘恫焉，何樂乎與慆淫謠諑之徒，比長挈短於身後也？然則嬋媛太息，攄幽憤以告來者，其亦吾黨之爲，而無乃非公之志也與？謙益不肖，附公臭味之末，慬而不死，敢因公碑首粗述朋黨梗槩，而系之以銘。銘曰：

唐虞世遠麟鳳憂，出非其時來何求。高冠長佩芳澤稠，珩璜琚瑀紛相摎。回翔延佇經九秋，虹蜺揚光白日霿。蘭芷不芳蕙爲茅，先君後身衆所仇。一夫九首擇肉投，帝閽高高靈瑣幽。死暴都市生纍囚，天地爲籠逝何繇。清泠之淵水滔滔，褰裳抗跡依前修。崖山巨浸清淮流，公非水解乃天游。皎如白月臨中洲，扈從三后參前騶。雲旗晻靄衛九斿，手援斗杓駕龍輈。騎鯨被髮覽冀州，俯視人世殷戈矛。蜩螗沸羹争嘲啁，靈不言兮心豫冘，乘風載雲還帝丘。

資德大夫正治上卿都察院左都御史贈太子少保兵部尚書謚忠憲高公神道碑銘

錢士升　南禮部侍郎

萬曆之季，朝士以東林爲詬厲。東林者，梁谿諸君子講學之所，而景逸高先生其導師也。先生自被謫，林居數十年，晚起田間，登九列，昌言正色，率屬澄清，而風節著。大道莫容，蒙難正志，遇今上褒恤，贈太子少保、兵部尚書，賜祭葬，議易名，復奉有孤忠、邃學、秉節、正終之明旨，而忠義顯。顧先生之風節，之忠義，皆學也。窮理則好惡自誠，見性則殀壽不貳，退藏於密，而顯仁於造次顛沛。嗚呼，此所以爲先生與！

先生諱攀龍，字存之，别號景逸。始祖曰孟永公，三傳至雪樓公，代有隱德。雪樓公生静成公材，是爲先生王父，舉於鄉，爲黄巖令，有異政。生繼成公德徵，配陸夫人，貳邵夫人，實生先生。静成公有弟静逸公較，逾壯無子，請以先生爲嗣，静成公許之，後皆以先生貴贈太僕卿。先生蒙卹典，胄子世儒詣闕謝恩，邀三代誥贈，自雪樓公以下，皆如先生贈官。

先生年十九補邑諸生，又二年壬午領鄉薦，二十有五從顧涇陽先生講學。讀《大學或問》，知人道之要莫如敬，遂以肅恭爲主，持心方寸間，久之悟所謂腔子者，覺心不專在方寸，渾身是心，蓋志學時即以程、朱爲的矣。己丑成進士，隨丁静逸公艱，廬中讀《禮》讀《易》。壬辰謁選，授行人。適僉事張世則疏詆程、朱，請改《易傳》註，頒行所自爲書於天下。先生奮然曰：「小人而無忌憚至此哉！」遂上《崇正學闢異説》一疏，娓娓數千言。嘗謂讀書意思不進者，尊德性工夫少也。率半日静坐，半日讀書。偶坐僧房，自覓本體，忽思閑邪存誠，覺當下無邪，更不須覓誠，快然如脱纏縛。已奉使歸，時太倉當國，閣銓相牴牾，小人有附閣攻部者。先生復命入都，甫三日，上《君相同心惜才遠佞一疏》，語侵閣臣。下部院會議，條旨上而先生降雜職矣。

甲午赴揭陽尉，自省身心緫無受用，遂大發憤，於舟中嚴立規程。取先儒静坐法門，一一參求，覺心氣澄清時，有塞乎天地氣象。過汀州，憩旅舍小樓，悟明道先生萬變在人，實無一事之語，一念纏綿，瞥焉斬絶。自謂出門至此，學力凡三轉手勢，詳《三時記》中。乙未假差歸。戊戌搆水居於蠡湖，閉關趺坐，作復七規程。甲辰東林書院成。東林故有道南祠，爲楊龜山先生講學遺址，先生與顧涇陽先生請復之，搆精舍與同志講習其中，每會拈出宗旨，洗發提撕，遠近負墻者，人人得意，而先生以端居静定，尤不可少。蓋學人神短氣浮，浸染世俗，必埋頭讀書，使義理浹洽，澄神默坐，使塵妄消散乃可耳。自言丙午以後，方實信孟子性善之旨，程子鳶飛魚躍必有事焉之旨，已及《大學》知本與《中庸》之旨，具《困學記》中。蓋先生自癸巳去國，至是凡三十年，學益進，道益尊，而望亦益重。

光廟登極，詔起建言廢棄諸臣。天啓元年，先生起光禄寺丞，明年晉少卿，署寺事，綜理微密，耗蠹畢清。既而廣寧失陷，京師震驚，先生請逐鄭養性，誅李如楨、崔文昇，以銷隱禍。孫宗伯疏論紅丸，先生曰：「此一部《春秋》也。」會議謂舊相交結鄭戚，不知有君義甚峻。未幾轉太常寺少卿，有《務學疏》，略言明理以明心，明心以出治，不然，孝也不知其爲孝，不孝也以爲大孝，忠也不知其爲忠，不忠也以爲大忠。疏上，傳旨重處，以福清力持，僅得罰俸。已轉大理寺少卿，又晉太僕寺卿，而講學之禁起，鄒、馮兩公皆請告歸，先生於辭疏及之，有「講學何罪，頓空法紀之臣；禁學何名，欲行聖明之世」，力請移疾，不允。明年春，乞差出都，貽書王給事志道，論兩朝事，大要言人臣爲國，當杜漸防微，懲前毖後，不宜爲亂賊脱罪，爲君父種禍。夫皇祖威福在手，妙於調停，是皇祖身上事；皇考仁孝根心，妙於隱忍，是皇考身上事；皇上祖考在念，妙於處分，是皇上身上事。若夫嚴萬古綱常，守三尺法紀，君讎必報，君賊必討，是臣子身上事，而奈何諱之，加以誣謗也。至哉斯言！聖人復起，不能易失。居無何，起刑部右侍郎，疏辭不允。值皇子覃恩，予三代誥命，先生曰：「君恩渥矣，其何以報！」而同志亦以大義敦趣。

甲子春入都，而副院楊公罪璫疏上，中及枚卜，蓋指南樂也。南樂恚，駸駸欲與璫合。而外廷諸臣，以事權相齮機漸惡，先生默爲聯絡，備極苦心。會總憲缺，廷推首先生。時儕鶴趙公爲太宰，先生以門墻爲嫌，力辭之，太宰心動，而臺省急先生甚，以天下事不得引嫌廢至公，議遂决。命下，先生控辭，不允。既入臺，激揚風采，發御史崔呈秀按淮揚時賕賂鉅萬，竟褫職遣戍，天下快之。呈秀既得重譴，則潛伏輦轂，急走魏璫，以圖洩憤。而南樂又以偃蹇被糾，益恚恨，遂計不反顧，與内合謀，而所欲急驅者部院，則借晉撫事以發端，首垣選郎逐，而先生與太宰俱罷歸矣。乙丑春，詔獄起，追贓一案，將連及先生，賴吳錦衣力持得免。及游鳳翔疏上，而先生削奪矣。已請毁東林書院矣。先生屏跡河干，杜門絶交者逾年，而有丙寅三月十七日事。

當繆、周二公之逮也，先生自度不免，先一日肅衣冠謁道南祠，有《別聖文》，歸而得吳門信，頗異，微笑曰：「其然乎？」及晚，家人聚酌如常，止云鬻田可得千金完緹騎費，蕭然就道矣。就寢至夜半，復傳日中信，先生聞之，整衣起，從容入書齋，謂諸子曰：「吾稍欲料理爲出門計，可急覓舟。」東身就縶，無恐怖家人也。作字二紙，鏁篋中。復之内寢，與夫人款語半晌，出取所封紙置几上，指示兩孫，明日以此付官旗，勿先發，命且暫退。移時聲息寂然，諸子推户入，見燈火熒熒，杳無蹤跡。發所封，乃遺表也。云：「臣雖削奪，舊係大臣，大臣受辱則辱國，故北向叩頭，從屈平之遺則。君恩未報，結願來生。臣高攀龍垂絶書，乞使者執此報皇上。」復有《别友人書》，云：「僕得從李元禮、范孟博遊矣。一生學問，至此亦得少力。心如太虚，本無生死，何幻質之足戀乎！」諸子惶駭，急從旁扉奔池畔，則先生已赴水矣。諦視平立水面，衣履整齊，淤泥不沾身，滴水不入腹，數日成殮，面色如生。

嗚呼！仲也結纓，曾也易簀，先生其同而異，異而同耶。先生嘗謂少年不學，老無受用。事多苦，拂意苦，疾病苦，老死之苦，益不可言，静而見道，此等苦皆無之。先生末路風騷，受用得手矣。先生書無不窺，尤深於《易》，所著有《周易孔義》，乾坤姤復諸説。其論心、性、理，義如繭絲牛毛，而學脉流派，參訂最精。謂學微有心性之分，孔、孟已見朕兆，朱、陸遂成異同，至文成、文清，便是兩路。兩者遞傳，必有所弊，畢竟實病易消，虚病難補。今虚證見矣，當相與稽弊而反之於實。又曰：「釋氏之學，其精微吾儒具有之，總不出無極二字，其弊病先儒具言之，總不出無理二字。佛氏最忌分别是非，如何紀綱世界？聖人因物之是非而是非之，吾不與也，所以開物成務。」此其息邪閑聖，功豈在距楊墨下哉！

生於嘉靖壬戌七月十三日，距其殁得年六十有五。配今誥封王夫人，生三子四女。長世儒，以諸生廕入太學；次世學，以附例承廕；次世寧，諸生。孫男七人，女七人，詳志狀。世儒以庚申年己丑月壬申日丁未時葬先生於嵂峢之諭塋，而以墓隧之詞相屬。升五十無聞，何能窺先生萬一，顧自爲諸生時，從涇陽先生於東林，因親炙先生，及先生起勳署，得侍同朝，數過從受教，至於今盡讀先生之遺文，恨覿面失之，不獲如醫閭之事白沙也。竊儀圖之，先生光風霽月似茂叔，太和元氣似明道，整齊嚴肅似伊川，讀書窮理、立朝嶽嶽似晦翁。若新會之灑落，餘干之主敬，河津之實踐，姚江之超悟，先生兼有之而無其弊。蓋國朝理學名臣，溯伊洛淵源，以上接洙泗者，先生一人而已。他媺行不具載，第識其大而系之以詞：

宋有大儒，厥惟程、朱。居敬窮理，孔矩同符。微言既遠，正學榛蕪。無善無惡，乃墮野狐。先生之學，泝流閩、洛。力闢禪宗，導以聖鐸。境有動静，功兼約博。致其精微，棄彼糟粕。講道林泉，垂三十年。晚起廢籍，諸賢比肩。扶植天常，侃侃便便。激揚風紀，顧、邵後先。羸豕漸孚，亢龍有血。義不辱國，從容明決。晝夜可通，泡影忽滅。入水不濡，汨羅非埒。帝鑒忠精，褒恤九京。將作營葬，太常易名。惟忠惟憲，二法合并。德有餘美，名匪苟成。新宫如堂，穹碑如嶌。精神行天，歷百千紀。先生有言，本無生死。廓然太虚，何終何始。

資德大夫正治上卿都察院左都御史贈太子少保兵部尚書景逸高先生行狀

葉茂才　工部侍郎

明興二百五十餘年，吾邑以理學名者，

邵文莊公而下，代不乏人，而隆、萬以來，則有顧涇陽先生，於邑之東林，闢道南精舍，以鼓舞善類，講明正學，士蒸蒸向往，幾與白鹿、紫陽，鼎立宇内。維時與涇陽先生相左右，繼先生爲主盟而集其成者，高先生存之也。先生諱攀龍，存之其字，世稱景逸先生，天啓丙寅，没於黨禍。今上龍飛，卹典渙頒，贈太子少保、兵部尚書，賜祭葬，廕子，沈冤得白。孤世儒等，將營窀穸，謀所以不朽者，而先以狀屬余。余與存之同入泮，又同舉禮部，少而壯，壯而老，出入相友者幾四十年，知存之者宜莫如余，乃勉爲詮次，以備采擇。

高之先有孟永公者，始居邑東南隅。孟永生耕樂，耕樂生省軒，省軒生雪樓。雪樓公配浦氏，生二子，長静成公材，起家孝廉，令浙之黄巖，有循良聲，居鄉以長厚聞，卒祀名宦鄉賢祠。次静逸公較，無子。静成公生繼成公德徵，子七人，配陸氏無出，貳室邵氏出者五，存之其二也。方在襁褓，静成公抱以屬弟曰：「是兒生有佳荷之兆，弟其子之。」遂爲静逸公後。存之官光禄少卿，及晉刑部侍郎。兩遇覃恩，贈祖静成公，嗣父静逸公，如其官，祖母、嗣母贈淑人，生父繼成公、嫡母陸、生母邵，援移封例，贈亦如之。

存之少有異稟，言動不苟。五六歲時，嗣母授以菓餌，必傴僂而受，或命自取，亦如所授之數而止。其根器夙成，已露一斑矣。稍長從文學茹澄泉先生游，於孝廉許静餘先生亦尊事之，以學行相砥礪。未冠補邑諸生。壬午舉於鄉，年二十一耳。爲沈相國龍江公、徐中丞簡吾公所識拔，一見以天下士期之。癸未丁嗣母艱，戚易備至，喪葬如禮。至丙戌、丁亥間，邑令李元沖、延江右羅止庵，與涇陽先生，講學於黌宮，士紳雲集，存之躍然喜曰：「吾夙有志於學，今得縣父母爲嚆矢，吾學其有興乎！」於是蚤夜孜孜，以全副精神用於止敬慎修、存心養性、遷善改過間，而學始有入門矣。迨己丑成進士，與薛以身、王信甫、歐陽千仞輩，同出趙儕鶴先生門。趙爲振古人豪，同門皆表表英傑，一時聚樂，所見益遠以大，所得益深以邃，交相勸勉，有不詣其極不止者。未幾聞嗣父訃，星夜馳歸，擗踊悲號，幾不欲生。讀禮三年，孺慕如一日，自料理襄事外，惟定省生父洎嫡母，與講學會友，翻經閱史爲日程，他無所置念也。服闋，謁選授行人。

時有四川僉事張世則，疏詆程、朱，以所著書獻，求頒行天下。存之不勝駭愕，上《崇正學闢異説以一人心以端政本疏》，得旨：「程、朱正學，崇尚已久，豈可輕議！近來士習玄虛，何裨實用！高攀龍所言，有關世教。張世則勦襲浮詞來奏，姑免究。」未數日，復上《今日第一要務疏》，内言天下之大本，與天下之大機，欲上法祖操心講學、勤政、發帑、理財，亹亹數千百言，語甚剴切。疏留中不下。説者謂此兩疏，關係學脉紀綱甚大，雖一行一不行，而存之素所蓄積，已吐露於大廷矣。時僚友同志者，若聊城逯與權、江右陳彝仲、徽郡洪平叔，皆海内名士，存之與上下其議論，或紬繹往古，或參酌來今，或講究典墳，或詢訪人物，或善以相長、過以相規，往往至丙夜不休，稱莫逆友。後諸公皆蔚爲名臣，存之有力焉。

行人署中多藏書，恣意探討，得其要領

者，手自摘録。一日讀《薛文清粹言》曰：「一字不可輕與人，一言不可輕許人，一笑不可輕假人。」惕然有當於心。自後每事必求無愧三言而後已。因作《日省編》，以儒先所論切要工夫，分附《大學章句》下，爲初學指南。又集《崇正編》，以儒先所論儒、釋分岐處，彙成一書，以端學脉。久之忽自念讀書雖多，不甚得力者，尊德性工夫少也。當分日之半讀書，半静坐，爲涵養德性之地。每出遊，則於水邊、石上、茂林、修竹處静坐、習儀，則於禪扉静坐，夜卧至平旦氣清時，即擁衾危坐。一日坐久，精思「閑邪存誠」句，覺當下無邪，渾然是誠，更不須覔，快然如脱纏縛，從此反躬實踐，會友談心，無非是物，不自知其情之適、理之親也。

壬辰臘月，齎詔至金陵，事畢，謁鄒南臯、朱虞崶、瞿洞觀諸先生請益。諸先生傾蓋如故，深更共榻，各傾吐底裏，互相質證，以存之爲海内有數人物，定交而别。抵家，昕夕娱親外，益務親師取友，考德問業，往毗陵謁錢啓新先生，往姑蘇謁王少湖先生。每對諸子曰：「錢先生謂孔門學脉，凡事只求天知。此語甚確。王先生謂士君子，處不足善其身，達不足善天下，焉能爲有無，須是立得大節，居鄉勿爲鄉愿，居官勿爲鄙夫，方有可説處。此語令人惕然深省。」又云：「吾沈雅不若涇凡，勇勵不若文石，直截緊嚴不若玄臺、樸齋。」其篤信先覺之言，不難以身下人如此。

癸巳冬抵京。會户部郎鄭材、楊應宿陰有所附麗，掊擊諸賢甚力，存之憤激，上《君相同心惜才遠佞以臻至治疏》。有旨着部院會同該科從實究問。及會議疏上，應宿有奥援，止降級調外，存之則謫尉揭陽矣。

赴謫所，途遇東粤陸古樵，聞白沙先生主静之學，自歉於道尚未有見，發憤曰：「此行不徹此事，真虚過一生矣。」途中嚴立規程，取前所爲涵養德性之法，静坐與讀書互用，如是者兩閲月，而心氣澄清，與膠膠擾擾之時，大有逕庭。過汀州，陸行宿旅舍，對山臨澗，種種悦心。手持二程書，見明道先生之言曰：「百官萬務，兵革百萬之衆，飲水曲肱，樂在其中。萬變俱在人，其實無一事。」猛省曰：「原來如此，實無一事。」存之平日深鄙學者張皇説悟，此時看作平常。

在揭陽三月，日於衙齋課士，正文體，釋書義，集《諸儒要語》刊示之，諸生彬彬顧化。又得良友蕭公自麓，羅念庵先生門人也，學以主敬立基，與存之合轍。將歸，自麓贈言曰：「公當潛養數年，不可發露。前輩皆默用一番堅苦工夫，故得成就耳。」存之深然之。瀕行復爲地方除一大憝。

至漳州，與李見羅先生辨論數日。李意主明宗，脩身爲本，學之宗也，知本則心、意、知、物各止其所，便有無所事事光景，格、致、誠、正，不過就缺漏處照管提撕耳。存之則謂格致是《大學》入門第一義，即《中庸》之明善也，所以使學者辨志定業，剖爲己爲人之界，别義利公私之極，其所關最爲喫緊。初學下手，必使此心光明洞達，無毫髮含糊疑似於隱微之地，以爲自欺之主，然後善必爲，惡必去，意誠心正而身脩，善所以純粹而精，止所以凝定而固也。不然，非不欲止欲脩，而氣禀物欲，拘蔽萬端，恐不能實用其力矣。且條目次第，雖非今日致，明日誠，然着先後字，亦有意義，不宜籠侗説過。其恪遵程、朱如此。然存之當謂余曰：「李見老揭脩身爲本，於學者甚有益，故遊其門者，俱切實可觀。」其於明宗之旨，蓋未嘗不心服也。

丙申，連遭生父母喪，哀毁骨立，寢苫枕塊，一遵古禮，雖隔於限制，不得終三年喪，而朞以内稱降服子，朞以外稱心喪子，識者以爲得體云。遺命析産爲七，存之曰：「兒有嗣産在，不敢當。」盡出爲喪葬資，餘置義租，贍親族洎父妾之無出者。迨四喪畢，遂築室湖濱爲終老計，名其樓曰可樓，言無所不可也。攜一二童子相羊湖上，動以旬月計。同志如吴子往、歸季思來訪，相與焚香兀坐，坐必七日，取《大易》七日來復之義，作復七規程。是秋始會蘇、常諸友於二泉之上，與管東溟先生辨無善無惡之旨，觀聽者踵相接至無所容，於是涇陽先生倡議曰：「百工居肆以成其事，吾輩可無講習之所乎？」乃集同志數人，醵金數百，卜築楊龜山先生講學遺址，相傳所謂東林者，與諸友棲息其中，每月集吴越士紳會講三日，遠近赴會者數百人，存之與涇陽先後主盟，每一開講，得聞所未聞，靡不忻饜而去。

存之每謂學者曰：「諸兄雖從事講學，終不可無端居静定之力。蓋各人受病不同，而救療之方，總以調養元氣爲主。大聖大賢，善養浩然之氣，故能收攝精神，主静立極。學者神短氣浮，須得數十年静力，方可變化氣質，培養德性。而其最受病處，又在自幼以干禄爲學，先文藝而後德行，俗根入髓，非頃刻可拔。必埋頭讀書，使義理浹洽，變易其俗腸俗骨，澄神默坐，使塵妄消散，堅凝其正心正氣乃可耳。」至其自驗進學之序，則曰：「吾至丙午方信得孟子性善之旨，至丁未方信得程子鳶飛魚躍與必有事焉之旨，至辛亥方信得《大學》知本之旨，至壬子方信得中庸二字之旨。至此覺得天地間道理，只是停停當當一箇中，平平常常一箇庸，有一毫走作，便不停當，有一毫造作，便非平常，本體如是，工夫如是。天地聖人，不能究竟，况於吾人？寧有涯際，勤物敦倫，謹言敏行，兢兢業業，斃而後已。」云爾。嗚呼！存之見地至此，真不負蕭自麓所謂潛養數年，默而成之者矣。又數年抵庚申，洗心退藏，其工夫愈嚴密，應用愈圓融，與朋友交，懇懇款款，愈深沈而和易，僉謂集東林之大成者在存之矣。

明年，天啓改元，奉遺詔起謫籍諸臣，臺省交薦，起光禄丞，意欲不行，吾輩勸駕者謂義不可辭，乃幡然曰：「義果如是。且吾親未沾一命，脱世不我容，惟不俟終日可耳。」於是以東林講會屬執友吴覲華主席，而單車就道。至歲暮抵京，隨作一偶，粘座右云：「精白厥衷，一率其不損不加真性；靖共乃位，勿昧其可仕可止本心。」次年二月，陞少卿，署寺事。值上元節，缺上供天鵞，羣璫恣索，存之援舊例以家鵞代，譁者帖然。署寺數月，裁無名供費，發鋪行物價，革諸曹鋪墊，積弊如洗，中官見者懾服，退相戒毋犯。既而廣寧失陷，京師阽危，人無固志，存之鎮以安静，疏薦孫公愷陽、董公見龍、李公之藻、鹿公善繼等，及慎畿内守令之選，行保甲防禦之法。得旨允行。又見外戚、勳貴、中官家，皆奸細窟宅，京師禍本，不可不除，輒抗疏披瀝言之。大宗伯孫公淇澳，追論舊輔紅丸事，下部院九卿科道會議，存之持論益鑿鑿，不少顧忌。諸貴戚、大臣、近侍，皆側目斂手，思有以中傷之矣。尋轉太常少卿，有《恭陳務學之要以立致治之本疏》，疏内復及方、鄭二氏。傳旨欲重處，葉相國維持，僅止罰俸。復轉大理少卿，晉太僕卿，疏辭不允，遂乞差還里。舟中閒寂，著《周易孔義》，大旨謂五經註於後儒，《易經》註於夫子，説《易》者，明夫子之言而明《易》矣。數年前與錢啓新先生講《易》東林，多所闡發，欲勒成一家言，未就，至是始得卒業。其言易簡而精微，多前人所未發云。里居數月，即家起刑部侍郎，復疏辭不允，乃與門人華水部同舟北上。

時楊副院大洪疏論魏忠賢大罪二十四，奉旨切責矣。又有旨逮林御史，杖萬工部矣。中官圍首輔門，索御史，毆工部郎至死不問矣。天下大柄駸駸盡歸宦寺，無可奈何。存之乃謂當事曰：「今日外庭法用正直，内閣法用和婉。内閣當借用外庭，不可以正直而疑其激；外庭當責成内閣，不可以和婉而疑其媚。如此乃相成也。」又曰：「中官用事，未能拔其毒，且須殺其毒。宜如歸德相公故事，諄諄勸化諸璫，勿與吾輩爲敵，庶幾縉紳之禍，可減萬分一耳。」無何總憲員缺，舉朝會推莫踰存之者，存之發憤辭曰：「趙太宰是龍座師，可與門人分掌部院乎？大司寇喬公、左司寇饒公，皆正人也。而饒公資俸深，受杖更慘，可越次用龍乎？不若用副院署事便。」僉曰然，擬副院名上，魏璫大怒，傳旨推見在者，衆復强存之，存之讓饒，太宰亦許註饒，而河南道堅執不從，卒以存之名上。次日得旨，存之益跼蹐不自安，乃具疏懇辭曰：「都御史者，古御史大夫之職也，天下事皆得言之。無奈世習之漸靡久矣，臣子不以真心爲國，則有難振之氣；以請託賄賂爲固然，則有難洗之習；以同異起愛憎，以愛憎爲臧否，則別白之難；無端而分畛域，疑弓影，則調伏之難。所以難者，緣人各有私，故因私成隔。必居此位者，先無私而後可以消人之私，先無隔而後可以通人之隔。至御史簪筆者，關公論之明晦，巡方者，係億兆之安危，必爲之長者，合爲一體，萃爲一心，惟君國是殉，無苟營身家，而後可弘濟於艱難，不然，御史之失職，即都御史之失職也。其關係何如者，而以臣當之，如覆餗何？」疏上不允，乃就職。

存之謂安民務在懲貪，欲懲貪，必自輦轂始。一入中臺，即有禁絶書儀榜，懸掛通衢，明示爲人臣者不當以好貨爲貪吏的也。適有兩御史回道，一至廉，即今謝操臺，註上考；一至貪，即崔呈秀，立疏糾之。奉旨着吏部從重議處，部覆仰承德意，褫呈秀職贓私，着撫按會勘的實，依律遣戍。時謂存之新入臺，能舉職矣。呈秀昏夜乞哀於忠賢，忠賢是時如鷙鳥伏匿，雖不即爲解救，而與呈秀結父子歡，恨外庭實甚。存之知時事不可爲，惟有興吏治以安民生，可少延旦夕，乃復具《申嚴憲約》一疏，大意欲責成撫按以約束司道，責成司道以約束府州縣，責成府州縣以安民生。條列五十餘款，如農桑水利、敦教化、育人材、正人心、厚風俗，以至刑名錢穀、積貯給散、保甲防禦，彰善癉惡、剔蠹釐奸之法甚具。而要以躬行倡導，節用愛人爲主，掌憲風規大畧可覩，然無如羣小之搆陷何也。

時魏南樂爲臺省交參，懼不能容，與呈秀共入閹幕，恐嚇忠賢合謀以傾正人，遂借會推巡撫一事，爲一網打盡之計。首擊去夏文選、魏都諫，次部院，次政府，次及言官之忠鯁，與各衙門之守正不阿者，靡一孑遺。乙丑春夏間，緹騎四出，矯旨逮楊副院等六人至京，各坐重贓，先後斃詔獄。諸奸恨未已，併欲坐存之贓，藉吴錦衣孟明以百口保，始獲免。至《要典》録成，坐移宫一案，爲南道游鳳翔所訐，削籍爲民，追奪誥命。存之忻然曰：「非此，異日無以見諸公地下。」先是，京師議毁鄒南皐、馮少墟等所建首善書院，削兩公籍，至是議盡毁天下書院。而東林尤所最忌，欲索價萬餘濟大工，及折估入官，僅得三四百金，而東林遂爲瓦礫區，學者無立錐之地矣。當是時存之屏跡湖上，玩易不輟，客至斷橋以拒之。

丙寅春，復逮繆西溪、周來玉兩公，存之自度不免，而絶不露一毫聲色。至三月十六日早，肅衣冠謁龜山祠，歸與一二親知看花園中，談笑自若。忽傳有緹騎消息，存之微笑曰：「此信果的，吾視死如歸耳。」又數舉「原無生死」四字，以示在坐曰：「原無生死，何得視生死爲二？若臨死轉一念，便墮苦海，安所稱立命哉？平生講學，此處看透，得力不少。」是夕祖孫父子相聚晚酌，無一言及家事，第云：「吾有贍田二百畝，售之可當緹騎費，俟天明蕭然就道耳。兒輩各歸寢，吾亦安枕矣。」至夜半復傳前信至，存之起坐問曰：「信的乎？」步入書齋，取紙書數行鎖篋中，復至夫人所款語半晌出，兩孫趨侍，諭之曰：「吾此行未卜歸期，叮嚀汝者只四字，曰無貽祖羞而已。」復取篋中紙，手自封固，置几上曰：「以此付官旗，勿先啓視。」兩孫出，寢户閉，以爲復就榻矣。頃之不聞聲響，子若孫推户入，第見一榻枵然，遍覓不可得，亟發几上封視之，乃遺筆也。云：「臣雖削奪，舊係大臣，大臣受辱則辱國，故北向叩頭，從屈平之遺則。君恩未報，結願來生。臣攀龍垂絶書，乞使者執此報皇上。」諸子讀未竟，大驚，急趨視池濱，已化去矣。是十七日丑時也。午後府帖至縣，知官旗於隔晚到府，存之赴水，適當其時，豈其静養一生，神明默啓，至誠前知耶！胡其從容暇豫，不疾不徐，一至此耶！所最異者，平立水面，冠不濕，履無泥，擁起竟日無滴水出口，停斂數日以待長君，顔色如生，觀者無不驚爲神云。

存之之學，以程、朱爲的，以復性爲主，以知本爲宗，以居敬窮理相須並進，爲終身之定業。四方從遊者至，先令讀《小學》、《近思録》等書，次即令静坐，以養深厚之氣。作《心性説》曰：「心與性，謂之一則不可混，謂之二則不可分。佛氏所謂性，皆心也。言慈悲即仁，言般若即知，絶不言禮義，故所謂仁知者，非吾聖人之仁知也。聖學從窮理入，故即心即性，佛氏不窮理，故是心非性。」又曰：「佛氏一切平等，最忌分别是非，如何紀綱得世界？紀綱世界，全要是非明白。聖人因物付物，是者是之，非者非之，我無與也，所以能開物成務。」又曰：「學必繇格物而入。有物必有則，則者至善也。窮至事物之理，窮至於至善處也。格物不至於極處，多以毫釐之差，成千里之謬。」又曰：「吾性本來無物，不可自生纏繞；本來具足，不可自疑虧欠；本來蕩平正直，不可自作迂曲；本來廣大無垠，不可自爲局促；本來光明洞達，不可自爲迷昧；本來易簡直截，不可自爲造作。」作《氣質説》曰：「性者學之原也。知性善而後可言學，知氣質而後可言性。性非學不復，學非變化氣質，不能復性。人自受形以後，天地之性已爲氣質之性矣，非天地之性之外，復有氣質之性也。善反之，則氣質之性，即爲天地之性，非氣質之性之外，復有天地之性也。故曰二之則不是。」作《静坐説》曰：「静坐之法，不容一毫安排，只平平常常，默然静去，晝前之易如此，人生而静以上如此，喜怒哀樂未發如此。静中妄念，强除不得，昏氣亦强除不得。真體既顯，妄念自息，妄念既息，昏氣自清。繇静而動，亦只平平常常。静時與動時一色，動時與静時一色，不過借静坐中，認此無静無動之體云爾。」又曰：「惟天理至静，惟喜怒哀樂未發，渾是天理。濂溪主静，主於未發也。主静之學，始於慎獨，終於無欲。」又曰：「静中看工夫，動中看本體。工夫未是，静中作主不得；本體未真，動中作主不得。學無動静，其初静以澄之，至無動無静，乃真静也。」又曰：「有理静、氣静之別。理静者，理明欲浄，胸中無事而静也；氣静者，定久氣澄，不著於物而静也。兩者交資互益，不可偏廢。如但以氣而已，動即失之，何益哉？」其闢陽明無善無惡之説，謂：「道性善者，以無聲無臭爲善之體，陽明以無善無惡爲心之體，一以善即性也，一以善爲意也。故曰：『有善有惡者意之動。』佛氏亦曰：『不思善不思惡。』以善爲善事，惡爲惡事也。此何可言明善？」作《洗心説》曰：「無求飽，無求安，不作居食想；彼富我仁，彼爵吾義，不作富貴想；仰不愧，俯不怍，不作怨尤想；用則行，舍則藏，不作窮達想。行不義、殺不辜，得天下不爲，有甚動得我？人知囂囂，人不知囂囂，有甚苦得我？非仁無爲，非禮無行，有甚恐得我？江漢濯之，秋陽暴之，有甚污得我？

鳶戾天，魚躍淵，有甚局得我？識得這箇真，更有何心可洗？如何識得？曰退藏於密而已。愈密則愈真，是謂一物不容，是謂無聲無臭，是謂洗心。」作《主敬説》曰：「學有無窮工夫，心之一字，乃大總括；心有無窮工夫，敬之一字，乃大總括。千聖萬賢，只一敬字做成。主一之謂敬，無適之謂一。如何能無適？明道曰：『學者須先識仁。』識得仁，以誠敬存之，勿貳以二，勿參以三，是謂主一。」又曰：「主敬有三法：伊川整齊嚴肅，上蔡常惺惺，和靖其心收斂、不容一物是也。然惺惺與收斂，難得恰好，纔着意便不是。惟整齊嚴肅，未嘗不惺惺，未嘗不收斂，内外卓然，不犯手也。」其自學教人之法，總不出此諸説中，欲學者進則以此施之天下，退則以此修之吾身，如行者之有家，耕者之有畔，宛然程、朱家法也。

存之著述頗多，有二十餘種，皆關世教。輯《朱子節要》一書，與《近思録》相表裏，尤極苦心，無論長篇短述，隻語單詞，皆膾炙人口，不可殫述。嘗語同志曰：「天下事，敗於邪見之小人，無見之庸人，偏見之君子。」曰：「人一點耻心，被馮道滅盡；一點畏心，被王安石滅盡。後世尚有稱述之者，真小人而無忌憚矣。」曰：「天下不患無政事，患無學術。學術者，天下之大本也。學述正，政事焉有不正？末世以講學爲諱，如政事何？」曰：「政事本於人才，舍人才言政，必無政；財用本於政事，舍政事言財，必無財。」曰：「聖人之學，常用逆法。凡人自幼與人欲日順一日，故與天理日逆一日；聖人自幼與人欲日逆一日，故與天理日順一日。」曰：「吾儒學脉有二，孔、孟微見朕兆，朱、陸遂成異同，文清、文成，便分兩岐。我朝學脉，惟文清得其宗。百年前宗文清者多，百年後宗文成者多。宗文成者，謂文清病實，而不知文成病虚。畢竟實病易消，虚病難補。今日虚病見矣，吾輩當稽弊而返之於實。」此數條者，前無所因，後無所襲，獨見而獨言之，其憂世淑人，砭俗迴瀾之意，溢於言表矣。其持身也，目不視非禮之色，耳不聽非禮之聲，手不接非禮之財，足不履非禮之地，門不納非禮之人。其刑家也，孝友天植，鞠我生我，咸得其歡，五弟一兄，白首無間。與夫人王氏，雍雍肅肅，相莊如賓。視猶子如子，視猶子之子如孫，義方之訓，燕翼之謨，洋洋如也。下至臧獲，馭之嚴而有恩，與司馬之僕無二。其待師友也，於澄泉、静餘，總角論文，世締其好無論已。厥後子弟之師，邂逅之交，亦靡不終始相歡，緩急相周，患難相卹，如左右手者。其待戚里也，若外家，若甥家、壻家，貧者助，賢者獎，孱弱者卵翼，能文者薦拔。其待鄉邑也，孝義忠節，力爲表揚，大利大害，力爲興除，凶年饑歲，力爲賑濟。至設爲役田役米，以蘇糧長之困，設同善會以卹邑中之鰥寡孤獨者，尤厚卹其貧而賢者，其施益弘且遠矣。評者謂其立朝也，有斷斷休休誾誾侃侃氣象；涉世也，有不流不倚不争不黨氣象；燕居也，有申申夭夭氣象；誨人也，有循循善誘氣象；進而危言危行，奮不顧身也，有壁立萬仞，底柱中流氣象；退而願學孔、孟，不雜異端也，有醇乎其醇，精金美玉氣象；禍患突臨，從容就義也，有内省不疚不憂不懼氣象。嗚呼！斯真存之之實録也夫！

余猶記曩者赴任滁陽，存之手書《偕行説》贈余。偕行者，與時偕行也。《易》言與時偕行者三：乾也，損也，益也。余謂乾之時行，存之有其五焉：其謫籍家居者餘三十年，遯世不悔，若將終身，時潛而潛也；主盟東林，闡發聖賢之精微，以興起斯文爲己任，時見而見也；日就月將，瞬存息養，而頃刻靡敢怠皇，時惕而惕也；遲疑於出處進退之間，自試於勳寺冏卿之際，時躍而躍也。至於掌憲内臺，爲衆賢之領袖，時當外計，作貪吏之劍鋩，則幾於亢矣。矧中涓伏負嵎之虎，憸邪逞報復之謀，履霜堅冰，存之必有炳於幾先者，而無奈適遭其窮，不得不時亢而亢，其追隨屈平而含笑以入於水也。所稱進退存亡不失其正者，非與？

存之每自謂一生用易不虚耳，惟是吾黨失一良友，海内失一斗山，在朝在野失一規矩準繩之君子，不能不爲世道三歎息也。余無似，不能彷彿存之萬一，詎能闡揚懿美，以昭示來兹？所恃大君子椽筆鴻裁，一言表章，千載不朽！

祭高先生文

范鳳翼

嗟嗟！悲哉悲哉！何使余隕淚和墨而筆不能下者屢也？余何悲於先生？謂天不憖遺而國空虚也。先生之使余獨悲之甚也，謂海内知己，惟先生一人在，足以不恨，而今不可復覩也。

今漢署中纍纍若若者，豈不充位乎，誰足當先生者？國以一人興，先生之齎志而未伸者十之九也。以余之忤俗違時，而先生謂周吏部曰：「范某舊銓典型，宜如涇陽先生故事用之，方能脱胎换骨。」此語余所不敢當，顧不知先生何取於余而云爾也。先生又嘗爲文以壽先人矣，其文雖以壽先人，而實以教余。先生之言曰「聖人何以異於人哉？聖人習而安之，衆人不安而不習也」，是先生之警我以衆人，而誘我以聖人之道也。何篤摯也！予家食廿餘年，足不履户外，顧與先生郵筒往來無虚月。余每於時事之大者，獨謂諸君子之過激非是，此語不可聞於諸君子之耳，而先生書來獨是余言曰：「諸君子之過激，使公論反出於小人，而私情反出於君子，如來教所謂君子之公論也。可見天下事有一定而不可移之理。」云云。先生非知予之深，余何敢以此語進，而先生果獨許予言之不謬也？然則海内一人知己，非先生而誰？而今已矣，誰當知予者，而又安能已於悲也！

雖然，人之悲先生以情，而先生則深於道者。有龍德焉，得時，興雲而雨天下，非其時則蟄伏於泉壤而已矣。當逆璫煽虐，缇騎將及先生之門，而先生先一日而效屈原故事，不落奸人宄手，此豈不謂清明在躬，志氣如神，而深於道者哉？先生之生而死，死而葬，亦猶龍之蟄伏泉壤焉耳，何生何死，而又何以悲哉！予方值海上亂民之變，罹禍奇慘，恨不如蚤死璫，而僅以削奪止也。亦惟是疲於奔命，未及哭先生之堂，而遥致雞絮，其終安能已於悲耶！